Eine Arbeitsgemeinschaft der Verlage

Wilhelm Fink Verlag München
Gustav Fischer Verlag Jena und Stuttgart
Francke Verlag Tübingen und Basel
Paul Haupt Verlag Bern · Stuttgart · Wien
Hüthig Verlagsgemeinschaft
Decker & Müller GmbH Heidelberg
Leske Verlag + Budrich GmbH Opladen
J. C. B. Mohr (Paul Siebeck) Tübingen
Quelle & Meyer Heidelberg · Wiesbaden
Ernst Reinhardt Verlag München und Basel
Schäffer-Poeschel Verlag · Stuttgart
Ferdinand Schöningh Verlag Paderborn · München · Wien · Zürich
Eugen Ulmer Verlag Stuttgart
Vandenhoeck & Ruprecht in Göppingen und Zürich

Hartmut Kreikebaum

Grundlagen der Unternehmensethik

1996
Schäffer-Poeschel Verlag

Professor Hartmut Kreikebaum lehrt Internationales Management
an der European Business School in Oestrich-Winkel
und Industriebetriebslehre an der Johann-Wolfgang-Goethe Universität

Die Deutsche Bibliothek – CIP- Einheitsaufnahme

Kreikebaum, Hartmut:
Grundlagen der Unternehmensethik / Hartmut Kreikebaum.
– Stuttgart : Schäffer-Poeschel, 1996
  (UTB für Wissenschaft)
  ISBN 3-7910-6014-7 (Schäffer-Poeschel)
  ISBN 3-8252-8111-6 (UTB)

Gedruckt auf säure- und chlorfreiem, alterungsbeständigem Papier

ISBN 3-8252-8111-6 (UTB)
ISBN 3-7910-6014-7 (Schäffer-Poeschel)

Dieses Werk einschließlich aller seiner Teile ist urheberrechtlich geschützt. Jede Verwendung außerhalb der engen Grenzen des Urheberrechtsgesetzes ist ohne Zustimmung des Verlages unzulässig und strafbar. Das gilt insbesondere für Vervielfältigungen, Übersetzungen, Mikroverfilmungen und die Einspeicherung und Verarbeitung in elektronischen Systemen.

© 1996 Schäffer-Poeschel Verlag für Wirtschaft • Steuern • Recht GmbH
Einbandgestaltung: Alfred Krugmann, Stuttgart
Druck und Bindung: Franz Spiegel Buch GmbH, Ulm
Printed in Germany

Schäffer-Poeschel Verlag Stuttgart
Ein Tochterunternehmen der Verlagsgruppe Handelsblatt

UTB-Bestellnummer: ISBN 3-8252-8111-6

Vorwort

Ethik ist in! Die Gründe für das gestiegene Interesse an ethischen Fragestellungen liegen vor allem in dem gewachsenen Problembewußtsein einer breiten Öffentlichkeit. Die unfreiwillige Armut von 800 Millionen Menschen in der Welt, die stark ungleiche Verteilung von Einkommen und Landbesitz, die weltweite Zerstörung der natürlichen Umwelt sowie der immense Kapitaleinsatz für militärische Rüstungen veranlassen viele Zeitgenossen zu der Vermutung, daß die gegenwärtig herrschende Weltwirtschaftsordnung und das wirtschaftliche Handeln vielfach moralischen Maßstäben widersprächen. Chemie- und Kernkraftunfälle, Bestechungsaffären und Betrugsskandale bewegen nicht nur ein sensationssuchendes Publikum. Nicht selten wird die Frage gestellt, warum ethisch fragwürdige Entscheidungen von Führungskräften der Wirtschaft getroffen wurden, die sich im privaten Bereich durch Intelligenz, Ehrlichkeit und Gesetzestreue auszeichnen.

Viele Unternehmen bekunden ein zunehmendes Interesse an moralischen Aspekten des wirtschaftlichen Handelns. Einsichtigen Unternehmern ist längst klar geworden, daß sich moralische Maßstäbe und betriebswirtschaftliche Rationalität nicht, wie lange Zeit unreflektiert unterstellt, quasi-automatisch ausschließen, sondern ergänzen müssen. Die Forderung nach einer "Ethik des Kapitalismus" (PETER KOSLOWSKI) wird erhoben. Sie bringt zum Ausdruck, daß sich beispielsweise Betriebswirtschaftslehre und Unternehmensethik aufeinander zu bewegen müssen. Die berühmte Aussage des Wiener Satirikers KARL KRAUS: "Sie wollen Wirtschaftsethik studieren? Dann studieren Sie entweder das eine oder das andere!" kann auch heute nur belächelt werden. Unternehmensethik ist zwar in Mode gekommen, aber sie ist auch ein notwendiges Thema geworden.

Das vorliegende Lehrbuch soll einen fundierten Einblick in die zentralen Probleme der Unternehmensethik vermitteln. Die amerikanische Literatur wird insofern berücksichtigt, als sie für die Lösung ethischer Probleme in unseren Unternehmen von Bedeutung ist. Dabei ist allerdings der stark kasuistische Charakter der insbesondere im amerikanischen Hochschulunterricht verwandten Textbooks und die strukturelle Andersartigkeit unseres Ausbildungssystems zu berücksichtigen.

Die "Grundlagen der Unternehmensethik" sind in erster Linie für Studenten der Wirtschaftswissenschaften an Hochschulen und Fachhochschulen geschrieben. Deren Absolventen werden spätestens mit dem Eintritt in den Beruf Verantwortung für zunächst kleinere und später umfassendere Entscheidungsbereiche übernehmen. Darum ist ihnen bereits während des Studiums deutlich zu machen, daß sehr viele ökonomischen und technischen Entscheidungen Wertungen einschließen und jedes Unternehmen in eine Fülle von Kultur- und Sozialbezügen eingebunden ist. Das Interesse der Studierenden kann nicht früh genug auf diesen Aspekt ihrer späteren Tätigkeit gerichtet werden, wenn man von der Idee einer praxisorientierten betriebswirtschaftlichen Ausbildung ausgeht.

Zweitens richtet sich das Buch an die Führungskräfte in der Praxis. Die Entscheidungsträger sind häufig hin- und hergerissen in Rollenkonflikten zwischen den Ansprüchen der Privatsphäre und des Unternehmens. Sie müssen Entscheidungen treffen, von denen Wohl und Wehe ihrer Unternehmen, aber auch der zukünftigen Generationen abhängt. Ihnen soll eine zuverlässige Orientierungshilfe über den Stand des Wissens angeboten werden, aber auch Hilfestellung bei der Lösung konkreter Einzelfragen in den wichtigsten Funktionsbereichen des Unternehmens in Form von ethischen Leitlinien.

Die Anzahl der an ethischen Fragestellungen interessierten Kollegen und Studierenden nimmt langsam aber stetig zu. Die "Grundlagen" sollen deshalb drittens dazu beitragen, Interesse für die Lehre in diesem neuen "Fach" zu wecken. Ein Lehrbuch sollte auch Akzente für die Forschung setzen und zur vertieften wissenschaftlichen Auseinandersetzung mit dem Gegenstand anregen. Deshalb enthält die Arbeit weiterführende Hinweise zu gegenwärtigen und geplanten Forschungsvorhaben.

Vorwort

Die Vorbereitungen zu den "Grundlagen der Unternehmensethik" begannen bereits 1987. In dieser Zeit fanden auch die ersten Treffen des "Gesprächskreises Wirtschaftsethik" statt, der sich in Schlangenbad in unregelmäßigen Abständen trifft und engagierte Theologen mit Wirtschaftswissenschaftlern und Praktikern aus den Führungsetagen der Wirtschaft zusammenführt. Mein Dank gilt allen Teilnehmern des Gesprächskreises, die sich trotz ihrer vielfältigen Beanspruchung die Zeit für einen spannungsreichen und stets spannenden Dialog über ethische Grundprobleme des Wirtschaftens nahmen, allen voran Franz Kamphaus, Bischof von Limburg.

Zum Gelingen des Buches haben die Mitarbeiterinnen und Mitarbeiter des Seminars für Industriebetriebslehre in Frankfurt sowie des Lehrstuhls für Internationales Management an der European Business School in Oestrich-Winkel maßgeblich beigetragen. Es ist mir eine besondere Freude und Verpflichtung, ihnen allen für ihre Unterstützung herzlich zu danken. Mein besonderer Dank gilt dabei Herrn Dipl.-Kfm. Ralph Jahnke. Er betreute nicht nur die genannten Seminarveranstaltungen in Riezlern, sondern unterzog sich auch der Mühe, "his master's voice" am PC in ein druckfertiges Manuskript zu übertragen. Dabei unterstützten ihn insbesondere Frau cand. rer. pol. Susanne Hoheisel und Herr cand. rer. pol. Hans Peter von Engelbrechten sowie schließlich Frau Dipl.-Kffr. Simone Gerstenbrand. Darüber hinaus sahen Frau Dr. Gabriele Bästlein und Herr Dr. Rainer Türck die ersten Entwürfe kritisch durch, die in bewährter Qualität und Geduld von Frau Ulla Saelzle mit dem PC bearbeitet wurden - herzlichen Dank. Herrn Dipl.-Kfm. Michael Behnam danke ich für die Durchsicht des Manuskriptes und für wertvolle kritische Anregungen.

Zu danken habe ich auch den Studierenden der Betriebswirtschaftslehre. Wir haben in verschiedenen Lehrveranstaltungen des Seminars für Industriebetriebslehre in der Abgeschiedenheit des Gästehauses der Johann Wolfgang Goethe-Universität, Frankfurt/Main, in Riezlern/Kleinwalsertal sowie in Work-shops mit Studenten der European Business School/Oestrich-Winkel gemeinsam ethische Leitlinien für die einzelnen Unternehmensbereiche erarbeitet und deren Pro und Contra diskutiert. Früchte dieser kritischen Zusammenarbeit sind in die Ausarbeitung des 8. Kapitels eingeflossen.

Schließlich gilt mein Dank dem Verlag für die zügige Drucklegung der "Grundlagen". Meiner Frau Inge danke ich sehr für ihr kritisches Wohlwollen, ihre Unterstützung und ihr Verständnis während der Schreibtischarbeit, die häufig zu unkonventionellen Zeiten erfolgte. Dennoch teilt sie die Meinung des Predigers: "Des vielen Büchermachens ist kein Ende, und das viele Studieren macht den Leib müde." Ich widme ihr dieses Buch.

Inhaltsverzeichnis

Vorwort	V
Inhaltsverzeichnis	IX
Abkürzungsverzeichnis	XIX
Abbildungsverzeichnis	XXI
Tabellenverzeichnis	XXIII

1. Teil: Grundlagen — 1

Kapitel 1: Einführung — 3

1 Problemstellung — 3
2 Begriffliche Abgrenzungen — 8
    2.1 Ethik - Ethos/Moral — 8
    2.2 Sozialethik — 12
    2.3 Wirtschaftsethik — 14
        2.3.1 Überblick — 14
        2.3.2 Kognitivistische und non-kognitivistische Auffassungen — 19
    2.4 Unternehmensethik - eine Arbeitsdefinition — 20
    2.5 Methodischer Rahmen einer Unternehmensethik — 22
3 Aufbau des Buches — 25

Kapitel 2: Entwicklung ethischer Überlegungen in Wirtschaft und Unternehmen — 31

1 Historische Entwicklung ethisch relevanter Bereiche des Wirtschaftens — 31
2 Die Beschäftigung mit der sozialen Frage als Ausgangspunkt der Sozialethik — 34

3 Das gegenwärtige Interesse an der Unternehmensethik   39

   3.1 Die Situation in den USA   39
   3.2 Die Entwicklung der Unternehmensethik in der Bundesrepublik Deutschland   41

2. Teil: Begründungen und Ansätze einer Unternehmensethik   45

Kapitel 3: Philosophische Ansätze einer materialen Ethik   47

1 Die griechische Philosophie   47

   1.1 "Ethos" versus "Moral": Sokrates   47
   1.2 "Die Macht der Ideen": Platon   49
   1.3 Das Streben nach einer gerechten Wirtschaftsordnung bei Aristoteles   51
   1.4 Kritische Würdigung   53

2 Englische Philosophen   54

   2.1 Macht und Gerechtigkeit bei Thomas Hobbes   55
   2.2 Kein Erkenntnisfortschritt ohne Erfahrung: John Locke   57
   2.3 Das Prinzip der Sympathie nach David Hume   58
   2.4 The Theory of Moral Sentiments: Adam Smith   59
   2.5 Kritische Würdigung   61

3 Deutsche Philosophen   63

   3.1 Prästabilierte Harmonie oder Prädestination? Gottfried Wilhelm von Leibniz   63
   3.2 Die Pflichtethik des Georg Wilhelm Hegel   64
   3.3 Klassenkampf statt Ethik: Karl Marx   66
   3.4 Zusammenfassende Würdigung   67

Kapitel 4: Philosophische Ansätze einer formalen Ethik — 71

1 Historische Ansätze — 71

    1.1 Der Beginn der Aufklärung: Christian Wolff — 71
    1.2 Der Kategorische Imperativ: Immanuel Kant — 73
    1.3 Der Utilitarismus: Jeremy Bentham und John Stuart Mill — 74
        1.3.1 Jeremy Bentham — 75
        1.3.2 John Stuart Mill — 76
    1.4 Kritische Würdigung — 78

2 Neuere Ansätze — 78

    2.1 Die Theorie der Gerechtigkeit: John Rawls — 78
    2.2 Technisch-ökologische Verantwortung: Hans Jonas — 81
    2.3 Kommunikative Ansätze — 82
        2.3.1 Die Diskursethik der Frankfurter Schule — 82
        2.3.2 Konstruktive Ethik: Die Erlanger Schule — 84
    2.4 Kritische Würdigung der neueren Ansätze — 86

3 Zusammenfassung der philosophischen Ansätze — 87

    3.1 Die Frage nach dem höchsten Gut — 89
    3.2 Die Frage nach dem richtigen Handeln — 89
    3.3 Die Frage nach der Freiheit des Handelns — 90

Kapitel 5: Religiöse Ansätze — 93

1 Nicht-christliche Weltanschauungen — 94

    1.1 Judentum — 94
    1.2 Islam — 96
    1.3 Buddhismus, Taoismus und Konfuzianismus — 99
    1.4 Kritische Würdigung — 102

2	Grundaussagen einer christlichen Ethik	103
	2.1 Das Menschenbild der Bibel	103
	2.2 Der naturrechtliche Ansatz und die katholische Soziallehre	106
	2.3 Die Anfänge der evangelischen Sozialethik: Martin Luther und Johannes Calvin	107
	2.4 Christliche Ethik und Ökonomie	109
	2.5 Kritische Würdigung	113
3	Theologische Ansätze einer Unternehmensethik in den USA	114
	3.1 Überblick	114
	3.2 Der "Managerial-Ethics"-Ansatz	116
	3.3 Das Konzept der "Theology of Economics"	116
	3.4 Der "Christian-Framework"-Ansatz	118
	3.5 Kritische Würdigung	120
4	Zusammenfassung	120

Kapitel 6: Konzeptionelle Grundlagen der Unternehmensethik   123

1	Das Problem der Wertfreiheit	124
2	Utilitaristische Ansätze	128
	2.1 Der Ansatz der Klassik	128
	2.2 Neoklassische Auffassungen	130
	2.3 Kritische Würdigung	131
3	Kommunikationsorientierte Ansätze	132
	3.1 Die Drei-Ebenen-Konzeption Peter Ulrichs	132
	3.2 Der dialogorientierte Ansatz von Steinmann und Löhr	138
	3.3 Kritische Würdigung	140

4	Werteorientierte Ansätze	142
	4.1 Philosophiegestützter Ansatz	142
	4.2 Der "Corporate-Good-Citizenship"-Ansatz	145
	4.3 Die "Ethics of Organization"	147
	4.4 Der "Management-of-Values"-Ansatz	148
	4.5 Das "Moral-Rights"-Konzept	150
	4.6 Der grundwerteorientierte Ansatz	151
	4.7 Kritische Würdigung	154
5	Das Konzept des unternehmerischen ethischen Handelns innerhalb der Rahmenordnung	154
	5.1 Darstellung des Konzeptes des unternehmerischen ethischen Handelns innerhalb der Rahmenordnung	154
	5.2 Kritische Würdigung	157
6	Der integrative Ansatz von Staffelbach	158

3. Teil: Der Entwurf einer Entscheidungsethik und deren Implementierung — 162

Kapitel 7: Deskriptive Herleitung einer Entscheidungsethik — 165

1	Entscheidungen im Unternehmen	166
	1.1 Entscheidungsprozeß	167
	1.2 Entscheidungsträger	169
	1.3 Entscheidungsalternativen	170
2	Wertvorstellungen der Entscheidungsträger	170
	2.1 Wertvorstellungen - Versuch einer Axiologie	170
	2.2 Sozialisation und Enkulturation als werteprägende Prozesse	173
	2.3 Personelle Werte, Bedürfnisse und Ziele	176

3 Die Verknüpfung von Verantwortung und 179
  Handlungsalternativen

  3.1 Verantwortung und Verantwortungsethik 179
      3.1.1 Der Verantwortungsbegriff 179
      3.1.2 Verantwortungsethik vs. Gesinnungsethik 182
      3.1.3 Grenzen der Verantwortungsethik 184
  3.2 Eigene Werthaltung 186
  3.3 Verantwortung und Handlungsalternativen 189
      3.3.1 Verantwortungsdimension 189
      3.3.2 Entscheidungsrestriktionen 192
      3.3.3 Handlungsalternativen als Verknüpfung 194
            von Verantwortungsdimension und Ent-
            scheidungsrestriktionen
  3.4 Entscheidungskonflikte 196
      3.4.1 Kongruenzmängel als eine Ursache von 197
            Konflikten
      3.4.2 Konfliktformen 199
      3.4.3 Empirische Untersuchungsbefunde 201

4 Auswirkungen von Störungen des Entscheidungspro- 207
  zesses auf den Unternehmenserfolg

  4.1 Entscheidungseffizienz 207
  4.2 Entscheidungseffektivität 208
  4.3 Verringerter Unternehmenserfolg als Konsequenz 209
      von Prozeßstörungen

5 Entscheidungsethik 210

  5.1 Begründung 210
  5.2 Arbeitsdefinition 211

Kapitel 8: Normative Ausgestaltung einer Entscheidungsethik   213

1   Grundlagen der normativen Ausgestaltung   213

    1.1   Elemente und Rahmenbedingungen einer normativen Entscheidungsethik   214

    1.2   Zusammenhang der Elemente und Rahmenbedingungen   218

    1.3   Entdeckung ethisch relevanter Konflikte   219

    1.4   Kriterienkatalog zur Behandlung ethisch relevanter Konflikte   220

         1.4.1   Beschreibung des ethisch relevanten Konflikts   221

         1.4.2   Beurteilung des ethisch relevanten Konflikts   222

                 1.4.2.1   Analyse der Verantwortungsdimension   222

                 1.4.2.2   Analyse der Entscheidungsrestriktionen   223

                 1.4.2.3   Einordnung des Konfliktes in das Konfliktformenschema   224

         1.4.3   Finden von Lösungsvorschlägen   227

2   Die Verknüpfung der Entscheidungsethik mit einzelnen Konfliktformen   229

    2.1   Intrapersoneller Konflikt - Das Individuum   229

    2.2   Interpersoneller Konflikt - Die Gruppe   229

    2.3   Intraorganisatorischer Konflikt - Das Unternehmen   230

    2.4   Interorganisatorischer Konflikt - Die Gesellschaft   231

3 Die Regelung von Entscheidungskonflikten durch Findung ethischer Leitlinien 233

   3.1 Begründung der Notwendigkeit ethischer Leitlinien 233

   3.2 Basisentscheidung zur Auswahl des Normenfindungsprozesses 237

   3.3 Normenfindungsprozeß als Ausgangspunkt ethischer Leitlinien 238

   3.4 Methodik zur Findung ethischer Leitlinien 241

      3.4.1 Der Konflikt als Auslöser - Analyse der Konfliktform 241

      3.4.2 Der wiederholte Konflikt 242

      3.4.3 Der erstmalige Konflikt 243

      3.4.4 Anforderungen an die Formulierung neuer ethischer Leitlinien 244

      3.4.5 Die Entscheidung als Ausdruck der Konfliktregelung 248

4 Beispiele für die Regelung von Konflikten durch ethische Leitlinien 249

   4.1 Ethische Leitlinien der Unternehmensführung 249

   4.2 Ethische Leitlinien für Forschung & Entwicklung und die Produktpolitik 252

   4.3 Ethische Leitlinien für die Produktionspolitik 257

   4.4 Ethische Leitlinien für Vertrieb und Marketing 259

Kapitel 9: Die Implementierung einer Entscheidungsethik 267

1 Die Implementierung einer Entscheidungsethik als Werteentwicklungsproblem 268

   1.1 Theoretische Konzepte zur Werteentwicklung 268

   1.2 Reale Möglichkeiten der Werteentwicklung 271

2 Die Implementierung ethischer Verhaltensleitlinien als organisatorisches Problem 273

3	Die Durchsetzung von ethischen Leitlinien als personelles Problem	275
4	Ethische Inseln als Instrument der Diffusion und Konfliktbewältigung	277
	4.1 Begriff und Beschreibung der "Ethischen Insel"	277
	4.2 Beschreibung des Diffusionsprozesses	279
	4.3 Formulierung des Diffusionsmodells	280
	4.4 Ergebnisse der Modellsimulation	283
5	Grenzen einer Entscheidungsethik	285
6	Exkurs: Beispiele der Implementierung einer Unternehmensethik	286
	6.1 USA	286
	6.2 Bundesrepublik Deutschland	291

Kapitel 10: Konsequenzen des entscheidungsethischen Konzeptes für die betriebswirtschaftliche Lehre und Forschung — 297

1	Die gegenwärtige Situation der Lehre an Hochschulen sowie Fachhochschulen und künftige Anforderungen	297
	1.1 Die Situation in den USA	298
	1.2 Die Lage an den Hochschulen und Fachhochschulen im deutschsprachigen Raum	301
	1.3 Anforderungen der Entscheidungsethik an die künftige betriebswirtschaftliche Ausbildung	302
2	Implikationen des entscheidungsethischen Konzeptes für die betriebswirtschaftliche Forschung	303
	2.1 Verknüpfung von Konflikttheorie und ethischen Überlegungen	306
	2.2 Zusammenhang von Institutionen- und Individualethik	307

2.3	Suche nach und Begründung von ethischen Leitlinien	309
2.4	Implementierungsproblematik einer Entscheidungsethik	312
2.5	Rolle staatlicher Instanzen und Systeme	313
3	Ausblick: Konsequenzen einer Entscheidungsethik für die Welt der Unternehmen von morgen	317

Namensverzeichnis XXV

Stichwortverzeichnis XXXI

Literaturverzeichnis XLV

Abkürzungsverzeichnis

AFA	Arbeitsausschuß für Arbeitsstudien
AMA	American Marketing Association
BFuP	Betriebswirtschaftliche Forschung und Praxis
BKU	Bund Katholischer Unternehmer
BUND	Bund für Umwelt und Naturschutz Deutschland
CEO	Chief Executive Officer
CNC	Computerized Numerical Control
DBW	Die Betriebswirtschaft
EBEN	European Business Ethics Network
EKD	Evangelische Kirche Deutschlands
EOA	Ethics Officer Association
FAZ	Frankfurter Allgemeine Zeitung
FB/IE	Fortschrittliche Betriebsführung/Industrial Engineering
HBS	Harvard Business School
HWFü	Handwörterbuch der Führung
OECD	Organisation for Economic Cooperation and Development
SUP	Strategische Unternehmensplanung
WiSt	Wirtschaftswissenschaftliches Studium

WISU	Das Wirtschaftsstudium
WZB	Wissenschaftszentrum Berlin
ZFB	Zeitschrift für Betriebswirtschaft
zfbf	Zeitschrift für betriebswirtschaftliche Forschung
ZfO	Zeitschrift für Organisation
ZFP	Zeitschrift für Planung
ZIR	Zeitschrift Interne Revision

Abbildungsverzeichnis

Abb. 1:	Die Philosophie als Disziplingebäude	9
Abb. 2:	Aufbau der Ethik	11
Abb. 3:	Ebenen einer ökonomischen Ethik	14
Abb. 4:	Wirtschaftsethtik als "genitivus subjectivus" oder "genitivus objectivus"	15
Abb. 5:	Beziehungen zwischen Wirtschaftsethik und Wirtschaftspraxis	18
Abb. 6:	Methodischer Rahmen einer Unternehmensethik	25
Abb. 7:	Überblick über die zu betrachtenden nicht-christlichen Weltanschauungen	94
Abb. 8:	Konzeptionelle Ansätze zur Unternehmensethik	127
Abb. 9:	Klassifikation von Systemansätzen	144
Abb. 10:	McCoys Auffassung von Unternehmensethik mit Hilfe des triadischen Ansatzes	149
Abb. 11:	Von individueller ethischer Reflexion zum Unternehmenserfolg	167
Abb. 12:	Der Weg zur betrielichen Entscheidung	168
Abb. 13:	Unterteilung immateriell-orientierter Werte	171
Abb. 14:	Einteilung der Normen	172
Abb. 15:	Prägungsfaktoren der menschlichen Enkulturation	174
Abb. 16:	Werte, Bedürfnisse und Ziele der Entscheidungsträger	175

Abb. 17:	Zusammenhang von Bedürfnissen, Werten und Zielen	178
Abb. 18:	Arten der Verantwortung	180
Abb. 19:	Beeinflussungsfaktoren von Entscheidungsalternativen	189
Abb. 20:	Gegenüberstellung von idealtypischen und realem Verhältnis von Verantwortungsdimension und Entscheidungsspielraum	197
Abb. 21:	Verknüpfung der fehlenden Kongruenz von Verantwortungsdimension und Entscheidungsspielraum mit den verschiedenen Formen von Konflikten	198
Abb. 22:	Elemente und Rahmenbedingungen der Entscheidungsethik	214
Abb. 23:	Zusammenhang von Ethikschule und Normenfindung	215
Abb. 24:	Verantwortungsdimension bzw. Entscheidungsspielraum von Individuum und Institution	219
Abb. 25:	Kriterienkatalog zur Behandlung ethisch relevanter Konflikte	221
Abb. 26:	Verknüpfung der Konfliktformen mit Verantwortungsdimension sowie Entscheidungsspielraum	226
Abb. 27:	Die Basisentscheidung als Auswahlinstrument des Normenfindungsprozesses	238
Abb. 28:	Der Weg von der Basisentscheidungs zu einem Leitlinienkatalog	239
Abb. 29:	Das Ablaufdiagramm des Normenfindungsprozesses	240
Abb. 30:	Die Stufen psychologischer Entwicklung nach Kohlberg	269

Tabellenverzeichnis

Tab. 1:	Die päpstlichen Sozialenzykliken	35
Tab. 2:	Wichtige Vertreter der katholischen Soziallehre und ausgewählte Veröffentlichungen	37
Tab. 3:	Wichtige Vertreter der evangelischen Soziallehre und ausgewählte Veröffentlichungen	38
Tab. 4:	Analogien von Ethik und Ökonomik	88
Tab. 5:	Tugenden und Laster in der islamischen Wirtschaftsethik	97
Tab. 6:	Sozialökonomische Konzeption betriebswirtschaftlicher Rationalisierungsebenen	135
Tab. 7:	Monologische versus dialogische Konzeption	138
Tab. 8:	Übertragung von KANTs Dreiteilung auf die Betriebswirtschaftslehre	143
Tab. 9:	Der Corporate social policy process	146
Tab. 10:	Grundwerte und grundwertähnliche Prinzipien und ihre Präzisierung	152
Tab. 11:	Beispielhafte Normen und daraus erwachsende Rechte bzw. Pflichten in der Beziehung Unternehmung/Mitarbeiter	153
Tab. 12:	Gegenüberstellung von Gesinnungs- und Verantwortungsethik	183
Tab. 13:	Elemente ethischer Situationen	202
Tab. 14:	Charakterisierung ethischer Problemfälle und Dilemmata	203

Tab. 15: Institutionalisierungsformen und deren Verbreitung   290

1. Teil: Grundlagen

Die erste Übersicht dieses Buches vermittelt einen Einblick in die inhaltlichen Schwerpunkte des ersten Teils.

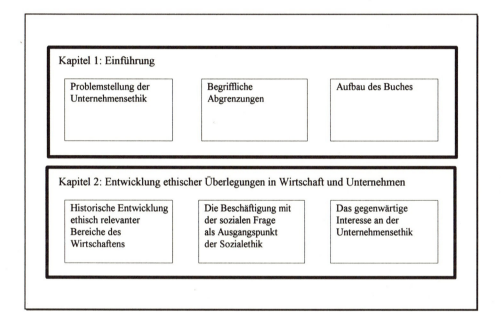

Die "Grundlagen der Unternehmensethik" werden den Leser mit zahlreichen Fragen konfrontieren, die nur zum Teil als gelöst anzusehen sind. Die noch offenen Probleme werden in der nachfolgenden Einführung (Kapitel 1) zunächst angerissen. Im Mittelpunkt steht dabei die Frage nach der Daseinsberechtigung einer Unternehmensethik. Anschließend folgen die zum Verständnis der Arbeit notwendigen begrifflichen Festlegungen sowie der methodische Rahmen für eine Unternehmensethik. Das erste Kapitel wird durch einen Überblick über den Aufbau des Buches beendet.

Die Ausführungen im zweiten Kapitel befassen sich mit der historischen Entwicklung ethisch relevanter Bereiche des Wirtschaftslebens. Sie beschäftigen sich ferner mit der sozialen Frage und skizzieren kurz die gegenwärtige Situation der Unternehmensethik.

Kapitel 1: Einführung

> **Lernziele:**
>
> Der Leser wird zunächst mit der Problemstellung sowie den offenen Fragen der Unternehmensethik bekanntgemacht und lernt die verschiedenen Begriffe kennen, mit denen in den weiteren Ausführungen gearbeitet wird. Er erhält dabei insbesondere einen zusammengefaßten Überblick über die Wirtschaftsethik. Abschließend wird er mit einer Arbeitsdefinition der Unternehmensethik bekannt gemacht und in den methodischen Rahmen für die Untersuchung eingeführt. Abschließend wird zum besseren Überblick der Aufbau des Buches erläutert.

1 Problemstellung

Im Mittelpunkt des Buches stehen die Begründung sowie die Darstellung der bisherigen Ansätze der Unternehmensethik und die Entwicklung einer eigenen Konzeption der "Entscheidungsethik". Mit diesem Begriff wird die enge Verknüpfung von ethischen Überlegungen und praxisnahen Lösungen unterstrichen. Das Treffen von "echten" Führungsentscheidungen (*vgl.* GUTENBERG *1962, S. 59-61*), die Organisation von Entscheidungsprozessen und die Auflösung von Entscheidungsdilemmata bzw. -konflikten bilden zentrale Ansatzpunkte sowohl der betrieblichen Praxis als auch der betriebswirtschaftlichen Lehre und Forschung. Sie stellen den Ausgangspunkt einer Entscheidungsethik dar. *[Randnotiz: Zentrale Ansatzpunkte der Betrachtung]*

In den verschiedenen Entscheidungsproblemen sind bereits in vielfältiger Form ethische Aspekte enthalten. "Entscheidungsethik" ist deshalb als "genitivus subjectivus" zu verstehen, nicht als "genitivus objectivus" (*vgl. dazu insbesondere Gliederungspunkt 2.3.1*). Es wird mit anderen Worten nicht darauf ankommen, die Entscheidungen als Objekt der Ethik zu be- *[Randnotiz: "genitivus subjectivus" versus "genitivus objectivus"]* trachten, sondern aus einer einheitlichen entscheidungsorientierten Perspektive zu argumentieren, welche (immer schon) die ethische Reflexion einschließt.

Ethische Wertvorstellungen und betriebliche Entscheidungen

Ethische Wertvorstellungen gehen in betriebswirtschaftliche Entscheidungsprozesse in doppelter Weise ein: erstens über die individuellen Wertvorstellungen von Personen (als Entscheidungsträger) und zweitens über die in der Unternehmenskultur angelegten, institutionalisierten Normen. Konflikte können zwischen den Entscheidungsträgern (interpersonelle Konflikte), aber auch zwischen einzelnen Personen und der Organisation (intraorganisatorische Konflikte) oder zwischen Organisationen (interorganisatorische Konflikte) auftreten. Die Person bringt in diese Konflikte ihre eigene ethische Basis ein, die sich in der Regel erst im Zeitablauf heranbildet und stabilisiert. Dieser Prozeß setzt die erfolgreiche Bewältigung intrapersoneller Konfliktsituationen (Konflikte in einer Person, z. B. Gewissenskonflikte) mit dem Ziel der Gewinnung von personaler Identität und Authentizität voraus.

Argumente gegen eine eigenständige Unternehmensethik

Nach MARTIN WALSER stellen Schriftsteller Fragen, die anderen nicht mehr einfallen (*vgl.* WALSER *1987*). Die Unternehmensethik reflektiert Sachverhalte, die entweder für selbstverständlich gehalten oder ausgeblendet werden. Sie muß sich zunächst aber die kritische Frage nach ihrem Selbstverständnis gefallen lassen.

Eine eigenständige Unternehmensethik wird vor allem aus zwei Gründen bestritten:

> ❶ Zwar könne sich der einzelne Unternehmensangehörige moralisch richtig oder falsch verhalten, das "Unternehmen an sich" besitze aber kein Gewissen. Es müsse als einzige Aufgabe seinen wirtschaftlichen Zweck effizient erfüllen. Eine eigenständige Unternehmensethik könne deshalb entfallen.

Kapitel 1: Einführung

> ❷ Der Markt zwinge seine Teilnehmer automatisch zu einem richtigen Verhalten, das die größte Wohlfahrt für alle bewirke. Dies gelte insbesondere für die "Soziale Marktwirtschaft" als eine auch unter moralischen Gesichtspunkten hochstehende Form der Wirtschaftsordnung.

Werturteile fließen nicht nur in moralische Individualentscheidungen ein, sondern bestimmen das gesamte wirtschaftliche Handeln. Aus diesem Grund kann die Betriebswirtschaftslehre für sich nicht den Anspruch erheben, "wertfreie" Empfehlungen auszusprechen. Auch der augenscheinliche Verzicht auf Werturteile stellt bereits ein Werturteil dar. Einen ethikfreien Raum gibt es nicht, es existieren vielmehr stets Wertvorstellungen unterschiedlicher inhaltlicher Ausrichtung. Eine an nichtverallgemeinerungsfähigen Werten orientierte individuelle Handlung mag zwar für diejenigen, die sich z. B. nach der Zielsetzung des KANTschen Imperativs richten ("Handle so, daß die Maxime deines Willens jederzeit zugleich als Prinzip einer allgemeinen Gesetzgebung gelten könne."), eine "unethische" Handlung sein. Doch weist diese Qualifizierung nur relativen Gehalt auf. Letztlich handelt es sich um einen Konflikt zwischen differierenden Wertestrukturen, nicht aber um einen Ausdruck von Wertfreiheit. So gesehen behandeln Unternehmensethik und Betriebswirtschaftslehre teilweise den gleichen Forschungsgegenstand, insbesondere die Wertmaßstäbe der Entscheidungsträger und damit des Systems Unternehmung (verkörpert z. B. in der Unternehmenskultur).

Werturteile im wirtschaftlichen Handeln

Unternehmen sind Institutionen, denen die Beschaffung, Produktion sowie Verteilung von Sachgütern und Dienstleistungen obliegt. Bei der Erfüllung ihrer Sachziele müssen sie, um überlebensfähig zu sein, in einer marktwirtschaftlichen Wettbewerbsordnung nach den Kriterien der Rationalität, Produktivität und Rentabilität handeln.

Formalziele unternehmerischen Handelns

In der sozialen Marktwirtschaft sind diese Formalziele innerhalb eines vorgegebenen Rahmens zu verfolgen, der übergeordnete Gesichtspunkte (z. B. soziale Gerechtigkeit, Umweltschutz und Menschenwürde usw.) quasi als Rahmenbedingungen enthält.

Unabhängig davon, ob man dem betrieblichen Wertschöpfungsprozeß bereits eine ethische Qualität beimißt (*wie z. B.* ULRICH *1991c, S. 193*) oder nicht, beinhalten das Wirtschaftshandeln und die mit der Entscheidung im Einzelfall selbst verbundenen Ziel-/Mittelabwägungen normative, d. h. wertbezogene Überlegungen.

Ausschluß autonomer betriebswirtschaftlicher Rationalität

Wie die jüngere Wirtschaftstheorie gezeigt hat, existiert kein interessenneutrales Effizienz- und Rationalitätskriterium für kollektives wirtschaftliches Handeln, das trotz unterschiedlicher Präferenzordnungen für alle Entscheidungsträger "optimal" ist (*vgl.* MYRDAL *1976, S. 140-149, und* ULRICH *1992, S. 196 f.*). Ethische Reflexionen können deshalb auch nicht erst bei der Frage der Gewinnverwendung ansetzen (*vgl. dazu auch die Kritik* ULRICHs *an* STEINMANN/LÖHR *in* ULRICH *1991c, S. 194-199*), sondern müssen die Gesamtheit unternehmerischen Handelns erfassen und sich (im Sinne einer "Vernunftethik") an den normativen Bedingungen eines vernünftigen Wirtschaftens ausrichten (*vgl.* ULRICH *1991c, S. 193*). Unternehmen können keine "autonome betriebswirtschaftliche Rationalität" verfolgen, weil alle Entscheidungen prinzipiell interessenorientiert sind.

Infragestellung allgemeingültiger moralischer Grundprinzipien

In einer pluralistischen Gesellschaft, die immer stärker global zusammenwächst, sind einheitliche gesellschaftliche Wertmaßstäbe kaum noch auszumachen. Das Sozialgebilde Unternehmen führt Menschen unterschiedlichster Herkunft und Kultur zum Leistungserstellungs- und Leistungsverwertungsprozeß zusammen. Deshalb muß die Frage gestellt werden, ob es allgemeingültige moralische Grundprinzipien gibt, die als Normenvorgaben in eine Unternehmensethik eingehen könnten.

Selbst wenn diese existieren sollten, sind damit noch keine Aussagen darüber möglich, ob sie auch konfliktfrei durchgesetzt werden können. Ein Blick in die Unternehmenspraxis zeigt, daß diese geradezu identisch ist mit der Lösung von Konflikten aller Art. Unternehmen stellen

"Zwangsgebilde" dar, die durch das Gegensatzpaar Kooperation-Konfrontation bestimmt sind. Eine pragmatische Unternehmensethik muß sich deshalb mit den ethischen Konflikten befassen, die sich z. B. aus dem Aufeinanderprallen persönlicher Wertmaßstäbe und unternehmensorientierter Rollenvorstellungen ergeben. Die Diskussion des "ethischen Dilemmas", das sich vor allem aus interpersonellen und intraorganisatorischen Konflikten ergibt, findet insbesondere im amerikanischen Raum statt. Sie ist bisher in der Bundesrepublik Deutschland kaum aufgenommen worden.

Die Untersuchung der bestehenden oder latenten Konfliktformen und -ursachen bildet eine wichtige Voraussetzung für die Suche nach geeigneten Wegen der Konfliktbewältigung. Dabei wird von der Minimalannahme ausgegangen, daß Konflikte häufig nicht im wirklichen Sinne, d. h. auf Dauer, zu lösen sind. Die Kontrahenten können sich aber sehr wohl darauf verständigen, gemeinsam nach Möglichkeiten der Konsensfindung bzw. des Konfliktmanagements zu suchen, um zu einer Annäherung von Standpunkten zu kommen oder zumindest eine Schadensbegrenzung vorzunehmen. Es wird also in vielen Fällen nur darum gehen können, zu einer Konflikthandhabung "mittlerer Reichweite" zu gelangen.

Ethische Dilemmata als Ausgangsbasis

Offensichtlich macht es nur dann Sinn, von Unternehmensethik zu sprechen, wenn den im Unternehmen tätigen Personen bestimmte Handlungsalternativen zur Verfügung stehen. Unsere Auffassung von Unternehmensethik orientiert sich daher an der anthropologischen Grundannahme diskretionärer Handlungsfreiräume (*vgl. dazu auch* ENDERLE *1987a, S. 437*). Es wird davon ausgegangen, daß die Entscheidungsträger nicht durch endgültig festgelegte Handlungsbedingungen zum bloßen Re-Agieren gezwungen sind, sondern zumindest eine gewisse Wahlfreiheit der Entscheidung besitzen.

Handlungsfreiräume als Voraussetzung ethischen Verhaltens

Die Frage nach der moralischen Verantwortung des einzelnen und des Unternehmens stellt sich nur dann, wenn die Organisation bzw. der

Markt nicht automatisch zu unmoralischem (oder moralischem) Verhalten zwingt (*vgl.* ENDERLE *1991a, S. 181 f.*).

Als vorläufiges Fazit ergibt sich:

> ❶ Im Unternehmen existiert kein ethikfreier Raum, der durch "reine Sachentscheidungen" gekennzeichnet wäre.
>
> ❷ In Konflikten wird moralisches Handeln begrenzt, wenn unterschiedliche Zielvorstellungen aufeinandertreffen.
>
> ❸ Die Unternehmensethik thematisiert sowohl individuelle Verhaltensweisen der Unternehmensangehörigen als auch kollektive Entscheidungen des Unternehmens als Institution.
>
> ❹ Moralisches Verhalten im Unternehmen kann sich nur dann entfalten, wenn bestimmte Freiheitsräume bestehen, die alternative Handlungsmöglichkeiten einschließen.

Damit sei die Darstellung der offenen Probleme vorläufig abgeschlossen. Bevor auf deren Lösungsmöglichkeiten im einzelnen eingegangen wird, sind zunächst die wichtigsten Begriffe zu erläutern, die für das Verständnis der späteren Kapitel konstitutiv sind. Wir grenzen zunächst die Grundbegriffe Ethik und Ethos/Moral voneinander ab. Ferner ist auf die Sozial- und Wirtschaftsethik einzugehen, da beide Disziplinen Fragen behandeln, die auch das Agieren der Unternehmen betreffen. Der Abschnitt wird mit einer Arbeitsdefinition zur Unternehmensethik abgeschlossen.

2 Begriffliche Abgrenzungen

2.1 Ethik - Ethos/Moral

Begriff der Philosophie

Die für das Thema wichtigsten Begriffe sind "Ethik" einerseits und "Ethos" bzw. "Moral" andererseits. Ethik bildet ein Grundelement der Philosophie. Philosophie versteht sich als die Wissenschaft von den verschiedenen Denkgebäuden, welche die Erkenntnis der "letzten Ziele des menschlichen Daseins" (SURANYI-UNGER 1967, S. 1) zum Gegenstand haben. Sie läßt sich, wie Abb. 1 zeigt, in drei Bereiche untergliedern:

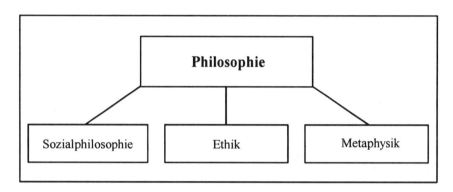

Abb. 1: Die Philosophie als Disziplingebäude.

Metaphysik behandelt das hinter der sinnlich erfahrbaren Welt Liegende, also die letzten Gründe des Seins. Betrachtungsgegenstand der Sozialphilosophie sind der Mensch selbst und die ihm immanenten Eigenschaften. Ethik leitet sich von dem griechischen Begriff "ethos" (Sitte, Brauch, Gewohnheit) ab und bezeichnet die wissenschaftliche Reflexion über das Ethos (die Moral). Ethik umfaßt den normativen Grundrahmen für das Verhältnis des Menschen

Begriff der Ethik

- zu seinem Selbst (Individualaspekt),
- zum Mitmenschen (Personalaspekt) sowie
- zur ökologischen Umwelt (Umweltaspekt) (*vgl.* HÖFFE *1986, S. 170;* RICH *1984, S. 41-48*).

Synonym zu Ethik werden auch die Begriffe Moralphilosophie oder Sittenlehre verwendet (*vgl.* HOMANN/HESSE *1988, S. 10*). Der Begriff Ethik wird vielgestaltig benutzt (*vgl. z. B. das Sachregister zu* DIETRICH BONHOEFFERS "Ethik", BONHOEFFER *1961, S. 294*).

"Ethik" und "Ethos" bzw. "Moral" stehen sich ähnlich wie "Theorie" und "Praxis" gegenüber. Ethisches Denken kennzeichnet das Reflektieren über mögliche Handlungsnormen, moralisches Handeln umfaßt das Befolgen dieser Normen. Die Begriffe "Ethos" und "Moral" werden im allgemeinen synonym verwendet, doch bezeichnet Ethos mehr die innere Verpflichtung zur Befolgung von Normen. Ethos wird als persönliches Wertegefüge verstanden, das von den gesellschaftlichen Wertvorstellungen durchaus abweichen kann. Moral umfaßt das Werte- und Normengefüge eines abgegrenzten Kulturkreises, das unter Umständen auch von den gesetzlichen Vorschriften abweichen kann. Die Bezeichnung Ethos taucht oft in Verbindung mit Berufsgruppen auf (Standesethos, Berufsethos). Moral (bzw. Sittlichkeit) bezieht sich dagegen auf die Sphäre des praktischen Handelns im Leben des einzelnen oder der Gesellschaft.

Ethik versus Ethos bzw. Moral

Als wissenschaftliche Disziplin wird Ethik untergliedert in

○ deskriptive und
○ normative Ethik.

Die deskriptive Ethik sucht die durch Empirie vorfindlichen moralischen Auffassungen eines Individuums oder sozialer Gruppen zu erfassen und zu analysieren. Die Darstellung eines Katalogs moralischer Verhaltensgrundsätze der Unternehmenspraxis kann z. B. als ein Anwendungsfall der deskriptiven Ethik angesehen werden (*vgl.* RICH *1984, S. 21*). Sie beschreibt folglich, wie ein Mensch sich tatsächlich verhält.

Deskriptive und normative Ethik als wissenschaftliche Teildisziplinen

Normative Ethik will dem Menschen aufzeigen, wie er handeln soll. Sie hat sich zum Ziel gesetzt, moralische Forderungen an Personen oder Institutionen in methodischer Weise aufzustellen und zu begründen. Unterstellt wird dabei eine sittliche Verantwortlichkeit des Menschen bzw. der Institution in den und für die jeweiligen Handlungssituationen sowie deren Folgen (*vgl.* RICH *1984, S. 22 f.*).

Materiale und formale Ethik als Bestandteile normativer Ethik

Sind moralische Forderungen als standardisierte inhaltliche Aussagen bereits vorgegeben, spricht man von materialer Ethik. Ein Beispiel bieten die sog. ethischen Leitlinien, auf die im dritten Teil ausführlich eingegangen wird. Sie geben ähnlich wie Gesetzesnormen bestimmte Handlungsweisen vor (*vgl. dazu auch* LAY *1993, S. 30 f.*). Bezeichnen die moralischen Forderungen jedoch Verfahrens- bzw. Entscheidungsregeln, durch die der Mensch das sittlich Gute selbst bestimmen kann, handelt es sich um prozessuale Normen bzw. um formale Ethik. Um die Aufstellung formaler bzw. prozessualer Normen bemüht sich z. B. die Diskursethik. Diese Unterscheidung wird uns insbesondere bei der Darstellung der einzelnen philosophischen Ansätze beschäftigen. Die nachstehende Übersicht verdeutlicht zusammengefaßt den Aufbau der Ethik.

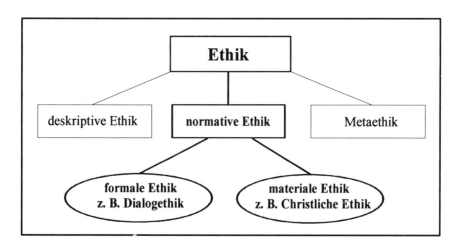

Abb. 2: Aufbau der Ethik.

Wir haben bisher die normative Ethik, als wichtigsten Teil der praktischen Philosophie, nach materialer und formaler Ethik unterschieden. Dieses Raster enthält keine Aussagen zu inhaltlichen Positionen der verschiedenen Ansätze. Nach den möglichen Inhalten lassen sich unterscheiden (*vgl.* HÖFFE *1986, S. 183-184*):

Inhaltliche Ansätze der Ethik

❶ Theologische Ethik (insbesondere christliche, jüdische und islamische Ethik).

Ethische Normen werden einer Offenbarungsquelle entnommen und sind auf die jeweilige Entscheidungssituation anzuwenden.

> ❷ Teleologische Ethik (griech. télos = Ziel, Zweck).

Die Folgen einer Handlung werden nach einem höchsten Ziel, z. B. dem Glücksstreben, bewertet. Zu unterscheiden ist dabei zwischen einer Haltung des Utilitarismus (das Wohlergehen aller gilt als höchste Forderung) und des Egoismus (das Selbstinteresse des einzelnen oder von Gruppen ist das höchste Ziel).

Die in dem teleologischen Prinzip liegende Gefahr besteht darin, daß bei konsequenter Auslegung der Zweck (das Ziel) die Mittel rechtfertigen könnte und keiner Relativierung zugänglich erscheint. Die Teleologie umfaßt ein antizipatives Folgenbewertungsproblem und führt somit zu einer Absichtsethik.

> ❸ Deontologische Ethik (griech.: to déon = die Pflicht).

Die Handlungen werden nach einem als richtig angenommenen Grundsatz ausgewählt. Normen deontologischer Prägung können auch als Nebenbedingungen teleologischer Zielvorgaben interpretiert werden. Sie stellen Vorgaben da, die einen Zielkorridor errichten und eingehalten werden müssen (*siehe zu dieser Unterscheidung auch* LAY *1993, S. 31 f.*).

Unternehmensethik konnte sich erst in neuerer Zeit als eigenständige Disziplin formieren. Unternehmensethische Überlegungen finden sich jedoch bereits in der "Sozialethik".

2.2 Sozialethik

Gegenstand der Sozialethik sind Aussagen über das rechte Verhalten zum Mitmenschen innerhalb der gesellschaftlichen Institutionen und die Verantwortung für die Gestaltung dieser Beziehungen (*vgl.* SCHWEITZER *1957, Sp. 159*). Der Begriff wurde 1868 durch A. V. OETTINGEN geprägt, um gegenüber den Einseitigkeiten der "Sozialphysik" AUGUSTE COMTES den ethischen Aspekt des menschlichen Lebens innerhalb der größeren Gemeinschaft zu betonen (*siehe* SCHWEITZER *1957, Sp. 161*).

Begriff und Gegenstand der Sozialethik

Daß der Begriff in der zweiten Hälfte des 19. Jahrhunderts geprägt wurde, hängt mit der Entstehung der sozialen Frage im Verlauf der industriellen Revolution und den Versuchen zu ihrer Lösung durch überwiegend christliche Sozialreformer zusammen. Die Sozialethik ist deshalb sowohl in der römisch-katholischen (hier häufig "Soziallehre" genannt) als auch in der evangelischen Theologie entwickelt worden.

Die Sozialethik begreift das Unternehmen bewußt als Teil der Gesellschaft. Sozialethische Überlegungen werden unter Berücksichtigung ihrer normativen Aussagen auf betriebliche Problemstellungen übertragen (*vgl.* RICH *1984, S. 67*). Z. B. erfolgen in der Sozialethik Überlegungen zu den Strukturproblemen des Unternehmens wie die Verwirklichung und Sicherung von Gerechtigkeit, Frieden bzw. Freiheit im Betrieb (*siehe* LAY *1983, S. 227-276*). Das Unternehmen erscheint als eine

Sozialethik im Geflecht betrieblicher Probleme

Institution, die überindividuelle Entscheidungen trifft und transpersonale Aufgaben wahrnimmt, ebenso wie der Staat, die Gewerkschaften und Arbeitgeberverbände oder die Kirchen. In dieser Sicht gilt "das Unternehmen" als verantwortliche Instanz. Es muß z. B. im Verhältnis zu seinen Kunden dafür sorgen, daß keine umweltschädigenden Produkte entwickelt oder manipulierende Werbemaßnahmen unterlassen werden. Im Innenverhältnis hat es z. B. nicht mehr Zwänge auszuüben, als zur Bestandserhaltung und zur Wahrnehmung der Unternehmensfunktionen erforderlich erscheinen, und muß die arbeitenden Menschen vor gesundheitsschädigenden Einwirkungen schützen. Die Würde und Freiheit der einzelnen Mitarbeiter ist in der Weise zu respektieren, daß weder Falschinformation gegeben noch durch Manipulation den Mitarbeitern Schaden zugefügt wird.

Wie die letzten Ausführungen bereits deutlich machen, stellen wirtschaftliche Probleme einen Schwerpunkt sozialethischer Überlegungen dar. Die nachfolgend zu betrachtende Wirtschaftsethik bildet einen wichtigen Teilbereich der Sozialethik. Sie dient der Wirtschaftspraxis, indem sie sich mit deren Problemen und Verhaltensweisen befaßt.

2.3 Wirtschaftsethik

2.3.1 Überblick

Vom Unternehmen aus betrachtet behandelt die Wirtschaftsethik Fragen, die auf der Makroebene entstehen. So gesehen ergänzt sie die Führungsethik (Mikroebene) und die Unternehmensethik (Mesoebene) (*vgl. zu dieser Einteilung* ENDERLE *1988a, S. 55-60*).

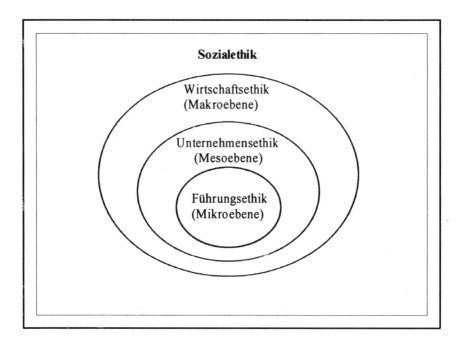

Abb. 3: Ebenen einer ökonomischen Ethik.

Begriff und Einordnung der Wirtschaftsethik

Auf der Makroebene steht die Frage nach dem "gerechten" Wirtschaftssystem und der Anwendung moralischer Maßstäbe in der Wirtschafts-, Finanz- und Sozialpolitik im Vordergrund. Die Wirtschaftsethik untersucht die gesamtwirtschaftlichen Handlungen im Hinblick auf ihre moralischen

Konsequenzen. Ihr Ziel ist die Findung begründeter Normen für ein "gutes" Wirtschaften (*vgl.* GÖBEL *1992, S. 290*). Sie behandelt die Frage nach den ethisch begründeten wirtschaftlichen Rahmenbedingungen. Wirtschaftsethik wendet das Grundmodell einer Ethik an, die sich als "das vernünftige Nachdenken über die Frage nach einem allgemein gültigen Guten" (SPAEMANN *1982, S. 14*) versteht.

Der Begriff der "Wirtschaftsethik" wird in der Literatur uneinheitlich gebraucht. Die bestehende Begriffsverwirrung läßt sich nach Hesse auf die Alternativen der Anwendung von Wirtschaftsethik im Sinne eines "genitivus subjectivus" oder "genitivus objectivus" (HOMANN/HESSE *1988, S. 9*) zurückführen.

Betrachtungsweisen einer Wirtschaftsethik

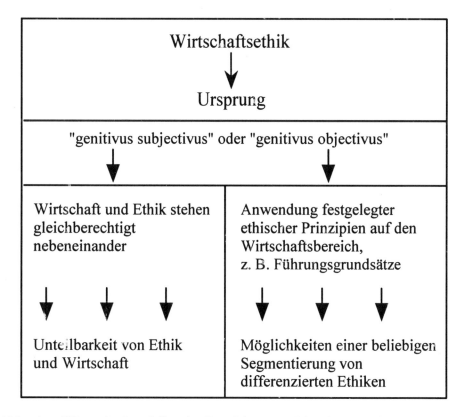

Abb. 4: Wirtschaftsethik als "genitivus subjectivus" oder "genitivus objectivus".

"genitivus objectivus" als Anwendung ethischer Prinzipien

Als "genitivus objectivus" versteht sich Wirtschaftsethik bei Anwendung von festgelegten ethischen Prinzipien auf den Wirtschaftsbereich (also auch auf einzelne Funktionen der Unternehmung, dessen Führung, die Mitarbeiter und die Produkte). Daraus resultiert die Möglichkeit einer beliebigen Segmentierung in eine Vielzahl von "gruppen- und/oder institutionen-spezifisch differenzierten Ethiken" (WAGNER *1990, S. 297*). Kritisch ist anzumerken, daß mit dieser Auffassung die Konzeption der Unteilbarkeit aufgegeben wird: "private Moral" und "Geschäftsmoral" werden dann z. B. unterschiedlich gewertet. Zweitens dominiert bei diesem Verständnis die Ethik gegenüber dem jeweiligen Anwendungsbereich, d. h., dessen besondere Situation (Sachgesetzlichkeit) bleibt unberücksichtigt.

"genitivus subjectivus" als Unteilbarkeit von Ethik und Wirtschaft

Nur wenn Wirtschaftsethik (wie auch Unternehmensethik) als "genitivus subjectivus" verstanden wird, d. h. Ethik und Wirtschaft als gleichberechtigt nebeneinander akzeptiert werden, können die Aussagen der Wirtschaftswissenschaften ernstgenommen werden. Mit diesem Anspruch stellt sich zugleich die Frage nach dem Verhältnis der Wirtschaftsethik zur Wirtschaftswissenschaft.

Aufgaben der Wirtschaftsethik

Zur Klärung dieser Beziehung ist es notwendig, zunächst das Selbstverständnis der Wirtschaftswissenschaften zu untersuchen (*siehe zum folgenden* HOMANN/HESSE *1988, S. 15 f.*). Versteht man unter Wirtschaftswissenschaft im engeren Sinne die Markttheorie und deren Anwendung auf das Verhalten von Anbietern und Nachfragern, so kommt der Wirtschaftsethik die Aufgabe zu, die moralischen Dimensionen des Marktverhaltens zu untersuchen. Diese Aufgabe umfaßt nach KORFF die folgenden Problemfelder (*vgl.* KORFF *1986, S. 79 f.*):

❶ Die Zuordnung des Haushalts des Menschen und der Natur (Verknüpfung von Ökonomie und Ökologie).

❷ Das Verhältnis von Können und Dürfen im Umgang mit der Technik.

> ❸ Überprüfung des humanen Stellenwerts der Bedürfnisse für ein sinnvolles menschliches Gelingen.
>
> ❹ Die Gestaltung des Arbeitseinsatzes der Mitarbeiter unter humanen Gesichtspunkten.
>
> ❺ Ein angemessenes Verhältnis individueller und sozialer Anspruchs-, Teilhabe-, Verfügungs- und Mitbestimmungsrechte im Sinne einer an Gerechtigkeitsvorstellungen ausgerichteten Wirtschaftsordnung.

Im weitesten Sinne wird Wirtschaftswissenschaft als eine allgemeine Theorie menschlichen Verhaltens interpretiert. Gegenstand der Betrachtung sind dann alle Handlungen des Menschen, bei denen Wahlentscheidungen getroffen werden müssen und folglich Opportunitätskosten entstehen. In diesem Sinne wird sowohl die Staatstätigkeit wie das Marktverhalten als Objekt wirtschaftswissenschaftlichen Denkens verstanden.

Anwendungsbereich der Wirtschaftsethik

Ferner umschließt diese Werteauslegung des Anwendungsbereiches der Wirtschaftsethik auch Aussagen über moralisches Verhalten von Politikern, Beamten und Funktionsträgern.

Unabhängig von der begrifflichen Festlegung bieten sich zur Beschreibung der möglichen Beziehungen zwischen Wirtschaftsethik und Wirtschaftspraxis im Prinzip drei Modelle an. Sie werden als "Dominanz-", "Unterwerfungs-" und "Koexistenz-Modell" bezeichnet:

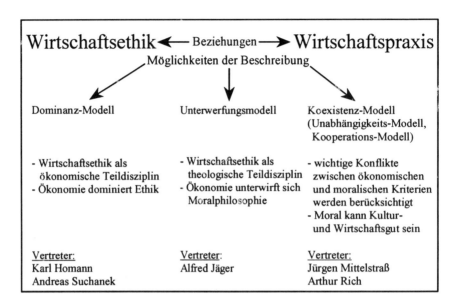

Abb. 5: Beziehungen zwischen Wirtschaftsethik und Wirtschaftspraxis.

O Das Dominanz-Modell

Erstens kann man die Wirtschaftsethik als ökonomische Teildisziplin betrachten: In diesem Fall dominiert die Ökonomie die Ethik. Das Dominanz-Modell versteht die Wirtschaftsethik als eine "ökonomische Theorie der Moral" und begründet Normen aus einer ökonomischen Analyse der Moral. Danach sind Normen eher dann zur Geltung zu bringen, wenn sie zur Erreichung von Erträgen führen, die ohne die Befolgung der moralischen Normen nicht zu erreichen wären. Als Vertreter dieses Ansatzes sind KARL HOMANN und ANDREAS SUCHANEK zu nennen (*vgl. dazu* HOMANN/SUCHANEK 1992; *siehe auch* HOMANN 1994).

Das Dominanz-Modell

O Das Unterwerfungsmodell

Zweitens läßt sich Wirtschaftsethik als eine theologische (bzw. philosophische) Teildisziplin interpretieren: hier unterwirft sich die Ökonomie der Moralphilosophie (*siehe* JÄGER 1987, S. 142-148). Das Unterwerfungsmodell findet sich z. B. in einer naturrechtlichen Auffassung, die das Naturrecht als eine das Wirt-

Das Unterwerfungsmodell

schaftsleben bestimmende Lebensordnung versteht (*vgl. z. B.* KOSLOW-SKI *1988a, S. 298-302*).

> ○ Koexistenz-Modell

Das Koexistenz- oder Unabhängigkeitsmodell stellt eine mögliche dritte Variante der Beziehungen zwischen Wirtschaftsethik und Ökonomie dar. Diese Zuordnung wird auch als "Kooperationsmodell" bezeichnet. Zu Vertretern der dritten Richtung zählen unter anderem JÜRGEN MITTELSTRAß und ARTHUR RICH. Diese Denkhaltung kommt prägnant in der These zum Ausdruck:

Das Koexistenz-Modell

"(Es kann) nicht wirklich menschengerecht sein, was nicht sachgemäß ist, und (es kann) nicht wirklich sachgemäß sein, was dem Menschengerechten widerstreitet" (RICH *1984, S. 81*). Der Unabhängigkeitsansatz enthält die Chance, daß die (in der Praxis wichtigen) Konflikte zwischen ökonomischen und moralischen Kriterien berücksichtigt und Schritte zu einer Annäherung der beiden Disziplinen ins Auge gefaßt werden können. Auch der Vorschlag von RUDOLF GÜMBEL, Moral als Kultur- und Wirtschaftsgut zu betrachten, zielt in diese Richtung. Nach GÜMBEL sind Problemelemente der Ethik endogen in den Gegenstandsbereich ökonomischer Theorie einzubeziehen. Denn für beide gilt, daß sich ihre Beziehungszusammenhänge bestimmten Vorschriften oder Normen unterwerfen, und zwar unabhängig von deren Begründung (*siehe* GÜMBEL *1991, S. 110*).

In der Praxis einer marktwirtschaftlichen Wettbewerbsordnung besteht zwischen der Makroebene und den Meso- bzw. Mikroebenen keine vollständige Determiniertheit. Vielmehr existieren Freiräume, die für eigene Entscheidungsfreiheiten im moralischen Sinne genutzt werden können. (*Zur Organisation als "moralischem Akteur" siehe* ENDERLE *1987a, S. 439.*)

2.3.2   Kognitivistische und non-kognitivistische Auffassungen

Moralische Aussagen und Forderungen werden durch metaethische Begründungen gestützt. Dabei lassen sich kognitivistische und non-kognitivistische Auffassungen unterscheiden (*siehe* SCHAUENBERG *1991, S. 8; siehe auch* KLIEMT *1992*).

Kognitivistische Begründungen unterstellen, daß Normen intuitiv zu erfassen sind, rational einsichtig gemacht oder durch religiöse Erfahrungen bestätigt werden können. Damit sind sie auch objektivierbar. Eine solche Wertbasis ermöglicht dann eindeutige Schlußfolgerungen.

Kognitivistische versus non-kognitivistische Ansätze

Im Gegensatz dazu gehen non-kognitivistische Ansätze von Werten aus, die sich nicht sicher erkennen lassen, sondern nur hypothetischen Charakter tragen. Sie ähneln darin den entscheidungstheoretischen Konzeptionen der ökonomischen Theorie.

Der Unterschied zwischen einer kognitivistischen und einer non-kognitivistischen Auffassung von Ethik spielt eine wichtige Rolle bei der Begründung von Normen (*siehe dazu im einzelnen* KLIEMT *1992, S. 92-99*). Wie KLIEMT nachweist, kann man die normative Ethik auch wie einen Teil der normativen Ökonomik behandeln. Allerdings sind die deskriptiven Probleme der Ethik dadurch nicht zu lösen. Dazu bedarf es vielmehr einer Erweiterung der Prämissen des ökonomischen Verhaltensmodells. Nur so kann in angemessener Weise berücksichtigt werden, daß nicht jedes Handeln individuell rationaler Kalkulation entspringt und als deren Kausalfolge zu erklären ist.

Nach der Darstellung der Beziehungen zwischen Wirtschaftsethik und -praxis gehen wir nun auf den Begriff der Unternehmensethik ein.

2.4   Unternehmensethik - eine Arbeitsdefinition

Für die weiteren Überlegungen wird folgende Arbeitsdefinition zugrundegelegt, die sowohl den inhaltlichen als auch den formalen Aspekt bereits umfaßt; dies jedoch noch in so allgemeiner Form, daß einerseits zwar eine sprachliche Festlegung des Untersuchungsgegenstandes in ausreichender Weise vorgenommen wird, aber andererseits genügend Freiraum für eine konkretisierende Weiterentwicklung verbleibt.

Kapitel 1: Einführung

> *Unternehmensethik untersucht die aus den Wechselwirkungen zwischen Unternehmen, Politik und Gesellschaft abgeleiteten Werturteile der Unternehmensmitglieder und deren Umsetzung in der Unternehmenspraxis.*

Unsere Definition unterstellt, daß Entscheidungen im Unternehmen an gewissen Präferenzmaßstäben ausgerichtet sind. Das Handeln wird also durch eine bestimmte "Moral" (ein "Ethos") geprägt. "Der moralische Charakter kommt zum rationalen Handeln nicht hinzu, sondern steckt in ihm selbst" (HERMS 1991, S. 78). Allerdings ist der hier gewählte Rationalitätsbegriff weiter als eine Definition, die sich nur auf eine effiziente Mittel-Ziel-Zuordnung beschränkt. Er erfaßt zusätzlich die Zielsetzung des Handelns und bezieht diese vernunftgemäß ein (*vgl.* HÖFFE *1986, S. 202*). Die Unternehmensethik analysiert die Werturteile und entwickelt Vorschläge für ein ethisch-rationales Handeln.

Grundeinstellungen als Kerninhalt ethischer Reflexion

Die vorgeschlagene Begriffsbestimmung enthält drei wichtige Aspekte. Erstens sind es die Grundeinstellungen und Normen der Unternehmensangehörigen, über die kritisch nachzudenken ist. Sie bilden den Kerninhalt ethischer Reflexion. Von Bedeutung erscheint dabei, daß nicht nur das Top-Management als Träger ethisch relevanter Entscheidungen in Betracht kommt. Zwar spielen diese Personen eine erhebliche Rolle in den unternehmerischen Entscheidungsprozessen, doch besteht für alle Mitglieder des Unternehmens die Möglichkeit und Verpflichtung zu moralischem Handeln. Damit verliert die ethische Reflexion ihren Allgemeinheits- und Unverbindlichkeitscharakter.

Zweitens sind auch solche Handlungen Gegenstand einer Unternehmensethik, die institutionalisierten Wertmaßstäben des Unternehmens entsprechen. Es handelt sich dabei um Entscheidungen, die für das Unternehmen als Ganzes und in dessen Namen getroffen werden. Das Unternehmen kann einen moralischen Verhaltenskodex vorgeben, der die Aktivitäten einzelner Funktions- und Geschäftsbereiche sowie individueller Entscheidungsträger regelt. Zahlreiche Unternehmen in den USA verfügen über solche "codes of ethics", deren Zustandekommen

Ethisches Handeln anhand institutionalisierter Wertmaßstäbe

und Wirkungen einen zentralen Ansatzpunkt für die Unternehmensethik darstellen. Zwischen den Wertmaßstäben einzelner Personen und den institutionalisierten Werten des Unternehmens besteht ein interdependenter Zusammenhang. Die in ein Unternehmen eintretenden Organisationsmitglieder finden eine in spezifischer Weise geprägte Unternehmenskultur vor. Gleichzeitig prägen sie - in unterschiedlicher Weise - durch ihre individuellen Verhaltensweisen auch den "Stil des Hauses".

Einfluß externer Wertmaßstäbe

Drittens sieht sich das Unternehmen externen Personen und Institutionen gegenüber (Staat und Gesetzgeber, kommunalen Instanzen, Kunden, Lieferanten, Arbeitgeberverbänden und Gewerkschaften sowie anderen Interessenträgern), die ihrerseits bestimmte Wertmaßstäbe entfalten, auf die das Unternehmen reagieren muß.

2.5 Methodischer Rahmen einer Unternehmensethik

Im folgenden wird die Verknüpfung der Unternehmensethik mit den unternehmerischen Entscheidungen dargestellt. Zunächst geht es darum, den methodischen Rahmen dieser Verbindung abzuleiten.

Unternehmensziele als Ausgangspunkt ethischer Überlegungen

Ausgangspunkt ist die Orientierung an der Zwecksetzung von Unternehmen im Rahmen einer marktwirtschaftlichen Ordnung. Betriebe sind dazu da, Leistungen zu erstellen und zu verwerten (als Sachgüter und Dienstleistungen), um die Bedürfnisse der Nachfrager effizient zu befriedigen. Sie stehen dabei in einem vielfältigen Spannungsverhältnis mit anderen Institutionen.

Effiziente Kombination der Elementarfaktoren als Entscheidungsproblem

Der eigene Ansatz einer Entscheidungsethik, der im dritten Teil der Arbeit ausführlich erläutert wird, geht von den Führungsentscheidungen und den damit verbundenen Entscheidungsprozessen aus. Betriebliche Entscheidungen verfolgen den Zweck, die Elementarfaktoren menschliche

Arbeit, Betriebsmittel und Werkstoffe in effizienter Weise miteinander zu kombinieren. Diese Aufgabe obliegt dem "dispositiven Faktor" (ERICH GUTENBERG *1983, S. 3*), d. h. der Betriebs- und Geschäftsleitung. Der betriebliche Kombinationsprozeß läuft nicht reibungslos ab, sondern ist von einer Fülle von Störungsmöglichkeiten begleitet. Die für den Betrachtungsbereich der Unternehmensethik relevanten Störungen werden insbesondere verursacht durch

- Konflikte,
- Informationsasymmetrien sowie
- Entscheidungsdilemmata.

Die genannten Probleme beeinträchtigen die Effizienz der betrieblichen Entscheidungsprozesse bzw. die Qualität der Entscheidungen und sind deshalb näher zu analysieren. Eine Untersuchung der auftretenden Konflikte zeigt die folgenden Erscheinungsformen:

Mögliche Störgrößen der betrieblichen Leistungserstellung

- personelle Konflikte der Entscheidungsträger (intrapersonelle und interpersonelle Konflikte),
- Konflikte zwischen den Entscheidungsträgern und dem Unternehmen (intraorganisatorische Konflikte) sowie
- Konflikte zwischen verschiedenen Unternehmen sowie dem Unternehmen und anderen Institutionen (interorganisatorische Konflikte).

Konflikte entstehen u. a. wegen möglicher Informationsasymmetrien. Sie prägen bereits die Suche nach und Bewertung von Informationen als "Rohstoff" für Entscheidungen. Sobald der Kommunikationsfluß zwischen Individuen und Institutionen gestört oder unterbrochen ist, führen die Konflikte zu ineffizienten Entscheidungen.

Ausprägungen störender Konflikte

Von Entscheidungsdilemmata sprechen wir, wenn die Verknüpfung von individuellen Zielen einerseits und Wertvorstellungen des Unternehmens andererseits wegen prinzipieller Interpretationsunterschiede und Kommunikationsstörungen mißlingt. Eine Kommunikationsstörung

Ineffizienzen durch Entscheidungsdilemmata

liegt immer dann vor, wenn Sprach- und Kulturbarrieren nicht überwunden werden. In diesem Falle kommt es nicht zu einer gemeinsamen Willensbildung (communis = gemeinschaftlich, communicare = verbinden). Eine Minderung der Entscheidungseffizienz führt zu höheren Transaktionskosten aufgrund zusätzlich entstehenden Koordinationsaufwands. Eine verringerte Qualität der Entscheidung verhindert die Realisierung potentieller Erträge und zwingt zu Nachbesserungen.

<small>Aufgaben der Unternehmensethik</small>

Aus diesen Überlegungen lassen sich drei Aufgaben einer Unternehmensethik ableiten:

> - Lösung der Konflikte zwischen individuellen Wertvorstellungen und den Zielen des Unternehmens durch eine verstärkte Identifikation der Unternehmensangehörigen mit dem Unternehmen und die Integration individueller Ziele in das Entscheidungshandeln des Unternehmens (als wechselseitige Beziehung).
> - Verbesserung der Effizienz unternehmerischer Entscheidungsprozesse durch eine Harmonisierung der innerbetrieblichen Willensbildung.
> - Einbeziehung aller Ziele unter strategischen Gesichtspunkten in den unternehmerischen Entscheidungsprozeß im Sinne eines Denkens vom Ende her (*vgl.* KREIKEBAUM *1988*).

Die folgende Übersicht gibt die bisherigen Überlegungen in schematischer Form wieder und erläutert gleichzeitig den methodischen Ansatz der Arbeit.

Kapitel 1: Einführung

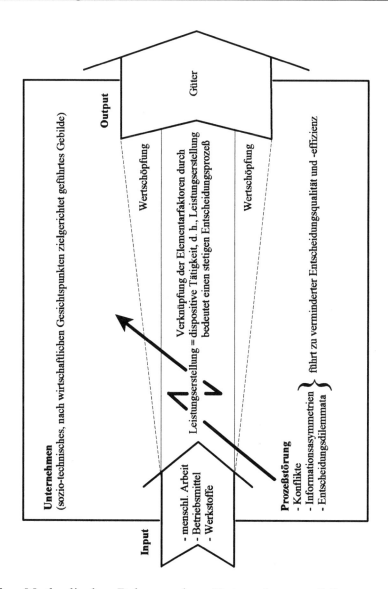

Abb. 6: Methodischer Rahmen einer Unternehmensethik.

3 Aufbau des Buches

Die Schwerpunkte der Arbeit ergeben sich aus der geschilderten Problemstellung. Zu behandeln sind einmal die weltanschaulichen Grundpositionen und die verschiedenen Ansätze der Unternehmensethik.

Zum anderen ist die Konzeption der Entscheidungsethik darzustellen. Die nachfolgende Übersicht zeigt in schematischer Form die wichtigsten Inhalte des Lehrbuches auf.

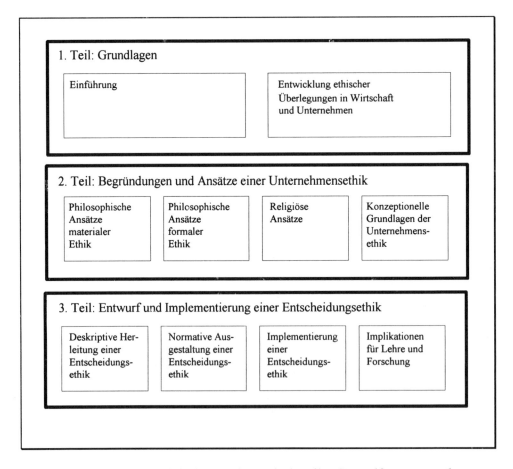

Der erste Teil behandelt in zwei Kapiteln die Grundfragen und -probleme, die zum Verständnis der Arbeit erforderlich sind. Er stellt die Frage nach der Notwendigkeit einer Unternehmensethik und untersucht die verschiedenen Grundbegriffe (Kapitel 1). Ferner geht Teil 1 auf die historische Entwicklung ethischer Überlegungen im Wirtschaftsleben sowie der sozialen Frage ein und erläutert kurz die gegenwärtige Lage der Unternehmensethik (Kapitel 2).

Teil 2 bietet zunächst einen Überblick über die wichtigsten philosophischen Begründungen einer materialen Ethik, getrennt nach griechischen, englischen und deutschen Philosophen (Kapitel 3). In Kapitel 4 folgt eine Darstellung der Auffassungen ausgewählter philosophischer Vertreter einer formalen Ethik. Anschließend beschäftigt sich Kapitel 5 mit den ethischen Aussagen nicht-christlicher Weltanschauungen und untersucht mögliche Ansatzpunkte einer christlichen Ethik. Kapitel 6 bietet einen Einblick in die zentralen konzeptionellen Entwürfe zur Unternehmensethik (Utilitarismus, Kommunikations- und Wertorientierung, Konzept ethischen Handelns innerhalb der Rahmenordnung bzw. integrativer Ansatz).

Die eigene, entscheidungsethische Konzeption der Unternehmensethik wird im dritten Teil dargestellt. Wir beginnen mit einer deskriptiven Herleitung einer Entscheidungsethik. Sie erfolgt über die Verknüpfung von Verantwortung und Handlungsalternativen der Individuen bzw. Institutionen (Kapitel 7). Kapitel 8 enthält konkrete Vorschläge für eine normative Ausgestaltung der formulierten Entscheidungsethik. Insbesondere werden dazu zahlreiche Beispiele für Leitlinien des ethischen Handelns in den verschiedenen Funktionsbereichen des Unternehmens angeboten. Wir konzentrieren uns dabei auf die Unternehmensführung selbst und die Funktionen Forschung und Entwicklung, Produktion sowie Vertrieb und Marketing. Die Probleme der Implementierung einer Entscheidungsethik im Unternehmen bilden den Schwerpunkt des neunten Kapitels. Der Rückgriff auf erfolgreiche Implementierungsbeispiele aus amerikanischen Unternehmen kann möglicherweise den Lernprozeß in deutschen Unternehmen beschleunigen. Moralisches Denken und Handeln kann nicht erst bei Eintritt ins Berufsleben einsetzen und von der betriebswirtschaftlichen Theorie ausgegrenzt werden. Die Durchsetzungsfähigkeit einer Ethik im Unternehmen ist deshalb zum Gegenstand einer praxisgeleiteten Lehre und Forschung zu machen.

Im zehnten Kapitel werden daher Folgerungen aus der entscheidungsethischen Konzeption sowohl für die betriebswirtschaftliche Ausbildung an Fachhochschulen und Hochschulen als auch für die weitere Forschung gezogen.

Die "Grundlagen der Unternehmensethik" sind als Lehrbuch konzipiert. Deshalb sind die jeweiligen Teile am Anfang mit einem systematischen Überblick versehen. Den einzelnen Kapiteln werden Lernziele und ein kurzgefaßter Überblick vorangestellt. Die Fragen am Ende der Kapitel erleichtern das Nachdenken über das Gelesene. Dem Leser werden ferner zu jedem Kapitel ausgewählte Literaturangaben angeboten. Das Stichwort- sowie das Namensverzeichnis am Ende des Buches stehen unter dem Anspruch, über jeden problembezogenen Begriff sowie Namen einen unmittelbaren Einstieg in die Thematik "Unternehmensethik" zu bieten.

Verständnisfragen zu Kapitel 1:

1. Erläutern Sie bitte kurz die folgenden Begriffe: Ethik, Ethos, Moral, Sozialethik, Wirtschaftsethik und Unternehmensethik.

2. Skizzieren Sie den Unterschied zwischen formaler Ethik und materialer Ethik.

3. In welchen Unternehmensbereichen können ethische Überlegungen wirtschaftlichen Überlegungen/Entscheidungen gegenüberstehen?

4. Welche ethischen Überlegungen treffen Sie bei Entscheidungen in Ihrem täglichen Lebensablauf?

Einführende Literaturempfehlungen:

Enderle, Georges: Ethik als unternehmerische Herausforderung, in: Die Unternehmung, 41. Jg. (1987), Heft 6, S. 433-450.

Herms, Eilert: Der religiöse Sinn der Moral. Unzeitgemäße Betrachtungen zu den Grundlagen einer Ethik der Unternehmensführung, in: Steinmann, Horst/Löhr, Albert (Hrsg.): Unternehmensethik, 2. Aufl., Stuttgart 1991, S. 69-102.

Homann, Karl/Hesse, Helmut: Wirtschaftswissenschaft und Ethik, in: Hesse, Helmut (Hrsg.): Wirtschaftswissenschaft und Ethik, Berlin 1988, S. 9-33.

Kliemt, Hartmut: Normbegründung und Normbefolgung in Ethik und Ökonomie, in: Unternehmensethik: Konzepte - Grenzen - Perspektiven, ZfB -Ergänzungsheft 1, Wiesbaden 1992, S. 91-105.

Löhr, Albert: Unternehmensethik und Betriebswirtschaftslehre: Untersuchungen zur theoretischen Stützung der Unternehmenspraxis, Stuttgart 1991.

Rich, Arthur: Wirtschaftsethik, Bd. 1: Grundlagen in theologischer Perspektive, 4. Aufl., Gütersloh 1991.

Ulrich, Peter: Schwierigkeiten mit der unternehmensethischen Herausforderung, in: ZfbF, 43. Jg. (1991), Heft 6, S. 529-536.

Kapitel 2: Entwicklung ethischer Überlegungen in Wirtschaft und Unternehmen

Lernziele:

Im zweiten Kapitel erhält der Leser zunächst einen kurzgefaßten Überblick über die bisherige Entwicklung ethischer Überlegungen in Wirtschaft und Unternehmen. Er lernt ferner die Entwicklung der sozialen Frage kennen und dabei insbesondere die Grundanliegen der katholischen Soziallehre sowie der evangelischen Sozialethik mit ihren jeweiligen Hauptvertretern. Abschließend wird der Leser mit der gegenwärtigen Situation in der Unternehmensethik vertraut gemacht.

Es liegt nahe, den einführenden Hinweisen zur Problemstellung und zur begrifflichen Abgrenzung von Wirtschafts- und Unternehmensethik ein Kapitel folgen zu lassen, das deren historische Entwicklungsstufen aufzeigt und gleichzeitig einen Überblick über die gegenwärtige Lage der Unternehmensethik vermittelt. Wir beschränken uns bei letzterem auf die USA und das deutschsprachige Gebiet.

1 Historische Entwicklung ethisch relevanter Bereiche des Wirtschaftens

Auch wenn der Typus des Unternehmens relativ jungen Datums ist, so darf dies nicht darüber hinwegtäuschen, daß gewisse Betriebsformen bereits in die Antike zurückreichen. Ebenso weist die moralische Rechtfertigung des kaufmännischen Handelns eine lange Geschichte auf. Die ethischen Grundprobleme des Wirtschaftens spielen offensichtlich eine gewichtige Rolle, seit die Menschen für eigenen oder fremden Bedarf wirtschaftlich tätig waren. Ohne den Anspruch auf Vollständigkeit zu erheben, seien einige Facetten dieser Entwicklung hervorgehoben.

Als wirtschaftsethisch problematisch gelten seit der Frühzeit z. B.:

- die Zwangsarbeit im ägyptischen Agrarplansystem um 1500 v. Chr.,
- die Sklavenwirtschaft in China (10. Jahrhundert v. Chr.) und Athen-Attika (4. Jahrhundert v. Chr.),
- die Ausbeutung der Provinzen im römischen Reich (seit dem 2. Jahrhundert n. Chr.),
- die Entwicklung eines Proletariates und
- der Verfall der Bauernschaft.

Eine vorherrschend negative Bewertung des Kaufmannsberufs findet sich bereits im Volk Israel. Ursprünglich war das jüdische Volk ein Nomaden- und Bauernvolk. Der internationale Handel lag in der Hand der Araber und Phönizier. Dies änderte sich jedoch bereits unter SALOMO (990-932 v. Chr.) und in nachhaltiger Weise nach der babylonischen Gefangenschaft (605-538 v. Chr.).

Geschichtliche Entwicklung

Seit dieser Zeit verschaffte der Handel mit Waren aller Art vielen Israeliten Beschäftigung und teilweise auch beträchtlichen Reichtum. Die egozentrische Ausnutzung der damit vorhandenen materiellen Vorteile wird an zahlreichen Stellen im Alten Testament deutlich (*siehe dazu im einzelnen* LACHMANN *1987, S. 61-67*).

Die mit Sklavenwirtschaft, Hörigkeit der Kleinpächter und Leibeigenschaft der Bauern verbundenen Konflikte wurden in der Regel machtmäßig entschieden und führten teilweise zu blutigen Auseinandersetzungen (Aufstand des Thrakers SPARTAKUS, 75-71 v. Chr.).

Während in der Antike eine Staatszwangswirtschaft in ihren verschiedenen Ausprägungen vorherrschte, läßt deren Ende im Frühmittelalter eine Blüte des Gewerbes in Kleinasien und später in Italien entstehen.

Wirtschaftsformen im Mittelalter

Der 1. Kreuzzug (Beginn 1096) führte zu einer Berührung des Abendlandes mit der Wirtschaft des Islam, die unter den Abbassiden (Kalifen von Bagdad) vom 9. Jahrhundert an einen erheblichen Aufschwung nahm.

Im Spätmittelalter traten die Zünfte (etwa seit 1100) auf. Sie unterwarfen das wirtschaftliche Handeln ihrer Zunftgenossen strengen Regeln. Die Zunftordnung galt nicht nur für Handwerker, sondern auch für fast alle nicht-handwerklichen Berufe, wie z. B. Notare und Musikanten (und selbst Bettler). Die Zunftbräuche wurden stark von der Kirche beeinflußt. Sie bestimmten maßgeblich das Gemeinschaftsleben. Der Zunftzwang wirkte kartellartig und sah detaillierte Regelungen vor. Die Zunftschranken fielen erst mit der Einführung der Gewerbefreiheit (zuerst im 18. Jahrhundert in Großbritannien, später in allen europäischen Ländern).

Dem wirtschaftlichen Aufschwung der Hanse im 12. Jahrhundert und deren Niedergang (seit 1440) folgte der Aufstieg der italienischen Banken (MEDICI) und oberdeutschen Handelsgesellschaften (FUGGER in Augsburg, RAVENSBURGER GESELLSCHAFT) mit teilweise erheblichem politischen Machteinfluß einzelner Unternehmer. (Einen detaillierten Einblick in das kaufmännische Denken und die Moral jener Zeit bietet die Biographie des toskanischen Großhandelskaufmannes DATINI aus dem 14./15. Jahrhundert; *vgl. dazu* ORIGO *1985*.)

Zu Beginn der Neuzeit setzte die Kolonialisierung ein, beginnend 1505 mit den ersten portugiesischen Handelskolonien in Afrika, Indien und Brasilien. Die neue Wirtschaftsauffassung des Protestantismus führte zum Wegfall des lange Zeit praktizierten Zinsverbotes und begünstigte die Entstehung des "Unternehmers". Allerdings galt der "Entrepreneur" zunächst als Schimpfname für Spekulanten. Er wurde eher als "Hazardeur" denn als verantwortlich mit Risiken umgehender Geschäftsmann angesehen (*zum Wandel des Unternehmerbildes vgl.* SCHMÖLDERS *1973, S. 7-10*).

Bewertung des Unternehmens in der Neuzeit

Auch im Merkantilismus stoßen wir auf Ansätze einer negativen Bewertung des Handels- und Kaufmannsstandes. Um dem entgegenzuwirken, wird in der frühen handelswissenschaftlichen Literatur der Versuch unternommen, den "vollkommenen Kauf- und Handelsmann" positiv herauszustellen. "Le parfait négociant"- so der Titel des bekanntesten, zuerst 1674 erschienenen Werkes von JACQUES SAVARY (1622-1690), Generalinspekteur der königlich französischen Manufakturen - ist derjenige, welcher auf redliche Art dauernd den größten Gewinn erzielt. Zur moralischen Rechtfertigung des Kaufmannsstandes werden

Grundsätze und Handlungsnormen für das Wirtschaften aufgestellt, deren Befolgung für den "ehrbaren Kaufmann" Nutzen stiftet und die Volkswirtschaft als Ganze gedeihen läßt. Von hier aus läßt sich eine gerade Linie zu NICKLISCHs Vorstellung vom Kaufmann als geistbeseeltem "Gestalter" ziehen. Der Geist unterscheidet den Kaufmann von den "Raffkes" und "Schiebern". „Ihnen ist es gleich, wieviel sie durch gerissene Roheit oder rohe Gerissenheit rings um sich zertrümmern, zerstören, vernichten, wenn sie nur dabei verdienen" (NICKLISCH 1923, S. 991). Noch heute findet sich die Geisteshaltung des "ehrbaren Kaufmanns" in den "Grundsätzen ordnungsmäßiger Buchführung", wie sie von "ordentlichen Kaufleuten" praktiziert werden sollen.

Historische Schule als ethische Schule

Nicht unerwähnt bleiben soll abschließend, daß sich die Historische Schule der Nationalökonomie (LUJO VON BRENTANO, GUSTAV SCHMOLLER, ADOLPH WAGNER) auch als "ethische Schule" bezeichnete, wobei die moralischen Normen nicht in ein theoretisches System eingebunden wurden, sondern als historisch bedingt galten.

2 Die Beschäftigung mit der sozialen Frage als Ausgangspunkt der Sozialethik

Es soll hier darauf verzichtet werden, die Behandlung der sozialen Frage seitens der christlichen Sozialethik im einzelnen darzustellen.

Hintergrund sozial-ethischer Genese

Stattdessen begnügen wir uns mit einer historischen Zusammenstellung zentraler Aussagen ausgewählter Vertreter der christlichen Soziallehre. Die erste industrielle Revolution in der Zeit des Frühkapitalismus führte zu Beginn des 19. Jahrhunderts in allen Industriestaaten zu einer beispiellosen Verarmung weiter Bevölkerungsschichten, zu unerträglichen Gesundheitsschäden und zu einem rücksichtslosen Umgang mit den Arbeitnehmern (zu denen auch Kinder zählten). Es fehlte zwar nicht an Reformversuchen einzelner Unternehmer, die sich durch ihr Gewissen gedrängt sahen, die sozialen Mißstände durch eigenverantwortliches Handeln wenigstens teilweise zu beheben. Die "Soziale

Frage" konnte auf diese Weise aber nicht auf breiter Front gelöst werden. Mit ihr beschäftigten sich in systematischer Form zuerst die Gewerkschaften bzw. deren Vorläufer, engagierte Vertreter der katholischen und evangelischen Kirche sowie sozialreformerisch denkende Unternehmer (*siehe dazu und zu dem folgenden den Überblick bei* FURGER *1994, S. 188-191*).

Auf katholischer Seite markieren die sog. Sozialenzykliken der Päpste eine inzwischen einhundertjährige Entwicklungsgeschichte der praktischen Sozialethik. Die katholische Soziallehre fußt überwiegend auf einem naturrechtlichen Vorverständnis der Wirklichkeit, das an ARISTOTELES, AUGUSTINUS und THOMAS VON AQUIN anknüpft. Als wichtigste Sozialenzykliken gelten:

Katholische Soziallehre

Papst, Jahr, Name	Thematischer Schwerpunkt
Leo XIII, 1891 **"rerum novarum"** (Von neuen Dingen)	Vorschläge zur Lösung der sozialen Frage, insbesondere Reform grundlegender Verhältnisse zur Lösung der Arbeiterfrage; spezielle Rechte/Pflichten für Arbeiter, Arbeitgeber, Staat.
PIUS XI, 1931 **"quadragesimo anno"** (Im 40. Jahr)	Gesellschaftspolitische Auswirkungen von "rerum novarum". Frage nach der gesamten Ordnung der Gesellschaft; Eigentum hat dem Einzel- wie dem Gemeinwohl zu die-nen; freier Wettbewerb erscheint begrenzt nützlich.
JOHANNES XXIII, 1961 **"mater et magistra"** (Die Kirche als Mutter und Lehrerin)	Analyse der jüngsten Entwicklungen des gesellschaftspolitischen Lebens im Lichte der christlichen Lehre; Öffnung der katholischen Kirche gegenüber dem Nord/Süd-Problem; innerhalb der Wirtschaft kommt der persönlichen Initiative Vorrang vor staatlichem Handeln zu.

Papst, Jahr, Name	Thematischer Schwerpunkt
JOHANNES XXIII, 1963 **"pacem in terris"** (Friede auf Erden)	Entwicklung der Dritten Welt; Ableitung von Rechten/Pflichten für das nationale und internationale Zusammenleben aus der Natur des Menschen.
PAUL XI, 1967 **"populorum progressio"** (Gerechtigkeit schafft Frieden)	Frieden und Gerechtigkeit als Ziele der Entwicklungspolitik.
JOHANNES PAUL II, 1987 **"sollicitudo rei socialis"** (Die Sorge um die soziale Lage)	Zusammenhang zwischen Weltfrieden und Aufbau einer gerechten Weltwirtschaftsordnung.
JOHANNES PAUL II, 1991 **"centesimus annus"** (Im 100. Jahr)	Anerkennung des Wettbewerbsprinzips als Basis einer sozialen Marktwirtschaft.

Tab. 1: Die päpstlichen Sozialenzykliken.

Die Vertreter der katholischen Soziallehre haben die "Soziale Frage" immer als ein grundlegendes Problem der Gerechtigkeit und Solidarität aller Menschen behandelt. Als ihre wichtigsten Repräsentanten seien genannt: OSWALD V. NELL-BREUNING, FRANZ FURGER, JOSEPH HÖFFNER, JOHANNES MESSNER und ARTHUR-FRIDOLIN UTZ. Einige wichtige Veröffentlichungen dieser Autoren sind:

Vertreter	Veröffentlichungen
OSWALD V. NELL-BREUNING	Wirtschaft und Gesellschaft heute, Freiburg im Breisgau (1956-60). Aktuelle Fragen der Gesellschaftspolitik, Köln (1970).
FRANZ FURGER	Unsere Verantwortung - Für eine solidarische Gesellschaft, Freiburg im Breisgau (1987). Moral oder Kapital? Grundlagen der Wirtschaftsethik, Zürich (1992).
JOSEPH HÖFFNER	Wirtschaftsordnung und Wirtschaftsethik - Richtlinien der katholischen Soziallehre, Bonn (1985).
JOHANNES MESSNER	Auf der Suche nach dem wahren Glück, Trier (1993).
ARTHUR-FRIDOLIN UTZ	Die katholische Soziallehre und die Wirtschaftsordnung, Trier (1991).

Tab. 2: Wichtige Vertreter der katholischen Soziallehre und ausgewählte Veröffentlichungen.

Die evangelische Sozialethik weist ein methodisch und inhaltlich breites Spannungsfeld auf. Es reicht von Vertretern einer - naturrechtlich beeinflußten - Ordnungstheologie bis zu Repräsentanten einer weitgehend situativen ethischen Auffassung. Insgesamt gesehen hat sich heute jedoch die Auffassung durchgesetzt, daß die Soziallehre keine zeitlosen Ordnungsvorstellungen durchsetzen, sondern zeitbezogene Hilfestellung zur Lösung sozialer Probleme leisten sollte.

Evangelische Sozialethik

Auf evangelischer Seite haben sich insbesondere folgende Theologen mit sozialethischen Problemen befaßt: HELMUT THIELICKE, FRIEDRICH KARRENBERG, REINHOLD NIEBUHR, ARTHUR RICH, WOLFGANG TRILLHAAS, EILERT HERMS, JÜRGEN MOLTMANN, MARTIN HONECKER, TRUTZ RENDTORFF und PAUL TILLICH.

Vertreter	Veröffentlichungen
HELMUT THIELICKE	Theologische Ethik, Bd. 1-3, Tübingen 1951-64. Einführung in die christliche Ethik, München 1963.
FRIEDRICH KARRENBERG	Gestalt und Kritik des Westens. Beiträge zur christlichen Sozialethik heute, Stuttgart 1959.
REINHOLD NIEBUHR	Moral Man and Immoral Society. A Study in Ethics and Politics, London 1963.
ARTHUR RICH	Christliche Existenz in der industriellen Welt, Zürich-Stuttgart 1964. Vorarbeiten zum sozialethischen Denken, Zürich 1970.
WOLFGANG TRILLHAAS	Schriften zur Ethik und zum Menschenbild, Stuttgart 1965. Wirtschaftsethik, Gütersloh 1991.
EILERT HERMS	Theorie für die Praxis. Beiträge zur Theologie, München 1982.
JÜRGEN MOLTMANN	Politische Theologie, politische Ethik, München 1984.
MARTIN HONECKER	Einführung in die theologische Ethik, Berlin 1990.
TRUTZ RENDTORFF	Ethik, 2 Bde., 2. Aufl., Stuttgart 1990/91.
PAUL TILLICH	Das religiöse Fundament des moralischen Handelns. Schriften zur Ethik und zum Menschenbild, Stuttgart 1965.

Tab. 3: Wichtige Vertreter der evangelischen Soziallehre und ausgewählte Veröffentlichungen.

Gesellschaftliche Probleme

Der Gegenstandsbereich der Sozialethik katholischer oder evangelischer Provenienz umfaßt die gesamten gesellschaftlichen Probleme unserer modernen technisch-wissenschaftlichen Welt. Sie beinhalten z. B.:

- die Beziehungen in der Familie und Hausgemeinschaft,
- die Stellung der Frau in Gesellschaft und Gemeinde,
- die Rolle und Bedeutung des Eigentums,
- die menschliche Arbeit,
- Fragen der Menschenrechte,
- Probleme der Entwicklungsländer und
- den staatlichen und betrieblichen Umweltschutz.

Den Vertretern beider Kirchen geht es um eine Deutung der gesellschaftlichen Grundstrukturen aus biblisch-christlicher Sicht.

3 Das gegenwärtige Interesse an der Unternehmensethik

3.1 Die Situation in den USA

Der kurze historische Abriß wäre unvollständig ohne einen Blick auf die aktuellen Probleme der Gegenwart. In den USA ist eine breite Öffentlichkeit aufgeschreckt worden durch zahlreiche Bestechungsskandale (insbesondere Betrugsfälle größeren Stils und die Machenschaften der sogenannten Insider). Gleichzeitig (oder als moralische Reaktion darauf?) scheint sich ein grundsätzlicher Wertewandel abzuzeichnen, der die "kapitalistische Goldgräbermentalität" und den schrankenlosen Individualismus hinter sich läßt und Mitgefühl sowie Solidarität ("compassion") als neue Werte betont. Es kommt nicht von ungefähr, daß sich der 1986 von der US-Bischofskonferenz veröffentlichte Hirtenbrief "Wirtschaftliche Gerechtigkeit für alle" auf eine jahrelang und engagiert geführte Diskussion mit Fachleuten aus dem In- und Ausland sowie zahlreichen katholischen Laien stützen konnte. Bemerkenswert erscheint ferner die Breite der unternehmensethischen Diskussion (*vgl. dazu im einzelnen* WIELAND *1993*).

Anglo-amerikanischer Wertewandel

Die Renaissance der Ethik, speziell der Unternehmensethik in den USA, ist ferner darauf zurückzuführen, daß ethische Grundfragen relativ frühzeitig in den führenden Business schools des Landes behandelt wurden. In den vergangenen 20 Jahren hat sich eine nahezu dramatische Entwicklung vollzogen. In einer Untersuchung des 1976 gegründeten CENTER FOR BUSINESS ETHICS des Bentley Colleges in Waltham (Mass.) wird nachgewiesen, daß von 1973 bis 1985 die Zahl der von amerikanischen Hochschulen angebotenen Lehrveranstaltungen zur Unternehmensethik um 500% zugenommen hat (*vgl.* CENTER FOR BUSINESS ETHICS *1986, p. 85*).

Parallel dazu (bzw. als Auslöser dieses Trends) entwickelten sich eigene ethische Aktivitäten innerhalb und außerhalb der Unternehmen selbst (*siehe dazu den zusammenfassenden Überblick bei* DAHM *1989a, S. 130-138, und* DAHM *1989b, S. 169-187*). Es handelt sich dabei vor allem um firmeninterne und -externe Seminarprogramme, Projektgruppen und um Institutionen, die sich die Vermittlung von Ethikkenntnissen zum Ziel gesetzt haben.

Als externe Institutionen seien u. a. genannt:

- das Institute for Ethics in Management in Boston,
- das Kennedy Institute for Ethics in Washington,
- das Hastings Center: Institute of Society, Ethics, and the Life Sciences in Hastings (Mass.) sowie
- das Center for Business Ethics in Waltham (Mass.).

Die folgenden Institutionen befassen sich mit unternehmensethischen Problemen aus religiöser Sicht:

- das Interfaith Center on Corporate Responsibility in New York,
- das Center for Ethics and Corporate Policy in Chicago,
- das Center for Ethics and Social Policy in Berkeley sowie
- das Trinity Center for Ethics and Corporate Policy in New York.

Eine besondere Rolle bei der Vermittlung von Ethik-Kompetenz spielen in den USA die christlichen Kirchen. Dies hängt einmal mit der vergleichsweise großen Unbefangenheit und Nähe zusammen, in der sich Vertreter der Theologie und Praktiker begegnen, aber auch mit einer ausgeprägt pragmatischen

Rolle der christlichen Kirchen

Einstellung von akademischen Vertretern der Wirtschafts- und Sozialethik. Die "christliche Botschaft an die Welt" weist in den USA eine gewisse Tradition auf. Sie artikulierte sich bereits im Programm der "social-gospel"-Bewegung. Deren Kernaussage bezieht sich auf die von allen Gruppen vertretene Grundauffassung der universalen Herrschaft Christi und der Verantwortung der Kirchen für den einzelnen und die weltlichen Strukturen. Sie spiegelt sich im Alltagsethos vieler Unternehmer und Führungskräfte wider, die als aktive Mitarbeiter in christlichen Gemeinden und karitativen Vereinigungen tätig sind.

3.2 Die Entwicklung der Unternehmensethik in der Bundesrepublik Deutschland

Kennzeichnend für die neuere Entwicklung der Unternehmensethik in der Bundesrepublik Deutschland ist zunächst die ordnungspolitische Einbindung in die "Soziale Marktwirtschaft". Deren Begründer, vor allem WILHELM RÖPKE, ALEXANDER RÜSTOW und ALFRED MÜLLER-ARMACK sowie LUDWIG ERHARD, wurden nicht müde, ihre unterschiedliche moralische Ausgangsposition gegenüber dem "Manchesterliberalismus" zu betonen. Als Ordoliberale setzten sie sich für die Orientierung an einer Ordnung des gesellschafts- und wirtschaftspolitischen Lebens ein. Damit rückten nicht-materielle Sinnstiftungen des menschlichen Daseins in den Vordergrund. Ihre Position entwickelten sie einerseits als Reaktion auf den Totalitarismus des Dritten Reiches mit seiner zentralen Kommandowirtschaft, andererseits in der Auseinandersetzung mit dem Neosozialismus ("Freiheitlicher Sozialismus") und dessen Vertretern (u. a. GERHARD WEISSER und THEODOR GEIGER).

Position des Ordoliberalismus

Der inhaltliche Problembereich der Unternehmensethik hat sich in den vergangenen Jahrzehnten erheblich verändert, wobei dieser Wandel insbesondere durch Veränderungen in der politisch-gesellschaftlichen Situation beeinflußt wurde. Standen Probleme der Wirtschaftsordnung generell sowie der Betriebsverfassung und Mitbestimmung in den fünf-

Wandel unternehmensethischer Probleme ziger bzw. sechziger Jahren im Mittelpunkt der inhaltlichen Erörterung, so wandelte sich das Bild in den siebziger und achtziger Jahren. Nunmehr rückten Fragen der Umweltverschmutzung und Ökologie, der Technologiefolgenabschätzung sowie der Humanisierung der Arbeit in den Vordergrund. Probleme der internationalen Wettbewerbsfähigkeit, der Globalisierung und des Nord-Süd-Gefälles sowie der zunehmenden Arbeitslosigkeit kennzeichnen die gegenwärtige Situation.

Als übergreifendes Institut zur Diskussion unternehmensethischer Probleme auf europäischer Grundlage versteht sich das European Business Ethics Network (EBEN) in Brüssel. Ein deutscher, selbständiger Zweig hat sich 1993 in Bad Homburg v. d. H. (Deutsches Netzwerk Wirtschaftsethik EBEN Deutschland e. V.) konstituiert.

In jüngster Zeit befassen sich auch zunehmend deutschsprachige Vertreter der Betriebswirtschaftslehre mit Fragen der Unternehmensethik, die Mehrheit davon allerdings eher am Rande ihrer Forschungsschwerpunkte. Bei einigen Fachvertretern haben sich jedoch ethische Problemstellungen zu einem zentralen Forschungsgegenstand verdichtet. Dazu zählen vor allem HORST STEINMANN und ALBERT LÖHR, BRUNO STAFFELBACH, PETER ULRICH, GEORGES ENDERLE und KARL HOMANN, wobei die drei letztgenannten eigene Lehrstühle für Unternehmensethik bzw. Wirtschaftsethik innehaben.

Mit diesen wenigen Hinweisen sei der kurze Überblick über die gegenwärtige Lage auf dem Gebiet der Unternehmensethik abgeschlossen. Wir wenden uns nun als erstes den Fragen zu, die mit der Begründung ethischer Werturteile verknüpft sind. Die wichtigsten Ansätze zur Beantwortung dieser Fragen finden sich in philosophischen und religiösen Denksystemen. Auf sie wird insofern eingegangen, als sie Beiträge zum tieferen Verständnis des moralischen Verhaltens in und von Unternehmen liefern.

> **Verständnisfragen zu Kapitel 2:**
>
> 1. Charakterisieren Sie den Begriff der sozialen Frage.
> 2. Welche Beweggründe führten in den USA und in Deutschland zu einer Entwicklung ethischer Überlegungen?
> 3. Erläutern Sie anhand der päpstlichen Enzykliken den Wandel in der Einstellung der katholischen Kirche zur Marktwirtschaft.

Einführende Literaturempfehlungen:

Dahm, Karl-Wilhelm: Unternehmensbezogene Ethikvermittlung. Literaturbericht: Zur neueren Entwicklung der Wirtschaftsethik, in: Zeitschrift für Evangelische Ethik, 33. Jg. (1989), Heft 33, S. 121-147.

Furger, Franz: Grundlagen einer christlichen Sozialethik, in: Ethica, 2. Jg. (1994), Heft 2, S. 183-201.

Gremillion, Joseph: The Church as Transnational Source and Carrier of Values Affecting Economic and Business Institutions and Policies, in: Rueschhoff, Norlin/Schaum, Konrad (Eds.): Christian Business Values in an Intercultural Environment, Berlin 1989, pp. 173-181.

Wieland, Josef: Formen der Institutionalisierung von Moral in amerikanischen Unternehmen: die amerikanische Business-Ethics-Bewegung: Why and how they do it, Bern -Stuttgart - Wien 1993.

Teil 2: Begründungen und Ansätze einer Unternehmensethik

Die folgende Abbildung enthält eine Übersicht über die im zweiten Teil dargestellten Konzepte und Zusammenhänge.

Kapitel 3: Philosophische Ansätze einer materialen Ethik
- Die griechische Philosophie
- Englische Philosophen
- Deutsche Philosophen

Kapitel 4: Philosophische Ansätze einer formalen Ethik
- Historische Ansätze
- Neuere Ansätze
- Zusammenfassung der philosophischen Ansätze

Kapitel 5: Religiöse Ansätze
- Nicht-christliche Weltanschauungen
- Grundaussagen einer christlichen Ethik
- Theologische Ansätze einer Unternehmensethik in den USA

Kapitel 6: Konzeptionelle Grundlagen der Unternehmensethik
- Das Problem der Wertfreiheit
- Utilitaristische Ansätze
- Kommunikationsorientierte Ansätze
- Wertorientierte Ansätze
- Unternehmerhandeln innerhalb der Rahmenordnung
- Der integrative Ansatz

Wie aus der obigen Übersicht hervorgeht, behandeln wir in den Kapiteln 3 und 4 zunächst die philosophischen Grundlagen einer materialen und einer formalen Ethik, und gehen dann in Kapitel 5 auf die weltanschaulich-religiös geprägten Deutungen ein. Die Ausführungen des 6. Kapitels gelten den unterschiedlichen Konzeptionen der Unternehmensethik.

Der für die nachstehenden Ausführungen wichtige Unterschied besteht zwischen einer materialen und einer formalen Ethik. Vertretern einer materialen Ethik geht es darum, inhaltliche Aussagen über Handlungen bzw. Handlungsnormen zu machen. Will man dagegen Anforderungen formulieren, die ihrerseits erst zur Entwicklung von inhaltlichen Normen führen, so handelt es sich um eine formale (prozessuale) Ethik.

Kapitel 3: Philosophische Ansätze einer materialen Ethik

> **Lernziele:**
>
> Der Leser soll in Kapitel 3 mit den für unternehmensethische Fragestellungen relevanten Aussagen der Philosophie vertraut gemacht werden, soweit sie die materiale Ethik betreffen. Er lernt die Hauptvertreter der Ethik aus der griechischen Philosophie sowie aus Großbritannien und Deutschland kennen.

Die Griechen und die Menschen des Mittelalters kannten weder das moderne Unternehmen, noch konnten sie sich Vorstellungen über die allgegenwärtigen Einflüsse von Wirtschaft sowie Technik auf das menschliche Leben und die Natur machen. Wir wollen die Entwicklung der ethischen Reflexion über die Beweggründe und Normen des gesellschaftlichen Handelns in ihrem zeitlichen Ablauf verfolgen. Vertreter einer materialen Ethik finden sich bereits in der griechischen Philosophie, aber auch unter führenden englischen und deutschen Philosophen.

Wir beginnen bei der griechischen Philosophie und konzentrieren uns auf deren wichtigste Repräsentanten: SOKRATES, PLATON und ARISTOTELES.

1 Die griechische Philosophie

1.1 "Ethos" versus "Moral": SOKRATES

Bereits bei SOKRATES wird deutlich, daß philosophische Ethik mehr ist als ein analytisches Gespräch über die Wirklichkeit. Sie setzt darüber hinaus stets auch eigene sittliche Erfahrung voraus und bezieht die innere Einheit des Denkens mit ein.

*"Ethos" versus "Moral": **Sokrates***

Der Sohn des Bildhauers SOPHRONISKOS und der Hebamme PHAINARETE (469/70-399 v. Chr.) gilt als der erste bedeutende Philosoph Athens, der sich mit dem sittlichen Handeln des Menschen in der Welt beschäftigte. Im Gegensatz zum Subjektivismus der Sophisten (PROTAGORAS: "Der Mensch ist das Maß aller Dinge") entscheidet nach Sokrates die Allgemeinheit über das Wahre und Gute. Dies geschieht erstens durch das in der Brust des Menschen liegende göttliche Gesetz (Daimonion), zweitens durch das geschriebene menschliche Gesetz (Nomos). Für SOKRATES gelten alle Menschen in einem Staatsgebilde als gleichrangig, und zwar im Sinne einer sittlichen Gleichheit aller Staatsbürger.

Das Daimonion (Gewissen), auf das SOKRATES bei Urteilen vertraut, wird von ihm im teleologischen Sinne als ein abratendes, neinsagendes sittliches Bewußtsein erkannt. Dahinter tritt die beratende, jasagende innere Stimme zurück. Dennoch erscheint SOKRATES als erster Moralphilosoph, der die Tugend als ein lehrbares Wissen verkündet, welches der Selbsterkenntnis entspringt und den Menschen dem Guten zuwendet. Damit gerät er auch existentiell in den Widerspruch zwischen dem staatlichen Gesetz und dem individuellen Bewußtsein. "Wer das Gute wisse, der tue es auch." (PLATON *1987, S. 54.*) SOKRATES selbst entscheidet sich im Zweifelsfall für die Stimme seines Gewissens und gegen das Hergebrachte, Bekannte. Dies geschieht in selbstkritischer, seine Gesprächsteilnehmer ebenfalls zu kritischem Nachdenken über ihre moralischen Traditionen anregender Form ("Hebammenkunst") (*vgl.* HELFERICH *1992, S. 22*). SOKRATES beschreibt als erster Philosoph den Konflikt zwischen dem persönlichen Gewissen (dem Ethos) und der konventionellen Moral der Allgemeinheit. In den Dialogen mit seinen Schülern stellt er die Frage nach dem Guten in den verschiedenen Lebenslagen.

> Konflikt zwischen Gewissen und Moral

Durch die von ihm in die Philosophie eingeführte Methode der Induktion verhilft er seinem Gesprächspartner gleichzeitig dazu, die Dinge auf den allgemeingültigen Begriff zu bringen - wenn auch in teilweise eklektischer, d. h. auswählender und später zusammenfügender Form. SOKRATES´ Überwindung des Subjektivismus der Sophistik ebnet den Weg zur Ideenlehre seines Schülers PLATON.

1.2 "Die Macht der Ideen": PLATON

Von den bekannten Schülern des SOKRATES´ hat sich zwar XENOPHON (430-355 v. Chr.) in konkreterer Form als PLATON mit wirtschaftsethischen Fragen befaßt. (Er behandelt z. B. bereits die Arbeitsteilung und befaßt sich mit dem Erwerb von Reichtum sowie dessen Auswirkungen auf die Freiheit.) Dennoch hat, von ARISTOTELES abgesehen, kein griechischer Philosoph die gesamte Philosophie bis in die Neuzeit hinein so stark geprägt wie PLATON (427-347 v. Chr.). Von seinem Lehrer SOKRATES übernimmt er die dialektische Methode der Gesprächsführung und die teleologische Anschauungsweise. Dazu führt PLATON das Konzept der "Idee" als Abbild einer in der Transzendenz begründeten Wirklichkeit in die Philosophie ein. Er vergegenständlicht diese allerdings gleichzeitig zu existenten Substanzen.(In seinem berühmten Höhlenbeispiel halten die Gefangenen ihren Schatten für die Wirklichkeit.). Die Idee bzw. das Ideal des Guten stellt nach PLATON die höchste Idee dar (*vgl.* PLATON *1971*). Er entfaltet sie in seinem Hauptwerk, der "politeia", an dem er 20 Jahre arbeitete (deutsche Übersetzung: "Der Staat. Über das Gerechte"). Die Ideenlehre PLATONs formt sich zu einem Sammelwerk von zu erfüllenden Normen. Damit baut PLATON eine praxisorientierte Theorie auf, die all dem in der Praxis Geltung abfordert, was in der Theorie richtig sei (*vgl.* MITTELSTRAß *1985, S. 50*). Als Konsequenz für die Ethik ergibt sich, daß Wissen (Theorie) und Tugend (Praxis) in ihren Inhalten eins sein müssen. Denn nur wenn die Vernunft die Oberhand erlangt, können die Mitglieder der Gesellschaft ihre wirklichen Bedürfnisse erkennen und sich dauerhaft sowie zwangfrei konstituieren.

Die dauernde Erziehung des Menschen gilt für PLATON als Hauptaufgabe des Staates. Weisheit, Tapferkeit und Selbstbeherrschung bilden die drei Haupttugenden, die in einem Staat herrschen müssen Dieser Unterscheidung folgt die Einteilung in drei Stände: Lehrstand, Wehrstand, Nährstand. Die Kraft der Ideen (des Geistes) kann die Wirklichkeit umschaffen ("Idealismus"). Der Mensch darf den Ideen gegenüber nicht gleichgültig bleiben.

Als zentralen Schwerpunkt der Ethik bezeichnet PLATON die Frage, ob wir gerecht handeln. Weisheit, Gerechtigkeit und Vernunft sind die Tugenden, die von den Regierenden angestrebt werden müssen. Philosophie und Staatskunst bilden nach PLATON eine Einheit. In einem berühmt gewordenen Dialog in der Politeia zwischen GLAUKON und SOKRATES läßt er letzteren sagen: "Wenn nicht entweder die Philosophen Könige werden in den Städten, sage ich, oder die, die man heute Könige und Machthaber nennt, echte und gründliche Philosophen werden, und wenn dies nicht in eines zusammenfällt: die Macht in der Stadt und die Philosophie, ... , so wird es, mein lieber Glaukon, mit dem Elend kein Ende haben, nicht für die Städte und auch nicht, meine ich, für das menschliche Geschlecht." (PLATON 1971, S. 473 c-d). Bei der Durchsetzung der Gerechtigkeit müssen die Staatsmänner Besonnenheit, Mut und die Bereitschaft zum Maßhalten beherzigen.

Gerechtes Handeln als zentraler ethischer Schwerpunkt

Die Form des anschaulichen Dialogs hat PLATON aus zwei Gründen gewählt. PLATON betrachtet Denken als argumentatives Handeln. (*vgl.* MITTELSTRAß *1985, S. 42*). Daraus folgt für ihn ebenso wie für SOKRATES der verständigungs- und begründungsgerichtete Dialog, der im Gegensatz zu den Sophisten einer "Befreiung von Scheinwissen" dient (MITTELSTRAß *1985, S. 43*).

Der Dialog als Verständigungsbasis

Kritisch läßt sich PLATON gegenüber sagen, daß er Ideen- und Sinnenwelt nicht deutlich voneinander trennt. Er gesteht den Ideen nicht nur ein "Sein" zu, sondern darüber hinaus auch ein "Dasein" (GEISS *1962, S. 44*). Die konkrete Wirklichkeit wird tendenziell in eine abstrakte Idee überführt.

1.3 Das Streben nach einer gerechten Wirtschaftsordnung bei ARISTOTELES

ARISTOTELES, der Erzieher ALEXANDER DES GROSSEN, gilt als der größte Gelehrte der Antike (384-322 v. Chr.). 20 Jahre lang war der Sohn des mazedonischen Hofarztes NIKOMACHOS der Schüler PLATONS. Neben vielen anderen Gebieten hat sich Aristoteles auch mit den Grundfragen der Ethik befaßt und diese in seiner "Nikomachischen Ethik" behandelt. ARISTOTELES will deutlich machen, wie jeder einzelne handeln soll und nicht, wie Menschen allgemein handeln müßten. Es geht ihm also um eine realistische Ethik im Sinne einer praktischen Philosophie, wobei die Ideen als Objekte der Sinnenwelt betrachtet werden. Nicht die Ideenwelt PLATONs gilt als das Seiende, sondern der handelnde Mensch, der bestimmte Zwecke verwirklicht (Entelechie). Gegenüber PLATONs Utopie eines gerechten Staates setzt sich ARISTOTELES für eigenverantwortliches Handeln und Privateigentum ein.

Das Streben nach einer gerechten Wirtschaftsordnung: Aristoteles

Nach ARISTOTELES sind die Menschen bestrebt, ein zufriedenstellendes, gutes Leben zu führen. Damit verknüpft sich seine Zielsetzung: Glück (Eudaimonia) als höchster Zustand im menschlichen Leben, in dem der Mensch sich selbst genug ist (*vgl. HÖFFE 1985a, S. 83*). Aus dieser Vorstellung erwachsen bestimmte Ansprüche an das Handeln, aber auch an die äußeren Umstände (z. B. gewisse politische Freiheiten und eine gute Erziehung). Ethik wird in der Nikomachischen Ethik als eine Lehre von den Tugenden und als Bedingung eines glücklichen Lebens entwickelt. Im sechsten Kapitel heißt es: "Es ist mithin die Tugend ein Habitus des Wählens, der die nach uns bemessene Mitte hält und durch die Vernunft bestimmt wird, und zwar so, wie ein kluger Mann ihn zu bestimmen pflegt" (ARISTOTELES, *zitiert nach* SCHWEIDLER *1987b, S. 41*). Angewandt auf den Umgang mit Geld läge die Mitte in der Freigiebigkeit, und zwar zwischen den beiden Extremen Verschwendung (Übermaß) und Geiz (Mangel) (*vgl. HÖFFE 1985a, S. 84*).

Ethik als praktische Philosophie

Glück als Lebensziel

Ethik, Politik und Ökonomik (Oikonomia) sind bei ARISTOTELES als Bestandteile der praktischen Philosophie untrennbar miteinander verbunden (*vgl.* HELFERICH *1992, S. 43*). Gerechtigkeit und Freundschaft erscheinen als die wichtigsten sittlichen und auch politischen Tugenden. Nur die Freundschaft ermöglicht menschliche Eintracht (*vgl.* HÖFFE *1985a, S. 85*). Allein die Gerechtigkeit in Verbindung mit der Billigkeit erlaubt eine störungsfreie gesellschaftliche Ordnung und wirtschaftliche Verteilung.

Bestandteile der praktischen Philosophie

Für den Handel gilt das Prinzip der ausgleichenden Verkehrs- bzw. Tausch-Gerechtigkeit (Iustitia commutativa), welche die Forderung nach Gleichheit einschließt. Es ergänzt die legale Gerechtigkeit (Befolgung der Gesetze) und die austeilende Gerechtigkeit (Iustitia distributiva), welche insbesondere für staatliche Verwaltungsakte gilt und eine angemessene Zuteilung einschließt.

ARISTOTELES erkannte, daß zwischen der Entstehung der Geldwirtschaft und der Herausbildung eines vor allem durch das Erwerbsstreben motivierten Kaufmannsstands enge Wechselbeziehungen bestehen (*vgl.* ARISTOTELES *1990, I 9*). Der im Geldbesitz verkörperte Symbolcharakter verleiht dem Besitzenden die mit den Erwerbsmöglichkeiten verbundene soziale Geltung. Mit dem Zugewinn von Verfügungsmacht wächst die Gefahr des Umschlagens in Selbstzweckhaftigkeit. ARISTOTELES sieht diese Gefahr und wendet sich gegen den Gelderwerb um seiner selbst willen. Er unterscheidet deshalb zwischen der Gelderwerbskunst (Chrematistik) und der Hauswirtschaft (Oikonomia); letztere hebt er lobend hervor, erstere verdammt er als Wucherhandwerk. Der Zusammenschluß von Hauswirtschaften zur Polis schafft eine Vielzahl spezialisierter Aufgaben. So ist es jedem im Sinne einer Arbeitsteilung möglich, nach seiner speziellen Begabung einen Beruf auszuüben. Die Polis erfüllt den Zweck einer räumlichen Lebensgemeinschaft, welche auch den zur Bedürfnisbefriedigung erforderlichen Handel sicherstellt (*vgl.* HÖFFE *1985a, S. 85 f.*).

Unterscheidung von Gelderwerb und Hauswirtschaft

ARISTOTELES verurteilt den Zins als "Geld vom Gelde" und setzt sich für Privateigentum ein. ("Es dient dem Frieden,

Bedeutung des Zinses

wenn jeder für das Seine sorgt und den Eigentumsmißbrauch durch edle Gesinnung auch den Nichteigentümern einräumt.") Er befürwortet einen starken, durch geringe Vermögensdifferenzierung ausgezeichneten Mittelstand, der die politische Stabilität des Staates am besten garantiere.

Die aristotelische Philosophie bildete im hohen Mittelalter die Grundlage des abendländischen Denkens überhaupt. THOMAS VON AQUIN baute sein theologisch-philosophisches System auf ARISTOTELES auf, indem er dessen Philosophie auf die Inhalte des christlichen Glaubens übertrug.

1.4 Kritische Würdigung

Die griechische Philosphie zeichnet sich dadurch aus, daß Ökonomie, Politik und Ethik als Einheit gesehen werden. Sie machen gemeinsam die praktische Philosophie aus. Von den griechischen Philosophen hat sich ARISTOTELES am greifbarsten mit den Aufgaben des praktischen Lebens auseinandergesetzt. Seine Lehre stellt eine kritische aber stringente Fortentwicklung der Gedankengebäude von SOKRATES und PLATON dar, hin zu einem alles ergreifenden und begreifen wollenden Gipfel. ARISTOTELES' Grundzüge einer Ökonomik (*vgl.* ARISTOTELES *1990, I 3-13*) stellten zu Ihrer Zeit ein Novum dar. Das ganzheitliche Weltbild, welches er in seinen Schriften zum Ausdruck bringt, erweist sich für das heute geforderte systemische Denken als vorbildhaft. Ins Moderne übersetzt könnte man sagen: Eine Unternehmensführung kommt ohne die Einbeziehung von Wirkungszusammenhängen nicht aus. Führungskräfte sind z. B. nur solange sinnvoll eingesetzt, wie sie ihr Aufgabengebiet sicher überschauen und beherrschen (*vgl.* MÜLLER-MERBACH *1992a, S. 45*).

Das von ARISTOTELES hinterlassene Sammelwerk von Tugenden bietet zwar keine konkreten Handlungsrichtlinien für Unternehmensmitglieder. Doch die explizite Festschreibung von Tugenden in Verbindung mit dem Durchführungsauftrag vermittelt bereits gewisse Handlungshilfen für den Unternehmensalltag. Die Favorisierung eines "vernunftgemäßen Handelns" zwingt zu langfristig überdachtem, konsequenzenbewußtem Tun. Die dieser Denkhaltung immanente Suche nach dem "Goldenen Mittelweg" schließt ein nur kurzfristig gewinnmaximierendes, menschen- und umweltverachtendes Wirtschaften aus. Dabei kann und soll jeder Organisationsteilnehmer auf der Suche nach Selbstverwirklichung seine Fähigkeiten in die Institution einbringen: eine Forderung, wie sie aktueller in der Human-Resources-Management-Debatte nicht gestellt werden könnte.

Insgesamt gesehen bietet das Gedankengut der griechischen Philosophen kaum Primärrichtlinien, die problemlos in die betriebliche Praxis umgesetzt werden könnten. Dafür erhält man eine Vielzahl von sekundären Rahmenbedingungen, um staatliches und privates Leben sinnvoll auszugestalten. Auch der Weg dorthin wird aufgezeigt. Die Wahrheit muß nach ARISTOTELES u. a. im Dialog gefunden werden. Sie steht nicht frei zur Verfügung, sondern bedarf der gemeinsamen Bemühung (*vgl.* HELFERICH *1992, S. 26*). Allerdings ist einschränkend darauf zu verweisen, daß sich die griechische Philosophie am Status des freien Bürgers orientiert. Dies hatte zur Folge, daß die Arbeitsbedingungen der Sklaven hingenommen und ethisch nicht reflektiert wurden.

2 Englische Philosophen

Der zeitliche Sprung von ARISTOTELES ins späte Mittelalter bzw. bis zum Beginn der Neuzeit verdeckt die Tatsache, daß in den dazwischen liegenden Jahrhunderten auch Philosophie betrieben wurde. Allerdings ist der Sprung ideengeschichtlich notwendig, weil erst THOMAS HOBBES die ethisch-philosophischen Positionen der griechischen Philosophie grundlegend in Frage stellte.

Für unser Thema wichtige neue Erkenntnisse förderte der englische Empirismus zutage, zu dem neben THOMAS HOBBES insbesondere JOHN

LOCKE und DAVID HUME gehören. Von zentraler Bedeutung erscheint schließlich ADAM SMITH, "gelernter" Moralphilosoph und gleichzeitig bedeutendster englischer Ökonom.

2.1 Macht und Gerechtigkeit bei THOMAS HOBBES

THOMAS HOBBES (1588-1679) entwickelte seine Philosophie auf der Grundlage der Aufklärung und des mathematisch-mechanistischen Wissenschaftsideals seiner Zeit (GALILEI, DESCARTES). Im Gegensatz zu ARISTOTELES beschäftigt HOBBES nicht die Theorie der austeilenden und ausgleichenden Gerechtigkeit, die er vor allem wegen der falschen Anwendung des Gleichheitsprinzips ausdrücklich kritisiert. Er postuliert die Ökonomie als autonome Wissenschaft, konzentriert sich auf eindeutige Ursache-Wirkungs-Beziehungen und sucht diese durch mathematische Verknüpfungen zu verbinden. Sein Philosophieverständnis umfaßt die "...rationelle Erkenntnis der Wirkungen oder Erscheinungen aus ihren bekannten Ursachen oder erzeugenden Gründen und umgekehrt..." (HOBBES 1967, S. 6). Ebenso kennt HOBBES auch kein Endziel des Handelns (das vollkommene Gute, die Glückseligkeit), sondern nur das grenzenlose "Mehr-haben-wollen" als ständige Bewegung von einem Ziel zu einem neuen Ziel ("continual progress of the desire").

> Macht und Gerechtigkeit: **Thomas Hobbes**

> Ökonomie als autonome Wissenschaft

Inhalt dieses Strebens ist der Besitz von immer neuer Macht und der Drang nach Selbsterhaltung. Nach HOBBES handelt der Mensch egozentrisch im Rahmen der Naturvorgänge. Dadurch entsteht ein latenter oder offener Krieg aller gegen alle ("homo homini lupus"). Jede "actio" erzeugt eine "reactio": Das ist der Grundsatz von HOBBES' Erfahrungstheorie (vgl. RÖD 1985, S. 290). Um diesen konsequenterweise zum Krieg führenden Urzustand zu überwinden, sind die konkurrierenden Interessen durch vertragliche Regelungen auszugleichen. Die Bürger eines Staates übertragen ihr natürliches Recht, Verträge abzuschließen, auf einen

> Machtstreben als Triebfeder des Handelns

Der Staat als Ordnungsinstanz

Souverän: den Staat als reale Überperson, dem sie sich freiwillig unterwerfen ("Leviathan").

Als "natürliche Gesetze", die identisch mit Bürgertugenden sind, gelten u. a. Gehorsam gegenüber dem Souverän, Dankbarkeit, Sparsamkeit, Fleiß und gegenseitige Achtung. HOBBES beruft sich hier auf die biblische Forderung: "Was ihr wollt, das euch die Leute tun sollen, das tut ihr ihnen auch".

Von Bedeutung für die Unternehmensethik erscheinen HOBBES' Hinweise auf die Regelung von Streitigkeiten durch den Abschluß von vertraglichen Vereinbarungen. Der darin verankerte kommunikative Aspekt fordert mindestens die dialogische Verständigung der Konfliktpartner. Auch formal weist HOBBES einen Weg: die Etablierung einer souveränen Instanz, ausgestattet mit ihr von den Konfliktpartnern übertragenen Rechten. Vergleichbar ist dieser Vorstellung z. B. die Einsetzung eines Schiedsmannes, beispielsweise bei Konflikten zwischen Unternehmen und Umweltschutzgruppen, oder einer Ethik-Kommission für innerbetriebliche Konfliktfälle (*vgl.* SCHRADER *1987, S. 302*).

Identität von Aktion und Reaktion

Kritisch wird man festhalten müssen, daß das Menschenbild HOBBES' materialistisch-naturrechtlich geprägt und zudem durch eine totalitäre Meinung vom Staat bestimmt ist. Dies entspricht jedoch nicht mehr dem heute vorherrschenden Menschenbild. Der Mensch ist nach neueren anthropologischen Erkenntnissen vielmehr in der Lage, seinen Triebbereich weitgehend überwinden und dank der ihm verliehenen Intelligenz konfliktlösend agieren zu können. Friedensinitiativen sind ein Beispiel dafür, das als christliches Ideal praktizierte "Wer dich auf die linke Wange schlägt, dem halte auch die rechte hin!" ein weiteres. Verbunden mit HOBBES' mechanistischer Grundidee "Aktion gleich Reaktion" läßt dieses veränderte Menschenbild eine positiv konstruktive Wirkung. Wer zuerst "Wohlverhalten" im dialog-orientierten, konfliktvermeidenden und -lösenden Sinne zeigt, darf damit rechnen, ebensolches zu erfahren. Beide Partner werden so letztlich bessergestellt. Die Annahme des Lernens aus Erfahrungen spielt dabei eine wesentliche Rolle.

Rationales Denken kann unter diesen Bedingungen zu moralischem Handeln führen (*vgl. dazu im einzelnen* BANDURA *1963, pp. 203-210*).

2.2 Kein Erkenntnisfortschritt ohne Erfahrung: JOHN LOCKE

JOHN LOCKE (1632-1704) konzentriert sich auf die Frage, wie der Mensch überhaupt zu Erkenntnissen gelangen könne. Sein Hauptwerk "An Essay concerning Human Understanding" (1690) weist ihn als eigentlichen Begründer der neuzeitlichen Aufklärung aus. Pointiert wendet sich LOCKE gegen die bereits von PLATON und später von DESCARTES vertretene Lehre von den angeborenen Ideen. Der Mensch gewinne vielmehr seine Erkenntnisse nur aus der Erfahrung und zwar der äußeren Sinneswahrnehmung (sensation) und der inneren Selbstwahrnehmung (reflection) (*vgl.* LOCKE *1962, S. 129 und 158-167*). Der Verstand wird zum Mittel der Erfahrungserkenntnis, ohne die Erkenntnisfortschritt nicht möglich ist ("Die Seele ist ein unbeschriebenes weißes Blatt."). Bewußt gewordene Erfahrung formt folglich die eigene Identität. Der Mensch wird verantwortlich für seine Handlungen, da er diese reflektieren kann (*vgl.* LOCKE *1962, S. 108 f.*).

Kein Erkenntnisfortschritt ohne Erfahrung: John Locke

Erkenntnisgewinne durch innere und äußere Wahrnehmung

Im Gegensatz zu HOBBES formuliert JOHN LOCKE in seiner Staatslehre den Gedanken der Volkssouveränität. Er beeinflußt dadurch nicht nur das englische Demokratieverständnis, sondern über Voltaire und Montesquieu auch das gesamte europäische Denken. Sein Ausgangspunkt ist die im Ideal einer Bürgergesellschaft verwirklichte individuelle Freiheit (Liberalismus), die als Teil der Gottesschöpfung neben der Gleichheit steht. Diese verbindet sich mit der Selbsterhaltungspflicht, zu deren Erfüllung der einzelne einen gewissen Handlungsspielraum benötigt (*vgl.* LOCKE *1962, S. 350*). Bezogen auf die Wirtschaftstheorie kann JOHN LOCKE als Vorläufer von ADAM SMITH angesehen werden: Er

Nutzbringende Verwendung von Erworbenem

entwickelt den Eigentumsbegriff aus der menschlichen Arbeit heraus und behandelt grundlegend die Frage nach der gerechten Verteilung des Eigentums. Besitz kann nach dieser Auffassung einzig durch Arbeit und göttliche Hilfe erworben werden. Das Ausmaß der Besitzstandsmehrung wird begrenzt durch die individuelle Leistungsfähigkeit sowie den individuellen Bedarf. Erworbenes muß im Sinne des Schöpfungsgedankens nutzbringend verwendet werden und darf nicht verderben (*vgl.* LOCKE *1962, S. 405 f.*). Wird so gewirtschaftet, partizipiert jeder Mensch in gleicher Güte und Menge an den gegebenen Ressourcen. Dieser Idealzustand wird nur durch übersteigertes Besitzstreben und Faulheit des einzelnen gestört.

Volkssouveränität als Ausdruck individueller Freiheit

Die Steuerung der real ungleichen Eigentumsentwicklung soll nach LOCKE durch den Staat erfolgen, doch nur zur Begrenzung von "Eigentumsklassenkonflikten". Grundsätzlich vertritt er eine non-dirigistische Staatshaltung, die z. B. freie Zinsbewegungen zuläßt. LOCKE wendet sich gegen eine Überregulierung, die zu Ungerechtigkeit führt, weil Bürger auf Kosten anderer bevorzugt würden.

Lockes non-dirigistische Staatshaltung

2.3 Das Prinzip der Sympathie nach DAVID HUME

Als zweiter wichtiger Vertreter des englischen Empirismus findet DAVID HUME (1711-1776) schon früh seine geistige Heimat in der liberalen Tradition und den erfahrungstheoretischen Ansätzen von LOCKE. Maßstab seiner Überlegungen ist das gründliche Beobachten sowie Erfahren der menschlichen Natur und ihrer Grundprinzipien. Auf dieser Basis versucht er, auch die Geistes- und Sozialwissenschaften als quasi-exakte Wissenschaften zu errichten (*vgl.* HUME *1964 S. 6 f.*).

Das Prinzip der Sympathie:
David Hume

Dieses Ziel versucht HUME vor allem in seinem 1739 bereits schon erschienen "Traktat über die menschliche Natur"

Menschliche Natur als ethische Basis

("A Treatise of Human Nature"), aber auch z. B. in der "Enquiry concerning the Principles of Morals" (1751) zu verwirklichen. Drei Merkmale heben HUMES' moralphilosophisches Denken heraus: seine Differenzierung des menschlichen Handlungsantriebes, die folgerichtige Erweiterung der Erkenntnisbasis "Vernunft" um "Gefühle" und der Schluß, daß ethische Normen immer der menschlichen Lebenswelt entsprechen müssen. Ferner geht er über die übliche Individualbetrachtung hinaus. Der Mensch schätzt, so HUME in seiner Untersuchung der Moral, die Tugend der Gerechtigkeit auch dann, wenn er selbst gerade nicht davon betroffen ist. Gerechtigkeit ist mit anderen Worten unabhängig vom Nutznießer. Das Individuum schätzt indirekt also ebenfalls das Wohl eines anderen. Das so entwickelte Prinzip der Sympathie stellt HUME neben das Prinzip der Selbstliebe (*vgl.* HUME *1964, S. 241).*

Merkmale Humes' philosophischen Denkens

Bekannt geworden ist HUME außerdem durch seine assoziative Philosophie. Danach wird empirisch alles ins Bewußtsein Tretende als Assoziation von Empfindung und Vorstellung erklärt.

Normative Wirksamkeit entspringt daraus jedoch nur, wenn es gelingt, dieses Ethos als dem Eigeninteresse des Individuums förderlich darzustellen und überzeugend verständlich zu machen. Moralische Regeln verstehen sich dann als Regeln der Klugheit (*vgl.* HUME *1964, S. 177 f.).* Wie in Kapitel 6 noch zu zeigen sein wird, greift HOMANN den Gedanken des moralischen Handelns aus Eigeninteresse wieder auf.

Moralische Regeln als Regeln der Klugheit

2.4 The Theory of Moral Sentiments: ADAM SMITH

Als Schüler von FRANCIS HUTCHINSON und Freund von DAVID HUME orientierte sich ADAM SMITH (1723-1790) in seiner Moralphilosophie an der mitmenschlichen Sympathie als Grundlage der sittlichen Beurteilung. In seiner "Theory of Moral Sentiments" (1759), die SMITH sieben Jahre nach

The Theory of Moral Sentiments: **Adam Smith**

seiner Ernennung zum Professor der Moralphilosophie an der Universität Glasgow der Öffentlichkeit übergab, entwirft er eine Tugendlehre. Als Kriterium der Beurteilung anderer gilt die kritische, unparteiische Selbstprüfung (als Selbstbilligung und Selbstmißbilligung) aus der Position eines außenstehenden Beobachters. Diese Einstellung führt zur Grundtugend des Mitempfindens mit anderen. Programmatisch erscheint bereits der erste Satz seiner "Theory of Moral Sentiments": "Für wie egoistisch man den Menschen auch immer halten mag, so ist er doch offenkundig von Natur aus so veranlagt, daß er sich für das Schicksal anderer interessiert und er deren Glück und Wohlbefinden als für sich wichtig betrachtet, obwohl er davon keinen Nutzen hat, außer der Freude, die anderen so zu sehen" (SMITH *1949, S. 3*).

Menschliche Sympathie als moralische Basis

SMITH stützt sich in diesem Teilstück seines theoretischen Gebäudes auf die berühmte Bienenfabel MANDEVILLEs, nach der es sich für das Gemeinwohl durchaus als positiv erweisen kann, wenn einzelne Wirtschaftssubjekte ihre eigensüchtigen Interessen verfolgen. Angesichts der Gefahren einer arroganten Eigenliebe und möglichen Selbsttäuschung führt SMITH durch Erfahrungswissen gewonnene "allgemeine Regeln" über das gerechte Verhalten gegenüber anderen in sein System ein. Diese sind aber durch staatliche Gesetze und Sanktionen abzusichern ("geläuterter Egoismus" vs. "unaufgeklärter Egoismus"). Das Aufstellen von Regeln stellt den einzelnen vor große Probleme, da er innerlich gleichzeitig als Richter und Angeklagter das Gute bzw. Böse abwägen muß (*vgl.* HELFERICH *1992, S. 208*). SMITH führt den Ursprung der moralischen Gefühle auf Gott bzw. eine "unsichtbare Hand" zurück (Deismus). Er analysiert das Natürliche empirisch-psychologisch und distanziert sich damit vom Rationalismus seiner Zeit. Zum Utilitarismus hält er kritisch Abstand (*siehe dazu auch* SMITH *1974, S. XLII*).

Erfahrungswissen als Grundlage von Gesetzen

Seine Ethik ist von einer ausgesprochen sozialen Komponente bestimmt. Das Sympathiegefühl wird nach SMITH den eigenen Egoismus disziplinieren und den Menschen davon abhalten, dem anderen Schaden zuzufügen oder ihm Gehörendes vorzuenthalten.

2.5 Kritische Würdigung

Im Rahmen einer kritischen Würdigung der genannten englischen Philosophievertreter lassen sich zusammenfassend folgende Aussagen treffen. Obwohl HOBBES die Wissenschaft von den Gesetzen überspitzt als "die wahre und einzige Moralphilosophie" (Leviathan, 15. Kap., *zitiert nach* SCHRADER *1987, S. 305*) bezeichnet, kommt ihm das Verdienst zu, die positiven Wirkungen vertraglicher Regelungen aufgezeigt zu haben. Er kann deshalb in dieser Hinsicht durchaus als Vorläufer des Neo-Institutionalismus bezeichnet werden.

In HOBBES' Werk lassen sich ferner Ansatzpunkte für die Notwendigkeit von unternehmerischen Leitlinien finden, sofern diese einen Konsens zwischen individuellen Strebungen und der Verfolgung von Unternehmensinteressen formulieren. Das Individuum, das sich der Rechtsordnung des Staates unterwirft, ist jedoch für ihn in erster Linie Normenadressat (*vgl.* RÖD *1985, S. 295 f.*). Eine Selbstverpflichtung im weiterführenden Sinne kennt HOBBES nicht. Auch befaßt er sich weniger mit dem Inhalt vertraglicher Regelungen als mit der Begründung ihrer Notwendigkeit.

Für eine Unternehmensethik sind der LOCKEschen Philosophie als Kernpunkte die Vorstellungen von Verantwortungsfähigkeit und Maßhalten zu entnehmen. Spätestens seit JONAS' Plädoyer für ein "Prinzip Verantwortung" ist verantwortliches Handeln in den Mittelpunkt der aktuellen Diskussion gerückt. LOCKE bietet dafür eine naturalistische Begründung. Verzicht wird gefordert als Ausdruck eines weisen Umgangs mit Gottes Schöpfung. Unabhängig von einem christlichen Glaubenshintergrund können heute jedem Zeitgenossen rational die Folgen einer Verschwendungswirtschaft deutlich vor Augen geführt werden. Die LOCKEsche Verpflichtung zur Selbsterhaltung dreht sich in der Gegenwart in einen Handlungsantrieb aus Zukunfts- und Überlebensangst um.

Weiterhin arbeitet LOCKE deutlich heraus, daß Ethik wichtig sei, um die individuelle Handlungs- und Willensfreiheit zu gewährleisten. Der souveräne Staat müsse diese als Grundrechte garantieren. Übertragen auf die Unternehmensethik läßt sich folgern, daß dem Anspruch der Unternehmensangehörigen auf tolerante Behandlung und gelebte Individualität durch die vom Unternehmen gesetzten Rahmenbedingungen entsprochen werden muß.

HUMEs Beitrag zur Unternehmensethik ist dagegen verschlüsselter. Seine Unterscheidung in stärker und schwächer wirkende Handlungsmotive erzwingt die Frage nach den Gründen eines forcierten Handlungsdrangs. "Vernünftige Argumentation ... (bleibt) folgenlos, solange sie sich nicht jemand zu eigen macht" (vgl. KULENKAMPFF 1985, S. 450). Die gefühlsmäßige Überzeugung läßt die Vernunft erst zur vollen Geltung kommen. Von isolierten Stäben formulierte Unternehmensphilosophien oder Führungsgrundsätze bleiben z. B. wirkungslos, wenn sie nicht die Betroffenen mit einbeziehen und diesen Verantwortung übertragen. Andernfalls vernachlässigen sie deren gefühlsmäßige, zu bestimmten Sachfragen stellungnehmende Integration.

HUME entwickelt LOCKEs Rationalismus pragmatisch weiter. Moralische Prinzipien erscheinen ihm zwangsläufig notwendig. HUME entzieht sich jedoch einem drohenden naturalistischen Fehlschluß, d. h. allgemein als Sollvorgabe zu verkünden, was doch nur als Ist erfaßbar ist. Implizit erlaubt er die Normenaufstellung nur, sofern die zugrundeliegenden menschlichen Einstellungen und Affekte Moral begründen könnten (vgl. KULENKAMPFF 1985, S. 451). "Etwas muß an sich selbst erstrebenswert sein, weil es sich in unmittelbarer Übereinstimmung mit menschlicher Gesinnung und menschlichem Affekt befindet." (HUME 1964, S. 145.) Diese Forderung lenkt den Blick auf Prinzipien, die sich unabhängig von differenzierten kulturellen Einflüssen durch menschliche Ideale ziehen. Unverkennbar ist hier die Auswirkung des HUMEschen Gedankengebäudes auf die Konzeption der Sozialen Marktwirtschaft mit der Betonung des Solidaritätsprinzips. Jeder leistet seinen Beitrag zum kollektiven Wohl, der Stärkere stützt dadurch den Schwächeren.

Die ethischen Überlegungen von ADAM SMITH gehen zurück auf die Lehre des THOMAS V. AQUIN, welche den Menschen in seiner ihm verliehenen Würde und Ganzheit sieht (*vgl.* RECKTENWALD *1976, S. XXII*). Wie vor ihm kaum ein anderer analysiert SMITH den Zusammenhang von moralischem und ökonomischem Verhalten sowie die gesellschaftlichen Auswirkungen des individuellen Verhaltens. Seine Idee der übergreifenden Harmonie und die Vorstellung einer stets wohlstandsfördernden Wirkung einer "unsichtbaren Hand" beruhen allerdings auf zu optimistischen Annahmen.

Gerade die real existierende Mißachtung der normativ zu verstehenden Forderung, dem anderen Marktpartner keinen Schaden zuzufügen, hat Anlaß zur Beschäftigung mit einer eigenständigen Unternehmensethik gegeben.

3 Deutsche Philosophen

Als bedeutende Vertreter einer materialen Ethikauffassung unter den deutschen Philosophen sind vor allem LEIBNIZ, HEGEL und MARX zu nennen.

3.1 Prästabilierte Harmonie oder Prädestination? GOTTFRIED WILHELM VON LEIBNIZ

GOTTFRIED WILHELM VON LEIBNIZ (1646-1716) gilt als Begründer der neuscholastischen deutschen Philosophie. Als umfassend gebildeter und interessierter Denker entwickelte er seine Individual-Metaphysik in dem Grundwerk "Essais de Théodicée (1710)". Das Théodizéeproblem behandelt die "Rechtfertigung des Übels in der Welt angesichts der Güte Gottes" (POSER *1985, S. 381*). Im Gegensatz zum System der beiden geschaffenen Substanzen Materie und Geist, wie es DESCARTES prokla-

> **Prästabilierte Harmonie oder Prädestination? Gottfried W. von Leibniz**

miert, (*vgl. dazu* SPECHT *1985, S. 309*) existiert nach LEIBNIZ eine "prästabilierte Harmonie" (prästabilieren = vorher in eine feste Ordnung bringen); wobei das Individuum Gegenstand einer Substantialisierung wird (*vgl.* POSER *1985, S. 378*). Es entsteht dadurch, daß Gott (als die "Harmonie") die Menschen, Tiere und Pflanzen (als "Monaden", d. h. unteilbare Einheiten der Weltsubstanz) optimal aufeinander abgestimmt hat. Aus einer unendlichen Zahl von Welten wurde diese Welt von Gott als die bestmögliche geschaffen. Nach LEIBNIZ wird die prästabilierte Harmonie nicht als Ergebnis einer zeitlichen Entwicklungsgeschichte gedacht, sondern als eine alles ordnende Schöpfung. Darum hat auch alles, was geschieht und ist, einen Sinn (Satz vom zureichenden Grund; kosmologischer Gottesbeweis). Wenn aber diese unsere Welt in ihrer Entfaltung, ihrem Gehalt und ihrer Gestaltung die optimale darstellt (wenn auch grundlegend mit Übel behaftet, also unvollkommen), dann muß auch die menschliche Gesinnung darauf in entsprechender Weise reagieren. So begibt sich LEIBNIZ auf die Suche nach den grundlegenden menschlichen Gedankenwegen und ihren Verknüpfungsregeln. Sein Trachten gilt der Entwicklung einer Characteristica universalis, auf deren Grundlage alle wissenschaftlichen Fragen zu beantworten sind und innovative Erkenntnisgewinnung durch Rechnen möglich wäre (*vgl.* POSER *1985, S. 394*).

"Prästabilierte Harmonie" als Ausdruck ordnender Schöpfung

Diese Vorstellung unterscheidet sich von den christlichen Prädestinationsvorstellung, wie sie THOMAS VON AQUIN und JOHANNES CALVIN festhielten (*vgl.* VON AQUIN *1985a, q 105 a 5; I.II, q 109 a 1*). Darin unterliegt der Mensch einer göttlichen Vorherbestimmung, die sein Heil oder Unheil von Anfang an festlegt. Er ist aber nicht in der Freiheit seines Tuns eingeschränkt (*vgl. dazu* HÖFFE *1986, S. 270*).

3.2 Die Pflichtethik des GEORG WILHELM HEGEL

Die Pflichtethik: Georg Wilhelm Hegel

GEORG WILHELM HEGELs (1770-1831) spekulativ-idealistische Philosophie zielt darauf ab, die Entwicklung des menschlichen Geistes darzustellen und aufzuzeigen, wie der Mensch zur Freiheit gelangen könne. Ihr wesentliches Element ist der Begriff der Beziehung der Dinge zueinander. Als Grundformel für jede Beziehung gilt nach HEGEL der Kontrast: These (ja) - Antithese (nein) - Synthese (als Vereinigung von ja und nein) (*vgl.* NOHL *1907, S. 374*). Gegensätze entfalten eine schöpferische Macht. Sie bringen die Welt schließlich zu einem harmonischen und weise geordneten Ganzen, das als Verwirklichung der göttlichen Vernunft (des "Weltgeistes") in der Geschichte anzusehen ist. Auf diese Weise gehören Antinomien sozusagen zum System (als "lebendige Widersprüche"); sie werden als selbstverständlich bzw. notwendig betrachtet. Zum Spekulativen des HEGELschen Ansatzes gehört auch die Selbstforderung, anderen die Richtigkeit der spekulativen Überzeugungen nahezubringen und argumentativ einsichtig zu machen. Damit wird die Überzeugungsfähigkeit zum Maßstab der Richtigkeit (*vgl.* NOHL *1907, S. 389*). Die zu führende Argumentation mündet in die HEGELsche Dialektik.

Die Vereinigung von These und Antithese als Denkformel

Überzeugen durch Argumentation

Die Ethik kann nach HEGEL nicht auf Normen als Aussagen über das Sollen reduziert werden. Pflichten müßten sich aus notwendigen Bestimmungen des menschlichen Daseins ableiten. Moral sei die subjektive Selbstbestimmung des Willens, das Recht garantiere die absolute Willensfreiheit des einzelnen.

Ebenso wie KANT spricht auch HEGEL von den Pflichten, die dem Menschen auferlegt sind. Der Mensch handele sittlich im Sinne der "zur vorhandenen Welt gewordenen Freiheit" (HEGEL *1983, S. 248*). Während aber KANT die Pflichten auf eine einzige Norm, das Sittengesetz, reduzierte, will HEGEL auch die Erfordernisse der jeweiligen Gesellschaft und der Situation des einzelnen bei der Formulierung von Pflichten gegenüber dem Gemeinwesen berücksichtigt wissen. So gehört zu den von ihm geforderten Pflichten z. B. die "Hilfeleistung in der Not" als Ausdruck der Gleichheit, die "Wahrhaftigkeit in Reden und Handeln", insbesondere im Dialog zwischen Privatpersonen, oder die "Redlichkeit,

Die Pflichten als notwendige Bestimmung

die jede Verleumdung und Heuchelei ausschließt" (VON GUMPPENBERG *1987, S. 357 f.*).

3.3 Klassenkampf statt Ethik: KARL MARX

Der königlich-preußische Geschichtsphilosoph HEGEL konnte nicht ahnen, daß seine dialektische Methode wenig später von KARL MARX in einem ganz anderem Sinne verwandt werden würde. Dieser konnte gleichzeitig an bestimmte Inhalte bzw. Begriffe der HEGELschen Staats- und Gesellschaftstheorie wie "Anhäufung der Reichtümer", "Abhängigkeit und Not" und "Abstraktheit der gegenseitigen Beziehungen der Individuen" ("Klasse") anknüpfen.

Klassenkampf statt Ethik: Karl Marx

KARL MARX (1818-1883) hat nach eigenem Bekunden in seiner Philosophie HEGEL "vom Kopf auf die Füße gestellt", indem er kurzerhand das (materialistische) "Klassenbewußtsein" an die Stelle des (idealistischen) "Volksgeistes" setzte. In konsequenter Weise übertrug er die HEGELsche Dialektik von These, Antithese und Synthese auf sein volkswirtschaftliches System. Ihm kam es darauf an, Philosophie nicht nur zu denken, sondern die daraus entspringenden Überzeugungen zu verwirklichen (*vgl.* LANGE *1985, S. 169*). Seine für die Ethik wichtige Leistung besteht vor allem darin, die Welt auf die Nöte des Arbeiters im Frühkapitalismus aufmerksam gemacht zu haben.

"Klassenbewußtsein" statt "Volksgeist"

Hauptteil seiner theoretischen Arbeit ist die Kritik der politischen Ökonomie, festgehalten in mehreren Veröffentlichungen, deren wohl bekannteste das 1867 erschienene "Kapital" ist ("Das Kapital - Kritik der politischen Ökonomie, Buch I: Der Produktionsprozeß des Kapitals"). Nach KARL MARX steht der arbeitende Mensch der Produktion als Objekt gegenüber. Er ist von seiner Tätigkeit und deren Früchten als Subjekt "entfremdet". Gleichzeitig ist er von sich selbst entfremdet, da die Arbeit das menschliche Gattungswesen erst ausmacht. Arbeit steigert sich bei

Prinzip der Auflösung des Privateigentums

MARX zum "einzigen Prinzip der Nationalökonomie" (LANGE *1985, S. 176*). Die Auflösung des Privateigentums wird zur Auflösung der Entfremdung. Die Theologie muß bei ihm einer anthropologischen Grundanschauung weichen, die den Menschen als Produkt der Entwicklung durch seine eigene Arbeit begreift. Das Christentum wird von MARX als die Religion des Kapitalismus gebrandmarkt, die dem Menschen den Reichtum und die Selbstentfremdung gebracht hätte. ("Brüderlichkeit ist nie des Reichtums Folge.")

3.4 Zusammenfassende Würdigung

Bei der Darstellung der philosophischen Vertreter einer materialen Ethik in Deutschland haben wir uns auf deren wichtigste Repräsentanten beschränkt. Im Rahmen einer kritischen Würdigung läßt sich dazu folgendes sagen.

Der Beitrag der LEIBNIZschen Philosophie zur Unternehmensethik besteht vor allem darin, daß er das ursprünglich angelegte Harmonie- und Glücksstreben des Menschen hervorhebt. Allerdings führt die harmonistische Grundeinstellung einer vorherbestimmten Entwicklung, konsequent betrachtet, u. a. zu einer Entleerung der menschlichen Willensfreiheit und zu einer Verarmung des Gemütslebens (*vgl.* GEISS *1962, S. 123*). LEIBNIZ bietet zwar selbst einen Ausweg aus dieser Argumentation, wenn er sagt, daß die Determiniertheit einer Handlung nur ex post feststellbar sei und Gott die individuelle Entscheidungsfreiheit schon in seine beste Weltordnung eingebaut habe (*vgl.* POSER *1985, S. 401*). Doch gelingt damit die von ihm erwünschte Vereinbarkeit von Glaube und Vernunft nur unvollkommen. Obwohl der Entwurf einer Welt von gleichen und freien Individuen, die nach Glück sowie Selbsterfüllung streben, bewundernswert erscheint: LEIBNIZ hat die Macht des Übels und der Schuld offensichtlich unterschätzt. Intensität bzw. Umfang gestörter menschlicher Beziehungen stellen eine zu starke Realität dar, als daß sie in ihrer Bedeutung heruntergespielt werden könnten. Daß Menschen durch ungelöste Konflikte ihre Zukunft verspielen können und auf Vergebung angewiesen sind, wird von LEIBNIZ nicht gesehen (oder nicht behandelt). In unserem Ansatz der Unternehmensethik wird dieser Aspekt dagegen aufgegriffen.

HEGEL, der "preußische" Philosoph, thematisiert die Pflichten des Menschen in ihrem sozialen Kontext. Mit der Darstellung der Verpflichtungen, die bei freiwilliger und fester Integration in das Bewußtsein zu Tugenden werden, ist HEGEL heute so aktuell wie je. Tugenden und Pflichten gelten auch für eine Unternehmensethik unserer Tage als zentrale Komponenten.

Unabhängig von diesen inhaltlichen Festlegungen richtet sich der HEGELsche Anspruch darauf, mittels der Philosophie die Welt als ein System begreifen zu wollen. Recht, Natur oder Religion sollten danach nicht partial betrachtet werden. HEGELs Erkenntnisstreben richtet sich auf den Zusammenhang des Ganzen und dessen Gestaltungsprinzipien (*vgl.* FULDA *1985, S. 91*). Ebenso darf auch das wirtschaftende Unternehmen nicht aus dem gesellschaftlichen und natürlichen Zusammenhang herausgelöst werden. Unternehmensethik stellt so gesehen nur einen Ausschnitt aus einer allgemein normativen moralischen Haltung dar.

KARL MARX hat keine eigene Ethik entwickelt, aber zahlreiche Probleme mit moralischen Auswirkungen behandelt. Im Vordergrund steht der arbeitende Mensch ("Proletarier") und dessen Entfremdung von der Arbeit bzw. dem Gegenstand seiner Tätigkeit. Seine analytische Kritik an den unter Humangesichtspunkten teilweise unhaltbaren Arbeitsbedingungen der frühen Industrialisierung ist ebenso scharfsinnig, wie die daraus gezogenen wirtschafts- und gesellschaftspolitischen Folgerungen sich als unhaltbar erwiesen. Das MARXsche System verlor seine Grundlage in dem Augenblick, als sich freie Gewerkschaften als Gegenmacht zu den "Kapitalisten" formierten und die Lösung der "sozialen Frage" als vorrangiges Ziel staatlicher Politik und privater Fürsorge begriffen wurde. Die wirtschaftspolitische Ordnung der sozialen Marktwirtschaft und das Programm zur Humanisierung des Arbeitslebens haben die Forderung nach Aufhebung der Entfremdung in einer Weise aufgenommen, die KARL MARX infolge seiner ideologischen Fixiertheit vermutlich nicht vorhergesehen hätte. Vor allem aber gibt sie die Antwort, die MARX weitgehend schuldig geblieben ist: wie nämlich die nach-kapitalistische Produktionsweise auszusehen hat oder aussehen könnte (*vgl.* LANGE *1985, S. 184*).

Verständnisfragen zu Kapitel 3

1. Sind die Ansätze der philosophischen Vertreter in der heutigen Wirtschaftsordnung noch gültig und lassen sich Beispiele hierfür finden?

2. Nennen Sie wenigstens jeweils zwei griechische, englische und deutsche Philosophen und beschreiben Sie kurz deren philosophischen Ansatz.

Einführende Literaturempfehlungen:

Helferich, Christoph: Geschichte der Philosophie: von den Anfängen bis zur Gegenwart und östliches Denken, 2. Aufl., Stuttgart 1992.

Höffe, Otfried (Hrsg.): Klassiker der Philosophie, Bd. 1, München 1985.

Höffe, Otfried (Hrsg.): Klassiker der Philosophie, Bd. 2, 2. Aufl., München 1985.

Spaemann, Robert (Hrsg.): Ethik-Lesebuch: Von Platon bis heute, München - Zürich 1987.

Kapitel 4: Philosophische Ansätze einer formalen Ethik

> **Lernziele:**
>
> Nach den materialen Ethikansätzen lernt der Leser im vierten Kapitel die Ansichten derjenigen Philosophen kennen, die eine formale Ethik vertreten. Neben CHRISTIAN WOLFF und JOHN STUART MILL ist dies vor allem IMMANUEL KANT. Als neuere Ansätze werden JOHN RAWLS Gerechtigkeitstheorie, das Konzept der technisch-ökologischen Verantwortung von HANS JONAS und die kommunikativen Ansätze der Frankfurter und Erlanger Schule präsentiert.

Über Jahrhunderte hinweg hat sich das philosophische Denken immer auf die Frage nach dem höchsten Ziel und den Elementen des Guten oder Bösen gerichtet. Die Festlegung von Tugenden und die Beschreibung dessen, was den menschlichen Lebenszweck ausmacht, stand im Mittelpunkt. Erst KANT trennte sich bewußt von dieser Vorgehensweise und suchte nach den vernünftigen Wegen zum Guten. Nicht die Ziele, sondern die zu deren Erreichung einzusetzenden Mittel und Wege bestimmen in der formalen Ethik die Handlungsmoralität.

1 Historische Ansätze

1.1 Der Beginn der Aufklärung: CHRISTIAN WOLFF

Der Mathematiker und Philosoph CHRISTIAN WOLFF (1679-1754) ist in seinem Denken bestimmt von DESCARTES und LEIBNIZ. Der wohl bedeutendste deutsche Aufklärer gilt als Vertreter des rationalistischen Dogmatismus, weil er sich von einem ungebrochenen Vertrauen in die Herrschaft der Vernunft leiten läßt. Dieses spiegelt sich auch in der Sicht des gesellschaftlichen Lebens (*vgl.* WOLFF 1971) wider. Vernunft und Offenbarung

Beginn der Aufklärung:
Christian Wolff

können sich nach der vom Naturrecht geprägten Auffassung WOLFFs nicht widersprechen.

Seine Ethik gründet sich auf dem Prinzip der Vollkommenheit als höchstem menschlichen Gut, in der Natur angelegt als Ausdruck einer unbedingten Harmonie. Der Mensch solle so handeln, daß sein eigener bzw. der Zustand anderer vollkommener werde und alles unterlassen, was diesem Zweck entgegenstehe. Dazu müsse ihm die ungehinderte Verwirklichung seiner Anlagen und Möglichkeiten gewährleistet werden (*vgl.* HELFERICH *1992, S. 236*). Der Mensch hat die Verpflichtung, bei der eigenen Vervollkommnung auch daran zu denken, daß er diese Pflicht gegenüber anderen erfüllt. Selbstverwirklichung wird im privaten und beruflichen Leben zur wichtigsten ethischen Forderung.

Selbstverwirklichung als ethische Forderung

Da materielle Wohlfahrt die Vollkommenheit fördert, setzt sich WOLFF für wirtschaftliche Freiheit, für die Entwicklung von Handel und Gewerbe (im Sinne des Merkantilismus) sowie für Arbeiten als eine von Natur aus gegebene Pflicht des Menschen ein. Allerdings spricht er sich auch für eine soziale Verpflichtung des Staates gegenüber den Arbeitern aus, z. B. durch eine Festsetzung von Mindestlöhnen, um eine Ausbeutung der Arbeiter zu verhindern, und von Höchstarbeitszeiten, um deren Gesundheit zu schonen).

Forderung nach wirtschaftlicher Freiheit des Menschen und sozialer Verpflichtung des Staates

Einen Ansatz für eine Unternehmensethik bietet vor allem WOLFFS Forderung nach freier individueller Entfaltung. Sie manifestiert sich nicht nur in der Gewährleistung von Ausbildungsfreiheit, sondern stellt ein unverzichtbares Kennzeichen moderner Unternehmenskultur dar. Beispielsweise setzt sich vor allem im Fertigungsbereich eine Abkehr von tayloristischen Organisationsprinzipien durch. Die individuelle Selbstverwirklichung gilt im Kontext der Abstimmung von Individualzielen und Unternehmenszielen auch als Mittel der Ertragssteigerung.

Forderung nach freier individueller Entfaltung

1.2 Der Kategorische Imperativ: IMMANUEL KANT

IMMANUEL KANT (geb. 22. 4. 1724 als Sohn eines kinderreichen Sattlers, gest. am 12. 2. 1804) hat die neuzeitliche Ethik maßgeblich geprägt. Ausgehend von den englischen Aufklärern LOCKE und HUME versucht KANT, den Rationalismus WOLFFs mit dem Sensualismus HUMEs („Alles läßt sich aus dem sinnlichen Eindruck ableiten") zu vereinen. Seine drei Werke ("Kritik der reinen Vernunft", 1781, "Kritik der praktischen Vernunft", 1788, und "Kritik der Urteilskraft", 1790) haben die Aufklärung maßgeblich begründet und der Philosophie in mehrfacher Hinsicht einen Neuanfang ermöglicht (*vgl.* SCHWEIDLER *1987b, S. 66*).

Der Kategorische Imperativ: Immanuel Kant

Nach KANT ist alles ethische Handeln durch den Willen des Handelnden und nicht von irgendeinem Zustand der Welt oder des Menschen (z. B. vom antiken Ideal des glücklichen, gelungenen Lebens) bestimmt. Alle Tugenden, auch die der Mäßigung oder Großzügigkeit, können nach dieser Auffassung ins Böse umschlagen, wenn „das kalte Blut eines Bösewichts" dieses bestimmt.

Der menschliche Wille als Bestimmungsgrund ethischen Handelns

Als Rationalist setzt KANT auf die Macht der praktischen Vernunft. Er beschränkt zugleich das Wissen auf die Erfahrung, die durch sinnliche Eindrücke (a posteriori) vermittelt wird. Gleichzeitig besteht nach KANT unser Wissen aber aus Kategorien und Elementen, die nicht aus der Erfahrung abzuleiten sind (a priori). Damit wird der Mensch zum geistigen Zentrum einer durch ihn gedachten und gestalteten Welt. Die Kategorien lassen sich nach KANT aber nur auf Dinge innerhalb des menschlichen Erfahrungsbereichs anwenden ("Kritik der reinen Vernunft"). Gegenstände des Glaubens sind nicht durch die Vernunft zu beweisen (Unmöglichkeit der scholastischen, d. h. rein verstandesmäßigen, Gottesbeweise). Wissen vermittelt keine Weltanschauung. Diese ergibt sich erst aus dem Glauben und führt dazu, daß der Mensch sich für bestimmte Werte entscheidet.

Die praktische Vernunft als Grundlage der vom Menschen gestalteten Welt

In der "Kritik der praktischen Vernunft", seinem Hauptwerk, begründet KANT eine "Pflichtethik" in scharfem Gegensatz zu jeder beliebig interpretierbaren "Glückseligkeitsethik". Der Wille sei unmittelbar bestimmt durch das "moralische Gesetz". Dieses verwirkliche die menschliche Freiheit als "regulative Idee". Sie werde in der praktischen Vernunft zu einer Forderung a priori bzw. einem "Kategorischen Imperativ". Er lautet: „Handle so, daß die Maxime deines Willens jederzeit zugleich als Prinzip einer allgemeinen Gesetzgebung gelten könne". Wer so handele, genüge der Pflicht. KANT entwickelt sein System der menschlichen Rechts- und Tugendpflichten in der "Metaphysik der Sitten" (1792). Der Mensch als Selbstzweck und sittliches Wesen gewinnt nach dieser Auffassung seine Würde dadurch, daß ihn das Vernunftgesetz (der Kategorische Imperativ) zum Handeln bewegt. Kants kritische Ethik stellt nicht die Frage nach einer Begründung des Sollens, sondern liefert eine allgemeine Begründung der Möglichkeit ethischer Normen. Die von Kant entwickelte Maxime kann verbindlich sein. Es wird aber nicht gesagt, daß sie es auch wirklich ist.

Pflichtethik statt Glückseligkeitsethik

KANTs Bedeutung für die Unternehmensethik liegt darin, daß eine Aufforderung zum moralischen Handeln ausgesprochen wird, welche die anderen Menschen einbezieht: "Handle so, daß du die Menschheit sowohl in deiner Person als auch in der Person jedes anderen jederzeit zugleich als Zweck, niemals bloß als Mittel brauchst" (KANT O. J., S. 66 f.). Die Verantwortung für den Mitarbeiter, der nicht als Mittel instrumentalisiert werden darf, spielt eine ausschlaggebende Rolle. Jeder muß folglich seine Entscheidungen vor sich sowie vor anderen rechtfertigen und begründen können.

1.3 Der Utilitarismus: JEREMY BENTHAM und JOHN STUART MILL

Der Utilitarismus

Der Utilitarismus (lat. utilis = nützlich), begründet durch JEREMY BENTHAM und JOHN STUART MILL, stellt eine Ausprägung der normativen Ethik dar, die sich ursprünglich im englischsprachigen Raum entwickelte. Danach sind solche Handlungen sittlich geboten, deren Folgen ein Optimum an Glück für alle Betroffenen erzeugen. Im einzelnen geht es dabei um vier Teilprinzipien (*siehe* HÖFFE *1986, S. 261*):

Teilprinzipien des Utilitarismus

❶ Handlungen sind nicht aus sich heraus (deontologisch) zu beurteilen, sondern nur von ihren Konsequenzen her.

❷ Alleiniges Beurteilungskriterium des Handelns ist dessen Nutzen für das in sich Gute (Utilitätsprinzip).

❸ Die Erfüllung der menschlichen Bedürfnisse und Interessen gilt unabhängig von deren inhaltlicher Bestimmung durch den einzelnen als in sich gut und als höchster Wert. Nach dem hedonistischen Prinzip (Hedonismus = Streben nach Sinneslust und Genuß) ist als Glückskriterium das durch eine Handlung gestiftete Maß an Lust, vermindert um das Maß an Leid, anzusehen (Individualutilitarismus).

❹ Nach dem Sozialprinzip ist das Glück aller von der Handlung betroffener Personen oder Gruppen, d. h. das allgemeine Wohlergehen, maßgeblich (Sozialutilitarismus).

1.3.1   JEREMY BENTHAM

Der englische Jurist und Philosoph BENTHAM (1748-1832) gilt als wichtigster Vertreter des Utilitarismus. Er stützt sich auf den schottischen Historiker und Philosophen DAVID HUME (1711-1776). Dessen Hauptwerk "A Treatise of Human Nature" führt in einer antimetaphysischen, d. h. nur die sinnlich-erfahrbare Welt akzeptierenden, sowie in kritisch-positivistischer Weise den von LOCKE begründeten Empirismus weiter. HUME entthronte die Vernunft und hob stattdessen die Empfindungen hervor (speziell die Sympathie als ursprüngliches Gefühl, deren Gegenstand das Allgemeinwohl ist). BENTHAM entwickelte das System

Empfindungen statt Vernunft: Jeremy Bentham

des Utilitarismus auf der Grundlage von FRANCIS HUTCHESONs Formel des "größten Glücks der größten Zahl". Nach dieser Auffassung sind Ethik und Ästhetik eng miteinander verbunden. Das "moralische Gefühl" (moral sense) liefert das Beurteilungsvermögen für das sittlich zu Billigende.

BENTHAM gewann durch sein philosophisches Hauptwerk "Introduction to the Principles of Morals and Legislation" (1789) erheblichen Einfluß auf das wissenschaftliche Denken, aber auch auf das öffentliche Leben seiner Zeit. Nach BENTHAMs Vorstellung ist die sittliche Qualität des menschlichen Handelns nur von deren Folgen her (Nützlichkeit oder Schädlichkeit) zu beurteilen. Motive oder Gesinnungen bleiben also unberücksichtigt, es zählt allein der größtmögliche Nutzen bzw. das Maximum an erreichbarem Glück ("happiness"). Diese strikte Anwendung des rein quantitativen Nützlichkeitsdenkens wird auch als Sozialeudämonismus bezeichnet, dessen Spuren bis in die Antike (Stoa) zurückreichen.

Die Folgen menschlichen Handelns als Maßstab sittlicher Qualität

In seinem Hauptwerk entwickelte BENTHAM bereits ein (sehr grobes) Instrument zur Messung des sozialen Nutzens von Handlungen, dem hedonistischen Kalkül, wonach das Streben nach Sinneslust und -genuß das höchste ethische Prinzip ist. Dieses wurde zum Ausgangspunkt der Wohlfahrtsökonomie.

1.3.2 JOHN STUART MILL

Individualgleich Allgemeinnutzen John S. Mill

Als Sohn des englischen Philosophen, Historikers und Nationalökonomen JAMES MILL übernahm JOHN STUART MILL (1806-1873) dessen positivistische Position. JOHN STUART MILL entwickelte in seinen "Principles of Political Economy" (1848) die liberalen Lehren DAVID RICARDOs weiter. In seiner philosophischen Ethik bezog er sich auf HUMEs Assoziationsphilosophie.

In dem Werk "Utilitarianism" (1861, Neuausgabe 1962) entfaltet MILL seine spezifische Version des utilitaristischen Denkens. Nach MILL strebt jeder Mensch bestimmte Resultate als Bestandteil seines Glücks an. Es müsse nun dafür gesorgt werden, daß der Nutzen für die Allgemeinheit Hauptbestandteil der individuellen Vorstellung von Glück werde. Dies geschehe durch eine bestimmte Erziehung und Sanktionen, speziell durch innere Sanktionen in der Form des Gewissens. Der Mensch werde dann aus sich heraus solche Handlungsalternativen auswählen, die den größten Nutzen für die Allgemeinheit stifteten, denn dies bedeute gleichzeitig auch für den einzelnen ein Maximum an Nutzenstiftung.

Allgemeinnutzen als Grundlage individueller Nutzenstiftung

Der Utilitarismus hat sich z. T. von den geschilderten Ausgangspositionen entfernt. Dies hat seinen Grund darin, daß die hinter dem Handeln stehenden Motive bzw. Gesinnungen in der ursprünglichen Position unberücksichtigt bleiben und die strikte Anwendung des Utilitätsprinzips die Rechte von einzelnen oder Minderheiten verletzen kann.

Entwicklungsformen des Utilitarismus

Zu den späteren Vertretern des "klassischen" Utilitarismus zählt vor allem der Engländer HENRY SIDGWICK (1838-1900). Er vertrat eine den Utilitarismus mit dem Intuitionismus verbindende Ethik, die den Gegensatz von Egoismus und Selbstlosigkeit zu überwinden versuchte. Neben dem "Handlungs-Utilitarismus", der das Nützlichkeitsprinzip nur auf den einzelnen bezieht und die mögliche Verletzung der Rechte von anderen bzw. Minderheiten ausklammert, hat sich neuerdings ein "Regel-Utilitarismus" entwickelt. Danach werden die Rechte aller (das Gleichheitsprinzip) gewahrt, indem Nützlichkeitserwägungen an die Befolgung sittlicher Regeln gebunden sind.

1.4 Kritische Würdigung

Ein durchgängiges Element des utilitaristischen Denkens besteht darin, in jede Überlegung die Auswirkungen einer Entscheidung auf alle Betroffenen einzubeziehen, d. h. die Qualität des Handelns nach deren Konsequenzen zu bemessen. In der Unternehmensethik ist dieser Aspekt in das Denken der Neoklassiker über das Verhältnis von Ethik und Ökonomie eingegangen. Allerdings enthält dieses Programm auch utopische Züge. Es erscheint nämlich ausgeschlossen, sämtliche Auswirkungen aller Handlungsalternativen auf alle Betroffenen vor jeder Entscheidung gegeneinander abzuwägen.

Kritisch ist gegenüber dem Utilitarismus noch ein anderer Punkt hervorzuheben. Das utilitaristische Prinzip ermöglicht es nur, die nutzenstiftenden Effekte einer Handlung quantitativ zu unterscheiden. Es versagt angesichts der Aufgabe, Entscheidungskonsequenzen z. B. nach ihrer Gerechtigkeitswirkung zu beurteilen. Mit diesen Fragen befaßt sich das Werk von JOHN RAWLS.

2 Neuere Ansätze

2.1 Die Theorie der Gerechtigkeit: JOHN RAWLS

JOHN RAWLS knüpft in seiner Kritik am Utilitarismus an der Problematik einer Verallgemeinerung von Entscheidungsregeln an. Er bestreitet nicht, daß die Maximierung des Gesamt- oder Durchschnittsnutzens für das Individuum selbst brauchbar sei, widersetzt sich aber der Übertragbarkeit dieses Konzepts auf die gesamte Gesellschaft (vgl. RAWLS 1991, S. 40-45, S. 48). Eine interpersonelle Aufrechnung von Nutzen und Einbußen werde der Verschiedenheit der einzelnen Menschen nicht gerecht (vgl. RAWLS 1991, S. 44). Sie betrachte diese nur als Träger von Nutzenstiftungen, die lediglich den Zustand der Befriedigtheit oder Unbefriedigtheit annehmen können.

Die Naturrechtsauffassungen sehen die Gerechtigkeit in der Natur des Menschen vorgegeben, die sich aus einer göttlichen Ordnung ableiten läßt. Demgegenüber entwickelt JOHN RAWLS eine vertragstheoretische Position der Gerechtigkeit. Diese wird in ausdrücklichem Gegensatz zum Utilitarismus formuliert. Während die Utilitaristen Handeln dann als gerecht bezeichnen, wenn der Nutzen (bzw. das Glück) der Allgemeinheit zunimmt, stellt RAWLS diese Position kritisch in Frage. Seiner Auffassung nach könne nicht etwas gerecht sein, weil es das Gute maximiere, sondern es sei gut, weil es gerecht sei (*vgl.* RAWLS *1991, S. 42*).

Gerechtigkeit statt Nutzen als moralisches Kriterium

RAWLS argumentiert (ähnlich wie vor ihm HOBBES) von einem "Urzustand" der Menschen aus, in dem keiner seine ihn bestimmenden Ausprägungen wie Stand oder Gesundheit kennt (*vgl.* RAWLS *1991, S. 34-39*). Er greift damit zu dem Kunstbegriff des "Schleiers der Unwissenheit", der sich über das Wissen der Menschen hinsichtlich ihrer späteren sozialen und persönlichen Entwicklung ausbreitet. In diesem Zustand müßten Regeln entwickelt werden, denen alle Beteiligten zustimmen könnten, unabhängig davon, welche Stellung in der Gesellschaft ein Individuum tatsächlich einnimmt. Die so beschlossenen Regeln gelten als gerecht.

Notwendigkeit von Regeln zur Überwindung gesellschaftlicher Ungerechtigkeit

Nach RAWLS formen Gedanken der Fairneß, Würde und Humanität, also nicht-ökonomische Prinzipien, den Maßstab der Gerechtigkeit. Damit setzt er sich im Gegensatz zur utilitaristischen Sicht der Gerechtigkeit für Bedingungen des gesellschaftlichen Zusammenlebens ein, die von den Prinzipien der Gleichheit und Freiheit geleitet sind. RAWLS unterscheidet zwischen

Fairneß, Würde und Humanität als Maßstab der Gerechtigkeit

- dem Prinzip der größtmöglichen gleichen Freiheit,
- dem Differenzprinzip und
- dem Prinzip der fairen Chancengleichheit in sozialen sowie wirtschaftlichen Fragen.

Die Prinzipien von Freiheit, Differenz und Chancengleichheit

Das Prinzip der größtmöglichen gleichen Freiheit fordert die Balance zwischen dem Freiraum des einen und der Einschränkung des anderen auf einem möglichst hohen Niveau. Ungleichheiten zwischen unterschiedlich Begünstigten, sofern diese vorhanden sind, müssen den am wenigsten Begünstigten den höchstmöglichen Vorteil verschaffen (Differenzprinzip). Ferner müssen diese Ungleichheiten die Möglichkeiten eröffnen, die mit einer gleichmäßig fairen Chance verbunden sind (Prinzip der fairen Chancengleichheit) (*vgl.* RAWLS *1991, S. 336 f.*). Unter dieser Annahme würden rational handelnde Individuen eine vollkommen gerechte Gesellschaft bilden, in der die Vorteile der am schlechtesten gestellten Mitglieder maximiert würden.

Prioritätenfolge der Prinzipien

Gleichzeitig gibt RAWLS Regeln vor, welchem Prinzip Priorität zuzumessen ist und unter welchen Bedingungen von den beiden Prinzipien abgewichen werden kann (*vgl.* RAWLS *1991, S. 152-159*). Die erste Vorrangregel besagt, daß die Grundfreiheiten, wie z. B. die Gedanken-, Gewissens- und Vereinigungsfreiheit, nur dann eingeschränkt werden dürfen, wenn dadurch die Freiheit für alle gestärkt und die entstandene Einschränkung von den Betroffenen akzeptiert wird. Nach der zweiten Vorrangregel rangiert die Gerechtigkeit vor der Leistungsfähigkeit und die faire Chancengleichheit vor dem Differenzprinzip. Abweichungen sind nur dann zulässig, wenn durch die Chancenungleichheit die Position der Benachteiligten verbessert wird und eine besonders hohe Sparrate die Last der unmittelbar Betroffenen direkt reduziert (*vgl.* RAWLS *1991, S. 336 f.*). RAWLS geht von einem "Sparprinzip" aus, das im Sinne einer gerechten Verteilung die vorangegangene Kapitalakkumulation mit der Verpflichtung der jetzigen Generation für die Kapitalausstattung der künftigen Generationen verbindet. Im Sinne einer gerechten Verteilung der Lasten der Kapitalbildung ergibt sich eine Verpflichtung zum Sparen über die Generationen hinweg.

RAWLS orientiert sich bei der Formulierung seiner Prinzipien an der Idee, daß sich keiner um seinen Beitrag an der Finanzierung übergeordneter Institutionen, z. B. des Staates, drücken könne, da man dessen Leistungen ebenso zur Förderung seiner eigenen Interessen in Anspruch nehme. Übertragen auf das Unternehmen ergibt sich daraus der Grundsatz, daß Führungskräfte und Mitarbeiter nicht nur Ansprüche an den Betrieb stellen können, sondern implizit auch bestimmte Verpflichtungen übernehmen müssen. Dieser Doppelcharakter der Beziehungen zwischen den Unternehmensangehörigen und der Organisation als Ganzes kann z. B. darin zum Ausdruck kommen, daß Unternehmensleitlinien nicht nur Rechte, sondern auch Pflichten explizit erwähnen.

Das Fairneßprinzip von RAWLS richtet sich ferner auf eine Relativierung des Leistungsprinzips zugunsten derjenigen Unternehmensangehörigen, die unterschiedliche Startvorteile aufweisen und gegenüber anderen Mitarbeitern durch ein unterschiedliches immaterielles Potential benachteiligt sind.

2.2 Technisch-ökologische Verantwortung: HANS JONAS

Während in der traditionellen Philosophie vorwiegend die mitmenschliche Verantwortung im Vordergrund der Betrachtung steht, spannt HANS JONAS den Bogen weiter. Er bezieht bewußt die Verantwortung des Menschen für die Biosphäre in seine Überlegungen ein.

Technisch-ökologische Verantwortung: Hans Jonas

JONAS geht dabei von Überlegungen aus, die vor ihm der Arzt und Theologe ALBERT SCHWEITZER anstellte. Dessen Ethik einer "Ehrfurcht vor dem Leben" bezieht unter der Grundaussage „Ich bin Leben, das leben will, inmitten von Leben, das leben will", die gesamte Natur in die Verantwortlichkeit des Menschen mit ein (*vgl.* SCHWEITZER *1988, S. 21, S. 32-37*).

Die Natur als neu empfundener Verantwortungsbereich des Menschen

Infolge der ins Unermessene gesteigerten menschlichen Eingriffsmöglichkeiten in Tod und Leben auf diesem Planeten erhält nach JONAS die Verantwortung eine „nie zuvor geträumte Dimension" (JONAS *1979, S. 26*). Diese Lage macht neue

Handlungsanweisungen erforderlich. Sie lassen sich in einem umgewandelten KANTschen kategorischen Imperativ wie folgt bündeln: „Handle so, daß die Wirkungen deiner Handlungen verträglich sind mit der Permanenz menschlichen Lebens auf Erden" (JONAS 1979, S. 36). Die Verantwortlichkeit erhält auf diese Weise nicht nur einen neuen Gegenstand (die Natur insgesamt), sondern auch eine neue zeitliche Perspektive (das Überleben künftiger Generationen). Aus der Verursacherverantwortung für das Getane wird eine "Zukunftsverantwortung" für das Zu-Tuende (vgl. JONAS 1979, S. 174 f.). Die Verbindung zur Unternehmensethik ist in doppelter Hinsicht gegeben: Erstens muß seine verantwortungsethische Grundhaltung in die Konzeption einer Unternehmensethik einfließen und zweitens gilt es, die von JONAS aufgegriffenen Probleme moderner technischer Möglichkeiten (Technikethik) zu berücksichtigen.

2.3 Kommunikative Ansätze

2.3.1 Die Diskursethik der Frankfurter Schule

Die "Frankfurter Schule"

Die beiden Frankfurter Philosophen JÜRGEN HABERMAS und KARL-OTTO APEL gelten als Hauptvertreter der "Frankfurter Schule", die sich u. a. mit der Entwicklung der Diskursethik befaßt.

JÜRGEN HABERMAS entwirft eine Theorie der Gesellschaft, die an der Bedeutung der Sprache ansetzt und dabei auf LUDWIG WITTGENSTEIN aufbaut. WITTGENSTEINS Grundgedanke lautet, daß die Bedeutung der Sprache durch die Art ihres Gebrauches bestimmt wird. Die Aufgabe der Philosophie besteht danach vorwiegend in der Sprachkritik.

Sprache und Diskurs als Schlüssel zum Verständnis alles Seienden

Auch HABERMAS vertritt die Auffassung, daß die Dinge erst durch Sprache begreifbar seien und ohne sie keine Erkenntnis möglich sei. Der einzelne müsse mit anderen in einen Diskurs treten, um mit Hilfe der Sprache Wissen auszutauschen und zu einem höheren Erkenntniszustand zu gelangen (*siehe* HABERMAS *1983*). Grundlegend für HABERMAS' Konzeption ist die Unterscheidung in System und Lebenswelt. Kommunikatives Handeln stellt sich für HABERMAS als Grundstruktur der Lebenswelt dar. Im Gegensatz dazu steht das strategische Handeln im Mittelpunkt bei der Betrachtung des Systems. Aktoren streben in einem Diskurs eine Verständigung an, um ihre Pläne aufeinander abzustimmen. Mit Hilfe des Diskurses einigen sie sich auf die gemeinsam anzuwendenden Handlungsnormen. Ist darüber ein Konsens erzielt, so werden auch die Konsequenzen der Normenbefolgung von allen Mitgliedern der Kommunikationsgemeinschaft akzeptiert.

Nach HABERMAS sind drei Voraussetzungen für einen optimalen Diskurs ausschlaggebend: die Wahrheit, die Richtigkeit und die Wahrhaftigkeit der Argumente. Sie führen zur Vernünftigkeit als höchster Verpflichtung. Für den Diskurs selbst gelten folgende Regeln:

> *Voraussetzungen für einen optimalen Diskurs*

- Jedes sprach- und handlungsfähige Subjekt darf am Diskurs teilnehmen.
- Jeder Teilnehmer darf jede Behauptung problematisieren.
- Jeder darf jede These in den Diskurs einführen.
- Jeder Diskursteilnehmer darf seine Einstellungen, Wünsche und Bedürfnisse zwanglos äußern.
- Unabhängig von ihrer jeweiligen Wissensbildung müssen die Diskurspartner sich einheitlich auf den zur Debatte stehenden Gegenstand beziehen und eine gemeinsame Definition aushandeln können.

An den Prozeß werden folgende Anforderungen gestellt:

- Machtfreiheit,
- gegenseitige Anerkennung als mündige Subjekte,
- das rational bessere (also vernünftigere) Argument gewinnt.

KARL-OTTO APEL übernimmt das Prinzip der Verknüpfung von System und Lebenswelt von HABERMAS. Er kritisiert aber dessen Rationalitätskonzeption, da diese sich auf die Differenzierung kommunikativer und

Kritik und verantwortungsethische Erweiterung der Diskursethik

kognitiv-instrumenteller Rationalität beschränke. Demgegenüber entwirft APEL eine mehrstufige Rationalitätskonzeption. Insgesamt unterscheidet er fünf Stufen, wobei die jeweils spätere die vorangegangene begründet (*vgl.* APEL *1986a, S. 3-31*):

- die szientifische Rationalität der Kausalanalyse,
- die technologische oder Zweckrationalität (Subjekt-Objekt-Relation),
- die strategische Rationalität (Subjekt-Ko-Subjekt-Relation),
- die hermeneutische Rationalität des Verstehens bzw. der Verständigung,
- die kommunikativ-ethische Rationalität (höchste Stufe).

APEL sieht eine transzendentalpragmatische Letztbegründung von Normen als erwiesen an. Er geht damit über HABERMAS hinaus, der eine Universalpragmatik proklamiert, die auf eine Letztbegründung verzichtet (*vgl.* APEL *1992, S. 23-41 und 306-369,* HABERMAS *1991, S. 185-199*). Er sieht keine Alternative zu einem argumentativen Gespräch und betont die Verknüpfung von Diskurs- und Verantwortungsethik.

2.3.2 Konstruktive Ethik: Die Erlanger Schule

Die "Erlanger Schule"

Die sogenannte Erlanger Schule (LORENZEN, SCHWEMMER, MITTELSTRAß, KAMBARTEL) stützt sich auf das Dialogprinzip bei der Lösung von Konflikten. Sie legt Wert auf eine schrittweise, personenunabhängig überprüfbare Rekonstruktion von Grundregeln des vernünftigen Argumentierens. Die Ethik gilt, wie jede andere Form der Wissensbildung auch, als eine begründbare und lehrbare Aufgabe. Sie wird jedoch nicht als "Theorie des guten Lebens" oder als transzendentale Rechtfertigung von Regeln verstanden (*vgl.* HÖFFE *1986, S. 134*). Vielmehr geht sie von dem elementaren Interesse an einem konfliktarmen sozialen Miteinander aus und konzentriert sich auf die Begründung und Darstellung von Beratungsregeln. Diese Regeln müssen sich am "Vernunftprinzip" und am "Moralprinzip" orientieren.

Lösung von Konflikten im Dialog

Das Vernunftprinzip unterstellt, daß bei objektiver Betrachtung Reales vernünftig ist. Daraus erwächst die Forderung, daß Menschen vernünftig miteinander umgehen, d. h., „die Argumente dürfen *nicht* an die Person des Argumentierenden, an seine Eigenheiten, sein Milieu, seine Lebensform gebunden sein" (LORENZEN *1991, S. 60*). Sie müssen ohne Ansehen der Person, d. h. "transsubjektiv" formuliert werden. Unterstellt wird also, daß die Menschen aus dem Bewußtsein heraus in der Lage sind, vernünftig zu erkennen und zu handeln.

Das Vernunftprinzip als Grundlage menschlichen Miteinanders

Sie müssen die Fähigkeit sowie die Bereitschaft zum Erkennen besitzen (theoretische Vernunft) und das Handeln nach dem Sittengesetz oder eigenen Regeln ausrichten können (praktische Vernunft). Das Moralprinzip sieht die Erlanger Schule dadurch gewährleistet, daß gemeinsame "Oberzwecke" aufgesucht werden. Falls die "Unterzwecke" mit diesen konfligieren, sind sie durch konfliktfreie, äquivalente Unterzwecke zu ersetzen.

Vernunftprinzip und Moralprinzip gelten als die situations- und kulturunabhängigen Regeln bei der gemeinsamen Aufstellung von Handlungsvorschlägen zur Lösung von Konflikten.

Das Moralprinzip zur Erlangung eines Konsenses

Um Handlungsregeln zu begründen, sind die beiden Prinzipien in ein Normensystem einzubauen, das von den menschlichen Bedürfnissen ausgeht.

Auf dieser Grundlage entwirft LORENZEN eine "republikanische Unternehmensethik". Dabei interpretiert er die Republik als eine Staatsform des allgemeinen, freien Konsenses (*siehe* LORENZEN *1991, S. 62-64*). Ferner spricht er sich für die Befolgung des "einfachen Gewinnprinzips" (anstelle des Maximalprinzips) aus, das Raum für eine Unternehmensethik lasse. Das Unternehmen erhält die Aufgabe, nicht nur Gewinn zu

Die Republik als Staatsform des freien Konsenses

erzielen, sondern auch "mehr Republik" zu fördern, z. B. durch eine geeignete Personalführung und -entwicklung, eine verbraucherorientierte Produkt- und Marktpolitik sowie eine umweltschonende Unternehmenspolitik.

2.4 Kritische Würdigung der neueren Ansätze

RAWLS kommt das Verdienst zu, sich vom vorherrschenden utilitaristischen Denken gelöst und sehr konkrete Vorgaben für moralisches Verhalten gemacht zu haben. Eine kritische Stellungnahme zu RAWLS´ Theorie der Gerechtigkeit trägt neuerdings WALZER vor. WALZER bezweifelt, daß ein einziges Verteilungskriterium ausreiche, um Gerechtigkeit zu bestimmen. Vielmehr sei eine plurale Sicht notwendig, um nicht eine einfache, sondern eine "komplexe Gleichheit" (WALZER *1992, S. 11 f.*) zu definieren.

Wie kaum ein anderer Philosoph der Neuzeit hat JONAS die neuere Umweltethik beeinflußt und auf die möglicherweise katastrophalen Folgen technischen Mißbrauchs für die Menschheit oder große Teile derselben aufmerksam gemacht. Darin besteht sein bleibendes Verdienst. Wie bereits der Religionsphilosoph GEORG PICHT zeigte, ist man jedoch nicht nur für etwas (für sich selbst, für andere Menschen und für die Erfüllung von bestimmten Aufgaben oder Pflichten im Umweltbereich) verantwortlich, sondern auch gegenüber jemand bzw. einer Instanz, der oder die einen zur Rechenschaft zieht (*vgl. PICHT 1969*). Dabei handelt es sich nicht um ein Abstraktum (z. B. "die Menschheit", "die Gesellschaft"), für die alle folgenlos verantwortlich sind. Vielmehr ist ethische Verantwortung für die Natur, für die Folgen der Technik zunächst eine personale. „Der Mensch ist *das* der Verantwortung fähige Wesen" (ARISTOTELES, *zitiert nach* LENK/MARING *1991, S. 368*). Darüber hinaus handelt es sich aber auch um eine Gruppen- bzw. Gemeinschaftsverantwortung, die bestimmte technische und wissenschaftliche Institutionen trifft, und zwar nicht im Sinne einer "utopischen Gleichverteilung", sondern als eine greifbare "Mitverantwortung" (*siehe dazu im einzelnen* LENK *1985 und* LENK *1987*). Über die Individualverantwortung und die gruppenbezogene Mitverantwortung hinaus geht es ferner um die Verantwortung von technisch-wissenschaftlichen Verbänden und Vereinigungen (z. B. von Ingenieursvereinigungen), die eine spezifische berufliche Ethik in Form eines Standes- bzw. Berufskodex entwickeln (*vgl.* LENK/MARING *1991, S. 370-376*).

Die Bedeutung und Notwendigkeit einer interpersonellen Verständigung über soziale und wirtschaftliche Konflikte sind nicht zu bestreiten. Sie zeigt sich konkret im konsenssuchenden Kompromiß bei Tarifverhandlungen und Politikentscheidungen. Die von der Diskursethik erhobenen Forderungen abstrahieren jedoch sehr stark von den realen Bedingungen des Prozesses, indem sie z. B. die Bedeutung von kulturellen und ideologischen Vorprägungen der Diskurspartner sowie deren reale Interessen unberücksichtigt lassen. Unterstellt werden Voraussetzungen, die idealerweise für eine "Gelehrtenrepublik" gelten.

Auch die Erlanger Schule geht von sehr abstrakten Annahmen aus. Die Forderung nach einer von Eigenmotiven und -interessen absehenden Grundhaltung der Kommunikationspartner erscheint z. B. kaum realistisch. Gerade unter ethischen Aspekten ist es sinnvoll, die konsensbeeinflussenden Vorprägungen zu berücksichtigen, die hinter den vielfältigen Formen "institutionalisierter Unmoral" stehen. Außerdem gerät die Forderung nach einem "allgemeinen, freien Konsens" in die Nähe einer unrealistischen Utopie, wenn sie nicht die hierarchischen Abhängigkeiten berücksichtigt, die z. B. aus dem Direktionsrecht entspringen.

3 Zusammenfassung der philosophischen Ansätze

Die in diesem Kapitel zum besseren Verständnis getrennt betrachteten materialen und formalen philosophischen Ansätze für eine Unternehmensethik sind in der Praxis vielfach nicht so klar voneinander zu trennen. Immer schon war philosophisches Nachsinnen eingebettet in die äußeren gesellschaftlichen Umstände und kulturellen Bedingungen der jeweiligen Zeit. War zu ARISTOTELES' Zeiten die Polis als kleinster künstlicher Zusammenschluß von Menschen für die Politik maßgebend, so ist jegliches abendländisches Philosophieren im Mittelalter und in der Neuzeit geprägt durch die Auseinandersetzung mit dem christlichen Glauben. Diese verlief stets kontrovers und bewegte sich im Spannungsbogen von Zustimmung und Ablehnung.

Nachdem die einzelnen philosophischen Ansätze einer materialen und formalen Ethik in mehr biographischer Weise, d. h. personenbezogen, referiert wurden, sollen sie nun unter übergeordneten Gesichtspunkten ausgewertet werden. Im Vordergrund steht die Frage, welchen Beitrag die verschiedenen Philosophen mehr oder weniger ausgeprägt zu den gegenwärtigen Problemstellungen der Unternehmensethik geleistet haben.

Die Grundfragen der Philosophie

Als Ausgangspunkt wählen wir nicht die drei klassischen philosophischen Fragestellungen:

- Woher kommen wir?
- Wozu leben wir?
- Wohin gehen wir?

Vielmehr sollen, in Anlehnung an DELIUS,

- die Frage nach dem höchsten Gut,
- die Frage nach dem richtigen Handeln und
- die Frage nach der Freiheit des Willens

als durchgängige Obergesichtspunkte dienen (*vgl.* DELIUS *1967, S. 74*). Wie GÜMBEL gezeigt hat, erscheint ein solcher Ansatz auch deshalb vielversprechend, weil sich zwischen den Problemstrukturen von Ethik und Ökonomik bestimmte Analogien ergeben (*vgl.* GÜMBEL *1991, S. 98*):

Grundfragen der	
Ethik	Ökonomik
Höchstes Gut bzw. höchste Güter als Leitlinie des Handelns	Zielgrößen und deren Eigenschaften als Leitlinie des Handelns
Richtiges Handeln bzw. Vermeiden schädlichen, unerwünschten Handelns	Effizienzdenken und Güterverwendung in Input-Output-Relationen
Freiheit des Handelns	Wahlhandlungen und deren Restriktionen

Tab. 4: Analogien von Ethik und Ökonomik (*Quelle: in Anlehnung an* GÜMBEL *1991, S. 98*).

3.1 Die Frage nach dem höchsten Gut

Bereits bei PLATON findet sich die Vorstellung von dem Guten als erstrebenswertem Ideal des Menschen. Die enge Verbindung mit dem Glück ist Gemeingut antiker bis mittelalterlicher Philosophen. Glücklich zu sein gilt durchgängig als höchstes Prinzip, obwohl dieses Streben unterschiedlich interpretiert wird. Bei ARISTIPP steht das sinnlich erfahrene Glück des Augenblicks im Sinne eines naiven Hedonismus im Vordergrund. In der epikureischen Philosophie verwirklicht sich das Glücksstreben langfristig in einer beständigen und sicheren Freude, die auch die geistigen Freuden einschließt. In der distanzierten unerschütterlichen Gemütsruhe des Weisen (Ataraxie) findet sie ihren höchsten Ausdruck. Der von der christlichen Tradition beeinflußte utilitaristische Hedonismus (MILL) erstrebt das Glück für möglichst viele aus der Überzeugung heraus, daß ein gelungenes Leben nicht ohne Freude denkbar ist.

Es erscheint bemerkenswert, wie stark das Streben nach dem "guten Leben" oder "Glück" nicht nur durchgängig die Philosophie beherrscht, sondern auch von philosophischen Vertretern, die der Unternehmensethik nahestehen, als vorrangiges menschliches Ziel bezeichnet wird (*vgl. u. a.* LORENZEN *1991, S. 45-48*). Allerdings wird die Formel "gutes (gelungenes) Leben" in der Regel nicht weiter reflektiert bzw. spezifiziert, so daß ein Spielraum für dessen inhaltliche Auslegung besteht (*vgl. dazu im einzelnen* HÖFFE *1986, S. 90-93*).

3.2 Die Frage nach dem richtigen Handeln

Mit der Frage nach dem richtigen Tun verknüpfen sich in der Philosophie Aussagen über die Zielgerichtetheit (Intentionalität von Handlungen, Motivation) einerseits und die Freiwilligkeit des Handelns andererseits. Als Ziele des sittlichen Handelns im Sinne der Verbindlichkeit des Menschen in seinem Verhalten gegenüber sich selbst, gegenüber anderen Menschen und gegenüber der Natur werden moralische Forderungen wie Verantwortung, Vernunft, Gerechtigkeit und Freiheit genannt.

Außerdem thematisiert die Philosophie durchgängig die Tugend als Ziel sittlichen Handelns, als eine die Leidenschaften beherrschende Haltung. Während sich nach ARISTOTELES die Tugend im Glück eines klugen und gerechten menschlichen Zusammenlebens (Ethos) äußert, ist nach KANT das gegebene Ethos durch Moralkritik ständig in Frage zu stellen.

3.3 Die Frage nach der Freiheit des Handelns

Die Frage nach der Freiheit des Handelns wurde bereits in der stoischen Philosophie gestellt und wie folgt beantwortet: "Frei ist, wer denken kann" (EPIKTET). Die Geisteshaltung des Stoizismus ist geprägt durch eine unerschütterliche Gelassenheit, welche sich aus der vernunftbetonenden Bekämpfung von Affekten und Neigungen entwickelt. Nach dieser Auffassung handelte derjenige frei, der sich gedanklich von seinen Affekten befreit, die ihm die Selbstbestimmung des Handelns rauben.

Spätere Philosophen haben die Handlungsfreiheit als die Fähigkeit verstanden, aus einem Spielraum von alternativen Möglichkeiten eine auszuwählen, d. h., zu handeln oder auch nicht zu handeln bzw. das eine oder das andere zu tun. Die Ausübung der Handlungsfreiheit setzt voraus, daß die eigenen Kräfte sowie das politisch-soziale Umfeld dies ermöglichen. Nach HOBBES ist ein Individuum um so freier, auf je mehr Bahnen es sich bewegen kann (*vgl.* HOBBES 1966, *S. 170*).

Die Freiheit des Kollektivs ist um so größer, je weniger ihr Restriktionen von außen (durch Gesetze) auferlegt werden und je stärker das Tun von ihr selbst bestimmt wird (Souveränität). Die philosophischen Vertreter des Empirismus/Liberalismus (vor allem JOHN LOCKE, DAVID HUME, ADAM SMITH und JOHN STUART MILL) wurden nicht müde, auf die Bedeutung der Grundfreiheiten (Recht auf Leben und Unversehrtheit,

Eigentumsfreiheit, Meinungs- und Versammlungsfreiheit) hinzuweisen. Die Freiheit des einzelnen wie des Kollektivs sollte nach dieser Auffassung möglichst gegen Ein- und Übergriffe von außen gesichert werden, damit der einzelne sich nach eigenem Gutdünken voll entfalten kann.

Verständnisfragen zu Kapitel 4:

1. Welches sind die wichtigsten Vertreter des Utilitarismus?
2. Was hat die Theorie der Gerechtigkeit nach RAWLS mit dem Utilitarismus gemein?
3. Worin liegt das Verdienst von HANS JONAS?
4. Auf welche Annahmen stützt sich die Diskursethik?

Einführende Literaturempfehlungen:

Habermas, Jürgen (Hrsg.): Moralbewußtsein und kommunikatives Handeln, Frankfurt am Main 1983.

Höffe, Otfried (Hrsg.): Klassiker der Philosophie, Bd. 1, München 1985.

Höffe, Otfried (Hrsg.): Klassiker der Philosophie, Bd. 2, 2. Aufl., München 1985.

Jonas, Hans: Das Prinzip Verantwortung - Versuch einer Ethik für die technologische Zivilisation, Frankfurt am Main 1979.

Kant, Immanuel: Grundlegung zur Metaphysik, Frankfurt am Main o. J.

Rawls, John: Eine Theorie der Gerechtigkeit, 6. Aufl., Frankfurt am Main 1991.

Kapitel 5: Religiöse Ansätze

> **Lernziele:**
>
> Im fünften Kapitel werden dem Leser die verschiedenen religiös-weltanschaulichen Begründungen der Unternehmensethik vorgeführt, unterschieden nach nicht-christlichen und christlichen Ausgangspositionen. Er lernt die Grundaussagen des jüdischen und islamischen Glaubens zur Ethik ebenso kennen wie die ethischen Einflüsse im Buddhismus, Taoismus und Konfuzianismus.
>
> Bei der Erläuterung der christlichen Grundaussagen wird der Leser mit dem biblischen Menschenbild und dessen Auswirkungen auf die Ökonomie vertraut gemacht. Er wird über die wesentlichen Elemente der katholischen Soziallehre und evangelischen Sozialethik ebenso informiert wie über die verschiedenen theologischen Ansätze, welche die Diskussion in den USA bestimmen.

Die gegenwärtige geschichtliche Situation ist durch zwei bedeutsame Entwicklungstendenzen geprägt: das "Eine-Welt-Denken" einerseits und eine zunehmende regional- und soziokulturelle Differenzierung andererseits. Diese Situation macht es erforderlich, auf diejenigen religiösen Strömungen einzugehen, die ethische Elemente des unternehmerischen Handelns in allen Teilen der Welt bestimmen. Als solche weltanschauliche Grundlagen sind vor allem das Judentum, das Christentum (dieses wird aufgrund seiner besonderen Bedeutung für den abendländischen Kulturraum gesondert betrachtet) sowie der Islam von Bedeutung. Ferner werden der Buddhismus, der Taoismus und der Konfuzianismus behandelt, deren Einfluß sich insbesondere im südostasiatischen Wirtschaftsraum entfaltet.

Wir beginnen mit der zusammenfassenden Darstellung ethischer Ansätze in den nicht-christlichen Hochreligionen.

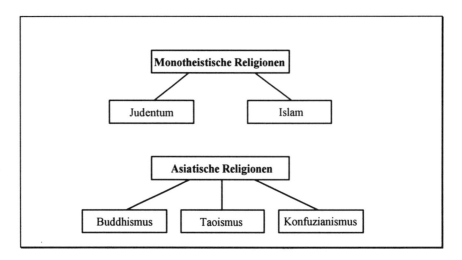

Abb. 7: Überblick über die zu betrachtenden nicht-christlichen Weltanschauungen.

1 Nicht-christliche Weltanschauungen

1.1 Judentum

Das Judentum

Judentum und Christentum bilden eine unauflösliche Einheit, da beide Religionen zum großen Teil dieselben Offenbarungsquellen kennen. Dennoch sollen sie hier getrennt dargestellt werden. Die Grundlagen der jüdischen Ethik finden sich vor allem in der Thora, d. h. den fünf Büchern Mosis, ferner in den prophetischen Schriften des Alten Testaments, aber auch in Talmud und Midrasch als nachbiblischen Quellen. Die jüdische Ethik weist einen legalistischen und gleichzeitig kasuistischen Charakter auf. Er zeigt sich im unbedingten Befolgen der von Jahwe als dem Bundespartner erlassenen Gesetze und Vorschriften. Es lassen sich folgende Kennzeichen der jüdischen Morallehre unterscheiden (*siehe* HÖFFE *1986, S. 123 f.*):

Kennzeichen der jüdischen Morallehre

- Gott ist der Bundespartner des Volkes Israel als Herr über Natur und Geschichte.
- Gott gilt nach jüdischem Verständnis als der Gott der Gerechtigkeit (der Belohnung und Bestrafung nach Maßgabe von Verdienst und Schuld), der Rache (Psalm 94, 1) und der Vergeltung (Jeremias 51, 56).
- Der Mensch als Abbild Gottes ist zu einem gottgefälligen Leben verpflichtet; dieses ist kasuistisch bis in Details der Lebensführung hinein geregelt.
- Moralisches Handeln vollzieht sich im Gehorsam gegenüber dem Willen des Schöpfers. Dieser kommt im Gesetz und dessen zahlreichen Einzelvorschriften prägnant zum Ausdruck.
- Die Liebe zu Gott und die Liebe zum Nächsten stehen gleichberechtigt nebeneinander. Das Verhältnis zum Nächsten wird im Dekalog unmittelbar durch Gebote (Elternliebe) und Verbote (von Mord, Ehebruch, Diebstahl und Lügen) geregelt. Die Liebe zum Nächsten bezieht sich nicht allein auf den Volksgenossen, sondern umschließt auch den Fremdling (2. Mose 22, 20; 23, 9).

Dieser theologischen Grundposition entsprechen konkrete wirtschaftliche Handlungsanweisungen. So thematisiert das Alte Testament durchgängig die mit ungleicher Eigentumsverteilung verbundenen Probleme der Armut (*vgl. zusammenfassend* KUTSCH *1957, Sp. 622-624*). Die Verführungen des Reichtums zu Stolz und Habsucht werden ebenso verurteilt wie dessen Machtmißbrauch. Der Arme erscheint als der Bedürftige und Gerechte, Armut erhält also gewissermaßen eine ethische Qualität. Die wirtschaftsethischen Positionen des Judentums lassen sich zusammengefaßt wie folgt beschreiben:

Wirtschaftsethische Positionen des Judentums

❶ Arbeitsethik

Arbeit gilt als sittliche Pflicht, als ein Dienst an der Schöpfung, und zwar unabhängig von der Form der Ausübung (individuell oder fremdbestimmt-kollektiv). Sie ist dem Menschen als ein Mandat auferlegt und in das Sabbatgebot der Feiertagsruhe und -heiligung eingebunden.

Arbeit ist durch Mühsal gekennzeichnet, deren Zweck primär die eigene Existenzsicherung bildet. Sie liegt also im wohlverstandenen Selbsterhaltungsinteresse des Menschen und geschieht nicht "zweckfrei". Ihr entspricht ein Lohn, der dem Arbeitenden und seinen Angehörigen die Lebensvorsorge ermöglicht. Damit enthält die Arbeit eine starke soziale Komponente (als Dienst am und für den Nächsten). Der siebte Tag genießt als Ruhe- und Feiertag eine hohe Bedeutung.

❷ Stellung zum Eigentum und Reichtum

Auch das Eigentum wird als sozial gebunden betrachtet. Reichtum an sich gilt nicht als verwerflich, sondern als Ausdruck des göttlichen Segens.

❸ Zinsverbot

Das Verbot, Zins zu nehmen, betraf ursprünglich nur die Angehörigen des eigenen Volkes.

Auf einige der genannten Aspekte wird noch im einzelnen einzugehen sein (vgl. Punkt 2 in diesem Kapitel).

1.2 Islam

Der Islam

Der "Islam" (arab.: "Hingabe an Gott") betrachtet den Muslim als Glied der islamischen Gemeinschaft (umma). Der Koran als heiliges Buch des Islam erkennt Allah als den einzigen Gott und Mohammed als seinen höchsten Propheten bzw. Gesandten an. Mohammed übernimmt bei der Entwicklung der Ethik des Korans bestimmte vorislamische Prinzipien und Tugenden (z. B. den Ehebegriff sowie die Freigiebigkeit) und wandelt sie entsprechend seinem Gottesverständnis um (*vgl.* HÖFFE *1986, S. 121 f.*).

Ausgeprägtes Solidarverständnis als Grundzug des Korans

Zu den Hauptpflichten des Muslims gehört u. a. die Entrichtung von Abgaben zur sozialen Fürsorge für Kranke und Arme (sakat). Diese Hauptpflichten finden sich in der

Sunna, einer Sammlung von Erläuterungen zum Koran. In ihnen kommt ein ausgeprägtes Solidarverständnis zum Ausdruck (Nächstenliebe, Friedensstiftung, Selbstgenügsamkeit).

Die islamische Ethik kann als ausgesprochene Pflichtethik bezeichnet werden. Die geistlichen Pflichten gelten als Gesetz. Sie werden als "sharia" (Weg) bezeichnet. Das Gesetz umfaßt neben dem Glauben (den sechs Teilstücken der Dogmatik), der Weltordnung (den fünf Pfeilern der Frömmigkeit), dem Zivilrecht (einschl. Handelsrecht) und dem Strafrecht auch die Tugendlehre. Sie enthält die Lehre von den (insgesamt 12) moralischen Vorzügen des Korans und der islamischen Tradition. Das ethische System wird "fikh" genannt, d. h. "Einsicht", "Vernünftigkeit". Geistliche Pflichten als ethisches Gesetz

Im Rahmen der islamischen Wirtschaftsethik wird nach Tugenden und Lastern unterschieden. So müssen - damit eine wirtschaftliche Transaktion ihre Gültigkeit besitzt - nicht allein die Werte des "tawhid", d. h. des grundlegenden Prinzips der islamischen Ethik, sondern auch die Forderungen der "sharia" erfüllt sein. Einige allgemeine Tugenden, die zu befolgen, und Laster, die zu vermeiden sind, können der nachfolgenden Tabelle entnommen werden Tugenden und Laster der islamischen Wirtschaftsethik

Tugenden	Laster
Wahrhaftigkeit, Genauigkeit	Ausschweifendes Leben
Aufrichtigkeit	Genußsucht
Geduld	Streben nach Wohlstand
Mäßigkeit im Konsum	Geiz
Einhaltung von Versprechen	Machtstreben
Vermeidung von Lügen	Stolz

Tab. 5: Tugenden und Laster in der islamischen Wirtschaftsethik (*vgl.* ALHABSHI *1993, pp. 125-128*).

In wirtschaftsethischer Sicht gilt Allah als oberster (einziger) Eigentümer aller Ressourcen, der Mensch genießt nur Nutzungsrechte. Das Gemeinwohl ist oberstes Handlungsprinzip. Es äußert sich in der Forderung nach Gleichheit, nach sozialer Gerechtigkeit, nach Maßhalten und nach ausgewogenen mitmenschlichen Beziehungen. Bekannt geworden ist das islamische Zinsverbot. Allerdings entsteht eine gewisse Schwierigkeit dadurch, daß im Arabischen nur ein Wort für "Zins" und "Wucher" existiert. Damit ist eine gewisse Interpretationsfreiheit gegeben. Ein Zinsverbot wird heute allerdings durch banktechnische Vereinbarungen de facto unterlaufen. Die Gewinn- und Verlustrechnung beruht auf einer Partnerschaftsbasis. Es wird deshalb von einer spezifisch islamischen Handlungsrationalität, einer "Neuen Islamischen Ökonomik" gesprochen.

Allah als Eigentümer, der Mensch als Nutzer aller Ressourcen

Sie kommt z. B. auch darin zum Ausdruck, daß in Volkswirtschaften des Übergangs von Entwicklungs- zu Schwellenländern (z. B. Saudi-Arabien) eine pragmatische Wirtschaftspolitik verfolgt wird. Diese ist alleine deshalb notwendig, weil es in Ländern mit nicht ausschließlich islamischer Bevölkerung schwierig erscheint, beispielsweise nur die Muslimen zur Zahlung des steuerähnlichen Almosens ("sakat") an die Staatskasse zu zwingen (u. a. für Feldfrüchte 10%) (*vgl.* KELLERHALS *1993, S. 109*). Selbst fundamentalistisch orientierte Staaten wie der Iran und Saudi-Arabien sind inzwischen so stark in den internationalen Handel eingebunden, daß dessen Spielregeln pragmatisch eingehalten werden müssen.

Pragmatik als Ausdruck der "Neuen Islamischen Ökonomik"

Dennoch ist das islamische Wirtschaftsleben auch heute noch stark von dem Glauben der Muslimen geprägt. Dies gilt insbesondere für Malaysia. Hier ist sogar die Entwicklung hin zu einer zunehmenden Islamisierung der wirtschaftlichen Aktivitäten zu beobachten. Dies ist hauptsächlich auf drei Gründe zurückzuführen (*vgl.* ALHABSHI *1994, pp. 226 f.*):

Gegenläufige Tendenzen hin zur Islamisierung

Aufgrund restriktiver Maßnahmen der Regierung, die u. a. breit gefächerte Bildungsmöglichkeiten im Bereich marktwirtschaftlicher

Kenntnisse verhinderte, kam es insbesondere unter den intellektuellen und berufstätigen Muslimen zu einem Wiederaufleben der islamischen Wirtschaftspolitik.

Ferner setzte die Regierung eine zunehmend größere Anzahl von Muslimen, d. h. strenggläubigen Anhängern des Islams, sowohl im privaten als auch im wirtschaftlichen Sektor ein. Genau diese berufstätigen Muslimen bilden den Kern der Entscheidungsträger in beiden - den privaten und ökonomischen - Sektoren.

Schließlich ist eine weitverbreitete Unterstützung der islamischen Aktivitäten seitens muslimischer Körperschaften zu beobachten, so z. B. seitens der islamischen Bank- und Versicherungsgesellschaften.

Insgesamt gesehen bietet sich kein einheitliches Bild der islamischen Wirtschaftsethik. Dies zeigt z. B. die kontroverse Haltung heutiger Wirtschaftstheoretiker des Islams zum Versicherungswesen.

1.3   Buddhismus, Taoismus und Konfuzianismus

Südostasien gilt als eine der kommenden Wachstumsregionen der Welt. Es handelt sich z. B. bei den "Vier Tigern" (Taiwan, Singapore, Südkorea und Malaysia) um Länder, in denen sich vorwiegend die buddhistische Religion ausgebreitet hat. Der <u>Buddhismus</u> beruft sich auf den von seinem Stifter Siddharta (Ehrentitel: Buddha, d. h. der Erleuchtete) aufgestellten Grundsatz vom Leiden. Das alles durchdringende Leiden wird durch die Leidenschaften (die Begierde nach Lust und den Willen zum Leben) verursacht; es kann deshalb auch nur durch die Bekämpfung der Ursachen aufgehoben werden.

> Der Buddhismus

Nach buddhistischer Auffassung wohnt der Welt ein immanentes sittliches Gesetz inne. Es beinhaltet die Befolgung der fünf Gebote: nicht töten, nicht stehlen, nicht lügen, keinen unerlaubten Geschlechtsverkehr ausüben und

> Bekämpfung der Leidenschaften als Grundsatz

keine berauschenden Getränke genießen. Den Weg zum Heil beschreibt der "heilige, achtfache Pfad". Er lehrt die rechte Anschauung (entsprechend den Lehren Buddhas), rechte Gesinnung, rechtes Reden, Handeln, Leben, Streben, Denken und das Sich versenken als Weg der sittlichen Selbsterziehung. Die Tugenden sind nur allgemein formuliert und damit flexibel gegenüber den individuellen und sozialen Lebensbedingungen. Sie werden auf dem Weg der Kontemplation und Meditation (Zen-Buddhismus) eingeübt. Die buddhistische Ethik ist gekennzeichnet durch eine Haltung des Mitleids, der Liebe und Freundschaft allem Lebendigen (also auch der Natur) gegenüber (*vgl.* HÖFFE *1986, S. 24*).

Letztes Ziel des achtfachen Pfades ist das vollständige Aufgehen in einem Zustand des Nirwanas, in dem jeder Lebenstrieb und alle Leidenschaften, insbesondere die Kardinallaster Haß, Gier und Wahn, ausgelöscht sind. Zu unterscheiden sind dabei zwei Richtungen: der Ninayana ("kleines Fahrzeug") sieht das Nirwana als Abkehr von der Welt, der Mahayana ("großes Fahrzeug") strebt eine aktive Weltüberwindung an.

<mark>Das Nirwana als Zielvorstellung überwundener Leidenschaften</mark>

Auf dem Weg des Mahayana soll sich der Gläubige als ein zukünftiger Buddha, ein Bodhisattva, aufopfern und selbstverleugnen, um vielen Lebewesen das Heil zu bringen (*vgl.* OLDENBERG *1983, S. 341*). Dazu ist es notwendig, die zehn Kardinaltugenden der Vollkommenheit (paramita) auszuüben: Spenden, Zucht, Geduld, Energie, Meditation, Erkenntnis, Geschicklichkeit in der Übermittlung der Wahrheit, Entschluß, Wunderkraft und Wissen.

<mark>Der Taoismus</mark>

Der Buddhismus trat vor allem in China zeitweise in Wettbewerb mit dem Taoismus (von Tao = Weg der sittlichen Vervollkommnung in einer als vollkommen geltenden Natur) (*vgl.* HÖFFE *1986, S. 25 f.*). Auch der Taoismus fordert vom Menschen den Verzicht auf Selbstbestimmung, individuelle Ziele und eigenes Handeln. Sozialethisch wendet sich der Taoismus gegen den Luxus der Mächtigen bei gleichzeitiger Verarmung des Volkes.

Im Gegensatz zum Taoismus fordert der Konfuzianismus weder einen Verzicht auf selbstbestimmtes Handeln noch wendet er sich gegen Wissenschaft und Kultur. Konfuzius (Kung-futse) (551-479 v. Chr.) lehrt vielmehr die Anwendung von Tugenden wie Mitgefühl, Menschenliebe und Güte, um die Welt zum Guten zu verändern. Gefordert wird der "vollkommene Mensch", der das Böse kontrolliert und durch ein mutiges Leben der Weisheit bzw. Gerechtigkeit eine Vorbildfunktion erfüllt.

Der Konfuzianismus

In den von seinen Schülern gesammelten "Gesprächen" erweist sich Konfuzius vor allem als Ethiker, der praktische Anweisungen zum Leben gibt. Oberstes Prinzip ist für ihn die Achtung der elterlichen Autorität im Rahmen einer patriarchalischen Familienordnung. Das Verhalten zum Nächsten orientiert sich an den sog. "fünf Beziehungen": Die zum ältesten Besitz chinesischen Denkens zählenden Beziehungen sind die von Fürst zu Untertan, Vater und Sohn, älterem zu jüngerem Bruder, Mann und Frau bzw. Freund zu Freund. Zum moralischen Verhaltensfundament gehört die Anwendung von neun Doppeltugenden (*vgl.* OLDENBERG *1983*):

Die Achtung der elterlichen Autorität als oberstes Prinzip

Die neun konfuzianischen Doppeltugenden

❶ Freundlichkeit und Würde,

❷ Milde und Festigkeit,

❸ Geradheit und Höflichkeit,

❹ Ordnungsliebe und Respekt,

❺ Gelehrtheit und Kühnheit,

❻ Aufrichtigkeit und Sanftmut,

❼ Nachsichtigkeit und Mäßigkeit,

❽ Stärke und Zuverlässigkeit sowie

❾ Mut und Gerechtigkeit.

Die Kardinaltugenden des Konfuzianismus

Als Kardinaltugenden werden Treue gegen sich und andere, Selbstlosigkeit, Rechtschaffenheit, Schicklichkeit (d. h. respektvolles Benehmen), Weisheit, Menschlichkeit und Aufrichtigkeit von einem Menschen erwartet. Die Goldene Regel des Konfuzianismus: "Was Du nicht willst, das man Dir tue, das tue auch nicht anderen", (HEIN/JEREMIAS *1958, S. 1688*) gilt als wichtiger Leitfaden des sittlich richtigen Handelns.

Konfuzianische Ethik als Handlungsnorm für Mensch und Staat

Nach konfuzianischer Auffassung sollte die Ethik das Lebens des einzelnen sowie das Handeln des Staates prägen. Vom Kaiser wird deshalb nicht nur die Kenntnis der moralischen Prinzipien, sondern auch deren vorbildhafte Beherzigung gefordert. Er läßt die Dinge sich so entwickeln, wie sie das ewige "Weltgesetz" (Tao) vorschreibt, und verharrt selbst in abgehobener Gelassenheit. Das konfuzianische Denken hat nicht nur die ethischen Vorstellungen in China geprägt, sondern auch erhebliche Wirkungen in Japan und Korea entfaltet, die das moralische Verhalten in den Unternehmen bis heute beeinflussen.

1.4 Kritische Würdigung

Für das Judentum stellt das Halten des Gesetzes das ausschlaggebende Charakteristikum dar. Im Dekalog werden ethisch gesehen sehr anspruchsvolle Forderungen aufgestellt. Die ethischen Auffassungen der jüdischen Religion sind in vielfältiger Form in die ethischen Positionen des islamischen und christlichen Glaubens eingegangen. Dabei sind jedoch grundsätzliche Unterschiede in deren Rezeption festzustellen. Während die islamische Ethik vor allem die kasuistische Orientierung des wirtschaftlichen Handelns am göttlichen Gesetz betont, thematisiert der christliche Glaube das Gegensatzpaar Gesetz und Freiheit. Die islamische Ethik beruft sich zwar auf den Koran als einzige Offenbarungsquelle, sie ergänzt jedoch dessen z. T. sehr allgemein gehaltene Anweisungen durch die Institutionalisierung im weltlichen Recht ("sharia").

Beeindruckend an der buddhistischen Haltung erscheint der unbedingte Wille, das Leben und die Natur zu schützen. Insofern sind dessen Grundgedanken u. a. für die Umweltschutzpolitik und Umweltethik von Bedeutung. Eine kritische Haltung ergibt sich gegenüber der Idee der Selbsterlösung (z. B. durch eigene Leistung) und der Nirwanavorstellung, die den Menschen aus seiner persönlichen Verantwortung entläßt.

Kritisch läßt sich zur konfuzianischen Auffassung sagen: Wenn jedes sittliche Bemühen die Wahrheit verfehlt, kann man moralisches und unmoralisches Handeln mangels geeigneter Maßstäbe nicht mehr voneinander unterscheiden (vgl. HÖFFE 1986, S. 26). Die positive Haltung auch gegenüber der wirtschaftlichen Betätigung hat dem Konfuzianismus bis heute einen wichtigen Einfluß auf das östliche Denken verschafft.

Das Eintreten für die Festigung der Familienstruktur läßt sich vor allem in Japan als bleibende Kraft nachweisen. Allerdings zeigt das japanische Beispiel deutlich die synkretistischen, d. h. die Einzelpositionen vermischenden, Einflüsse von gleichzeitig praktizierten unterschiedlichen religiösen Formen auf (Shintoismus/Konfuzianismus). Die prägende Wirkung einer Religion weicht dann einer gewissen pragmatischen Beliebigkeit.

2 Grundaussagen einer christlichen Ethik

2.1 Das Menschenbild der Bibel

Die christliche Ethik knüpft an die Darstellung der jüdischen Glaubensaussagen an, wie sie im Alten Testament zum Ausdruck kommen. Nach christlichem Verständnis besteht zwischen dem Alten und Neuen Bund ein unauflöslicher Verbund sowie eine innere Logik. Das christliche Verständnis vom Menschen orientiert sich an der Offenbarung Gottes in Jesus Christus. Die Grundaussagen des christlichen Glaubens kommen prägnant im Men-

> Die christliche Ethik

schenbild der Bibel zum Ausdruck. Sie werden ferner durch die historische Entwicklung der Soziallehre und der Sozialethik bestimmt. Für die gewählte Thematik besonders wichtig erscheinen der Spannungsbogen zwischen einem christlichen Menschenbild und der Ökonomie sowie die unterschiedlichen theologischen Ansätze einer Unternehmensethik.

Orientierung des christlichen Menschenbildes an der Offenbarung Gottes

Es existiert allerdings kein in sich geschlossenes Bild vom Menschen. Vielmehr erfüllt das Menschenbild der Bibel in erster Linie eine kritische Funktion, indem es die fragmentarischen Elemente hervorhebt, welche die Abhängigkeiten der Menschen aufzeigen. Damit wird also gerade kein geschlossenes System errichtet. Diese Aussage gilt für die alttestamentliche Darstellung, wie sie das Judentum bestimmt, ebenso aber auch für die neutestamentliche Fortführung des Alten Testament, die das Christentum prägt.

Das Menschenbild zur kritischen Verdeutlichung der Abhängigkeiten des Menschen

Insbesondere für das Christentum gilt: "Christus verkündet kein christliches Programm. Er sagt nicht: Das ist die Wahrheit. Er sagt vielmehr: Ich bin die Wahrheit. Er meint damit kein abstraktes Gesetz, sondern ein konkretes Verhalten: handelnde Liebe" (VON WEIZSÄCKER 1983, S. 112). Jedoch müssen auch in bezug auf die christliche Auffassung die grundlegenden philosophischen Fragen nach dem Woher, dem Wozu und dem Wohin des Lebens konkreter beantwortet werden.

❶ Die Frage nach dem Woher

Im Hinblick auf seinen Ursprung gilt der Mensch als Geschöpf Gottes. Er verdankt dem Wirken Gottes seine Existenz, einschließlich der ihm verliehenen Fähigkeiten und Entscheidungsfreiräume. Die Beziehung des Menschen zu Gott stellt nicht etwas Verfügbares dar, sondern wird immer wieder neu als Zuspruch erfahren und als ein von außen kommender Anspruch Gottes erlebt. Denn nach alt- und neutestamentlichem Verständnis lebt der Mensch im Widerspruch zu Gott: „Das Denken und Trachten des menschlichen Herzens ist böse von Jugend auf" (1. Mose 8, 21). Im

Der Mensch als Geschöpf Gottes

Brief des Paulus an die Römer heißt es: „Wir wissen genau: In uns selbst ist nichts Gutes zu finden. Wir bringen es zwar fertig, das Rechte zu wollen, aber wir sind zu schwach, es auch auszuführen. Wir tun nicht das Gute, das wir gerne tun möchten, sondern das Schlechte, das wir verabscheuen" (Röm. 7, 18-19).

❷ Die Frage nach dem Wozu

Jesus Christus befreit den Menschen nach dem Verständnis der Bibel von dem Zwang zur Selbstrechtfertigung und dem Versuch der Selbsterlösung durch Vorweisen von eigenen Leistungen. Er nimmt die menschliche Zerrissenheit ernst und erlöst von Schuld sowie Gebundenheit, z. B. an Besitz bzw. Güter aller Art, denen der Mensch sich ausliefert und die ihn beherrschen.

Die Befreiung von egoistischer Selbstbehauptung im Sinne des: „Bin ich der Hüter meines Bruders?", (1. Mose 4,9) ist gleichzeitig eine Befreiung zu einem auf den Nächsten hin ausgerichteten Leben. Die Nächstenliebe kommt von innen heraus, und zwar aus dem Herzen, das zur Umkehr befähigt wird. Sie ist eng verklammert mit der Selbstliebe ("Liebe deinen Nächsten wie dich selbst"). Die ihr entspringende wirtschaftsbezogene Forderung lautet: "Wirtschafte für den Nächsten wie für dich selbst."

Nächstenliebe dank innerer Befreiung

❸ Die Frage nach dem Wohin

Das Ziel der Geschichte und die Zukunft des Menschen werden nach biblischer Auffassung durch die Wiederkunft Jesu Christi und die Neuschöpfung dieses Äons bezeichnet. Das künftige Gottesreich ist bestimmt durch Frieden und Gerechtigkeit. Alles Geschehen auf dieser Erde empfängt von daher seinen eschatologischen Charakter, als Zeichen und Ausdruck der Hoffnung auf diese letzte, von Gott vorgegebene Wirklichkeit.

Hoffnung auf Friede und Gerechtigkeit

Damit sind einige Merkmale dargestellt, die eine christlich orientierte Ethik generell bestimmen. Im folgenden ist auf Ausprägungsunterschiede einzugehen, die sich aus konfessionellen Glaubens-

2.2 Der naturrechtliche Ansatz und die katholische Soziallehre

Die Lehre des Naturrechts: Thomas von Aquin

Der Katholizismus ist wesentlich geprägt durch die Lehre vom Naturrecht, als deren Repräsentant THOMAS VON AQUIN (1225-1274) gilt. THOMAS VON AQUIN verknüpft in seiner "Summa Theologica" philosophisches Denken und kirchliche Dogmatik zu einer einheitlichen Weltanschauung. Die philosophischen Voraussetzungen hat er in wesentlichen Punkten von ARISTOTELES übernommen. Ergänzend führt er einen für seine Ethik konstitutiven Begriff ein: den des "natürlichen Gesetzes". Dieses repräsentiert das praktische Gegenüber zu den theoretischen, von den Wissenschaften aufgestellten Gesetzen. Es fußt nach THOMAS im "ewigen Gesetz" der göttlichen Weltlenkung, das alle Menschen miteinander vereint und sie gemeinsam verpflichtet: „Das Gute ist zu tun und zu erstreben, das Böse ist zu vermeiden" (VON AQUIN *1985b, S. 460*).

Philosophisches Denken und kirchliche Dogmatik als einheitliche Weltanschauung

Verbindung von Empirismus und Rationalismus zur Erfassung göttlicher Grundwahrheiten

Methodologisch gesehen verbindet THOMAS VON AQUIN den von der Erfahrung durch die Sinne ausgehenden Empirismus mit der logischen Gedankenführung des Rationalismus. Danach lassen sich durch die natürliche Vernunft die göttlichen Grundwahrheiten erfassen. Mit dieser Vorstellung versucht THOMAS, zwei völlig unterschiedliche Dinge durch ein "und" zu verbinden: auf der einen Seite das göttliche Gesetz und auf der anderen Seite die menschliche Vernunft. So teilt er z. B. die aristotelische Begründung des Privateigentums und macht sie zu einem Bestandteil seiner Naturrechtslehre.

Auf deren Grundlage entwickelt THOMAS VON AQUIN präzise Vorstellungen über den "gerechten Preis", fordert höchste Gerechtigkeit von den steuererhebenden Fürsten und billigt dem auf nichtspekulativen Handel eingestellten Kaufmann einen den "standesgemäßen" Unterhalt sichernden, mäßigen Gewinn zu. Ferner differenziert er zwischen einem generellen Zinsverbot und der Gewinnbeteiligung an einem Darlehen, das einem Kaufmann oder Handwerker eingeräumt wird. Die Kosten für ein standesgemäßes Leben (und nicht etwa der Markt) bestimmen bei THOMAS auch über die Höhe von Einkommen und Preisen. Alles ist bei THOMAS auf das "bonum commune" im Sinne des Guten für alle ausgerichtet. Dies entspricht dem "summum bonum", dem höchsten Gut.

2.3 Die Anfänge der evangelischen Sozialethik: MARTIN LUTHER und JOHANNES CALVIN

Die Anfänge der evangelischen Sozialethik beginnen mit der Reformation. Von den drei Reformatoren LUTHER, CALVIN und ZWINGLI haben sich vor allem MARTIN LUTHER und JOHANNES CALVIN mit ethischen Grundproblemen des Wirtschaftens befaßt.

*Die evangelische Sozialethik: **Martin Luther und Johannes Calvin***

MARTIN LUTHER (1483-1546) steht in seinen wirtschaftsethischen Anschauungen noch ganz in der Tradition des Naturrechts und der mittelalterlichen Ständeordnung. Danach fällt der Obrigkeit die Aufgabe zu, den Wucher zu beseitigen ("Sermon vom Wucher") und die Bettelei zu verbieten, die Höhe des Zinssatzes zu bestimmen sowie in Teuerungszeiten Höchstpreisbestimmungen für Nahrungsmittel in Kraft zu setzen. Außerdem müsse der Staat die sich neu formierenden Monopolgesellschaften bekämpfen und die einheimische Produktion fördern (u. a. durch Einfuhrverbote). Üble Verkaufspraktiken widersprechen nach Ansicht des Reformators sowohl göttlichem als auch weltlichem Naturrecht (*siehe insbesondere die Ausführungen bei* PAWLAS *1991, S. 387 f.*).

Ständeordnung und Naturrecht als wirtschaftsethische Anschauungen

LUTHERS Augenmerk gilt im Kern nicht der Lösung von wirtschaftlichen oder politischen Problemen, sondern zentralen Glaubensfragen. Es ist die "Rechtfertigung aus dem Glauben", die sein Wirken und Predigen durchgängig bestimmt und die "zeitlichen Güter" als zweitrangig erscheinen läßt (*vgl. dazu* PAWLAS *1991, S. 381 f.*).

Einen ganz anderen Akzent setzt dagegen der Schweizer Reformator JOHANNES CALVIN (1509-1564). Er orientiert sich in seiner Dogmatik an der Prädestinationslehre (Vorherbestimmung des menschlichen Lebens).

Calvins Orientierung an der Prädestinationslehre

Bei oberflächlicher Betrachtung könnte man meinen, die philosophischen Ideen einer prästabilierten Harmonie von LEIBNIZ und des Wirkens der "invisible hand" bei SMITH seien identisch mit der Lehre von der Prädestination. Es lassen sich jedoch nur formale Gleichheiten zwischen den fundamental unterschiedlichen Positionen feststellen. In der Vorbestimmung des Menschen zum ewigen Heil erblickt JOHANNES CALVIN keine göttliche Allwirksamkeit (Pantheismus), die das eigene Handeln des Geschöpfes ausschließt. Vielmehr setze die Erwählung, die Gott freier Entscheidung treffe, den Menschen erst in Bewegung und gebe allem menschlichen Handeln Sinn.

Lebenssinn durch göttliche Erwählung

CALVIN erweist sich sowohl von seiner Theologie her als auch unter dem Druck wirtschaftlicher Probleme gesehen als in ethischer Sicht flexibel (*vgl. dazu* WEBER *1957, Sp. 1595*). Seine Prädestinationslehre verurteilt den Menschen gerade nicht zu passiver Ergebenheit in eine unabänderliche, schicksalhafte Vorherbestimmung, sondern befreit ihn zu rastloser Tätigkeit in Staat und Gesellschaft, um die Erwählung zu bestätigen.

Vorherbestimmung als Antrieb zu rastloser Tätigkeit

Die Reichen werden deshalb dazu aufgerufen, den Armen beizustehen, nach Kräften zu opfern, Gemeinsinn zu zeigen und so dem Willen Gottes auf allen Gebieten zum Durchbruch zu verhelfen. CALVIN interessierten weniger die Probleme des gerechten Preises und Lohns als vielmehr die Frage, wie die aus Südfrankreich in die Schweiz vertriebenen Hugenotten in Arbeit und Brot zu bringen waren, und wie in Genf eine leistungsstarke Gewerbestruktur geschaffen werden konnte. Diesen praktischen Problemen entspricht auch seine pragmatische Einstellung zur Zinsfrage. Zinsen können nach Auffassung CALVINs erhoben werden, falls gewisse Voraussetzungen gegeben sind.

So müßten z. B. vorher bestimmte caritative Verpflichtungen erfüllt sein (sic!), ferner müsse der Kreditnehmer den (vom Staat festgesetzten) Zins auch tatsächlich bezahlen können. LUTHERS Abneigung gegen einen Erwerb aus kaufmännischer Tätigkeit teilte CALVIN ebensowenig wie dessen Bevorzugung der Landwirtschaft.

Zinserhebung unter Voraussetzung caritativer Tätigkeit

2.4 Christliche Ethik und Ökonomie

Wie die Ausführungen zum Menschenbild der Bibel bereits andeutungsweise erkennen lassen, besteht zwischen den Grundaussagen der christlichen Ethik und der Ökonomie ein Spannungsverhältnis. Dieses läßt sich an drei Punkten festmachen:

Spannungsverhältnis von christlicher Ethik und Ökonomie

> ❶ Das Verständnis von Rationalität in christlicher Ethik und Ökonomie

Christliche Ethik sieht im alttestamentlichen Dekalog (den Zehn Geboten) die Offenbarung Gottes ebenso am Werke wie die Gebote der Vernunft. Es erscheint auch vom rein rationalen Standpunkt aus z. B. einleuchtend, daß Leben und Eigentum des anderen Menschen durch Verbote des Tötens und Stehlens vor fremder Willkür geschützt werden. Die Zehn Gebote stellen darum eher den Rahmen für eine Mindestmoral dar, als daß sie Maximalforderungen bezeichnen.

Die Zehn Gebote als Rahmen einer Mindestmoral

Die Erfüllung des Dekalogs durch die Bergpredigt bedeutet eine radikale Weiterführung dessen ethischen Credos. Das Neue Testament macht an vielen Stellen deutlich, daß menschliche Grundentscheidungen im "Herzen" getroffen werden. Sie manifestieren sich in einer bestimmten Gesinnung, im Gewissen des einzelnen. („Seid so gesinnt, wie Jesus Christus es auch war", Phil. 2,5). Durch die Forderung der Nächstenliebe wird der Mensch umfassender beansprucht als beispielsweise

Die Bergpredigt als Weiterführung der Zehn Gebote

Vertrauen, Hoffnung und Liebe als Bausteine der menschlichen Existenz

nach utilitaristischem Rationalitätsverständnis. Die vom Neuen Testament angesprochene Grundhaltung des Vertrauens, des Hoffens und der tätigen Liebe geht sowohl über den reinen Gesetzesanspruch wie auch über das ausschließliche Selbstbehauptungsstreben hinaus. Sie versteht Rationalität als praktische Vernunft, die sich auf die von Gott bestimmte Wirklichkeit gründet, im Sinne einer nicht vom Menschen verbürgten letzten Vernünftigkeit. Von daher wird jede menschliche Existenz (das gilt für Christen wie für Nichtchristen) vom Vertrauen in das Leben, der Hoffnung für die Zukunft und der beides verknüpfenden Liebe getragen.

Aus diesem Grund beinhaltet eine christlich geprägte Ethik die kritische Haltung gegenüber einer Auffassung, welche die Verknüpfung von

Kritik der christlichen Ethik an Zweckrationalität und Egoismus

zweckrationalem Handeln und egoistischem Selbstinteresse als sinnstiftend betrachtet (wie dies z. B. teilweise in einem utilitaristisch geprägten Forschungsprogramm geschieht). Um es mit RICHARD VON WEIZSÄCKERS Worten zu sagen: "Christen sind nicht klüger und moralischer als andere Menschen. Als Christen aber wissen wir, das kein Mensch vor Irrtümern und Schuld bewahrt ist ... er ist gefährdet und kann zerstörerisch wirken. Er bedarf des Schutzes vor sich selbst und vor anderen. Er ist auf die ordnende Wirkung des Rechts angewiesen. Ohne ... Regeln und Normen kann der Mensch nicht friedlich existieren. Gerade um der Freiheit willen braucht er die Institutionen für das Zusammenleben. Ohne sie wäre er dem Chaos ausgeliefert" (VON WEIZSÄCKER *1983, S. 137*). Innerhalb dieser Grenzziehung und ihres Kontextes wird die das ökonomische Handeln begleitende Zweckrationalität ernstgenommen.

>   Die Beziehung von Selbstverwirklichung und Nächstenliebe in christlicher Ethik und Ökonomie

Die Beziehung von Selbstliebe (Selbstverwirklichung) und Nächstenliebe stellt ein Spannungsverhältnis zwischen Ökonomie und Moraltheologie dar. Es bezeichnet im Kern die Ursache des "ethischen Dilemmas". Eigeninteresse und der Drang nach Selbstverwirklichung als die stärksten natürlichen Antriebe des Menschen führen nicht immer und quasi-automatisch zum individuellen bzw. sozialen Optimum. Andererseits ist das Streben nach der Erfüllung bestimmter Tugenden oft nur schwach ausgeprägt (*vgl.* KOSLOWSKI *1988a, S. 18*).

Selbst- und Nächstenliebe als Paralelle zu Ökonomie und Moraltheologie

Das wirtschaftliche Erwerbsstreben erscheint ambivalent: auf der einen Seite fördert es die wirtschaftliche Entfaltung und setzt innovative Kräfte frei, auf der anderen Seite kann es zu ethisch unverantwortlichen Konsequenzen führen. Wenn man die These vom homo oeconomicus nicht als fiktive Verhaltensannahme ansieht, sondern als ein erstrebenswertes Vorbild und Ziel betrachtet, wird der Bereich der Wertfreiheit verlassen. Die Durchsetzung des Selbstinteresses kann nicht als interessenneutral (und damit wertfrei) interpretiert werden.

Die ambivalenten Folgen des Erwerbsstrebens

Aus der Sicht der christlichen Ethik wird zwar die Selbstliebe von vornherein nicht als unmoralisch betrachtet. Vielmehr enthält das zentrale Gebot: "Liebe deinen Nächsten wie dich selbst", die Aufforderung, sein eigenes Streben einschließlich aller Charaktereigenschaften (Stärken und Schwächen) anzunehmen. Christliche Ethik stellt jedoch stets die Sinnfrage. Im Vordergrund steht die gute Absicht (das Motiv) einer richtig verstandenen Eigen- und Nächstenliebe. Die Aussage: "Wirtschafte für den Nächsten wie für dich selbst", postuliert nicht die Maximierung des eigenen Nutzens (vgl. das Gleichnis vom reichen Kornbauern), sondern das Gebot des solidarischen Teilens. Der Satz: "Der Mensch lebt nicht vom Brot allein", unterstreicht die dienende Funktion des Wirtschaftens.

"Wirtschafte für den Nächsten wie für Dich selbst"

Die Volkswirtschaft, aber auch das Unternehmen stellt den Ort der humanen sowie sozialen Gestaltung des Wirtschaftslebens dar, wobei der Dienst am und für den Nächsten eingeschlossen ist. Der "Nächste" schließt stets den "Fernsten" ein.

> ❸ Der letzte Grund verantwortlichen Handelns in christlicher Ethik und Ökonomie

Praktizierte Nächstenliebe als Auftrag Gottes

Die Quelle verantwortlichen Handelns ist nach dem Verständnis der Bibel die konkrete Beauftragung des Menschen. Jeder wird am Ende der Geschichte Rechenschaft über sein Tun und Unterlassen ablegen müssen. Vor Gott zählt das Engagement für den bedürftigen Nächsten bzw. Fernsten. Praktische Solidarität, Teilen und auch Verzicht auf den eigenen Vorteil sind Tugenden, die dem Willen Gottes entsprechen.

Vertrauen und Kooperationswillen als Ausdruck der Menschengerechtigkeit

Als "menschengerecht" gelten die Bereitschaft zum Vertrauen und eine kooperative Grundhaltung, die sich bei allen Entscheidungen auch den Standpunkt des anderen zu eigen macht. Eine „Bereitschaft zur moralischen Vorleistung" (KOSLOWSKI 1988a, S. 39) entspricht dieser Einstellung. Die "Vergeltungsmoral" des "do ut des" steht ihr entgegen. Das menschliches Tun stets begleitende "Ethikversagen" ist aufgehoben durch den Glauben an die Befreiung von schuldhaftem Handeln durch den Gott, der seine umfassende Liebe in der Gestalt Jesu Christi gezeigt hat. "Das Evangelium ist keine donnernde Bußpredigt. Christus macht keine ethische Befehlsausgabe und spricht kein moralisches Verdammungsurteil. Der Kern seiner Botschaft ist die Zusage an den Menschen. Wie EBERHARD MÜLLER ... es sagt 'In Christus ist zugunsten des Menschen entschieden'." (VON WEIZSÄCKER 1983, S. 113.)

Der Bibel ist die moderne Überschätzung der Arbeit als Quelle der materiellen Sicherheit ebenso fremd wie die auf Grundängste zurückzuführende hektische Betriebsamkeit des modernen Menschen (*vgl.* BIENERT 1957, Sp. 542). Ebenso wie vor den Gefahren des Reichtums wird vor den Versuchungen gewarnt, die aus dem Umgang mit Geld einen „Mammonsdienst" (Jesus in Mt. 6, 24) machen. Hier wird deutlich, daß die vom Besitz ausgehende Faszination der Verfügungsmacht dem Menschen dann schadet, wenn sie sein Herz gefangen nimmt und ihn dazu bringt, sich im Jagen nach immer mehr Reichtum zu verzehren. „Ihr könnt nicht Gott dienen und dem Mammon!" (Lk. 16, 13). Von dieser Haltung aus ist der Hinweis zu verstehen, die

Phärisäer hingen am Gelde. Verständlich erscheint in diesem Licht auch die Anweisung, ein Bischof dürfe nicht geldgierig sein (1. Tim. 33). Die dem Streben nach Gelderwerb inhärente Versuchlichkeit ("Am Gelde hängt, zum Gelde drängt ja alles") wird hier ernst genommen, trotz oder gerade wegen des "non olet!" (*vgl. auch* 1. Tim. 6, 10: *"Geldgier ist eine Wurzel allen Übels"*).

> Warnung vor den Gefahren materiellen Strebens

Jesus selbst fordert eine eindeutige Haltung gegenüber dem "Götzen Mammon" und absolutes Vertrauen auf den wahren Gott. Von seinen wenigen wirtschaftsethischen Aussagen ist das sorgfältige Umgeben mit den anvertrauten Talenten hervorzuheben (Lk. 19, 12-27). Das Investitionsverhalten des Perlenkaufmanns wird von ihm gut geheißen (Mt. 13, 45 f.).

2.5 Kritische Würdigung

THOMAS VON AQUIN hat mit seiner Naturrechtslehre Wirkungen ausgeübt, die vor allem den Katholizismus bis in die Neuzeit hinein geprägt haben. Auf Schwierigkeiten stößt dieser Ansatz insbesondere dann, wenn es um die Lösung neuartiger Probleme geht. So wichtig die stete Rückbesinnung auf den göttlichen Willen ist, so schwierig erscheint der immer wieder neu zu lösende Transfer in menschengerechte Problemlösungen im konkreten Einzelfall.

LUTHERS wirtschaftsethische Anschauungen müssen als im wesentlichen steril bezeichnet werden: Sie sind zwar dem Merkantilismus in der Form des Kameralismus angemessen, entsprechen aber nicht mehr der nachfolgenden raschen Entwicklung eines den weltwirtschaftlichen Handelsaustausch fördernden Liberalismus (*siehe auch* WEBER *1957, Sp. 1597 f.*). Ihre unmittelbaren politischen Wirkungen waren jedoch beträchtlich.

Die CALVINsche Prädestinationslehre sollte rund 400 Jahre später eine wichtige Rolle für die Entwicklung der Wirtschaftsethik spielen. MAX WEBER (1864-1920) hat sie in seiner berühmten Schrift: "Die protestantische Ethik und der Geist des Kapitalismus", (1920) zur Grundlage seiner ethischen Aussagen gemacht. WEBER geht davon aus, daß moralische Normen für das Handeln des Wirtschaftspolitikers unersätzlich seien, aber nicht innerhalb der Ökonomie begründet werden könnten. Nach WEBER entspricht die "innerweltliche Askese" CALVINs Prädestinationsvergewisserung durch äußere Bewährung im Beruf. Sie stelle einen der Hauptantriebe des "kapitalistischen Geistes" dar.

Ob hier eine monokausale Begründungskette vorliegt, ist mit Recht zu bezweifeln (*und von WEBER selbst auch nicht intendiert worden: vgl. WEBER 1957, Sp. 1597 f.*). Eine solche Behauptung verkennt auch die Bedeutung, die der Freisetzung einer ökonomischen Entwicklung aus den Zwängen der mittelalterlichen Zunftwirtschaft und des staatswirtschaftlichen Merkantilismus zukommt.

Die folgenden Ausführungen knüpfen an die Darstellung des christlichen Menschenbildes an und beziehen die Aussagen der evangelischen Sozialethik und der katholischen Soziallehre mit ein. Die verschiedenen Ansätze verbindet eine Orientierung an Wertmaßstäben, wie sie in der Bibel vorgegeben sind.

3 Theologische Ansätze einer Unternehmensethik in den USA

3.1 Überblick

Überblick der theologischen Ansätze us-amerikanischer Autoren

Christliche Ansätze zur Unternehmensethik sind bisher hauptsächlich im englischsprachigen Raum entwickelt worden. Dies hängt einerseits mit der dort anzutreffenden pragmatischen Orientierung des Christentums selbst (Social gospel) und der christlichen Gemeinden zusammen. Vor allem in den USA hat sich ein stark ausgeprägtes puritanisches Ethos erhalten, das gewissensethische Ansätze mit einer situationsspezifischen Moralauslegung verknüpft. Als Beispiele für eine solche Einstellung seien die Bücher von JOHN V. TAYLOR und ROBERT FARRER CAPRON genannt.

Während TAYLOR eine am Prinzip der kreatürlichen Bescheidenheit orientierte Ethik entwickelt ("Enough is Enough", London 1975), plädiert CAPRON ("Hunting the Divine Fox: Images and Mystery in Christian Faith", New York 1974) für einen individuellen Bewußtseinswandel in der grundsätzlichen Hinwendung des Menschen zur Schöpfungsordnung Gottes.

Die Beschäftigung mit unternehmensethischen Fragen in den USA geht auf eine rund vierzigjährige Tradition zurück. Sie beginnt mit einer religiösen Begründung des wirtschaftlichen Fortschritts durch KENNETH E. BOULDING (*vgl.* BOULDING *1952*) und setzt sich fort mit dem berühmt gewordenen Aufsatz von REINHOLD NIEBUHR "The Cultural Crisis of Our Age" (*vgl.* NIEBUHR *1954*). Der Sohn deutscher Einwanderer und evangelische Theologe NIEBUHR (1876-1971) plädiert in dieser Arbeit für eine Rückkehr zum „main stream of Christian faith", um Theologie und Ökonomie in das richtige Verhältnis zu setzen. Für ihn schließt dies die Achtung der Menschenwürde ein, die den Menschen als Ziel an sich betrachtet und ihn nicht instrumentalisiert, die Beachtung des Liebesgebotes als existentielles menschliches Grundgesetz und den Ausgleich zwischen Eigenliebe und Selbstinteresse (*vgl.* NIEBUHR *1954, p. 36*).

THOMAS C. CAMPBELL fordert, daß Religion und kapitalistisches Wirtschaftssystem sich aufeinander zubewegen, ohne daß das eine System das andere determinieren dürfe (Koexistenz-Modell) (*vgl.* CAMPBELL *1957*). Im Unterschied zu diesem stärker an Harmonievorstellungen orientierten Modell setzt HAROLD L. JOHNSON an der Frage an, ob die christlichen Glaubensaussagen irgendeine praktische Hilfe bei der unternehmerischen Entscheidungsbildung böten. Er untersucht die Gründe für eine in den USA extrem optimistische Sicht des Kapitalismus und findet diese in einer zu starken Betonung der sich selbst regelnden Schöpfungsordnung, die die Verantwortung des Menschen für seine Umwelt vordergründig schmälert. Im Gegensatz dazu entwirft JOHNSON das Konzept einer christlichen Haushalterschaft als Grundlage für eine situationsspezifische Verantwortungsethik (*vgl.* JOHNSON *1957, p. 71*).

3.2 Der "Managerial-Ethics"-Ansatz

Der "Managerial-Ethics-Ansatz": Donald Jones

Der "Managerial-Ethics"-Ansatz wird insbesondere von JONES vertreten. Er untersucht die Lösung der praktischen Unternehmensführungsprobleme im Rahmen der Beziehungen des Unternehmens zu seinen Interessenträgern. Kennzeichnend für diesen Ansatz ist die vorrangige Orientierung an praktischen Entscheidungssituationen einerseits und deren ethische Fundierung aus der Sicht des christlichen Glaubens andererseits. Es leuchtet ein, daß sich daraus kritische Anfragen ergeben, zumal der Dialog zwischen Theologie und Unternehmensführung durch nahezu vollständige Ignoranz auf Seiten der verschiedenen Vertreter gekennzeichnet ist (*vgl.* GILBERT *1982, p. vii*).

Forderung nach dem Dialog zwischen Theologie und Unternehmensführung

Konsequenterweise fordert deshalb JONES unter anderem, daß die Theologen die Sprache der Ökonomie und der Unternehmensethik erlernen müßten, darüber hinaus sich aber auch mit den Instrumenten der ethischen Analyse und der unternehmerischen Entscheidungsfindung befassen sollten (*vgl.* JONES *1982, pp. 218-224*).

3.3 Das Konzept der "Theology of Economics"

Die "Theology of Economics": Michael Novak

Ausgehend von den Problemen multinationaler Unternehmen befaßt sich NOVAK mit der Frage, welche Elemente eine "Theologie der Wirtschaftswissenschaften" enthalten solle. Als solche nennt er die folgenden (*vgl. dazu* NOVAK *1982, pp. 76-79*):

- ○ Die Ordnung der gesamten Gesellschaft unter den Bedingungen einer modernen Demokratie und eines pluralistischen Kapitalismus.
- ○ Eine kritische Sicht der Geschichtsphilosophie unter der Annahme von wahrscheinlichen Zukunftsvorstellungen (Theory of emergent probability), im Gegensatz zu MOLTMANNs Theologie der Hoffnung.
- ○ Die Sündhaftigkeit des Menschen und deren Konsequenzen für das praktische Handeln. Das diesem Gedanken zugrunde liegende Menschenbild beinhaltet eine kritische Sicht des Selbstinteresses, der Gier, des Haben-Wollens bzw. des Egoismus im Kapitalismus und des Neids sowie Grolls im Sozialismus, der sich die Verwirklichung des Gleichheitsprinzips zum Ziel gesetzt hat.
- ○ Praktische Klugheit auf der Grundlage eines intellektuellen Weltverständnisses.
- ○ Das individuelle Gewissen als wichtige Quelle der praktischen Klugheit.
- ○ Formen des gemeinschaftlichen Lebens, die zu freiwilligem Verhalten führen.
- ○ Moralische Vorentscheidungen über Wachstum und Produktivität, welche die Verteilung des Wohlstands beeinflussen: Es kann nichts verteilt werden, was nicht produziert wird.
- ○ Die Orientierung am Knappheitsprinzip anstelle einer ausschließlich quantitativen Wachstumszielsetzung.

Nach NOVAK darf sich die Wirtschaft nicht notwendigerweise an den ethisch besonders anspruchsvollen christlichen Idealen orientieren, auch wenn man sich auf einige von ihnen möglicherweise in Form eines Konsenses verständigen könne. Realistischer sei es, wenn die verpflichtenden Normen "etwas unterhalb" der Ebene des Christentums angesiedelt würden.

Ethiknormen unterhalb der christlichen Ideale für die Wirtschaft

3.4 Der "Christian-Framework"-Ansatz

Das "Christian Framework": Brian Griffiths

BRIAN GRIFFITHS entwickelte in seinen Vorlesungen an der London School of Economics im Jahr 1980 Grundüberlegungen zu einer christlichen Sicht der Marktwirtschaft. Er baut auf einer kritischen Analyse der Veröffentlichungen von VON HAYEK und FRIEDMAN auf, denen er ein Desinteresse an grundlegenden Normvorstellungen vorwirft. Seine Vorstellungen zu einer biblischen Sicht der wirtschaftlichen Probleme gründen sich auf folgende Aussagen (*vgl.* GRIFFITHS *1982, pp. 85-90*):

Für Jesus Christus' Auffassung vom Wirtschaftsleben ist das Kommen des Reiches Gottes ein zentraler Ausgangspunkt. Der Begriff "Reich Gottes" taucht über einhundertmal im Neuen Testament auf. Er bezeichnet eine kritische Haltung gegenüber jeder materialistischen Weltanschauung, die ihre Erfüllung im Hier und Heute findet. In den Gleichnissen vom reichen Mann und armen Lazarus, vom reichen Kornbauern, vom Säemann und vom reichen Jüngling zeigt Jesus seinen Nachfolgern die Gefahren eines materiellen Reichtums auf: Arroganz, Selbstbefriedigung und Indifferenz gegenüber anderen Menschen.

Wohlstand als Notwendigkeit und Gefahr zugleich

Auf der anderen Seite verdammt Jesus in keiner einzigen Aussage den Reichtum als solchen, noch bezeichnet er die Welt der Wirtschaft als böse. Als Sohn eines mittelständischen Handwerkers ging er wie selbstverständlich von der Institution des Privateigentums aus. An anderer Stelle lobt er sogar die lebenszugeordnete Klugheit des sogenannten ungerechten Haushalters und betont den optimalen Einsatz aller wirtschaftlichen Fähigkeiten.

Für die entstehende Urgemeinde ist eine Gleichverteilung des gemeinsamen Besitzes typisch. In dieser charismatischen Gemeinschaft kam man täglich zusammen, um in freiwilliger Form alle Güter gemeinsam zu nutzen. Allerdings geschah dies in einer der damaligen Umwelt total entgegengesetzten Form, die sich z. B. in keiner späteren Spielart des Kommunismus wiederholt.

Der christliche Glaube geht von einem eschatologischen Verständnis der gesamten Schöpfung aus. Diese hat nicht nur einen Beginn, sondern nimmt auch ein Ende in der Wiederkunft Jesu Christi (ein Neuer Himmel und eine Neue Erde werden entstehen). Für den Christen bezeichnet deshalb die Geschichte keinen Ablauf mit unbekanntem Ausgang, sondern einen Prozeß, der mit der Errichtung einer gerechten Gesellschaft abschließt.

Aus diesen theologischen Grundüberlegungen leitet GRIFFITHS praktische Konsequenzen für die Formulierung von christlich geprägten Leitlinien des Wirtschaftslebens ab. Diese lauten zusammengefaßt und vereinfacht (*vgl.* GRIFFITHS *1982, pp. 91-99*):

> Christlich geprägte Leitlinien des Wirtschaftslebens

- Die Wirtschaftssubjekte erhalten einen positiven Auftrag zur Schaffung von Wohlstand im Kontext der Verantwortlichkeit eines Verwalters für die Ressourcen dieser Welt.
- Privatbesitz sollte anstelle des staatlichen oder Kollektiveigentums treten. Dabei werden die Rechte ebenso wie die verpflichtende Wirkung des Besitztums betont.
- Die Familie gilt als wichtiges Element des Wirtschaftslebens, die für sich selbst und ihre Mitglieder zu sorgen hat.
- Der Auftrag des Christen besteht vorrangig in der Beseitigung der Armut und nicht in der Verfolgung wirtschaftlicher Gleichheit. Dies bedeutet im einzelnen die Bekämpfung der Armutsursachen (Unterdrückung und Ausbeutung einerseits sowie Hilfestellung für die Unterprivilegierten andererseits).
- Ökonomische Ungerechtigkeit ist zu beseitigen, wie immer deren Erscheinungsformen aussehen.
- Gewarnt wird vor einer materialistischen Lebenseinstellung, welche dem Mißbrauch von Geld, Reichtum und Gewinn huldigt („Ihr könnt nicht Gott dienen und dem Mammon").
- Die persönliche Verantwortlichkeit des Wirtschaftstreibenden gegenüber Gott steht in Verbindung mit Gottes Richteramt. Der Mensch ist nicht nur als Verwalter für die Güter dieser Erde eingesetzt, sondern muß darüber Rechenschaft ablegen, wie er mit seinen besonderen Fähigkeiten und Ressourcen umgegangen ist.

In seinen weiteren Ausführungen untersucht GRIFFITHS die Auswirkungen dieser Leitlinien auf das Verhältnis der Industriestaaten zu den Drittweltländern (*vgl. dazu im einzelnen* GRIFFITHS *1982, pp. 125-155*). Ferner zieht er auch ansatzweise Konsequenzen für eine Unternehmensethik. Er beschränkt sich dabei allerdings auf die Analyse der Legitimitätsfrage des Unternehmens innerhalb einer marktwirtschaftlich orientierten Wettbewerbsgesellschaft. Ausgesprochen kritisch wendet sich GRIFFITHS gegen jede Ideologisierung der Marktwirtschaft auf der Grundlage einer christlichen Theologie. Deren Aufgaben sieht er vielmehr darin, kritische Anfragen an ein säkulares Mißverständnis der unternehmerischen Betätigung zu richten. Vor allem kommt es ihm dabei darauf an, die Wertbezogenheit unternehmerischer Entscheidungen hervorzuheben. In diesem Sinne betont er z. B. die Fragwürdigkeit einer säkular-humanistischen Position, wie sie etwa PETERS und WATERMAN vertreten.

> Kritik an einer Ideologisierung der Marktwirtschaft

3.5 Kritische Würdigung

Die dargestellten Thesen amerikanischer Theologen erstrecken sich auf Grundprobleme der Unternehmensethik im Sinne materialer Aussagen. Sie umspannen das gesamte Spektrum theologischen Denkens, wobei überwiegend von einer kritisch pragmatischen Orientierung an der marktwirtschaftlichen Wettbewerbsordnung ausgegangen wird.

Bemerkenswert erscheint dabei nicht so sehr die empfundene "Sprachlosigkeit" im ökonomischen Bereich, sondern die gesuchte Nähe zu den praktischen Fragen der Unternehmensführung.

4 Zusammenfassung

Daß den religiös-weltanschaulichen Begründungen der Wirtschafts- und Unternehmensethik ein solches Gewicht beigemessen wurde, hat seine Ursache in der starken Präzisierung religiös-theologischer Vororientierungen. Dies gilt für das Verhalten des einzelnen ebenso wie für die institutionelle Ethik.

Die Unterscheidung zwischen nicht-christlichen Weltanschauungen und den Grundaussagen einer am christlichen Glauben orientierten Ethik verfolgt allein didaktische Zwecke und enthält keinerlei urteilende Wertung. Außerdem sollte damit zum Ausdruck gebracht werden, daß für unseren westlichen Kulturraum (immer noch) eine starke Prägung durch Elemente des Christentums gilt, und zwar unabhängig davon, ob diese vom einzelnen aus als verbindlich akzeptiert werden oder nicht.

Verständnisfragen zu Kapitel 5:

1. Definieren Sie kurz die zwei bedeutsamen Entwicklungstendenzen, die unsere gegenwärtige geschichtliche Situation prägen. Erklären Sie in diesem Zusammenhang die Bedeutung der Religionen, die ethische Elemente des unternehmerischen Handelns bestimmen.

2. Erläutern Sie kurz die jeweiligen Grundaussagen der nicht-christlichen Religionen zur Ethik.

3. Erläutern Sie kurz die wesentlichen Grundaussagen der christlichen Religionen sowie die theologischen Ansätze zur Ethik.

Einführende Literaturempfehlungen:

AlHabshi, Othman/Agil, Omar (Eds.): The Role and Influence of Religion in Society, Kuala Lumpur 1994, pp. 201-227.

Clark, Peter B. (Hrsg.): Atlas der Weltreligionen. Entstehung - Entwicklung - Glaubensinhalte, München 1994.

Galling, Kurt (Hrsg.): Die Religion in Geschichte und Gegenwart: Handwörterbuch für Theologie und Religionswissenschaft, Bd. 1, 3. Aufl., Tübingen 1957, Sp. 622-624.

Oldenberg, Hermann: Buddha. Sein Leben - seine Lehre - seine Gemeinde, Stuttgart 1983.

Pawlas, Andreas: Welchen Beitrag leistet Martin Luther zu einer Unternehmensethik? Auf der Suche nach einer evangelischen Unternehmensethik, in: ZfB, 61. Jg. (1991), Heft 3, S. 379-398.

Kapitel 6: Konzeptionelle Grundlagen der Unternehmensethik

> **Lernziele:**
>
> Dem Leser soll zunächst der grundsätzliche Zusammenhang von Wertfreiheit und Nutzenfunktion verdeutlicht werden, der eine wichtige Bedeutung für das Verständnis der nachfolgenden konzeptionellen Ansätze hat.
>
> Anknüpfend an die Darstellung der philosophischen Aussagen im vierten Kapitel wird zunächst auf die utilitaristische Position eingegangen. Ferner lernt der Leser die verschiedenen kommunikations- und wertorientierten Konzepte, das Konzept des unternehmerischen ethischen Handelns innerhalb der Rahmenordnung sowie den integrativen Ansatz kennen. Abschließend wird ihm die Verknüpfung von Bedürfnissen, Werten und Zielen als Ansatzpunkte einer Entscheidungsethik vor Augen geführt.

Nachdem im dritten und vierten Kapitel die philosophischen und weltanschaulichen Begründungen einer Unternehmensethik erörtert wurden, stehen nun deren konzeptionelle Grundlagen im Mittelpunkt.

Wir klassifizieren sie in utilitaristische, kommunikationsorientierte, wertorientierte und integrative Konzepte, wobei die Bezeichnungen als Oberbegriffe dienen. Wertorientierte Konzeptionen sind bisher vor allem in der englischsprachigen Literatur entwickelt worden. Insbesondere in den USA liegt inzwischen ein umfangreiches Schrifttum vor, das allerdings z. T. nicht allgemein zugänglich ist. Ein Anliegen dieser Veröffentlichung besteht deshalb auch darin, dem deutschsprachigen Leser einen bei mehreren Forschungsaufenthalten gewonnenen Einblick in diese nicht so bekannte Literatur zu verschaffen. Wir beginnen mit einer Darstellung der Wertfreiheitsproblematik, die für das Verständnis der einzelnen Konzepte grundlegend erscheint.

Bei anderen Autoren findet sich der Bezug zu einer Position der Verantwortungsethik (*vgl. u. a.* KÜPPER *1988, S. 318-339, sowie* KÜPPER *1992b, S. 514*).

1 Das Problem der Wertfreiheit

Eine wesentliche Streitfrage im Rahmen der Diskussion um eine Unternehmensethik stellt das Wertfreiheitspostulat der Betriebswirtschaftslehre dar. Darunter wird die Forderung verstanden, Werturteile im Aussagenbereich abzulehnen (*vgl.* STEINMANN/BRAUN *1979, S. 191*). Das Prinzip fußt auf der „Nichtexistenz empirisch oder intuitiv erfaßbarer objektiver Werte" und „der Unmöglichkeit der logischen Deduktion von Sollsätzen aus Behauptungssätzen" (CZAYKA *1991, S. 93*). Der "Kritische Rationalismus" betrachtet Werte als allein der subjektiven Beurteilung zugänglich und demzufolge der strengen wissenschaftlichen Rechtfertigung entzogen. Eine an logischen oder empirischen Erkenntnissen ausgerichtete Wissenschaft müsse einen werteintegrierenden Ansatz ablehnen. Lediglich im Wertbasisbereich (z. B. im Rahmen der Hypothesenbildung oder der Methodenwahl) sowie im Objektbereich seien Werturteile zulässig. Ziel dieses Vorgehens ist es, eine rationale und intersubjektiv verbindliche Argumentation zu gewährleisten (*vgl.* STEINMANN/BRAUN *1979, S. 191*).

Wertfreiheitspostulat als Ablehnung von Werturteilen

Werturteilsfreiheit zur Gewährleistung intersubjektiv rationaler Argumentation

Die Kritik an diesen Aussagen setzt an deren erkenntnistheoretischen Voraussetzungen (*vgl.* CZAYKA *1991, S. 93*) an. Wenn Werturteile Gegenstand der Forschung sein dürfen, kann weder deren Anwendung prinzipiell abgelehnt noch die Frage ausgeklammert werden, wie diese im einzelnen geschieht. Lediglich eine Wertung der Anwendung, d. h. eine Wertung des in die Aussage eingeflossenen Werturteils, muß unterbleiben.

Münchhausen-Trilemma als Ablehnungsgrund von Werturteilen

Bei der Verwendung von Werturteilen im Aussagenbereich sieht man sich schließlich dem Münchhausen-Trilemma

gegenüber (*vgl.* KERN *1979, S. 18*), welches sich aus den folgenden drei
Bestandteilen zusammensetzt:

○ dem infiniten Regreß, d. h. einer unendlich fortzuführenden Nachfrage nach dem Warum eines Sachverhaltes und dem Wie einer Entscheidung (*vgl. dazu* HERMS *1991*),
○ dem logischen Zirkel, also dem Rückgriff bei der logischen Begründung eines Sachverhaltes auf einen bereits durch diesen Sachverhalt begründeten Tatbestand sowie
○ dem Abbruch des Begründungsverfahrens.

In diesem Zusammenhang sei noch ein anderer Gesichtspunkt hervorgehoben. Zwischen dem Unternehmen und der Gesellschaft bestehen vielfältige wertbezogene Abhängigkeiten. Sie werden durch wie auch immer gestaltete Wechselwirkungen erzeugt und weisen eine vierdimensionale Gestalt auf, die in den folgenden Punkten festgehalten ist.

<small>Wertbezogene Abhängigkeiten der Wirtschaftssubjekte als Gegenargument</small>

❶ Einmal wirkt sich ein objektiver Tatbestand in einem Bereich auf einen zweiten Bereich aus (Vernetztheit). Dies muß nicht nur in neutraler Form über einfache Informationsergänzung stattfinden, sondern kann ebenso im Sinne von Gut/Schlecht-Wertungen geschehen. Ein einzelner Bereich kann folglich in seinen Aussagen nicht als wertfrei bezüglich der einzubeziehenden Einflüsse betrachtet werden.

❷ Zum zweiten bewirkt diese Vernetzung eine große Komplexität der Betrachtungsgegenstände und -vorgänge.

❸ Drittens ist für den Betrachter keine vollständige Information zu gewinnen (Intransparenz).

❹ Viertens unterliegen die Betrachtungsbereiche einer ständigen Weiterentwicklung, sind also dynamischer Natur (*vgl.* DÖRNER *1991, S. 58 f.*).

In Konsequenz des Gesagten geht es darum, subjektive Werte mit einer rationalen Begründung zu versehen. Gerechtigkeit und Verantwortung sind z. B. traditionelle Werte, "die im Laufe der Jahrhunderte vom Leben selbst" (HINTERHUBER *1990, S. 91*) festgelegt werden, deren Begründung verlorengegangen ist und neu vollzogen werden muß. Der erste Schritt dazu ist die vorläufige Annahme eines subjektiven Wertes, ohne daß unmittelbar eine Begründung vorgenommen wird. Diese ist Zug um Zug aus den systematischen Wechselwirkungen heraus nachzuvollziehen. Die Begründung der Wertbasis wird sich auch aus Erfahrungen heraus ergeben. Ihr Zweck ist es, eine Grundlage für die Ableitung von Normen für die Regelung des menschlichen Zusammenlebens zu gewinnen.

Rationale Begründung subjektiver Werte als Lösungsweg

So wenig, wie die Aussagen der Betriebswirtschaftslehre wertungsfrei betrachtet werden können, so wenig können die Aussagen der Philosophie als "wertfrei" gelten. Die Auflösung des Wertfreiheitspostulats kann daher nicht durch das Wertfreiheitsprinzip selbst erfolgen, welches Vernetzungen außer acht läßt. Ethik kann deshalb auch nicht als Korrektiv bei konfliktträchtigen Tatbeständen (*so* STEINMANN/LÖHR *1988, S. 308*) bzw. als „situationale Beschränkung des Gewinnprinzips" (STEINMANN/OPPENRIEDER *1985, S. 173*) interpretiert werden, sondern ist grundsätzlich und vollständig in die betriebswirtschaftlichen Überlegungen einzubeziehen. Ethische Maßnahmen könnten sonst nicht nutzenwirksam sein (*vgl.* STEINMANN/OPPENRIEDER *1985, S. 173*). Eine Inselbetrachtung ist wegen der aufgezeigten Wechselwirkungen nicht zu akzeptieren, denn sie löst „das Sachgemäße vom Menschengerechten ab" (RICH *1984, S. 73*).

Auflösung des Wertfreiheitspostulats

Das der weiteren Darstellung zugrundeliegende Schema orientiert sich an einer pragmatischen Einteilung, welche die gegenwärtige Auseinandersetzung mit der Unternehmensethik im deutsch- und englischsprachigen Raum widerspiegelt. Die Bezeichnungen sind in der Regel den Selbstdarstellungen der entsprechenden Vertreter entlehnt und folgen deren Schwerpunktsetzungen. Das Schema dient in erster Linie didaktisch-systematischen Zwecken und ist selbstverständlich nicht frei von Überschneidungen. Die Zuordnung einzelner Vertreter zu bestimmten Richtungen oder gar "Schulen" erscheint grundsätzlich problematisch.

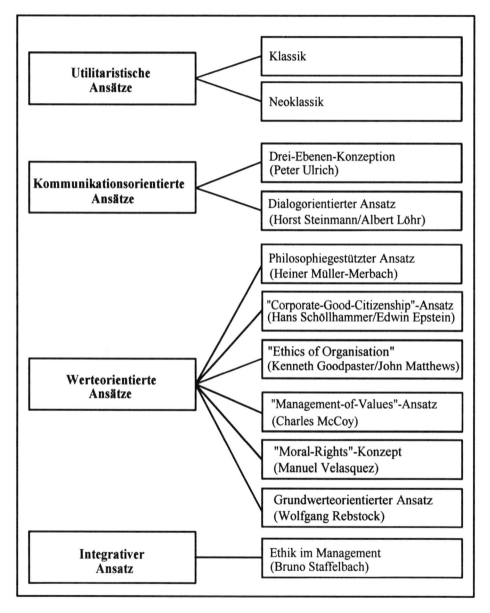

Abb. 8: Konzeptionelle Ansätze zur Unternehmensethik.

2 Utilitaristische Ansätze

Grundidee des klassischen Ansatzes des Utilitarismus

Der Utilitarismus hat sich seit seinen ersten Anfängen als prägende Kraft erwiesen. Dabei sind zwei Richtungen zu unterscheiden: der klassische und der neoklassische Ansatz.

2.1 Der Ansatz der Klassik

Die Verwurzelung in der philosophischen Herkunft tritt bei den frühen Vertretern der klassischen Nationalökonomie noch sehr deutlich in Erscheinung. Nicht nur ADAM SMITH, der den Lehrstuhl für Moral philosophy in Glasgow innehatte, sondern auch spätere klassische Ökonomen befaßten sich mit philosophischen Fragen, die mit ihren ökonomischen Hauptinteressen vielfach verknüpft waren. Vor dem Hintergrund der Gedanken- und Interessenwelt des 18. und 19. Jahrhunderts erschien es aber den Klassikern nicht besonders schwer, die beiden Aspekte von "Ist"- und "Soll"-Aussagen zu einem mehr oder weniger einheitlichen Gedankengebäude zu vereinigen. Die Basis für dieses Konstrukt aus positiven und normativen Aussagen besteht aus mehreren Elementen (*siehe zum folgenden* ROTHSCHILD *1987, S. 11-22*).

Der Ansatz der Klassik

Zu den Einsichten in den Mechanismus der neuen Ökonomie kamen die Einflüsse der Naturphilosophie, des Individualismus sowie der Aufklärung und auch schon die Fortschritte in den Naturwissenschaften (vor allem Physik sowie Biologie). Ein wichtiger Gedanke, der der aufklärerischen Naturphilosophie entnommen ist und SMITH sowie seine Zeitgenossen prägte, ist, daß es "natürliche" Zustände gibt und diese, weil sie "natürlich" sind, auch "gut" sind. Hinzu trat die Sicht vom Menschen als eines souveränen, nicht-gesellschaftlichen Individuums, dessen "natürliches" Streben auf Selbsterhaltung und die Berücksichtigung der eigenen Interessen ausgerichtet sei. Im ökonomischen Bereich sieht dann der

Natürliche Zustände als gute Zustände

"natürliche" und damit auch der "begrüßenswerte" Zustand so aus, daß jedes Individuum als homo oeconomicus nach möglichst großer Ansammlung von Gütern strebt.

Wenn aber der Egoismus als ökonomisches Ordnungsprinzip begrüßt und empfohlen wird, entstehen Schwierigkeiten. Geraten die individuellen Egoismen nicht geradezu zwangsläufig miteinander in Konflikt und muß nicht daraus eine soziale Disharmonie entstehen, die aus gesellschaftsphilosophischer Sicht nicht akzeptiert werden kann?

> Egoismus als Auslöser sozialer Disharmonie

Genau hier hat die klassische Nationalökonomie Ethik, Naturphilosophie und ökonomische Theorie zu einem einheitlichen Ganzen verbunden: Der als "natürlich" angesehene Trieb des Individuums, in Verfolgung seiner eigenen Interessen zu produzieren, zu akkumulieren und zu tauschen, führt zu einem makroökonomischen Gleichgewicht, in dem jeder aufgrund seines Eigeninteresses gezwungen ist, bestmöglich für die Konsumwünsche der anderen und damit für den allgemeinen Reichtum zu arbeiten. Die berühmte "invisible hand" sorgt dafür, daß aus den egoistischen Einzelhandlungen ein harmonisches, soziales Gesamtergebnis entsteht. „Nicht vom Wohlwollen des Metzgers, Brauers oder Bäckers erwarten wir das, was wir zum Essen brauchen, sondern davon, daß sie ihre eigenen Interessen wahrnehmen. Wir wenden uns nicht an ihre Menschen-, sondern an ihre Eigenliebe, und wir erwähnen nicht die eigenen Bedürfnisse, sondern sprechen von ihrem Vorteil" (SMITH 1974).

> Die "invisible hand" als Regulator individueller Egoismen

ADAM SMITH und die anderen Vertreter der Klassik sahen zwar auch die moralischen und sozialen Schwächen ihrer ökonomischen Umwelt, aber sie schufen einen soliden Kern, in dem "natürliches" egoistisches Streben in einem "natürlichen" System freien Tausches und freier Konkurrenz zu einem wünschenswerten sozialen Optimum höherer Wohlfahrtssteigerung führt. „Ökonomisch 'gutes' Handeln wird zugleich zum allgemein 'guten' Handeln." (ROTHSCHILD 1987, S. 14.) Ökonomie und

> Ökonomisch gutes Handeln als allgemein gutes Handeln

Ethik sind also nach diesem Verständnis von Ansatz und Analyse her eng miteinander verbunden.

Historisch gesehen nehmen die klassischen utilitaristischen Ansätze der Unternehmensethik ihren Ursprung ferner in der normativen Ethik BENTHAMS und MILLS. Sie lassen sich in der utilitaristischen Maxime zusammenfassen: „Handle so, daß die Folge deiner Handlung bzw. Handlungsregel für das Wohlergehen aller Betroffener optimal ist" (HÖFFE *1985b, S. 10*). Die Vorstellung BENTHAMS, daß die sittliche Qualität des Handelns allein von dessen Folgen (Nützlichkeit oder Schädlichkeit) her zu beurteilen sei, hat bis heute ihre Faszination noch nicht verloren. Dies trifft vor allem für die Weiterentwicklung der Konzeption durch JOHN STUART MILL zu. Höchstes Ziel des wirtschaftlichen Handelns ist nach MILL der Nutzen bzw. das Vermeiden von Schaden. Über sein wirtschaftliches Handeln entscheide der Mensch in freier Selbstbestimmung. Dieser klassische Ansatz des Utilitarismus wird vor allem in der Wohlfahrtsökonomie aufgegriffen (*vgl.* BIRNBACHER *1985, S. 139-146*).

2.2 Neoklassische Auffassungen

Neoklassische Auffassungen

Die Vertreter der neoklassischen Ökonomie gehen im Grundsatz davon aus, daß die Entscheidungsträger in einem marktwirtschaftlichen System über keinen unabhängigen Handlungsspielraum verfügen und gegenüber dem Markt kaum Freiheitsgrade besitzen. Die der Neoklassik zugrundeliegende Allgemeine Gleichgewichtstheorie unterstellt ein Zusammenwirken von Individuum und Gesellschaft, das als "methodologischer Individualismus" bezeichnet werden kann. Es bedeutet,

Naturgemäßer Ordnungszustand durch freies ökonomisches Handeln

daß im Rahmen der Institution Markt das freie ökonomische Handeln der Agenten einen „gewissermaßen naturgemäßen Ordnungszustand" (KÖTTER *1991, S. 131*) erreichen läßt.

Diese strenge Annahme wird verlassen, wenn man die Allgemeine Gleichgewichtstheorie nicht als ein empirisch vorfindliches Totalmodell, sondern eher als eine heuristische Entscheidungshilfe versteht. In diesem Fall geht man davon aus, daß sich in der unserer Erfahrung zugänglichen Wirtschaftswelt zumindest Teilstücke der Neoklassik nachweisen lassen (z. B. Gewinnmaximierung), ohne daß diese aber den Unternehmen von der Wirtschaftsordnung bindend vorgeschrieben würden (vgl. KÖTTER 1991, S. 133). Auf der anderen Seite betonen die Neoklassiker die Bedeutung der wirtschaftlichen Effizienz - Gerechtigkeit ist nicht für sich und nicht umsonst zu haben. Nach einer von GÜMBEL aufgestellten Hypothese ist die Moral ein Kultur-, aber auch ein Wirtschaftsgut, denn es besitzt die Eigenschaften der Tauglichkeit, Begehrtheit, Verfügbarkeit und relativen Knappheit (vgl. GÜMBEL 1991, S. 102-109).

<small>Nachweis neoklassischer Teilstücke in der Wirtschaftswelt</small>

<small>Hypothese von Moral als neoklassisches Wirtschaftsgut</small>

2.3 Kritische Würdigung

Eine Kritik an der Position des klassischen Utilitarismus wird u. a. von JOHN RAWLS vorgetragen. Nach RAWLS berücksichtigt dieser Ansatz zu wenig die Verschiedenheit der Menschen. Die Gerechtigkeit gebiete, daß die Gesellschaft auf die Erwartungen der am schlechtesten gestellten Mitglieder Rücksicht nehme. Fairneß, Würde und Humanität seien als nichtökonomische Grundsätze zu berücksichtigen, um eine gerechte Gesellschaftsstruktur zu erreichen. Während die klassischen Utilitaristen Handeln dann als gerecht ansehen, wenn der Nutzen bzw. das Glück der Allgemeinheit zunimmt, kann nach RAWLS etwas nur dann gut sein, wenn es auch gerecht ist (vgl. RAWLS 1991, S. 42).

Es hängt ganz offensichtlich von dem Grad an Offenheit für ethische Fragestellungen ab, ob Ethik und (neoklassische) Betriebswirtschaftslehre sich gegenseitig ergänzen können oder nicht. Eine von AMARTYA SEN vereinfachend, aber zutreffend gewählte Bezeichnung einer bestimmten Strömung der Betriebswirtschaftslehre als "engineering approach" macht dies deutlich (vgl. SEN 1987, S. 4). Werden Märkte als perfekt funktionierende mechanische Systeme betrachtet und die unternehmerischen Entscheidungen als reine Probleme der Entscheidungslogik aufgefaßt, so bleibt kein Raum mehr für ethische Überlegungen (*vgl. dazu* SCHAUENBERG *1991, S. 4*). In ähnlicher Weise argumentiert HIRSCHMAN (*vgl.* HIRSCHMAN *1987*), der sich gegen die "Kargheit" der ökonomischen Verhaltensannahmen wendet.

3 Kommunikationsorientierte Ansätze

Unter dem Stichwort "kommunikationsgebundene Ansätze" sollen zwei Konzepte zusammengefaßt werden. Es handelt sich um die Drei-Ebenen-Konzeption von PETER ULRICH sowie den dialogorientierten Ansatz von STEINMANN/LÖHR.

Als Übergang auf die folgenden Ansätze bietet sich das Gedankengebäude von BUCHANAN an, das den vertragstheoretischen Zusammenhang zwischen freier Konsensfindung und Effizienz verdeutlicht (*vgl.* BUCHANAN *1977*).

3.1 Die Drei-Ebenen-Konzeption PETER ULRICHS

Die Drei-Ebenen-Konzeption: Peter Ulrich

PETER ULRICH hat sein Konzept auf den philosophischen Erkenntnissen von HABERMAS und APEL (Diskursethik) aufgebaut. Seine Überlegungen fußen auf der „regulativen Idee der offenen Unternehmensverfassung" und dem „konsensorientierten Management" (ULRICH 1986, S. 420-442).

Grundsätzlich definiert ULRICH:

> Unternehmensethik ist "die systematische (philosophisch-ethische) Auseinandersetzung mit dem ... konstitutiven Grundproblem auf der Ebene der institutionellen Rahmenbedingungen der Unternehmung sowie der personalen Verantwortungsprobleme in diesem Rahmen" (ULRICH *1987e, S. 411*).

Als konstitutives Grundproblem sieht er dabei das ungeklärte Verhältnis zwischen den steigenden ethischen Forderungen von externen Anspruchsgruppen an die Entscheidungsträger in den Unternehmen und der ökonomischen Sachlogik. ULRICHs Meinung nach besteht folglich die Aufgabe der Unternehmensethik in der „kritischen Reflexion und Rekonstruktion der normativen Bedingungen der Möglichkeit vernünftigen Wirtschaftens in und von Unternehmungen" (ULRICH *1991c, S. 193*). Er verknüpft die Unternehmensethik mit der „regulativen Idee sozialökonomischer Rationalität" (ULRICH *1991c, S. 193*) im Sinne einer (an KANT orientierten) Vernunftethik. Sie kommt zum Ausdruck in der Forderung nach einer kommunikativen Verständigung der verschiedenen betroffenen Interessenträger (Diskursethik) und umfaßt sowohl eine Institutionenethik als auch eine Managementethik. Nach ULRICH ist dieser Ansatz wichtig, um zwischen den übergeordneten (konstitutionellen) Problemen der Unternehmensverfassung und den untergeordneten (postkonstitutionellen) Problemen der Handlungsethik zu unterscheiden. Er hofft auf dem Wege zu einer „neuen betriebswirtschaftlichen Sachlichkeit" dadurch voranzukommen, daß „einmal die fragwürdigen Denkzwänge der *alten* betriebswirtschaftlichen Sachlogik" aufgedeckt und zum anderen eine „Ethik der betriebswirtschaftlichen Vernunft" (ULRICH *1987e, S. 419*) Platz greift.

> Kritische Reflexion als unternehmensethische Aufgabe

ULRICH entwickelt seinen Ansatz aus der Kritik an dem von ihm so genannten „herkömmlichen ökonomistischen Selbstmißverständnis" der Betriebswirtschaftslehre. Er stützt sich dabei u. a. auf die Erkenntnisse BUCHANANs (*vgl.* BUCHANAN *1977, p. 142*). Eine an das herkömmliche Verständnis der Betriebswirtschaftslehre angelehnte Konzeption der Unternehmensethik führe zur "Zwei-Welten-Vorstellung", mit dem Ufer der "reinen" Ökonomik auf der einen, dem Ufer der "reinen" Moral auf der anderen Seite und einem unüberwindbaren Graben dazwischen. In diesem Modell werden sowohl der Ökonomie als auch der Ethik folgende Rollenverteilungen zugewiesen:

> Kritik an der "Zwei-Welten-Vorstellung"

> Rollen für Ökonomie und Ethik

> ❶ Die Wirtschaftstheorie vertrete einen zwar "rationalen", aber tendenziell inhumanen Standpunkt, von dem aus sie in allen Konfliktfällen im Interesse der ökonomischen Sachlogik zwangsläufig gegen die ethisch-praktische Vernunft argumentieren müsse. Statt lebenspraktisch sinnvoller Handlungsanweisungen vertrete sie eine vom "Menschengerechten" abgespaltene "Sachgerechtigkeit".
>
> ❷ Die Rolle der moralischen Außenkontrolle würde in diesem Falle der Ethik zufallen. Sie vertrete einen zwar ethisch-humanen, aber tendenziell "sachfremden" - nämlich der ökonomischen Sachlogik fremden - Standpunkt. Immer da, wo die Ökonomik "gefährliche Wucherungen" anzunehmen drohe, müsse die Ethik die ökonomische Rationalität gewissermaßen von außen mit "moralischen Gartenzäunen" eingrenzen. Der Wirtschaftspraktiker bleibe daher in allen Konfliktfällen dem Dilemma zwischen "reiner betriebswirtschaftlicher Sachlogik" und "außerökonomischem moralischen Verantwortungsbewußtsein" ausgeliefert.

Versöhnung von ökonomischer Rationalität und ethischer Vernunft

ULRICHs grundlegende These lautet demgegenüber: „Es geht in einer wissenschaftlich fruchtbaren Konzeption von Wirtschafts- und Unternehmensethik nicht um die moralisierende *Begrenzung* einer als solche nicht hinterfragten ökonomischen Rationalität von außen her, sondern gerade umgekehrt um ihre philosophisch-ethische *Erweiterung* von innen her. Mit anderen Worten: Es geht um eine methodische Versöhnung von ökonomischer Rationalität und ethischer Vernunft" (ULRICH *1987d, S. 125*).

Dreistufige Konzeption der Unternehmensethik

Von diesem Verständnis ausgehend schlägt ULRICH eine dreistufige Konzeption sozialökonomischer Rationalisierungsaufgaben der Unternehmensführung vor.

	I. Ebene: Unternehmungspolitische Verständigung (Normatives Management)	II. Ebene: Strategische Systemsteuerung (Strategisches Management)	III. Ebene: Operativer Ressourceneinsatz (Operatives Management)
Rationalisierungsgegenstand	kollektive Präferenzordnung der Unternehmung (Zwecke, Ziele, Normen)	Funktionsprinzipien (Strategien, Strukturen, Führungssysteme)	Produktionsfaktoren (Ressourcen, Produktionsmittel, Verfahren)
Perspektive der Unternehmung	Unternehmung = quasi-öffentliche Institution	Unternehmung = sozio-technisches System	Unternehmung = Kombination von Produktionsfaktoren
Sozialökonomisches Erfolgskriterium	Responsiveness (Wertberücksichtigungspotential der Unternehmung)	Effektivität	Effizienz
Grundlegende Managementaufgabe	Aufbau unternehmungspolitischer Verständigungspotentiale	Aufbau strategischer Erfolgspotentiale	Aufbau operativer Produktivitätspotentiale
Rationalisierungstyp	kommunikative Rationalisierung	strategische (System-)Rationalisierung	instrumentelle (Faktor-)Rationalisierung

Tab. 6: Sozialökonomische Konzeption betriebswirtschaftlicher Rationalisierungsebenen (*Quelle*: ULRICH 1987a, S. 136).

Ulrichs Konzeption der Unternehmensethik

Auf der ersten Ebene erfolgt die unternehmenspolitische Verständigung, auf der zweiten Ebene die strategische Systemsteuerung und auf der dritten Ebene der operative Ressourceneinsatz. ULRICHs Konzeption der Unternehmensethik läßt sich vereinfachend in folgenden Punkten zusammenfassen (*vgl.* ULRICH *1981b, S. 57-75*):

❶ Die regulative Idee des unternehmenspolitischen Dialoges

Da unternehmerisches Handelns immer auch externe Effekte auf die Lebensqualität von unbeteiligten Dritten zur Folge hat und daher den Charakter einer Privatangelegenheit verliert, kann man nach PETER ULRICH auch nicht mehr vom erwerbswirtschaftlichen Prinzip als einem interessenneutralen Formalziel der Unternehmung reden. Anstelle eines "Unternehmensinteresses an sich" existieren nur verschiedene personen- oder gruppenspezifische Interessen an Unternehmen. Daher gilt für die rationale Bestimmung der kollektiven Präferenzordnung der Unternehmung als "quasi-öffentlicher Institution" die regulative Idee des unternehmenspolitischen Dialogs. Sämtliche Wert- und Interessenkonflikte sind hierbei idealerweise durch die Beteiligung aller Betroffenen zu lösen. Aus der Erkenntnis, daß externe Effekte deshalb so häufig auftreten, weil es so viele "Externe" bei Unternehmensentscheidungen gibt, postuliert ULRICH die Forderung, Betroffene zu Beteiligten zu machen. ULRICH selbst betont, daß diese regulative Idee nicht mit einer pragmatisch anwendbaren Führungskonzeption verwechselt werden dürfe. Der entscheidende Gedanke hierbei sei, daß aus der "social responsibility", bei der für die Betroffenen patriarchalisch (monologisch) entschieden wird, eine "social responsiveness" entstehe, bei der mit den Betroffenen gemeinsam (dialogisch) zu entscheiden sei.

❷ Die Leitidee der offenen Unternehmensverfassung

Die Unternehmensverfassung wird als Verfahrensordnung auf der institutionellen Gestaltungsebene verstanden. Sie hat die Funktion, verbindliche Regeln und Verfahrensweisen des unternehmenspolitischen Interessenausgleichs für alle Beteiligten festzuschreiben. Die Idee der offenen Unternehmensverfassung räumt den potentiell Betroffenen ein Mitspracherecht ein. Aus Betroffenen sollen Beteiligte werden.

❸ Die Leitidee des konsensorientierten Managements

Auf der personellen Handlungsebene ist das Management für den systematischen Aufbau und die permanente Pflege von "unternehmenspolitischen Verständigungspotentialen" mit allen internen und externen Anspruchsgruppen verantwortlich. Aus der Interessensicht des Managements geht es dabei um die Schaffung tragfähiger Beziehungen zu allen Gruppen, von deren Unterstützungs- und Kooperationsbereitschaft die langfristige Existenz- und Erfolgssicherung des Unternehmens abhängt (Mitarbeiter, Kunden, Kapitalgeber, Lieferanten, Staat und kritische Öffentlichkeit). "Einsame Entscheidungen" sind erst dann zulässig, wenn keine Dialogsituation herzustellen ist. Dabei sind aber mögliche Einwände der Betroffenen stellvertretend zu berücksichtigen.

Die folgende Übersicht zeigt stichwortartig die unterschiedlichen Konzepte einer monologischen im Vergleich zur dialogischen Auffassung.

Unterschiede von monologischer zu dialogischer Auffassung

Monologische Verantwortungskonzeption	Dialogische Verantwortungskonzeption
Sozial verantwortliche Unternehmensleitung	Konsensorientierte Unternehmenspolitik
Utilitaristische Ethik: Sozialnutzenmaximierung	Kommunikative Ethik: Gegenseitige Anerkennung als mündige Personen
Output-Verantwortung	Input-Verantwortung
Entscheiden _für_ die Betroffenen	Entscheiden _mit_ den Betroffenen
Paternalistische Interessenberücksichtigung (Sozialmarketing)	Dialogischer Interessenausgleich (Partizipation)

Monologische Verantwortungskonzeption	Dialogische Verantwortungskonzeption
Strukturkonservativ: Beibehaltung asymmetrischer Kommunikationssituation	Strukturkritisch: Schaffung symmetrischer Kommunikationssituation
Abhängigkeit und "Verantwortungslosigkeit" der Betroffenen	Mündigkeit und Verantwortungsfähigkeit der Beteiligten
Technokratischer Horizont (Manager- und Expertenherrschaft)	Demokratischer Horizont (gesellschaftlich rationale Unternehmensverfassung)

Tab. 7: Monologische versus dialogische Konzeption (*Quelle*: ULRICH *1987c, S. 36*).

3.2 Der dialogorientierte Ansatz von STEINMANN und LÖHR

Der dialogorientierte Ansatz: Horst Steinmann und Albert Löhr

Im deutschsprachigen Schrifttum vertreten neben PETER ULRICH insbesondere HORST STEINMANN und ALBERT LÖHR einen kommunikationsorientierten Ansatz. STEINMANN/LÖHR haben ihre Konzeption einer Dialogethik in Anlehnung an die sogenannte Erlanger Schule des Konstruktivismus (FRIEDRICH KAMBARTEL, PAUL LORENZEN, JÜRGEN MITTELSTRAß) entwickelt und in einer Reihe von Veröffentlichungen vorgestellt (*vgl.* STEINMANN/LÖHR *1987, 1988, 1991a und 1991b*). Prinzipiell sind unter der Diskurs- bzw. der Dialogethik gleiche zugrundeliegende Vorstellungen über die Findung von Normen zu verstehen, die sich nur durch geringfügige Unterschiede inhaltlich trennen lassen.

Kriterien eines "idealen Dialogs"

Die Dialogethik beschreibt als prozessuale Ethik ein Verfahren, um die Gültigkeit vorgeschlagener Normen zu prüfen. Als Kriterien eines "idealen Dialogs" gelten (*siehe* STEINMANN/LÖHR *1992b, S. 69*):

- Unvoreingenommenheit gegenüber allen Vororientierungen,
- Nicht-Persuasivität (d. h. das Nicht-Überreden-wollen, durch Verzicht auf alle Appelle, "die wider besseres Wissen an fraglos hingenommene Vororientierungen gerichtet sind"),
- Zwanglosigkeit durch Verzicht auf Sanktionen sowie
- Sachverständigkeit.

Aus diesen Kriterien heraus lassen sich die wichtigsten Charakterisierungsmerkmale einer Dialogethik herauskristallisieren, die in drei Punkten festgehalten werden können:

Merkmale der Dialogethik

❶ die prozessuale Anleitung zur Entwicklung von Normen,

❷ ein Bemühen um gute Begründungen (im Sinne einer Vernunftethik) und

❸ die Forderung nach einer argumentativen Verständigung im Dialog (*vgl.* STEINMANN/LÖHR *1992b, S. 75-77*).

Gemäß dem kommunikationsorientierten Ansatz suchen die Aktoren eine Verständigung über die Handlungssituation, um ihre Aktionspläne zu koordinieren. Nach dem "Universalisierungsgrundsatz" werden die Konsequenzen von Normen, über die man sich abgestimmt hat, von allen Mitgliedern der Kommunikationsgemeinschaft zwanglos akzeptiert. Auf dieser Grundlage entwickeln STEINMANN/LÖHR die folgende Definition einer Unternehmensethik:

Zwanglose Akzeptanz dialogisch erlangter Normen

"Unternehmensethik stellt sich ... als eine (wissenschaftliche) Lehre von denjenigen idealen Normen dar, die in der Marktwirtschaft zu einem friedensstiftenden Gebrauch der unternehmerischen Handlungsfreiheit anleiten sollten" (STEINMANN/LÖHR *1992b, S. 95*).

Als begriffskonstituierende Merkmale, die neben dieser Definition ihre dialogorientierte Unternehmensethik charakterisieren helfen, führen die genannten Autoren vier weitere Aspekte an:

Begriffskonstituierende Merkmale

> ❶ die Bindung ethischer Überlegungen an (konsensfähige) Unternehmensstrategien als unternehmerisches Sachziel; das umschließt die verantwortliche Nutzung der von der Wirtschaftsordnung eingeräumten Freiheit;
>
> ❷ der Bezug zur Realisierung der Strategie im Managementprozeß, z. B. können Unternehmensstrategien und die dazu notwendigen Mittel nach innen oder außen hin ethisch problematisch sein, sowie
>
> ❸ die Forderung nach einer situationsgerechten Anwendung des Gewinnprinzips; im Konfliktfall bedeutet das die Unterordnung des Gewinnstrebens unter ethische Überlegungen;
>
> ❹ kritisch-loyale Selbstverpflichtungen (im Gegensatz bzw. als Ergänzung zum Recht) (*vgl.* STEINMANN/LÖHR *1992b, S. 96-108*).

Dialogethik als republikanische Unternehmensethik

Wer die angegebene Arbeitsdefinition mit einer in früheren Arbeiten benutzten Terminologie vergleicht (*siehe z. B.* STEINMANN/LÖHR *1991b, S. 10*), wird erkennen, daß die spätere Argumentation der Autoren an einigen Stellen weiter differenziert wird, wenn auch die Aussagenrichtungen im wesentlichen bestehen bleiben (*vgl. in diesem Zusammenhang auch die Definition der Unternehmensethik bei* LÖHR *1991, S. 251*).

Neuerdings haben STEINMANN und LÖHR ihren Ansatz einer "republikanischen" Unternehmensethik näher präzisiert. Dabei wird der Prozeß der Friedenssicherung in der Wirtschaft dem Effizienzprinzip vorgeordnet (*vgl.* STEINMANN/LÖHR *1994*).

3.3 Kritische Würdigung

Kritik an einer kommunikativen Ethik wird insbesondere von SCHNEIDER geübt. SCHNEIDER bezweifelt grundsätzlich die Idee eines "herrschaftsfreien Dialogs", dessen Anwendung bei Interessenkonflikten der Entscheidungslogik widerspreche. Vielmehr sei, wie bereits

ARROW gezeigt habe, ein Mindestmaß an Autorität und Zwang durch die Unternehmensleitung erforderlich, um zu kollektiven Entscheidungen zu gelangen (*vgl.* ARROW *1963, pp. 24-31;* SCHNEIDER *1990b, S. 885 f.*, SCHNEIDER *1991, S. 538*). Es gebe auch keine ethisch begründbare, eindeutige Lösung für Verteilungskonflikte, weder vor noch nach erzieltem Einkommen (Gewinn). Mit diesem Argument wendet sich SCHNEIDER gegen die in die ursprüngliche Definition einer Unternehmensethik von STEINMANN und LÖHR (*siehe* STEINMANN/LÖHR *1991b, S. 10*) eingebrachte Forderung nach Gewinnbegrenzung (*vgl.* SCHNEIDER *1990b, S. 871-878*). Ferner kritisiert SCHNEIDER, daß STEINMANN/LÖHR auf eine inhaltliche Bestimmung der Unternehmensethik verzichteten, andererseits aber von "konfliktträchtigen Nebenwirkungen" bei der Verfolgung von Gewinnzielen sprächen (*siehe* SCHNEIDER *1991, S. 539,* SCHNEIDER *1990b, S. 879-883 und S. 887*).

So berechtigt SCHNEIDERs Kritik insgesamt erscheint, so ist ihr doch in einem Punkt zu widersprechen. SCHNEIDER ist offensichtlich der Meinung, daß die kommunikative Ethik (ebenso wie die Entscheidungslogik) von gegebenen Präferenzen ausgehe. Dies ist nicht der Fall. Vielmehr sollen sich die Dialogteilnehmer nach der Vorstellung von HABERMAS in ihrem Diskurs erst über eine vernünftige gemeinsame Präferenzordnung verständigen. Expertenwissen (als ex definitione ungleichverteiltes Wissen) erschwert keineswegs eo ipso einen Konsens durch eine freiwillige Änderung von Präferenzen, wie SCHNEIDER behauptet (*vgl.* SCHNEIDER *1991, S. 538*). Allerdings kann sich mangelndes Vertrauen in die Urteile von Experten de facto in diese Richtung auswirken.

STEINMANN/LÖHR beschränken die Aufgabe der Unternehmensethik auf eine prozessuale Orientierungshilfe. Sie verzichten m. a. W. auf die Untersuchung inhaltlicher Aussagen. Gegen diese Selbstbeschränkung ist zwar grundsätzlich nichts einzuwenden. Der Verzicht auf die kritische Reflexion über Inhalte von Normen trägt allerdings einen wesentlichen Nachteil in sich, denn er bedeutet auch das Ausklammern des Verantwortungsaspekts. Nach unserer Auffassung erscheint dies unzweckmäßig, weil die Verantwortung der verschiedenen Interessenträger (insbesondere der Führungskräfte) einen zentralen Ansatzpunkt für ethische Überlegungen darstellt (was im übrigen auch von STEINMANN/LÖHR unterstrichen wird).

Eine wichtige Voraussetzung der kommunikativen Ethik wird schließlich häufig übersehen: daß die Kommunikationspartner in der Lage sind, ihre Argumente in sachverständiger Weise auszutauschen. Dazu bedarf es aber z. T. erheblicher Ausbildungsinvestitionen. Um einen möglichst gerechten Konsens zu finden, sind Kosten aufzuwenden, die den Unternehmensgewinn schmälern. Der Dialog bedarf des Einsatzes der knappen Ressourcen Zeit, Kompetenz, Entschlußkraft und Aufmerksamkeit. Gerade die Aufmerksamkeit kann als die eigentliche knappe Ressource bei der Entscheidungsbildung angesehen werden (*vgl. dazu* KOSLOWSKI *1988a, S. 305*). „Mit anderen Worten: Gerechtigkeit muß erst erwirtschaftet werden." (KÖTTER *1991, S. 135.*)

4 Werteorientierte Ansätze

Die kommunikationsorientierten Ansätze thematisieren prozessuale Normen. Den im folgenden darzustellenden Konzepten unterliegen dagegen explizit bestimmte inhaltliche Wertvorstellungen, zu denen sich die Autoren im Sinne einer persönlichen Überzeugung oder Weltanschauung bekennen. Vereinfachend lassen sich philosophiegestützte, gesellschafts- und rechtsbezogene sowie theologisch-orientierte Ansätze unterscheiden. Wir beginnen mit dem philosophiegestützen Ansatz.

4.1 Philosophiegestützter Ansatz

Der philosophiegestützte Ansatz: Heiner Müller-Merbach

Die Philosophie bietet grundsätzliche Einsichten in die Beweggründe menschlichen Handelns und Erkenntnisse über die Sinnstiftung dieses Handelns an. Im Vordergrund stehen dabei die Überlegungen über bestimmte Normen des Verhaltens, an denen sich menschliche Existenz festmachen kann bzw. sollte. Es liegt nahe zu fragen, welche

Entscheidungshilfen für moralisches Verhalten seitens der Philosophie geboten werden.

Eine Brücke von den Hauptvertretern der Philosophie zur modernen Unternehmensführung wird von MÜLLER-MERBACH geschla-gen. Aus den Schriften von ARISTOTELES über KANT bis hin zu den modernen Utilitaristen wählt er Weisheiten aus, die in praktische Vorschläge für die Führung eines Unternehmens umgesetzt werden können. Im Vordergrund steht dabei die Bindung der Wertvorstellungen an und deren Umsetzung durch einzelne Entscheidungsträger. Die Aufgabe der Institutionenethik besteht nach Auffassung von MÜLLER-MERBACH darin, die Schnittfläche zwischen Eigen- und Gemeinnutz zu verstärken (*vgl.* MÜLLER-MERBACH *1988, S. 323*). Am Beispiel der Philosophie KANTs sei die Übertragung philosophischen Denkens auf Unternehmensprobleme verdeutlicht. KANT unterscheidet technisches, pragmatisches sowie moralisches Handeln und ordnet diesen Grundarten verschiedene Imperative in Form einer Hierarchie zu.

Werte der Entscheidungsträger als unternehmensethische Grundlage

Grundformen des Handelns (nach KANT)	Ebene wissenschaftlicher Erkenntnisse	Qualifikation allgemein speziell für Führungskräfte	Betriebswirtschaftliche Teildisziplin
technisch	Wissen um die Sachzusammenhänge	Geschicklichkeit Fachwissen	Wissenschaft von der Unternehmung
pragmatisch	Verstehen von Menschen	Klugheit Führungsfähigkeit	Führungslehre
moralisch	Bewußtsein für Normen	Weisheit Verantwortungsbewußtsein	Ethik ökonomischen Verhaltens

Tab. 8: Übertragung von KANTs Dreiteilung auf die Betriebswirtschaftslehre (*Quelle:* MÜLLER-MERBACH *1988, S. 309 f.*).

MÜLLER-MERBACH verwendet sich nicht für ein eklektisches Vorgehen, das aus bereits vorhandenen philosophischen Einzelbetrachtungen bestimmte auswählt und ähnlich einem Puzzle zusammenführt. Vielmehr plädiert er für eine pluralistische Verwendung unterschiedlicher

Forderung nach Pluralismus philosophischer Systeme

Systemansätze. Dieser Vorschlag entspricht der Erkenntnis, daß die Vielfalt der betriebswirtschaftlichen Probleme nur unter Zugrundelegung eines breitgefächerten, differenzierten Spektrums von Sichtweisen und Erklärungsmustern behandelt werden kann. Als solche nennt MÜLLER-MERBACH vier Systemansätze.

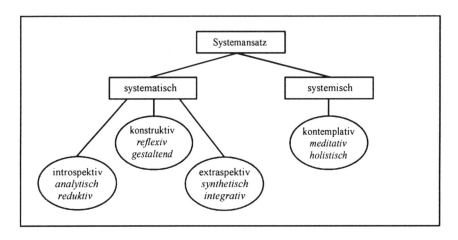

Abb. 9: Klassifikation von Systemansätzen (*Quelle:* MÜLLER-MERBACH *1992b, S. 855*).

Nach MÜLLER-MERBACH läßt sich in systematischer Sicht zwischen dem introspektiven, dem extraspektiven und dem konstruktiven Ansatz differenzieren. Der introspektive Systemansatz ist durch eine reduktive und analytische Vorgehensweise gekennzeichnet. Erkenntnis sowie Wissen werden dabei gleichgesetzt, wobei der Betrachter sich in den Gegenstand hineinversetzen muß. Eine extraspektive Einstellung umfaßt die integrative Vorgehensweise sowie eine synthetische Einfügung des untersuchten Gegenstandes in seine Umwelt. Beide Vorgehensweisen lassen sich mit Hilfe des konstruktiven Ansatz symbiotisch miteinander verknüpfen, wobei die analytische Vorgehensweise und die synthetische Einfügung zusammengefaßt werden (*vgl.* MÜLLER-MERBACH *1992b, S. 876*). Während die systematischen Wertansätze sich vor allem in der westlichen Kultur finden, entspricht die systemische Denkweise mehr den östlichen Denktraditionen.

Bestandteile systematischer Wertansätze

Gegenüber den mehr rationalen Konzepten zeichnet sich eine systemische Betrachtung durch Vorrang der Meditation und durch kontemplative Einfühlung in das Objekt der Betrachtung aus. An die Stelle des Wissens tritt die Weisheit, die letztlich nicht lehrbar, sondern nur erfahrbar ist.

Kennzeichen der systemischen Denkweise

Die Konsequenzen dieser Überlegungen für die Lösung praktischer Probleme der Unternehmensethik liegen auf der Hand. Es bedarf zunächst einer rationalen Analyse von Konfliktursachen und -formen unter Berücksichtigung der situativen Umstände. Diese ist durch das Bemühen um eine Konfliktlösung zu ergänzen, in welche die gesamte Persönlichkeit des Entscheidungsträgers hineingenommen wird. Dabei ist vorausgesetzt, daß auch die analytischen und synthetischen Vorgänge interaktiv mit der persönlichen Werthaltung des Betrachters verbunden sind und somit existentiell ausgelebt werden. Die Erkenntnis von Sachzusammenhängen muß mit menschlichem Verstehen und Wertbewußtsein verschmelzen (*vgl.* MÜLLER-MERBACH *1988, S. 306*).

Lösung durch Fusion von Sachlichkeit und Wertbewußtsein

4.2 Der "Corporate-Good-Citizenship"-Ansatz

EDWIN EPSTEINs Konzeption einer "Corporate Good Citizenship" (das Unternehmen als guter Staatsbürger) knüpft an Überlegungen von HANS SCHÖLLHAMMER an, die dieser bereits in den 70er Jahren entwickelte (*vgl.* SCHÖLLHAMMER *1977, p. 29*). Unterschieden wird dabei zwischen der sozialen Verantwortung des Unternehmens (Corporate social responsibility) und einer Haltung der sozialen Entwicklungsfähigkeit bzw. Vorsorge (Corporate social responsiveness). Beide Konzepte werden in einem gesellschaftspolitischen Prozeß im Unternehmen entwickelt (Corporate social policy process), ausgehend von einem pragmatischen Verständnis der Unternehmensethik. Nach EPSTEIN besteht Unternehmensethik in der wertgestützten Reflexion über und

Der "Corporate-Good-Citizenship"-Ansatz: Edwin Epstein

Entscheidungsunterstützung von moralisch relevanten Problemen des Unternehmens (vgl. EPSTEIN *1989, pp. 586 f.*).

Corporate social policy process		
Corporate social responsibility	Business ethics	Corporate social responsiveness

Tab. 9: Der Corporate social policy process (*Quelle:* EPSTEIN *1989, p. 587*).

Der Corporate social policy process läßt sich über seine Wortbestandteile wie folgt konkretisieren. Er umfaßt sowohl das Verhalten des Unternehmens ("corporate") als auch die Summe der Verhaltensweisen der einzelnen Entscheidungsträger. "Social" bezieht sich auf die gesamten Auswirkungen der erbrachten Leistungen in ökonomischer, politischer, ökologischer, sozialer und kultureller Sicht. Der Begriff "policy" wird im Sinne der grundlegenden Verhaltensleitlinien benutzt, während "process" schließlich das formale System der Festlegung, Implementierung und Bewertung der gesamten Unternehmenspolitik meint.

Verbindung des Verhaltens von Unternehmen und Entscheidungsträgern

Das Konzept des Unternehmens als einer guten Staatsbürgerschaft gründet sich auf den "Stakeholder"-Ansatz, der die verschiedenen Interessenträger in die betrieblichen Entscheidungsprozesse einbezieht. Im Vordergrund steht die Frage, in welcher Weise das Unternehmen seiner öffentlichen Verantwortung entspricht und zur Erfüllung des Gemeinwohls beiträgt. Dabei kommt es EPSTEIN allerdings nicht auf verbale Bekundungen des Unternehmens im Rahmen einer Public-relations-Offensive an, sondern auf die Verwirklichung guten Staatsbürgertums. Als positive Beispiele hierzu werden die folgenden Unternehmen angeführt: Johnson and Johnson, Dayton Hudson Corporation, General Dynamics, Norton Company, Borg-Warner Corporation, Champion International Corporation und McDonnell-Douglas Corporation. Diese Unternehmen hätten sich nicht nur in ihren "Codes of

Verwirklichung guten Staatsbürgertums

ethics" zu ihrer staatsbürgerlichen Verantwortung bekannt, sondern versuchten, diese auch zu praktizieren. Ein Prüfstein dafür sei das unmittelbare Engagement des Unternehmens und seiner Angehörigen in den kommunalen Angelegenheiten und der gemeindlichen Selbstverwaltung.

4.3 Die "Ethics of Organization"

Die Überlegungen von EPSTEIN sind von KENNETH E. GOODPASTER und JOHN B. MATTHEWS fortgeführt und auf die Frage konzentriert worden, ob ein Unternehmen ein Gewissen besitze (*vgl. dazu* GOODPASTER/MATTHEWS *1982*). Die Autoren bejahen diese Frage und öffnen damit das Tor zu einer Institutionenethik ("Ethics of Organizations"). Nach dieser Auffassung erhält ein Unternehmen die Qualität eines "ethischen Subjekts". Es entwickelt eine über die einzelnen Individuen hinausgehende Organisationsmoral (*zum Unternehmen als moralischer Akteur vgl.* ENDERLE *1991a*). Die Unternehmensleitung hat nach diesem Verständnis eine dreifache Aufgabe:

> **Die "Ethics of Organization" Kenneth E. Goodpaster** und **John B. Matthews**

❶ Ausrichtung der Unternehmensstrategien an ethischen Wertvorstellungen und Vorgaben.

❷ Institutionalisierung einer ethischen Motivation bei den Unternehmensangehörigen.

❸ Kontinuierliche Aufrechterhaltung wünschenswerter ethischer Leitlinien über die nachfolgenden Generationen von Managern und Lieferanten hinweg.

GOODPASTER differenziert zwischen einer externen und internen Verantwortung der Unternehmensleitung. Nach innen gewandt ist das Management für die Gestaltung der Personalpolitik, die Durchsetzung von Autorität, die Schaffung von Anreizen und Strukturfragen zuständig. Beispiele solcher innenorientierten Aufgaben sind Fragen der Huma-

> Externe versus interne Verantwortung der Unternehmensleitung

nisierung der Arbeit, eine faire Ausgestaltung der Personalpolitik im Sinne einer Gleichbehandlung der Mitarbeiter und sensible organisatorische Regelungen (*vgl.* GOODPASTER *1982, pp. 2 f.*).

Nach GOODPASTER ist das Unternehmen nicht nur für die Schaffung von moralischen Standards innerhalb des Unternehmens verantwortlich, sondern auch für deren Verbreitung innerhalb der Gesellschaft. Das "Paradoxon der Legitimität" erfordert das Überschreiten reiner Eigeninteressen sowie der gesetzlichen Mindestanforderungen und wirtschaftlicher Konventionen (*vgl.* GOODPASTER *1991, p. 106*). In ähnlicher Weise entsteht das "Paradoxon der Motivation", wenn Motivation ausschließlich als Selbstinteresse begriffen und damit mißverstanden wird. Das "paternalistische Paradoxon" sagt schließlich aus, daß die Wertorientierung der Unternehmensangehörigen in Richtung einer Gruppennorm nicht nur erhalten, sondern unter Umständen auch durch autoritäre Maßnahmen herbeigeführt werden muß.

Das Unternehmen als Multiplikator moralischer Vorstellungen

4.4 Der "Management-of-Values"-Ansatz

CHARLES MCCOY entwickelt seine Auffassung von Unternehmensethik mit Hilfe eines triadischen Ansatzes. Dieser unterstellt, daß sich ethisches Verhalten in Abhängigkeit von den praktischen Erfahrungen der Entscheidungsträger einerseits sowie sozialwissenschaftlichen und ethischen Erkenntnissen andererseits entwickelt. Die folgende Abbildung läßt die triadische Interpretation seiner Ethikauffassung erkennen. Kernpunkt ist die Beeinflussung der ethischen Grundnormen ("Management of Values") (*vgl. dazu* MCCOY *1985*). Nach dieser Vorstellung besteht die Aufgabe der Unternehmensführung darin, in einem Top-down-Prozeß Wertvorstellungen zu entwickeln und in der Unternehmenshierarchie zu verankern. Dabei werden Mitarbeiter aus allen Unternehmensebenen an der Diskussion über die zu befolgenden Unternehmenswerte beteiligt. Entscheidend kommt es MCCOY darauf an, die gemeinsamen Überzeugungen und Wertvorstellungen im täg-

Der "Management-of-Values"-Ansatz: **Charles McCoy**

lichen Umgang miteinander zu erproben. Das Unternehmen wird dabei als eine Verbindung von Menschen verstanden, die gemeinsam das Unternehmen ausmachen und dessen künftige Gestalt (Kultur) bestimmen (*vgl.* MCCOY 1985, *pp. 64 f.*).

Triadische Interpretation einer Ethikauffassung

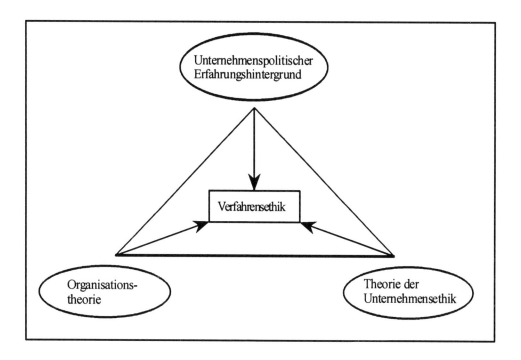

Abb. 10: MCCOYS Auffassung von Unternehmensethik mit Hilfe des triadischen Ansatzes (*vgl.* MCCOY 1985, *pp. 64 f.*).

Die Triade umfaßt Grundkenntnisse der Theologie und Ethik, Grundkenntnisse der Sozialwissenschaften sowie Kenntnisse der direkten und indirekten Erfahrungen in der Organisation. MCCOY untersucht im einzelnen, wie sich der alttestamentliche Bundesschluß mit dem Volk Israel in eine moderne Unternehmensverfassung umsetzen läßt, welche sich an biblisch vorgeprägten Grundwerten ausrichtet (*vgl.* MCCOY 1985).

4.5 Das "Moral-Rights"-Konzept

Das "Moral-Rights"-Konzept: Manuel Velasquez

Das Moral-rights-Konzept geht auf RAWLS zurück (siehe dazu die Darstellung auf S. 78-81 in diesem Buch). Eine Übertragung der Ideen von RAWLS auf die Unternehmensethik unternimmt MANUEL VELASQUEZ (vgl. VELASQUEZ 1992). Ausgehend von dem praktischen Fall einer gesundheitlichen Schädigung von Arbeitern in einer Baumwollmühle in den Südstaaten der USA argumentiert VELASQUEZ wie folgt: Gerechtigkeit baut grundsätzlich auf den moralischen Rechten eines Individuums auf, da Freiheit und Gleichheit zunächst rein individuelle Rechte darstellen und nur im Vergleich einzelner Menschen zueinander deutlich werden können. Ein moralisches Recht bezeichnet deshalb die Möglichkeit, eigene Interessen gegen diejenigen anderer zu verfolgen.

Aufbau der Gerechtigkeit auf individuellen moralischen Rechten

In einer vergleichenden Gegenüberstellung der Positionen von RAWLS kommt VELASQUEZ zu der Überzeugung, daß deren Vorteile ihre Nachteile überwiegen. Die Konzeption von RAWLS zeichne sich durch folgende Vorzüge aus (vgl. VELASQUEZ 1992, pp. 88-103):

- Erstens würden durch RAWLS die grundlegenden Werte geschützt, welche in unsere westliche Kultur eingegangen sind: Freiheit des Individuums, Gleichheit der Chancen und Fürsorge für die Benachteiligten.
- Zweitens stütze sich RAWLS' Theorie auf die ökonomischen Institutionen des Marktsystems, der Leistungsbelohnung und der Vorteile einer Arbeitsteilung.
- Drittens verknüpfe RAWLS den Gemeinschaftsaspekt mit dem Gesichtspunkt der Individualität d. h. die beiden grundlegenden Werte der westlichen Kultur. Der Gemeinschaftsaspekt werde dadurch berücksichtigt, daß sich die vom Schicksal Begünstigten um die benachteiligten Glieder im Sinne der "Brüderlichkeit" kümmern.

- ○ Viertens werde berücksichtigt, daß die Kriterien der Bedürftigkeit, Fähigkeit und Leistung zum Tragen kämen (z. B. in der Forderung nach Chancengleichheit für alle).
- ○ Schließlich beinhalte das RAWLSsche Theorem auch eine gewisse moralische Qualität, indem es sich strikt am Gleichheitsgrundsatz ausrichte.

VELASQUEZ bezieht in seine Konzeption Beispiele aus dem betrieblichen und überbetrieblichen Umweltschutz, dem Konsumentenschutz, der Mitarbeiterdiskrimierung und der Rolle des Mitarbeiters in der Organisation ein.

4.6 Der grundwerteorientierte Ansatz

Der grundwerteorientierte Ansatz wurde von WOLFGANG REBSTOCK entwickelt (*vgl.* REBSTOCK *1988*). Ausgehend von dem gesellschaftlichen Wertewandel entwirft REBSTOCK eine Konzeption, die sich an der staatlich-politischen Grundordnung orientiert. Diese manifestiert sich im Falle der Bundesrepublik Deutschland im Grundgesetz als Verfassungsgrundlage. Als die wichtigsten Grundwerte der Verfassung gelten:

Der grundwerteorientierte Ansatz: **Wolfgang Rebstock**

- ○ die Würde des Menschen,
- ○ der Wert der Freiheit (Handlungs- und Willensfreiheit),
- ○ die Chancengleichheit,
- ○ Gerechtigkeit (legale, distributive und ausgleichende Gerechtigkeit) sowie
- ○ der Grundwert der Verantwortung (kausal und intentional im Sinne einer vorausschauenden Verpflichtung).

Darüber hinaus identifiziert REBSTOCK das Demokratieprinzip sowie das Subsidiaritätsprinzip als "grundwertähnliche" Prinzipien (*vgl.* REBSTOCK *1988, S. 112*). Sie regulieren das Verhältnis zwischen den einzelnen Staatsgliedern und der Gemeinschaft. Als Begründung für seine Konzeption gibt er die Bedeutung der staatlichen Grund-

Demokratie- und Subsidiaritätsprinzip als grundwertähnliche Normen

ordnung als Rahmen für die Wirtschaftssubjekte an. Damit werde ein Grundkonsens für die Gestaltung der Wirtschaftsbeziehungen vorgegeben, der unabhängig von der weltanschaulichen oder politischen Einstellung der Staatsbürger alle gleichermaßen verpflichte und von diesen gleichermaßen akzeptiert werde. Die folgende Tabelle gibt die einzelnen Grundwerte und deren Präzisierung wieder.

Grundwert/grundwertähnliches Prinzip	Präzisierung
Menschliche Würde	
Freiheit	Persönliche Freiheit, d. h. Handlungs- und Willensfreiheit
Gleichheit	Formale und Chancengleichheit
Gerechtigkeit	Legale, distributive und ausgleichende Gerechtigkeit
Verantwortung	Kausale und intentionale Verantwortung Solidarität
Demokratieprinzip	Partizipation
Subsidiaritätsprinzip	Dezentralisierung/Autonomie

Tab. 10: Grundwerte bzw. grundwertähnliche Prinzipien und ihre Präzisierung (*Quelle:* REBSTOCK *1988, S. 124*).

Operationalisierung von Normen als Vorgabe ethisch wünschbaren Verhaltens

Im Rahmen einer Unternehmensethik sind nach REBSTOCK ergänzend zu den politisch-rechtlichen Werten der Verfassung Normen zu entwickeln, die eine Konkretisierung des ethisch wünschbaren Verhaltens ermöglichen. Bei der Entwicklung dieser Normen knüpft REBSTOCK an Untersuchungen HOFFMANNs zu den "kritischen Erfolgsfaktoren" (*vgl.* HOFFMANN *1986*) der Unternehmen an, der u. a. die Mitarbeiter als einen solchen Erfolgsfaktor sieht. Unterschieden werden bei dieser Untersuchung unternehmensinterne, unternehmensexterne und Kernfaktoren (Unternehmensziele und -kultur). Die mögliche Operationalisierung der Normen für unternehmensinterne Faktoren sei am Beispiel der Beziehungen des Unternehmens zu seinen Mitarbeitern erläutert (*siehe dazu im einzelnen* REBSTOCK *1988, S. 128-144;* HOFFMANN/REBSTOCK *1989, S. 674-680*).

Normen	Praktische Konsequenzen
Jeder Mitarbeiter genießt als eigenständiges Individuum menschliche Würde.	Die Menschen bringen in den freiwillig abgeschlossenen Arbeitsvertrag ihre Arbeitskraft und ihre Person ein.
Jedem Mitarbeiter muß persönliche Freiheit und Selbstentfaltung gewährt werden.	Eine verantwortungsvolle Personalplanung und -entwicklung muß für geeignete Arbeitsbedingungen, -formen und -inhalte sorgen.
Das Unternehmen muß grundlegende Mitarbeiterrechte sichern (z. B. das Recht auf Schutz der Privatsphäre).	Dem Unternehmensangehörigen muß es möglich sein, seine Meinung frei zu äußern.
Eine Diskriminierung von Mitarbeitern ist aus Gerechtigkeitsgründen nicht zuzulassen.	Alle Unternehmensangehörigen erhalten die gleichen Aufstiegschancen nach Fähigkeiten.
Eine gleichwertige Leistung verlangt die gleiche Entlohnung.	Ungleichheiten der Entlohnungen sind abzubauen und die Mitarbeiter am Unternehmenserfolg zu beteiligen.

Tab. 11: Beispielhafte Normen und daraus erwachsende Rechte bzw. Pflichten in der Beziehung Unternehmung zu Mitarbeiter (*Quelle: in Anlehnung an* HOFFMANN/REBSTOCK *1989, S. 679 f.*).

Das Konzept der grundwerteorientierten Unternehmensethik wird von REBSTOCK anhand der oben erwähnten kritischen Erfolgsfaktoren im einzelnen operationalisiert. Dabei geht der Verfasser auch auf die Frage ein, wie die unternehmensethischen Normen im Einzelfall "gelebt" werden können (*vgl.* REBSTOCK *1988, S. 187-192*). Kritisch anzumerken bleibt, daß der Status quo der Rahmenordnung nicht hinterfragt und somit keine kritische Reflexion ermöglicht wird.

4.7 Kritische Würdigung

Die werteorientierten Ansätze lassen eine beträchtliche Heterogenität erkennen. Diese betrifft sowohl die Art der Begründung als auch die praktischen Konsequenzen der verschiedenen Konzepte.

Die umfassendste Begründung einer Werteorientierung vertritt REBSTOCK mit dem Vorschlag, ethische Maximen unternehmerischen Handelns aus der staatlichen Verfassung abzuleiten. Eine konkretere und zugleich weitergehende Auffassung dazu findet sich in dem folgenden Konzept des unternehmerischen ethischen Handelns innerhalb der Rahmenordnung von HOMANN.

EPSTEINS Konzept der "Corporate-good-citizenship" ist z. T. kritisiert worden, weil er zu einer Solidarisierung mit politischen Kräften führen könne, welche die Menschenrechte mißachten, und das herrschende System de facto stabilisiere.

Der Ansatz einer Institutionenethik greift das mögliche ethische Dilemma zwischen den Zielen des Unternehmens als Ganzes und individuellen Wertvorstellungen der Unternehmensmitglieder auf. Dieser Konflikt zieht sich praktisch durch die gesamte Unternehmensethik hindurch und wird im einzelnen noch zu behandeln sein.

5 Das Konzept des unternehmerischen ethischen Handelns innerhalb der Rahmenordnung

5.1 Darstellung des Konzeptes des unternehmerischen ethischen Handelns innerhalb der Rahmenordnung

*Das Konzept der Rahmenordnung: **Karl Homann***

Die Notwendigkeit einer staatlichen Rahmenordnung resultiert schon aus der Tatsache, daß wettbewerbsneutrale Regelungen das Wirtschaftsleben erleichtern. Zudem ist gegenwärtig die Wirtschaftskriminalität im Steigen begriffen. Auf rund 4 Mrd. DM werden allein die Schäden beziffert, die durch Ladendiebstähle entstehen. Ihre Zahl ist in den vergangenen drei

Jahrzehnten von anfänglich 43.000 auf 670.000 Straftaten gestiegen (*vgl.* GIERSBERG *1994*). Allein 46.000 Straftaten im Wirtschaftsbereich registrierte die Kriminalstatistik im vergangenen Jahr. Bilanzmanipulationen, Betrügereien größeren Stils sowie persönliche Bereicherungen schädigten Wirtschaft und Staat (Finanzbehörden) ebenfalls in Milliardenhöhe, ganz zu schweigen von den Kosten der komplexer gewordenen Strafverfolgung (*vgl.* MÜLLER *1994*; KRAFT/KAY/BÖCKING *1994*).

Der Ansatz des unternehmerischen Handelns innerhalb der Rahmenordnung wird von KARL HOMANN vertreten und hier gesondert dargestellt, weil er einen in den bisher erläuterten Konzepten nur am Rande enthaltenen Grundgedanken enthält und eigentlich dem Bereich der Wirtschaftsethik zuzuordnen ist.

Nach HOMANN bildet die durch Verfassung, Wirtschafts- und Wettbewerbsordnung sowie Gesetz vorgegebene Rahmenordnung den systematischen Ort der Ethik in einer Marktwirtschaft (*siehe* HOMANN *1992b, S. 77-80, und* HOMANN *1993b, Sp. 1290*). Die Entscheidungen der Unternehmen über Innovationen, die Absatzpolitik oder den Produktionsprozeß haben sich an der Rahmenordnung auszurichten. Sie sind mit den Spielzügen zu vergleichen, die bestimmten Regeln folgen. In **Wettbewerbsneutrale rechtliche Regelungen als ethische Normen** den Spielregeln sind wettbewerbsneutrale Vorgaben zu entfalten, die von allen Akteuren einzuhalten sind. Nur durch im politischen Konsens festgelegte Regeln könne eine faire Ausgangsposition für alle Teilnehmer des "Spiels" Wirtschaft garantiert und durch Sanktionsandrohungen gesichert werden. Und nur so komme auch die dem Kunden dienende und gewünschte Leistungssteigerung zustande.

In HOMANNs Ansatz wird die Moral also nicht als Quelle individueller Motive, sondern (nur) als Restriktion gesehen. Ein unmoralisches, d. h. der Rahmenordnung entgegenwirkendes, Verhalten ist durch deren spezifische Gestaltung möglichst auszuschließen. Eine sinnvolle Ordnung müsse **Normen der Rahmenordnung als Restriktion individueller Motive** verhindern, daß moralisch begründete (Vor-) Leistungen einzelner Unternehmen bestraft werden, weil sie Mehrkosten verursachen und das betreffende Unternehmen unter Umständen aus dem Markt ausscheiden lassen.

HOMANNs Ansatz schließt andererseits ein moralisch geprägtes individuelles Handeln nicht aus, sondern fordert dieses geradezu als ein zeichensetzendes Tun (*vgl.* HOMANN *1993b, Sp. 1291-1295*). Seine Konzeption dient dazu, die Richtung zu weisen, um die bestehenden Regelungen im ethischen Sinne weiter zu verbessern. Denn jede Rahmenordnung weise notgedrungen gewisse Defizite auf, weil sie hinter der Dynamik des Wirtschaftsprozesses herhinkt und auch das ordnungsrechtliche Bewußtsein einer gelebten Solidarität tendenziell verkümmere. Außerdem zwinge die Beschleunigung bestimmter Entwicklungen (z. B. die wachsende Umweltverschmutzung) dazu, ordnungsrechtliche Defizite rasch zu beseitigen. Und schließlich würden die Unternehmen durch die Globalisierung der Wirtschaftsbeziehungen vor die Frage gestellt, wie sie ethisch verantwortlich mit den stark defizitären Rahmenbedingungen in den Entwicklungsländern umgehen sollten.

> Defizitäre Rahmenbedingungen erfordern individuelle Moral

Nach HOMANN und BLOME-DREES stehen insbesondere die multinationalen Unternehmen in der Gefahr, durch die Produktionsverlagerung in ein Entwicklungsland "Moralarbitrage" zu betreiben. Da dort die rahmenordnungspolitischen Defizite am größten seien, könnte das Unternehmen in besonderer Weise seiner Verantwortung durch die weltweite Anwendung der gleichen (hohen) ethischen Standards nachkommen. Die Autoren bezeichnen dies als eine „Strategie umgekehrter Moralarbitrage" (HOMANN/BLOME-DREES *1992, S. 116*).

> Umgekehrte Moralarbitrage für internationale ethische Standards

Generell gilt also, daß bei offensichtlichen Defiziten der Rahmenordnung die Unternehmen eine besondere moralische Verantwortung tragen, die „über das normale Maß der systemkonformen Gewinnorientierung hinausgeht" (HOMANN/BLOME-DREES *1992, S. 116*). Folgerichtig gehen HOMANN und BLOME-DREES von der nachstehenden Definition für Unternehmensethik aus, aus der sie implizit Arbeitsdefizite im Vollzug der normativen Forderungen ableiten:

> Übergeordnete Verantwortung der Unternehmen bei moralischen Defiziten

> „Unternehmensethik thematisiert das Verhältnis von Moral und Gewinn in der Unternehmensführung und befaßt sich mit der Frage, wie moralische Normen und Ideale unter den Bedingungen der modernen Wirtschaft von den Unternehmen zur Geltung gebracht werden können." (HOMANN/BLOME-DREES *1992, S. 117.*)

Es handelt sich dabei um einen non-kognitivistischen Ansatz, der die Normen nicht aus der Vernunft begründet, sondern sich auf deren Verwirklichung unter den Wettbewerbsbedingungen der Marktwirtschaft konzentriert. Generell gilt nach HOMANN: „Normative Forderungen und Ideale lassen sich nicht gegen, sondern nur durch die moderne Wirtschaft geltend machen" (HOMANN *1993b, Sp. 1295*). Die Unternehmensethik hat nach dieser Auffassung stets die ökonomischen Konsequenzen des moralisch Erwünschten mitzubedenken.

Verwirklichung von Ethik mit der statt gegen die Marktwirtschaft

5.2 Kritische Würdigung

HOMANN greift in seinem Ansatz auf die Position von ADAM SMITH zurück, wonach die Unternehmen ordnungspolitisch gleichsam aus Sachzwängen zur Gewinnerzielung verpflichtet sind. Danach wird die langfristige Gewinnmaximierung als "moralische Pflicht" der Unternehmen begriffen. Die Fokussierung ethischer Überlegungen auf das Ergebnis der unternehmerischen Tätigkeit beinhaltet jedoch die Gefahr, daß die Art und Weise der Gewinnerzielung selbst nicht mehr ethisch reflektiert wird (Vorwurf des Ökonomismus).

Offen bleibt ferner die Frage nach der subsidiären Rolle der Unternehmen bei festgestellten Vollzugsdefiziten der politischen Rahmenordnung. Nach HOMANN sind die Unternehmen gehalten, die ethische Ausfüllung von Auslegungsspielräumen und Vollzugsdefiziten seitens der Ordnungspolitik anzumahnen (*vgl.* HOMANN *1991, S. 106*). Ein entsprechender moralischer Appell an die Unternehmen bringt diese in eine schwierige Situation. Einerseits wird ihnen mit der Vorrangstellung der politisch-rechtlichen Rahmenordnung die Chance einer Entlastung von individuell verantwortlichem moralischen Handeln eingeräumt. Den Unternehmen wird bei erkannten Vollzugsdefiziten zugemutet, durch entsprechende Hinweise an den Gesetzgeber explizit gegen eigene Interessen zu handeln (und damit eine bewußte Gewinnverschlechterung hinzunehmen). Auf der anderen Seite verkennt der HOMANNsche Ansatz das entsprechende Organisationsproblem. Mit Appellen allein ist es ja nicht getan, vielmehr müssen auch die organisatorischen Schritte zu deren Verwirklichung angegeben werden.

Es ist mit anderen Worten im Einzelfall zu regeln, welche Gremien für die Erarbeitung von entsprechenden Empfehlungen verantwortlich sind. In einer prinzipiell vom Eigeninteresse ausgehenden Wirtschaftsordnung wird die freiwillige Meldung von Gesetzesmängeln, die sich bislang zum Vorteil der Unternehmen auswirkten, in der Öffentlichkeit und beim Gesetzgeber zumindest Verwunderung, wenn nicht Mißtrauen auslösen. Zwischen den Unternehmen und dem Gesetzgeber besteht leider in der Regel alles andere als eine Solidargemeinschaft. Vielmehr ist das Verhältnis vielfach von Vorbehalten, Vorurteilen, Sprachbarrieren und gegenseitigem Mißtrauen geprägt.

6 Der integrative Ansatz von STAFFELBACH

Ethik im Management: Bruno Staffelbach

Die zeitlich späte Entwicklung integrativer Ansätze deutet schon auf ihre inhaltlichen Elemente hin. Ihre Besonderheit besteht in der Verknüpfung von kommunikations- und wertorientierten Bestandteilen sowie in einer Verschmelzung von personen- und institutionengebundener Ethik.

Als integrativer Ansatz ist die "Ethik im Management" vorzustellen, die BRUNO STAFFELBACH in Anlehnung insbesondere an EDWIN RÜHLI und HANS ULRICH an der Universität Zürich entwickelt hat. Nach STAFFELBACHs Auffassung kann das Management in seinem Bemühen um eine effiziente Unternehmensführung, die den täglichen Realitäten gerecht wird, nicht ohne die Berücksichtigung von Präferenz-, Ordnungs- und Sinnbezügen auskommen (*vgl.* STAFFELBACH *1994, S. 74-78*). Es

Unternehmensführung benötigt ethische Sinnbezüge

handelt sich dabei um einen Aspekt, den insbesondere HANS ULRICH immer wieder betont hat (*vgl.* ULRICH *1981a, 1983a sowie 1987b*). Gleichzeitig spricht dieses Konzept einer wie auch immer gearteten Ethik die a posteriori vorgebende Kraft einer "normativen Geborgenheit" im Sinne von bereits vorhandenen und im Unternehmen nur noch anzuwendenden moralischen Maßstäben ab.

Einer Ethik im Management weist STAFFELBACH insbesondere die folgenden drei Aufgaben zu, die sowohl materiale als auch formale Aspekte umfassen.

Aufgaben einer Ethik im Management

❶ Ethik als Bestandteil des sozialen Zielkorridors

Ethik muß als Bestandteil des sozialen Zielkorridors des Unternehmens vom Management ebenso in den Unternehmensprozeß integriert werden wie andere menschliche Verhaltensweisen auch. Folglich betrifft sie sowohl individuelle Handlungen als auch das der Institution Unternehmen zugeordnete Vorgehen. Dabei kann auf "Vor-denker" aus dem Bereich der Ethik zurückgegriffen werden (*vgl. dazu im einzelnen* STAFFELBACH *1994, S. 261-262*).

❷ Ethische Normen zur Schaffung von Entscheidungsspielräumen

Die Regelung moralischer Konflikte im Unternehmen bedarf eines Entscheidungsspielraums und der Entscheidungshilfe durch festgelegte, für das Unternehmen bzw. seine Mitglieder dauerhaft verbindliche Handlungsregeln (materialer Aspekt). Diese Normen gelten der Verteilung materieller (unternehmerische Wertschöpfung) sowie immateriell-ideeller Werte (Rechte und Pflichten) unter den Stakeholdern des Unternehmens (*vgl. speziell dazu* STAFFELBACH *1994, S. 293-295*).

❸ Ethische Normen durch Kognition und Kommunikation

Zur Herausbildung und Verwirklichung dieser Normen im Verlaufe eines Prozesses bedarf es nach STAFFELBACH sowohl kognitiv-reflexiver als auch interaktiv-kommunikativer Vorgänge (formaler Aspekt). Dazu fordert er "gute Gründe" für mögliche Normen. Er gründet diese darauf, daß eine reflexive Suche nach Normen mit allen Interessenträgern zusammen im kognitiven Bereich geführt werden könne. Damit knüpft STAFFELBACH an die Argumentationsweise von STEINMANN/LÖHR an. Er fordert für den zweiten Schritt des Bildungs- und Verwirklichungsprozesses einen unvoreingenommenen, zwanglosen sowie nicht-persuasiven Dialog zur interaktiven Diskussion der Normenvorschläge (*vgl. auch* STAFFELBACH *1994, S. 296-299*).

Verknüpfung materialer und formaler Ethik

In seinem Ansatz zur Ethik im Management verknüpft STAFFELBACH bewußt Elemente materialer und formaler Ethik, da nur deren organische Verbindung theoretische Regeln sowie Modelle generieren könne, die auch in der Praxis Gestaltungskraft beweisen könnten.

Verständnisfragen zu Kapitel 6:

1. Erläutern Sie kurz den grundsätzlichen Zusammenhang von Wertfreiheit und Nutzenfunktion.

2. Erläutern Sie kurz die wesentlichen Unterschiede zwischen den Grundgedanken eines kommunikationsorientierten Ansatzes, eines werteorientierten Ansatzes und des Konzeptes des unternehmerischen ethischen Handelns innerhalb der Rahmenordnung.

3. Definieren Sie die Begriffe Werte bzw. Normen sowie Sozialisation und Kulturation (bzw. Enkulturation).

4. Skizzieren Sie den Zusammenhang zwischen Werten, Bedürfnissen und Zielen.

Einführende Literaturempfehlungen:

Arrow, Kenneth J.: Social Choice and Individual Values, 2nd edit., New York - London - Sidney 1963.

Biervert, Bernd/Held, Martin (Hrsg.): Ökonomische Theorie und Ethik, Frankfurt am Main - New York 1987.

Buchanan, James M.: Freedom in Constitutional Contract. Perspectives of a Politica Economist, College Station/London 1977.

Freeman, R. Edward (Edit.): Business Ethics. State of the Art, New York - Oxford 1991.

Homann, Karl/Blome-Drees, Franz: Wirtschafts- und Unternehmensethik, Göttingen 1992.

Staffelbach, Bruno: Management-Ethik: Ansätze und Konzepte aus betriebswirtschaftlicher Sicht, Bern -Stuttgart - Wien 1994.

Steinmann, Horst/Löhr, Albert (Hrsg.): Unternehmensethik, 2. Aufl., Stuttgart 1991.

Steinmann, Horst/Löhr, Albert: Grundlagen der Unternehmensethik, Stuttgart 1992.

Ulrich, Peter: Die neue Sachlichkeit oder: Wie kann die Unternehmensethik betriebswirtschaftlich zur Sache kommen?, in: Die Unternehmung, 41. Jg. (1987), Heft 6, S. 409-424.

3. Teil: Der Entwurf einer Entscheidungsethik und deren Implementierung

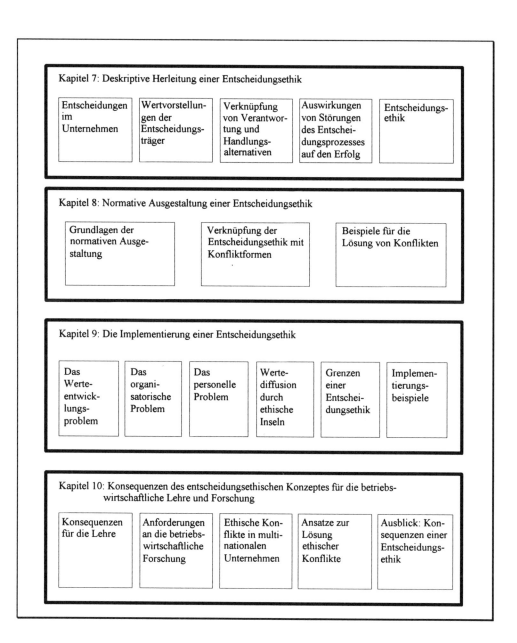

Teil III umfaßt die Kapitel 7 bis 10. Sie bilden einen geschlossenen Zusammenhang, in dessen Mittelpunkt die Darstellung der Entscheidungsethik steht. Zunächst erfolgt eine deskriptive Herleitung dieser Konzeption (Kapitel 7). Darauf baut sich die normative Ausgestaltung einer Entscheidungsethik auf (Kapitel 8). Das 9. Kapitel umfaßt die Probleme der Implementierung einer Entscheidungsethik. Die folgende Übersicht zeigt die Inhalte der einzelnen Kapitel in zusammengefaßter Form. Im 10. Kapitel werden abschließend Konsequenzen der Entscheidungsethik für die betriebswirtschaftliche Ausbildung und Forschung erläutert.

Kapitel 7: Deskriptive Herleitung einer Entscheidungsethik

Lernziele:

Ausgehend von den Entscheidungen im Unternehmen wird der Leser zunächst mit den Wertvorstellungen der Entscheidungsträger bekannt gemacht. Neben dem pragmatischen Bezug stellt die Ausrichtung an der Verantwortung einen zentralen Baustein der Entscheidungsethik dar. Abschließend lernt der Leser, welche Wirkungen auf den Unternehmenserfolg von Störungen des Entscheidungsprozesses ausgehen, und wird mit der Begründung sowie einer Arbeitsdefinition der Entscheidungsethik vertraut gemacht.

Das siebte Kapitel enthält die Grundlegung der entscheidungstheoretischen Sichtweise. Dabei geht es erstens darum, an die HEINENschen Überlegungen zur entscheidungsorientierten Betriebswirtschaftslehre anknüpfend die Einbindung der Ethik in das unternehmerische Zielsystem und die strategischen Entscheidungen aufzuzeigen. Zweitens werden die verhaltenstheoretischen Aspekte dargestellt, und drittens sind Aussagen über die persönliche Werthaltung zu machen. Als Ausgangspunkt dient die Graphik auf S. 25. Im weiteren Verlauf werden viertens die wesentlichen Bausteine Verantwortung und Handlung dargestellt bzw. zusammengeführt. Aus dem Mißverhältnis resultierende Konflikte führen zu Störungen des Entscheidungsprozesses. Deren Auswirkungen werden fünftens in bezug auf den Unternehmenserfolg untersucht. Den Abschluß des ersten Abschnitts bildet eine Arbeitsdefinition der Entscheidungsethik.

Insgesamt ist in diesem Kapitel aufzuzeigen, auf welche Wurzeln das Konzept der Entscheidungsethik zurückgeht, daß es innovative Elemente enthält und wie es sich von anderen Ansätzen abgrenzt. Das nächste Kapitel umfaßt dann konsequenterweise den Versuch, die entscheidungsethische Konzeption zu operationalisieren, indem konkrete Schritte zur normativen Ausgestaltung der Unternehmenspraxis unternommen werden.

Wir beginnen mit Punkt 1 "Entscheidungen im Unternehmen", gehen dann auf die Wertvorstellungen der Entscheidungsträger ein (Punkt 2), behandeln die Verknüpfung von Verantwortung und Handlungsalternativen (Punkt 3) und untersuchen im 4. Punkt die Auswirkungen von Störungen des Entscheidungsprozesses auf den Unternehmenserfolg. Das 7. Kapitel schließt ab mit einer Begründung und Arbeitsdefinition von Entscheidungsethik.

1 Entscheidungen im Unternehmen

"Weitreichende Bedeutung" als zentrales Kriterium echter Führungsentscheidungen

Unternehmerische Verhaltensweisen bilden seit langem einen entscheidungsorientierten Gegenstand betriebswirtschaftlicher Forschung. In dieser verknüpfen sich die zentralen Konzeptionen von ERICH GUTENBERG und EDMUND HEINEN. GUTENBERG, in doppelter Weise geprägt durch langjährige Erfahrung in der Berufswelt und das Streben nach deren theoretisch-systematischer Durchdringung, befaßte sich eingehend mit den Merkmalen und Inhalten "echter Führungsentscheidungen" (*vgl.* GUTENBERG *1962, S. 40, und* GUTENBERG *1983, S. 133-140*). Sein "Katalog echter Führungsentscheidungen" wurde durch die empirischen Untersuchungen GEMÜNDENs in eindrucksvoller Weise bestätigt (*vgl. dazu* GEMÜNDEN *1983*). Im einzelnen handelt es sich dabei um die Festlegung der Unternehmenspolitik auf lange Sicht, die Koordination der großen betrieblichen Teilbereiche, das Verhalten in außergewöhnlichen Situationen, die Bewältigung von Entscheidungen mit überbetrieblicher Tragweite und die Besetzung von Führungspositionen.

Katalog "echter" Führungsentscheidungen

Es leuchtet unmittelbar ein, daß in allen Typen von Entscheidungen individuell geprägte Werte und Normenvorstellungen einfließen. Diese "ethische Vorprägung" zeigt sich auch, wenn man die Kriterien echter Führungsentscheidungen betrachtet. Sie unterscheiden sich von Routineentscheidungen dadurch, daß sie aus dem Ganzen des Unternehmens heraus getroffen werden, von weitreichender Bedeutung für das Überleben des

Unternehmens am Markt sind und nicht delegiert werden dürfen. Aufgrund der weitreichenden Konsequenzen echter Führungsentscheidungen ist hier verantwortliches Handeln in besonderem Maße gefordert. Wir wollen im folgenden näher untersuchen, wie diese Verantwortung in konkreter Weise umgesetzt werden kann. Dazu gehen wir zunächst auf den Entscheidungsprozeß, die Träger der Entscheidung und die Entscheidungsalternativen als wesentliche Elemente der Entscheidungsfindung im Unternehmen ein.

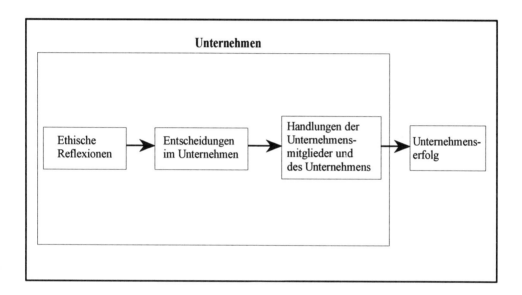

Abb. 11: Von individueller ethischer Reflexion zum Unternehmenserfolg.

1.1 Entscheidungsprozeß

Dem eigentlichen Entscheidungszeitpunkt geht ein teilweise zeitraubender Entscheidungsprozeß voraus. Dieser umfaßt informationsbeschaffende und -bewertende sowie alternative Lösungsmöglichkeiten suchende und beurteilende Aktivitäten. Sie treten in Entscheidungsfällen der Praxis nicht in idealtypisch beschriebener Ablauffolge auf,

Ethische Vorprägung als Filter bei "rationalen" Entscheidungen

sondern überlagern sich in komplexer Weise (*darauf verweist insbesondere* WITTE *aufgrund seiner empirischen Befunde, siehe* WITTE *1968; vgl. dazu auch* HAUSCHILDT *1987*). Ethische Vorprägungen steuern nicht nur die abschließende Entscheidung, sondern begleiten auch bereits die Operationen der Informationssuche, -verarbeitung und insbesondere -bewertung in der Analysephase. Die kognitive Psychologie läßt deutlich erkennen, wie stark die normative Grundhaltung (die Weltanschauung) die Auswahl und Menge der Informationen (die Weltsicht) prägt. Auch professionell an rationale Entscheidungen gewöhnte Manager sind keineswegs frei davon und nehmen ihre Vor-Urteile über das, was sie persönlich für nützlich oder schädlich, sittlich erlaubt oder verboten halten, in die gesamten Entscheidungsoperationen mit hinein.

Die Suche nach den richtigen Entscheidungen im Unternehmen stellt stets einen Prozeß dar, der zumeist organisatorisch geregelt wird. An ihm beteiligen sich im allgemeinen mehrere Entscheidungsträger, die eine Finalentscheidung über die Auswahl einer Handlungsalternative zu treffen haben (vgl. Abb. 12)

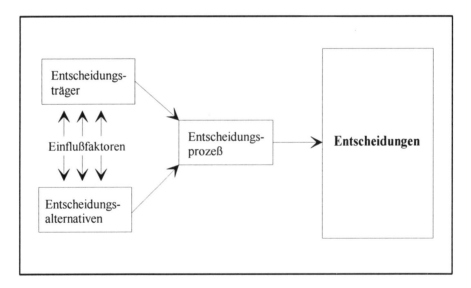

Abb. 12: Der Weg zur betrieblichen Entscheidung.

1.2 Entscheidungsträger

Wenn von "Unternehmensentscheidungen" gesprochen wird, können dies entweder individuell getroffene Entscheidungen für das Unternehmen oder Entscheidungen des Unternehmens (als Institution) sein. Sie werden von einzelnen Personen oder Gruppen von Personen (als Entscheidungsträger) getroffen. Entsprechend lassen sich bei tendenziell steigendem Verantwortungsumfang unterscheiden:

Individuelle oder institutionelle Entscheidungen

○ Einzelpersonen,
○ Gruppen von Personen sowie
○ das Unternehmen.

Entscheidungsträger tragen Verantwortung für die Qualität und Folgen ihrer Entscheidungen. Die wichtigsten Entscheidungsträger nach ihrem Verantwortungsumfang sind die für echte Führungsentscheidungen zuständigen und an der Spitze des Unternehmens stehenden Personen bzw. Gremien. Sie tragen entweder Verantwortung für die Geschäftsführung (Unternehmensleitung, Vorstand) oder für deren Kontrolle (Aufsichtsrat, Verwaltungsrat), aber immer für die Institution Unternehmung als Ganzes. Als Entscheidungsträger gelten aber auch alle sonstigen Unternehmensangehörigen (Führungskräfte, Fachexperten, Sachbearbeiter).

Unterteilung von Entscheidungsträgern

Träger kollektiver Entscheidungen sind die unterschiedlichen Gruppen im Unternehmen (Abteilungen, Teams, Geschäftsbereiche), aber auch Institutionen der betrieblichen Mitbestimmung (Betriebsrat, Wirtschaftsausschuß). Der Entscheidungsprozeß in Gruppen und Entscheidungsgremien ist durch eine gegenseitige Beeinflussung von Entscheidungsdeterminanten und Abstimmungsprozessen gekennzeichnet (*siehe dazu ausführlich* LAUX/LIERMANN *1993, S. 82-103;* LAUX *1979*).

Träger kollektiver Entscheidungen

1.3 Entscheidungsalternativen

Alternativen als Grundwahl einer Wahlmöglichkeit

Entscheidungsalternativen sind in der Regel nicht "gegeben", sondern müssen erstens in einem teilweise umfangreichen Suchprozeß gefunden werden. Um von einer "Entscheidung" sprechen zu können, müssen mindestens zwei Alternativen zur Auswahl stehen. Streng genommen bezeichnen "Tun" oder "Unterlassen" bereits zwei Handlungsmöglichkeiten.

Bewertung von Handlungsalternativen anhand von Wertpräferenzen

Zweitens sind die Konsequenzen der verschiedenen Handlungsalternativen zu bewerten. Die Bewertung orientiert sich an den Zielvorstellungen und Werten (den Präferenzen) der Entscheidungsträger. Zum Beispiel kann die spätere Zielerreichung geringer eingeschätzt werden als die sofortige (Zeitpräferenz) oder der Unsicherheitsgrad die Vorzugswürdigkeit einer Handlungsalternative beeinflussen (Sicherheitspräferenz). Im folgenden gehen wir auf die Wertvorstellungen und Normen der handelnden Personen bzw. Institutionen ein.

2 Wertvorstellungen der Entscheidungsträger

2.1 Wertvorstellungen - Versuch einer Axiologie

Eine wissenschaftliche Beschäftigung mit den Werten (Axiologie) beginnt mit der Unterscheidung in allgemeingültige und individuelle Wertvorstellungen. Wertvorstellungen bilden die Grundlage menschlichen Moralempfindens. Diese Trennung korreliert eng mit der Differenzierung des Nutzenbegriffes. So muß die durch Angebot und Nachfrage geprägte kollektive Wertvorstellung, daß ein Kilogramm Brot 2,50 DM "wert ist", unterschieden werden von der individuellen Wertung eines Hungernden, der für diesen Laib Brot möglicherweise seinen Arm hergeben würde. Es geht also primär um die Einschätzung der Wichtigkeit eines Gegenstandes oder Sachverhaltes im persönlichen Wertekomplex.

Allgemeingültige versus individuelle Wertvorstellungen

Entscheidend ist folglich nicht, ob der einzelne Wertvorstellungen besitzt oder nicht, vielmehr muß nach der Art der Wertvorstellungen gefragt werden. Dafür bietet sich eine Spezifizierung in materiell-orientierte und immateriell-orientierte Werte an. Erbringt die konsequente Verwirklichung eines individuellen Wertes materiellen Nutzen, z. B. in Form von Geld- oder Sachgütern, kann von materiell-orientierten Werten gesprochen werden.

Materiell versus immateriell orientierte Werte

Wird dagegen ein immaterieller Nutzen verwirklicht, z. B. durch ein höheres Ansehen oder vertieftes Wissen, handelt es sich um immateriell-orientierte Werte. Immateriell-orientierte Werte lassen sich weiter untergliedern in

Kategorisierung immateriell orientierter Werte

- gesamtnutzengerichtete Werte (z. B. Gleichheit, Gerechtigkeit),
- individualnutzengerichtete Werte (z. B. Ansehen) und
- nutzenfreie Werte (z. B. Ästhetik).

Zu berücksichtigen ist dabei, daß diese Unterteilung bereits eine Vor-Wertung enthält, indem sie hervorhebt, was den Gesamtnutzen erhöht (*vgl. zu dieser Kategorisierung* JAHNKE 1994, S. 178 f.).

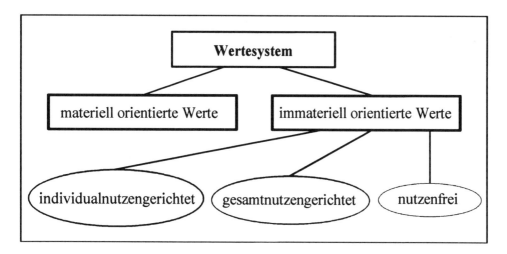

Abb. 13: Unterteilung immateriell-orientierter Werte.

Normen als Umsetzungsvorschriften für Werte

Die Abgrenzung zwischen Werten und Normen ist nicht eindeutig. Sie läßt sich der Tendenz nach kennzeichnen durch das Wortspiel: Wertvorstellungen werden verwirklicht, Normen werden befolgt. Abstrakter gesagt stellen Normen konkrete Handlungsvorschriften dar, die durch einen Situationsbezug aus dem jeweiligen Wertesystem abgeleitet werden (vgl. dazu JAHNKE 1994, S. 178 f.).

Ihrer Herkunft nach lassen sich Normen analog zur Unterteilung der Werte in individualnutzen- bzw. gesamtnutzengerichtete unterscheiden in individuelle und allgemeingültige Normen. DILTHEY bezeichnet letztere auch als "moralische Empfindungen" (vgl. dazu INEICHEN 1985, S. 191).

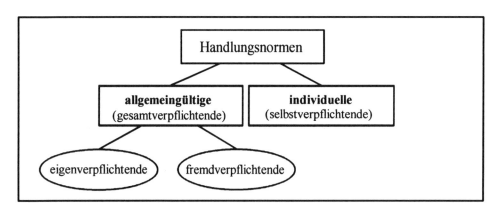

Abb. 14: Einteilung der Normen (*Quelle: in Anlehnung an* JAHNKE *1994, S. 178 f.*).

Unter allgemeingültigen Normen verstehen wir solche Handlungsanleitungen, die von der Gesellschaft mit Allgemeinverbindlichkeitscharakter ausgestaltet und explizit (z. B. als kodifizierte Gesetze) oder implizit in Kraft gesetzt werden. Sie sind darauf ausgerichtet, einen Minimalkonsens zu erzielen, da sie eine Vielzahl unterschiedlicher Interessen miteinander vereinen und möglichst viele Handlungsfolgen erfassen müssen. Rechtsnormen sind prinzipiell der Überprüfung (Normenkontrolle) unterworfen.

Allgemeingültige Normen als gesellschaftlicher Minimalkonsens

Individuelle Normen steuern in inhaltlich ergänzender Weise das Verhalten von Organisationsgliedern. Sie zielen schwerpunktmäßig darauf ab, bestimmte Verhaltensweisen zu unterstützen und/oder Handlungskonsequenzen vorbeugend zu vermeiden. Individuelle bzw. selbstverpflichtende Normen resultieren aus dem individuellen Wertegefüge, das alles Handeln des Menschen durchtönt und beeinflußt (*siehe dazu* JORES *1978, S. 46-48*). Es stellt die eigentliche Antriebsquelle der Entscheidungen dar und kommt in den weltanschaulich-religiösen Grundeinstellungen einer Person zum Ausdruck. Die selbstverpflichtenden Normen tragen Freiwilligkeitscharakter. Man kann sie deshalb auch als die für die Unternehmensethik ausschlaggebenden Normen bezeichnen, welche die Regelungen der Rahmenordnung (des Wettbewerbs und des Marktes) ergänzen (*vgl. dazu* KORFF *1992, S. 2-11*).

Selbstverpflichtende Normen als Antriebsquelle von Entscheidungen

2.2   Sozialisation und Enkulturation als werteprägende Prozesse

Als Sozialisation wird der "Erwerb von Werten, Normen und Handlungsmustern" über die Lebensdauer eines Menschen hinweg bezeichnet, durch die das Individuum seine Persönlichkeit erhält und Handlungsfähigkeit erlernt (*vgl. dazu* REINHOLD *1992, S. 545*). Vom Zeitablauf her unterscheidet man eine Primärsozialisation in der Familie von Sekundärsozialisation (Kindergarten, Schule) und Tertiärsozialisation (Beruf). Dieser Prozeß findet in einer Wechselbeziehung von Individuum und Gesellschaft statt. Letztere bettet den einzelnen in eine *soziale* und *materielle* Umwelt ein. Sozialisation meint zusammenfassend die Einbindung eines Menschen in den ihn umgebenden engeren Personenkreis sowie in die Gesellschaft. Sie umfaßt z. B. die Annahme formaler sozialer Rollen.

Einbindung des Menschen in seine Umwelt (Sozialisation)

Enkulturation bezeichnet die bewußte bzw. unbewußte Übernahme sowie Etablierung *kultureller* Elemente wie Verhaltensschemata, gesellschaftliche Werte und Normen

Übernahme kultureller Elemente (Enkulturation)

sowie Überzeugungen, d. h. das Erlernen von die Sozialisation gestaltenden Verhaltensweisen und -regeln. KARDINER spricht von einer kulturellen Grundpersönlichkeit als deren Ergebnis (*vgl.* KARDINER *1945*). Dieser Prozeß geschieht meist unbewußt und fördert die Integration des Individuums in die Funktionsweise einer Gesellschaft sowie die Überlebensfähigkeit einer Gesellschaft als Ganzes (*vgl.* VON KELLER *1982, S. 144*). Damit hat Enkulturation eine innengerichtete und eine außengerichtete Wirkungsebene. Sie ist als der Teil der Sozialisation anzusehen, der den kulturellen Bereich umfaßt (*vgl.* REINHOLD *1992, S. 129*).

Der Lernprozeß der Enkulturation (*vgl. hierzu auch* SCHMEISSER *1991, S. 160*) beginnt faktisch mit der Geburt und den ersten Eindrücken, die das menschliche Lebewesen von seiner Umwelt aufnimmt. Diese frühe Prägung führt dazu, daß sich einmal erlernte kulturelle Elemente kaum verändern oder beseitigen lassen. Die unmittelbare Einflußnahme findet durch die Erziehung statt, da der Großteil der wahrgenommenen Umwelt diesem Bereich entstammt. Insgesamt setzt sich der Raum der Prägungsfaktoren aus allen natürlichen, technischen und sozialen Umweltgegebenheiten eines Kulturraumes zusammen.

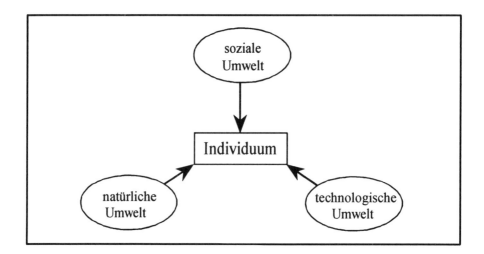

Abb. 15: Prägungsfaktoren der menschlichen Enkulturation.

Gesellschaft und Individuum befinden sich im Verlauf der Sozialisation und Enkulturation in einer fortwährenden Wechselbeziehung. Die Gesellschaft prägt die Person, vor allem im Jugendstadium; mit zunehmender Ausprägung und Stabilisierung der Persönlichkeit beeinflußt aber auch die Person die Gesellschaft. Gegenstand der Prägung ist das jeweilige Werte- und Normengerüst; dieses steuert wiederum Verhalten und Handeln der Akteure. Individuelle Werte sind nichts anderes als die Verhaltens- und Handlungsvorschriften einer Person, die durch unterschiedliche Persönlichkeitsschichten geprägt werden (vgl. REINHOLD 1992, S. 536). Diese entspringen zwar einer begrenzten Internalisierung gesellschaftlicher Einflüsse, sind aber nicht identisch mit deren Gesamtheit. Gesellschaftliche Werte werden von einer Personenmehrheit geteilt. Die einzelnen Personen bilden als Träger kultureller Werte den Kern einer Kultur.

Interdependenz von individuellen und allgemeingültigen Werten

Der Sozialisations- und Enkulturationsprozeß beeinflußt die im folgenden zu behandelnden Werte, Bedürfnisse und Ziele der Entscheidungsträger. Wie das nachstehende Schaubild schematisch zeigt, besteht dabei ein Interdependenzverhältnis.

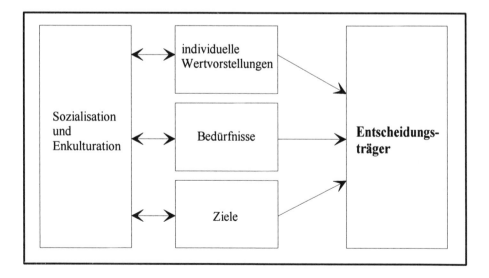

Abb. 16: Werte, Bedürfnisse und Ziele der Entscheidungsträger.

2.3 Personelle Werte, Bedürfnisse und Ziele

Jedes wirtschaftliche Handeln enthält insofern moralische Elemente, als es auf grundlegende Werte bezogen ist. So gesehen existiert kein "ethik-freier" Aktionsraum. Allerdings kann es ein wirtschaftliches Handeln nach Werten geben, die nicht verallgemeinerungsfähig sind. Ein an diesen Werten ausgerichtetes Verhalten ist dann für einzelne Personen oder Gruppen "unmoralisch" (z. B. im Sinne des Kategorischen Imperativs). Außerdem kann das Handeln an Werten orientiert sein, die im Widerspruch zu den vom Entscheidungsträger selbst akzeptierten Vorstellungen vom Guten stehen. Konflikte können also nur zwischen den Werten selbst bestehen, nicht aber zwischen den ökonomischen und moralischen Maßstäben des Handelns. Mit anderen Worten: es kann nur <u>eine</u> Vernunft geben. Die ökonomische oder die politische Vernunft steht nicht im Widerspruch zur Ethik.

Existenz nicht-verallgemeinerungsfähiger Werte

Die daraus resultierende Verpflichtung zur Offenbarung der persönlichen Basiswerte läßt sich in die Forderung nach Offenlegung des jeweiligen Menschenbildes transformieren. Ein solches Vorgehen ermöglicht eine gewisse Typisierung der individuellen Erscheinungsvielfalt und damit gleichzeitig eine Vereinfachung.

Nutzenmaximierung vollzieht sich unabhängig vom Inhalt der Zielorientierung nach bestimmten inhaltlichen Handlungsregeln. Der Nutzeneffekt eines moralischen Handelns ist reziprok: Indem der einzelne sich verantwortlich für bestimmte Menschen oder die Verwirklichung sozialer Normen einsetzt, gelingt zugleich sein eigenes Dasein (so bereits HUMES Prinzip der Sympathie). Wer einer sozialen Norm folgt, auch wenn dies unbewußt oder widerwillig (aus Furcht vor Sanktionen) geschieht, zieht daraus einen Vorteil für sich selbst, unabhängig vom Motiv des Handelns (*vgl. dazu* LØGSTRUP *1968, S. 138-144*). Der Grund dafür liegt darin, daß soziale Normen der Förderung des Allgemeinwohls dienen sollen, aus dem sich wiederum das Wohl des einzelnen

Individualnutzen aus moralischem Handeln

ableitet. Die Steigerung des Allgemeinwohls bringt daher auch dem einzelnen Vorteile.

Selbstverpflichtende Normen entfalten dann eine vorbeugende Wirkung, wenn sie staatliche Gesetze ergänzen und deren weitere, detaillierte Ausgestaltung unnötig machen (*vgl. dazu auch* KORFF *1992, S. 2-11*). Auf diese Weise erhöht das Befolgen individueller Wertvorstellungen die Effizienz (den Nutzen) eines Sozialsystems (so bereits SPINOZA). Aus diesen Überlegungen folgt, daß selbstverpflichtende (ethische) Normen bereits im Vorfeld die Entstehung von Konflikten vermeiden bzw. deren Eskalation verhindern können. Eine bestimmte Moral der Unternehmensangehörigen kann Reibungsverluste reduzieren, die durch diese entstandenen Transaktionskosten verringern und insgesamt die Effizienz des Ablaufs betrieblicher Prozesse steigern. Auf diese Weise lassen sich ethische Dilemmata leichter lösen.

> Konfliktvermeidung durch selbstverpflichtende Normen

Selbstverpflichtende Normen können aber nicht nur negative Wirkungen (Effizienzverluste) vermeiden helfen, sondern sich auch in Form einer positiven Erfolgssteigerung auswirken (z. B. durch Aufbau eines Innovations- und Motivationspotentials bei den Mitarbeitern). Die Internalisierung von Werthaltungen kann z. B. zu einer stärkeren Konzentration auf langfristige unternehmerische Strategien führen. Auf diese Weise entsteht eine unmittelbare Verknüpfung von Normen mit Nutzenerwägungen und Entscheidungen (*vgl. dazu insbesondere* JAHNKE *1994, S. 175-192*). Einschränkend muß jedoch festgehalten werden, daß individuelle Nutzeneinschätzungen immer auch von vorhandenen oder temporär vorherrschenden Bedürfnissen abhängig sind. Diese charakterisieren grundlegende Notwendigkeiten, denen der Mensch objektiv gezwungen oder subjektiv empfunden gegenübersteht.

> Erfolgssteigerung durch selbstverpflichtende Normen

Das folgende Schaubild vermittelt einen schematischen Überblick zur Verknüpfung von Werten, Bedürfnissen und Zielen und setzt diese in Verbindung mit den Unternehmensentscheidungen.

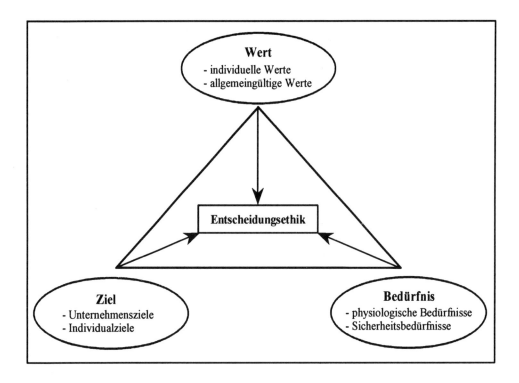

Abb. 17: Zusammenhang von Bedürfnissen, Werten und Zielen.

Damit individuelle Bedürfnisse zu Wertvorstellungen der Person und der Institution Unternehmung in Beziehung gesetzt und diese wiederum in Form von Zielen konkretisiert werden können, bedarf es eines Prozesses der Zielbildung. Die gemeinsame Zielvereinbarung und Durchsetzung der gefundenen Ziele in Form von Entscheidungen geschieht in der Organisation. Sie erfordert ein effizientes Vorgehen, das den Ansprüchen einer rationalen Entscheidungsbildung entspricht. Eine "Entscheidungsethik" kann dazu beitragen, diesen Prozeß der rationalen unternehmerischen Entscheidung in sinnvoller Weise zu unterstützen.

> Transformation von Werten zu Zielen mit Hilfe der Entscheidungsethik

Kapitel 7: Deskriptive Herleitung einer Entscheidungsethik

3 Die Verknüpfung von Verantwortung und Handlungsalternativen

Die hier vertretene Konzeption einer Entscheidungsethik ist erstens pragmatisch orientiert, indem sie die im Unternehmen zu treffenden Entscheidungen und die Wertvorstellungen der Entscheidungsträger in den Mittelpunkt stellt.

Zweitens verknüpft sie das Entscheidungshandeln explizit mit dem Konzept der Verantwortung. Welche Konsequenzen dies im einzelnen hat, wird in Kapitel 8 erläutert. Im folgenden sind zunächst terminologische Vorarbeiten zu leisten, bevor die eigene Werthaltung sowie der Zusammenhang von Verantwortungshaltung und Entscheidungen dargestellt werden. Schließlich ist auf die verschiedenen Ursachen und Formen von Konflikten einzugehen, denen sich die handelnden Personen gegenübersehen.

3.1 Verantwortung und Verantwortungsethik

3.1.1 Der Verantwortungsbegriff

Bei dem Begriff "Verantwortung" gilt die unmittelbare Assoziation dem juristischen "Zur-Verantwortung-ziehen". Damit wird ein zentraler Aspekt angesprochen: die Verantwortung von Personen "für übernommene Aufgaben, eigenes Tun und Lassen sowie Charaktereigenschaften vor einer Instanz" (HÖFFE *1986, S. 263; vgl. dazu auch bereits* PICHT *1969*).

Verantwortung leitet sich von dem Verb "verantworten" und dieses wiederum von "Antwort" ab. "Ant-Wort" bezeichnet das "Gegen-Wort", das Antworten auf einen Anruf oder ein Wort. Verantwortung vollzieht sich also gegenüber einer Instanz oder Person, die nicht wir selber sind. Ohne einen solchen Bezug erscheint der Satz "Ich nehme die Verantwortung auf mich" inhaltsleer. Der Bezug zu einer fremden Instanz

> Rechtliche Verantwortung als Antwort gegenüber Dritten

bzw. einem Dritten bestimmt darüber, ob es sich um moralische oder rechtliche Verantwortung handelt. Der rechtliche Aspekt der Verantwortung resultiert aus den übernommenen bzw. übertragenen Aufgaben bzw. Ämtern und wird durch Gesetze oder Dritte festgelegt. Diese "Verantwortlichkeit" (LENK *1987, S. 115*) wird bei Regelverletzungen durch eine bestimmte (häufig quantitativ fixierte) Art der Wiedergutmachung geahndet.

Die folgende Übersicht läßt die verschiedenen Arten der Verantwortung erkennen. Eine differenzierte Betrachtung erscheint notwendig, weil der Verantwortungsbegriff zu formal und zu allgemein ist bzw. eine nicht vorhandene Einheit vortäuscht (*vgl.* LENK *1987, S. 115*).

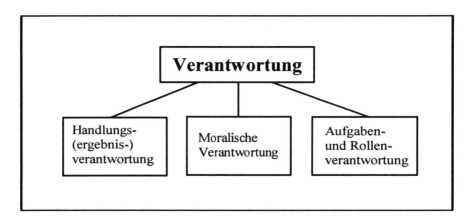

Abb. 18: Arten der Verantwortung (*Quelle:* LENK *1987, S. 119-121*).

Im folgenden befassen wir uns mit der moralischen Seite der Verantwortung. Gegenüber der rechtlichen Verantwortung grenzt sie sich dadurch ab, daß sie vom Gewissen des einzelnen geprägt ist und eine Wiedergutmachung in Form des Verzeihens ermöglicht. Die Schwierigkeit besteht darin, daß der Gewissensbegriff intersubjektiv unterschiedlich ausgelegt werden kann und deshalb der Willkür preisgegeben ist. Es muß deshalb ergänzend deutlich gemacht werden, an welchen Maßstab bzw. welche Instanz das Gewissen im Einzelfall gebunden ist. Eine solche Konkretisierung erfolgt im nächsten Abschnitt aus der Sicht eines christlichen Vorverständnisses.

Moralische Verantwortung, geprägt durch das Gewissen

Kapitel 7: Deskriptive Herleitung einer Entscheidungsethik

Der Begriff der Verantwortung bildet den gemeinsamen Nenner von ansonsten sehr unterschiedlichen Auffassungen in der Betriebswirtschaftlehre. So spricht z. B. DIETER SCHNEIDER in seiner kontroversen Auseinandersetzung mit den Positionen von HORST STEINMANN und Mitarbeitern sowie PETER ULRICH vom Gewinnprinzip im Sinne eines "eigenverantwortlichen Einkommenserwerbs" als Ausdruck des sozialethischen Subsidiaritätsprinzips (vgl. SCHNEIDER 1990b, S. 869-891; SCHNEIDER 1991, S. 540-542). SCHNEIDERS Kritik an den genannten Autoren bezieht sich nicht darauf, daß "eine Unternehmensführung ihren Handlungsspielraum in sozialer und ethischer Verantwortung ausüben soll", denn "jeder eigenverantwortlich Handelnde hat seine Handlungen ethisch zu rechtfertigen: vor sich selbst, vor dem ihm mit Handlungen Beauftragenden, gegebenenfalls vor einem Gericht" (SCHNEIDER 1990b, S. 872). Auch KÜPPER argumentiert beispielsweise bei seinen Ausführungen zur Integration ethischer Vorstellungen in die Betriebswirtschaftslehre über den Verantwortungsaspekt (vgl. KÜPPER 1988, S. 318-339, und KÜPPER 1992b, S. 498-518).

Verantwortung als gemeinsamer Nenner unterschiedlicher Auffassungen

Der Verantwortungsbegriff gewinnt eine zusätzliche Dimension durch den Bezug auf die natürliche Umwelt. Er umfaßt dann nicht nur die Verantwortung für Menschen und Tiere, sondern für das gesamte Natursystem (vgl. JONAS 1979, S. 64). Eine Ethik, die sich als Entwurf der Zukunft begreift, ist auf zukunftsbezogene Normen und Werthaltungen hin orientiert (vgl. ALTNER 1988, S. 52). Eine solche Norm könnte z. B. lauten: "Triff solche Entscheidungen, die eine langfristige Sicherung des Unternehmens nicht gefährden, aber auch moralisch legitimiert sind". In diese Richtung zielt auch der Vorschlag JÄGERs, der die Langzeitverantwortung als wesentliches Element einer eigenverantwortlichen Unternehmensführung ansieht (vgl. JÄGER 1981, S. 50 f.).

Einbeziehung der Natur in den Verantwortungsbegriff

Gefragt ist damit erstens nach einem präskriptiven Rahmen, an dem sich Entscheidungsträger bei ihrem Verhalten ausrichten können. Aus der Grundidee der entscheidungsorientierten Verantwortung sind konkrete Leitlinien des Handelns in einzelnen Unternehmensbereichen abzuleiten (siehe dazu im einzelnen die Ausführungen in Kapitel 8).

Integration der Handlungsfolgen in den Verantwortungsbegriff

Die zweite Voraussetzung einer am Verantwortungsprinzip orientierten Ethik stellt die Berücksichtigung der Folgen des Handelns dar. Diese repräsentiert das wesentliche Abgrenzungsmerkmal zwischen der "Gesinnungsethik" und der "Verantwortungsethik" im Sinne MAX WEBERS. Handlungsfolgen können nur dann umfassend und zutreffend vorgeplant werden, wenn die jeweilige Entscheidungssituation selbst in den Mittelpunkt rückt. Durch sorgfältigen Umgang mit dem Entscheidungstatbestand läßt sich auch die Gefahr eines moralischen Rigorismus verringern.

3.1.2 Verantwortungsethik versus Gesinnungsethik

"Verantwortungsethik" taucht historisch gesehen erstmals im Verbund mit "Gesinnungsethik" auf. Beide Begriffe wurden von MAX WEBER in seiner berühmt gewordenen Rede "Der Beruf zur Politik" vor Studenten der Universität München im Jahre 1919 als Gegensatzpaar konstituiert. Wegen ihrer Bedeutung sollen die wesentlichen Elemente einander gegenübergestellt werden (*vgl. auch* WEBER *1973, S. 167-185*).

Kriterium	Gesinnungsethik	Verantwortungsethik
Begriff	Der Vollzug einer Handlung ist die unmittelbare Erfüllung eines absoluten moralischen Gebotes (einer Gesinnung).	In die Legitimation einer Handlung geht die Beurteilung der Handlungskonsequenzen mit ein.
Verantwortung für die Folgen des Handelns	Die Kalkulation der Handlungsfolgen ist zu vernachlässigen bzw. unstatthaft; verantwortlich dafür sind Dritte oder "die Welt".	Zurechnung der Handlungsverantwortung an Dritte bzw. den Handelnden selbst als faktische Verursachung und als Ausdruck von Schuld und Verdienst

Kriterium	Gesinnungsethik	Verantwortungsethik
Berücksichtigung des Kausalzusammenhanges von Entscheidungen	Verweigerung des bloßen Zurechnung der Folgen (Weltverleugnung)	Bejahung der Welt einschließlich ihrer ethischen Irrationalität; empirische Annahmen über Handlungsfolgen und deren Wahrscheinlichkeit
Individuelle Motivation	"Reinhaltung des Gewissens"; keine Zulassung von Ausnahmen; Legitimation der Mittel wird nicht diskutiert.	Bereitschaft zur (schwierigen) Diskussion über Mitteleinsatz und (Neben-)Ziele; Realitäten des Lebens werden gesehen und ertragen.

Tab. 12: Gegenüberstellung von Gesinnungs- und Verantwortungsethik.

Untersucht man diese Positionen kritisch, so lassen sich bei beiden Inkonsistenzen feststellen. Ist im Rahmen der Gesinnungsethik die Absicht, die einer Handlung zugrundeliegt, ethisch unbedenklich, so werden Inhalt und Folgen der Handlung nicht mehr bewertet (Logik: Aus Richtigem folgt Richtiges). Eine Bewertung findet also lediglich bezüglich des Motivs der Handlung statt und ist folglich streng deontologisch. Aber eine Gesinnungs- oder "Absichtsethik" macht sich ebenfalls Gedanken über die Folgen des Tuns, um eine Absicht als ethisch bedenklich oder unbedenklich einzustufen. Sie hat mithin auch teleologischen Charakter.

Ist im Rahmen der Verantwortungsethik die Folge einer Handlung ethisch unbedenklich, so wird nicht mehr nach der Handlungsmotivation gefragt (Logik: Aus Falschem folgt Beliebiges, also evtl. auch Gutes). Da jedoch zum Zeitpunkt der Handlung deren Folgen nicht im vollem Umfang erkannt werden können (wegen des systematischen Problems der Dynamik und Ungewißheit der Zukunft), muß eine Erwartungswertbildung erfolgen. Zum Zeitpunkt der Handlung kann also gar keine "echte" ethische Prüfung

Inkonsistenzen der beiden Positionen

Unmöglichkeit einer Ex-ante-Lösung ethischer Probleme

der Folgen vorgenommen werden. Damit mutiert die Verantwortungs- oder "Konsequenzenethik" letztlich doch wieder zur Absichtsethik. ("Diese und jene Folgen habe ich beabsichtigt".) Daraus folgt, daß nur ex post eine "echte" ethische Bewertung der Handlung vollziehbar ist, was aber bei der Ex-ante-Lösung von Entscheidungsproblemen in keiner Weise hilft.

Nach WEBER sind die beiden Maximen nicht als ein absolutes Gegensatzpaar zu verstehen, das sich vollständig ausschließt. Gesinnungsethik sei nicht mit Verantwortungslosigkeit, Verantwortungsethik nicht automatisch mit Gesinnungslosigkeit identisch. Es handele sich vielmehr um "Ergänzungen, die zusammen erst den edlen Menschen ausmachen" (WEBER *1919, S. 184*).

Gegenseitige Ergänzung gesinnungs- und verantwortungsethischer Aspekte

Zusammenfassend läßt sich festhalten: Der Konflikt zwischen Gesinnungs- und Verantwortungsethik stellt sich als ein Scheindilemma dar. In Abwandlung eines bekannten Wortes von ARTHUR RICH kann man schlußfolgern: "Es kann nicht gesinnungsethisch sein, was nicht pragmatisch und verantwortungsethisch ist."

3.1.3 Grenzen der Verantwortungsethik

Die Entwicklung der sogenannten ethisch-normativen Betriebswirtschaftslehre vor und nach dem II. Weltkrieg hat gezeigt, daß der Anspruch auf die Verallgemeinerungsfähigkeit von individuellen Werthaltungen auf ganz bestimmte Grenzen stößt. Das ergibt sich z. B. im Hinblick auf die Grundposition HEINRICH NICKLISCHS, dessen Idee einer Gewissensorientierung an den Zielen der "Betriebsgemeinschaft" von der totalitären Ideologie des Nationalsozialismus pervertiert wurde, als auch hinsichtlich der Überzeugung WILHELM KALVERAMS von der Notwendigkeit planwirtschaftlicher Organe zur Kontrolle der Wettbewerbsordnung (*vgl. dazu auch* NEUGEBAUER *1994, S. 11-78*).

Grenzen der Verallgemeinerung ethischer Werte

Kapitel 7: Deskriptive Herleitung einer Entscheidungsethik

Auch die Verantwortungsethik muß sich stets selbstkritisch hinterfragen und von anderen (Personen und Institutionen) kritisch in Frage stellen lassen. Die Warnung, den Splitter im Auge des anderen auf Kosten des Balkens im eigenen Auge zu übersehen, enthält eine zeitlose Aktualität.

Forderung nach Selbstkritik der Verantwortungsethik

Ebenso pragmatisch ist auch der Hinweis zu interpretieren: "Prüfet alles und das Gute behaltet" (1. Thess. 5, 21). Die Verantwortungsethik bezeichnet eine Grundhaltung der Weltoffenheit und Vorurteilsfreiheit allen neuen Entwicklungen gegenüber. Sie fordert zu einem Prozeß effizienter Informationssuche und rationaler Alternativenbewertung auf, macht aber keine Aussage darüber, was denn nun im Einzelfall das Gute ist. Der Dekalog und die Bergpredigt stellen jedoch Maßstäbe zur Verfügung, anhand derer die Einzelfallentscheidung gestützt (erleichtert oder erschwert) werden kann.

Dekalog und Bergpredigt als Entscheidungshilfe

Die Gefahr der Verantwortungsüberlastung entsteht dort, wo die Verantwortungsdimension des einzelnen, von Gruppen oder der Institution über den Verfügbarkeitsraum hinaus reicht. Man kann nicht für etwas verantwortlich gemacht werden und braucht sich auch nicht verantwortlich für etwas zu fühlen, was außerhalb der individuell oder gemeinschaftlich beeinflußbaren Möglichkeiten liegt. Verantwortlichkeiten sind nun einmal aufgeteilt und bemessen. Wer sich z. B. auch für Dinge verantwortlich hält, die außerhalb seiner individuellen Einflußsphäre liegen (sozusagen die Verantwortung für den Fortbestand der Welt übernimmt), endet zwangsläufig in einer Verantwortungsüberlastung, deren Folgen Anklagen und vielleicht auch Selbstanklagen sind. Eine solche Haltung verleitet möglicherweise dazu, "statt Verantwortung wahrzunehmen, Verantwortungsgesinnung zu demonstrieren" (LÜBBE *1992, S. 65*). Sie führt zu Moralismus bzw. ethischem Rigorismus und lenkt häufig von den meist begrenzten eigenen Möglichkeiten der Willensdurchsetzung ab.

Verantwortungsüberlastung durch Überschreiten der individuellen Einflußsphäre

3.2 Eigene Werthaltung

Unschwer wird der Leser erkennen, daß der Zugang zu ethischen Aussagen von der fachlichen Position der Betriebswirtschaftslehre aus gesucht wird. Ein Schwergewicht der Darstellung gilt deshalb der Frage, wie der spezifische unternehmensethische Ansatz in konkrete betriebliche Entscheidungen umzusetzen ist. In der Hinwendung zur betrieblichen Praxis und zu einer "Entscheidungsethik" liegt ein zentraler Schwerpunkt des Buches. Ein Bedarf an theoriegeleiteter Beratung besteht nicht nur bei der Geschäfts- und Betriebsleitung selbst, sondern auch in den verschiedenen Funktionsbereichen. Vielfach sind es die Männer und Frauen in der Mitte, auf denen der Druck lastet, bei ihren Entscheidungen einen permanenten Ausgleich zwischen "Effizienz" und "Moral" zu suchen. Die hier vertretene entscheidungsethische Konzeption versucht, darauf eine pragmatisch orientierte Antwort zu geben.

Eine kritische Auseinandersetzung mit Ethik im Unternehmen macht es jedoch auch erforderlich, die eigene Ausgangsposition zu erläutern. Logisch erschlichene Werturteile können nur vermieden werden, indem der Forscher seine persönliche Werthaltung bekenntnismäßig darlegt. Diese Forderung gilt in prägnanter Weise für einen Untersuchungsgegenstand, der so sensitiv ist wie das hier behandelte Ethikthema. Die eigene Grundposition basiert auf einem christlichen Verständnis der Wirklichkeit und übernimmt wertbezogene Positionen, die in der Verantwortungsethik wurzeln. Dieser Hinweis wird es dem Leser verständlich erscheinen lassen, daß an der einen oder anderen Stelle auf zentrale biblische Aussagen zurückgegriffen wird. Das reformatorische Erbe ethischer Besinnung, die Bereitschaft zum ökumenischen Dialog sowie die Suche nach einer übergreifenden Verständigung mit den außerchristlichen Religionen und anderen weltanschaulichen Vorstellungen kennzeichnen die eigene Position. Immer wieder geht es bei den zu lösenden Problemen darum, dem "Maßstab der Liebe in der sozialen Ordnung der Gesellschaft zu entsprechen" und dies durch "die persönliche Zuwendung von Mensch zu Mensch" (VON WEIZSÄCKER *1983, S. 138 f.*) in personaler Verantwortung zu bekräftigen.

Kapitel 7: Deskriptive Herleitung einer Entscheidungsethik

Die folgenden Ausführungen sind nicht als eine Wiedergabe dogmatischer Positionen aufzufassen, sondern verstehen sich als kritisch reflektierte Erfahrungen. Eine verantwortliche christliche Ethik muß auch deshalb auf eine ideologische Grundlegung verzichten, weil und insofern diese den Menschen seiner Verantwortung für die aktuelle Lösung von Konflikten enthebt. Sobald das Christentum zur religiösen Ideologie erstarrt, droht immer die Gefahr, daß der Mensch sich durch Prinzipien absichern möchte. Im Endeffekt führt dies zu absoluter Verantwortungslosigkeit.

Verzicht auf religiöse Ideologie

Ebenso wie der Nicht-Christ muß der Christ für seine Ansichten mit Vernunft und Sachverstand eintreten. "Das Christentum verleiht dem einzelnen nicht politisches oder ethisches Besserwissen." (LØGSTRUP 1968, S. 123.) Die von Jesus formulierte Forderung an den Christen lautet, daß er das Wohl des anderen für sein jeweiliges Handeln entscheiden läßt. Ein Christ verfügt nicht über göttlich garantiertes Wissen über das für alle absolut Richtige. Vielmehr zeigt die Entwicklung der christlichen Ethik, daß sie von Anfang an dialogorientiert war und Traditionen der jüdischen Weisheit ebenso wie Anregungen aus der griechischen Philosophie aufgenommen hat. Eine solche Offenheit, Lernfähigkeit und Dialogbereitschaft sucht die Verständigung auch über unterschiedliche Ausgangspositionen hinweg, um z. B. zur gemeinsamen Verwirklichung wirtschaftlicher Vernunft zu gelangen.

Dialogbereitschaft des Christen zur Erreichung wirtschaftlicher Vernunft

Wenn in der Bibel von "Verantwortung" die Rede ist, so bedeutet dies primär ein persönliches Antwortgeben auf eine Aufforderung hin. In diesem Sinne fordert der Schreiber des Petrusbriefes seine Leser auf, allezeit zur Verantwortung vor jedermann bereit zu sein (1. Petrus 3, 15), also gewissermaßen gläserne Taschen vorzuweisen. Eine solche Einstellung entspricht der Erkenntnis, daß das gesamte menschliche Handeln wie in einem Film mitgeschnitten und auch das berufliche Handeln bzw. Unterlassen für eine endgültige Bewertung festgehalten wird. Wer verantwortlich mit sich selbst und verständ-

Allzeitige Verantwortung vor sich selbst und gegenüber anderen

nisvoll mit dem anderen umgeht, gewinnt deshalb eine Haltung der Authentizität und Echtheit.

Zweitens verbindet sich die Vorstellung der Verantwortung mit der Verpflichtung zu persönlicher Rechenschaftslegung. Die Menschen werden nach der im Alten und Neuen Testament durchgängig zu findenden Auffassung eines Tages vor Gott zur Rechenschaft über ihr Tun oder Unterlassen gezogen werden (vgl. z. B. 2. Kor. 5, 10), sie dürfen selbst aber keineswegs andere richten oder verurteilen. Die eschatologische Dimension der Verantwortung, d. h. die gedankliche Ausrichtung verantwortlichen Handelns auf das menschliche Endschicksal hin, lädt nicht zu einer aktivistischen Werksgerechtigkeit ein, sondern will wachsam, vertrauensvoll und gelassen machen.

Verpflichtung zur Rechenschaftslegung vor Gott

Drittens liegt der Schwerpunkt der Verantwortung nach christlichem Vorverständnis auf der Anrede und dem Zuspruch Gottes an den Menschen. Die rechte Antwort entspricht nicht einem "Stirnrunzeln ethischer Existenzen" (BONHOEFFER *1958, S. 136*), sondern dem Loslassen von Sorgen um die Zukunft. Dem Glaubenden ist die "Hoffnung auf ein sorgenfreies und erfülltes Leben" verheißen: Wer von der Sorge um sich selbst befreit ist, kann sich großmütig sowie freigiebig erweisen und um andere kümmern (*siehe* SPIEGEL *1992, S. 21 f.*). Auch wenn dies widerspruchsvoll erscheinen mag: Verantwortung ist in ein letztes Vertrauen eingebunden.

Einbindung der Verantwortung in ein letztes Vertrauen

Viertens schließt auch ein bewußt angestrebtes verantwortliches Handeln immer die Möglichkeit des Irrtums und der Fehlentscheidung ein. Jeder kann direkt oder indirekt an anderen Menschen schuldig werden. Führt dieses Fehlverhalten zu juristischen Konsequenzen, so wird der Betreffende "zur Verantwortung gezogen" und entsprechend bestraft. Mit dieser Strafe für ein Tun oder Unterlassen kann allerdings die Schuld nur "gesühnt" und nicht in einem tieferen Sinne "vergeben" werden. Wir stoßen hier in Grenzbereiche, zu denen aus der Sicht einer philosophischen Ethik verhältnismäßig wenig gesagt werden kann und

Möglichkeit von Fehlverhalten trotz verantwortungsbewußter Absicht

wo letztlich nur eine gelebte Hoffnung Hilfe bietet. Sie allein eröffnet die Chance eines unbelasteten Neubeginns.

3.3 Verantwortung und Handlungsalternativen

Im folgenden sind die Konsequenzen darzustellen, die sich aus einer verantwortungsethischen Grundposition heraus für das praktische Handeln ergeben. In der folgenden Abbildung wird schematisch aufgezeigt, daß diese Konsequenzen von der tatsächlichen Dimension der Verantwortung einerseits und den verschiedenen Restriktionen bzw. (positiv ausgedrückt) den Entscheidungsfreiräumen der Entscheidungsträger andererseits abhängen.

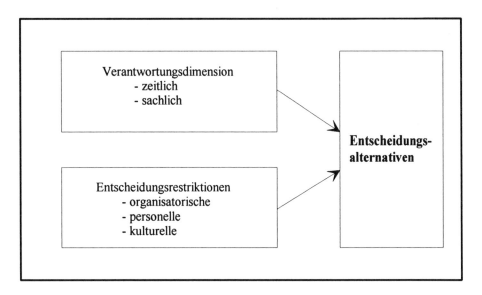

Abb. 19: Beeinflussungsfaktoren von Entscheidungsalternativen.

3.3.1 Verantwortungsdimension

Die Verantwortung von Personen oder Institutionen hat eine zeitliche und eine sachlich-räumliche Komponente. Während die sachliche Ver-

Sachliche und zeitliche Komponenten der Verantwortung

antwortung meist angesprochen und zum Teil auch im Detail beschrieben wird (z. B. durch Reglements und Statuten, Gesetze, Funktions- und Arbeitsplatzbeschreibungen), finden sich zur zeitlichen Dimension der Verantwortung (kurzfristig-mittelfristig-langfristig) kaum entsprechende Hinweise. Erst HANS JONAS hat darauf verwiesen, daß die Verantwortung der jetzigen Generation für eine intakte natürliche Umwelt im Sinne der vorweggenommenen Interessen der künftigen Generationen zu interpretieren sei.

Die Entscheidungsethik befaßt sich weniger mit der vergangenheitsorientierten Bewältigung von unverantwortlichen Entscheidungen, sondern reflektiert zukunftsbezogen die möglichen Konsequenzen von jetzt zu treffenden Entscheidungen. Wer eine Handlung unterläßt, die aus guten Gründen von ihm erwartet wird, versäumt seine Pflicht und wird dem Zeitbezug des Entscheidens nicht gerecht. "Nur wer eine Verantwortung hat, kann unverantwortlich handeln." (JONAS *1973, S. 176.*) Der Anspruch, zukunftsorientierte und damit vom Ende her gedachte Entscheidungen zu fällen, stellt sich als eine wichtige Handlungsnorm dar. Die dauerhafte Erhaltung des Unternehmens hat Vorrang vor der kurzfristigen Gewinnmaximierung "um jeden Preis". Dieser Gedanke prägt insbesondere die strategische Planung eines Unternehmens.

Entscheidungsethik und deren Zukunftsbezug

Der strategische Aspekt wird deshalb als ein wichtiger Gegenstand der Entscheidungsethik angesehen, weil er die Zukunft in den Vordergrund rückt. Strategische Entscheidungen sind zwar nicht eo ipso langfristiger Natur, sie beinhalten aber unabhängig von der zeitlichen Dimension das Nachdenken über die Folgen unternehmerischen Handelns. Die Verantwortungsethik enthält das Moment des verantwortlichen Tuns als eines die langfristigen Auswirkungen von Entscheidungen bedenkenden Umgangs mit Natur und Umwelt. Mit der Aufforderung, vom Ende her zu denken, wird diese Grundhaltung in verkürzter Form zum Ausdruck gebracht (*vgl.* KREIKEBAUM *1993, S. 163*).

Die strategische Bedeutung der Entscheidungsethik

Kapitel 7: Deskriptive Herleitung einer Entscheidungsethik

Im Zusammenhang mit der Diskussion des Gewinnprinzips wurde bereits darauf hingewiesen, daß ein langfristiges, auf Dauerwirkungen bedachtes Gewinnstreben den Bestand des Unternehmens erhält. Die langfristige Unternehmenssicherung stellt eine wichtige Absicht der Unternehmensleitung dar, die als Ausgangspunkt der strategischen Planung dient (*siehe dazu im einzelnen* KREIKEBAUM *1993*).

Langfristige Unternehmenssicherung als strategisches Planungsziel

Unter strategischen Gesichtspunkten geht es sowohl um eine "ethische Sensibilisierung" der Unternehmensleitung wie auch darum, sinnvolle Strategien des Überlebens am Markt zu entwickeln. Eine Steigerung der Entscheidungsqualität bzw. -effizienz erfolgt in der Weise, daß nach bestimmten ethischen Leitlinien gehandelt wird. Im Unterschied zu Rechtsnormen haben die ethischen Normen keinen einklagbaren Verpflichtungscharakter, sondern beziehen sich auf Handeln in einem Spielraum der Freiheit.

Ethische Sensibilisierung als Strategieansatz

STEINMANN/GERHARD untersuchen die Verknüpfung von Ethik und Effizienz am Beispiel der Unternehmensstrategie. Sie kommen zu dem Schluß, daß eine auf ökonomische Effizienz angelegte Unternehmensführung die gleichen organisatorischen Strukturen verlangt wie eine Ethik, die das Unternehmen für bestimmte Wertvorstellungen sensibilisiert. In beiden Fällen sind nämlich dezentrale, partizipative und damit argumentationsfördernde Strukturen erwünscht. Ebenso sei die Entwicklung von dialogfähigen Personen nötig (*vgl.* STEINMANN/GERHARD *1992, S. 160-164*).

Übereinstimmungsbereiche ökonomisch und ethisch ausgerichteter Strukturen

Dabei kann sich durchaus eine Konfliktsituation zwischen dem "Gewissensmenschen" und dem "Pflichtmenschen" entwickeln (*vgl. dazu* HINTERHUBER *1990, S. 84-87*). Gefragt sind Mitarbeiter mit Zivilcourage, die bewußt von erteilten Anweisungen abweichen, wenn es von den Gesamtumständen her geboten erscheint.

3.3.2 Entscheidungsrestriktionen

Grenzen von Entscheidungsfreiheit

Aus der Sicht einer Verantwortungsethik ist zu fordern, daß künftige Ereignisse in die gegenwärtige Entscheidung einbezogen werden. Diese Forderung stößt jedoch an bestimmte Grenzen. Die Restriktionen liegen im

- personellen,
- organisatorischen und
- kulturellen Bereich.

Personelle Grenzen

In personeller Hinsicht wird vorausgesetzt, daß die Entscheidungsträger in der Lage sind, zutreffende Informationen über künftige Folgen des Handelns zu bekommen und als prinzipiell freie Wesen eine Handlung vornehmen oder unterlassen zu können. Einschränkungen ergeben sich nicht aufgrund ihrer beschränkten Informationsmenge über die stets unsichere Zukunft, sondern auch aufgrund beschränkter personeller Verarbeitungskapazität, bestehender Vor-Urteile und Interessengebundenheit.

Organisatorische Grenzen

Als organisatorische Entscheidungsrestriktionen sind alle Behinderungen anzusehen, die aus den organisatorischen Mängeln des Entscheidungsprozesses stammen. Rigide Kompetenzregelungen, bestehende Machtstrukturen und gebundene Kommunikationssysteme können den Handlungsspielraum von Individuen und Gruppen sowie des Unternehmens behindern.

Kulturelle Grenzen

Unter kulturellen Restriktionen sind erstens alle Vorprägungen zu verstehen, die sich durch die bestehende Unternehmenskultur ergeben. Sie spiegeln die gesamte Geschichte des Unternehmens von dessen Gründung her wider, sind nur längerfristig zu beeinflussen und determinieren den Handlungsspielraum der Unternehmensangehörigen sowie die Art und Weise der Außenbeziehungen des Unternehmens.

Zweitens sind insbesondere für international tätige Unternehmen die soziokulturellen Bedingungen der Länder von Bedeutung, mit denen das Unternehmen in geschäftlicher Verbindung steht. Dies gilt vor allem dann, wenn es sich um multinationale Konzerne handelt, die in zahlreichen Ländern tätig sind.

Insgesamt gesehen läßt sich festhalten:

> ❶ Viele Entscheidungen fallen erst nach einer kollektiven Beratung und durchlaufen einen organisierten Prozeß der Entscheidungsbildung. Die Anzahl der Führungsentscheidungen, die im "stillen Kämmerlein" getroffen werden, nimmt angesichts der wachsenden Komplexität betrieblicher Entscheidungssituationen tendenziell ab.
>
> ❷ Die Erfahrung lehrt, daß der einzelne angesichts der Übermacht von Umweltbedingungen vielfach ohnmächtig ist und selbst bei gutem Willen kaum entscheidenden Einfluß auf den Ablauf des Geschehens nehmen kann.
>
> ❸ Es ist kritisch zu hinterfragen, ob die Konzeption einer individualistischen Verantwortung angesichts der möglichen Folgen einer Entscheidung noch aufrecht zu erhalten ist (Beispiele: der Reaktorunfall von Tschernobyl mit weltweiten Folgen oder das Exxon-Valdez-Tankerunglück).

Die genannten Gründe sprechen für eine Institutionalisierung ethischer Maßstäbe. Institutionalisierte Normen bilden ein zentrales Element der Unternehmenskultur. Dies bedeutet aber nicht notwendigerweise einen Mangel an flexibler Anpassung an sich ändernde Wertvorstellungen von Führungskräften. Eine in das Unternehmen neu eintretende Führungskraft kann prinzipiell ihre ethischen Wertvorstellungen durchzusetzen versuchen, um auf diese Weise eine graduelle Veränderung der Unternehmenskultur herbeizuführen. Individuelle Maßstäbe des ethischen Handelns und institutionalisierte Formen der Bewältigung von ethischen Konflikten sind deshalb als ein zyklischer Ablauf zu sehen und gehen ineinander über (DIERKES/MARZ *1992*).

Die institutionale Entscheidung als rechenschaftspflichtiges Objekt

Verknüpfung individueller und institutioneller Bestandteile

Die Verantwortung für Entscheidungen im Sinne einer individuellen Verantwortlichkeit ist nur den handelnden Personen zuzuordnen. Das Unternehmen als Institution hat in diesem Sinne kein "Gewissen". Ein anderes Problem ist jedoch, ob es für die Folgen des Handelns zur Rechenschaft gezogen werden kann. Diese Frage ist allein schon deshalb zu bejahen, weil unternehmerische Entscheidungen stets auch im Namen der Institution Unternehmung getroffen werden und diese z. B. für Vertragsverletzungen haftet.

Institutionalisierung von Normen versus Institutionenethik

Zu unterscheiden ist deshalb zwischen einer Institutionalisierung individueller Maßstäbe im Unternehmen und der Frage der Institutionenethik. Der Institutionalisierung von ethischen Maßstäben dienen alle Maßnahmen, deren Ziel in der Verbesserung der Geschäftsmoral bzw. Verhinderung von unmoralischem Handeln besteht.

3.3.3 Handlungsalternativen als Verknüpfung von Verantwortungsdimension und Entscheidungsrestriktionen

Wenn der Handlungsfreiraum vollständig eingeschränkt ist, kann von Ethik keine Rede mehr sein. Die dann zu beantwortende Frage lautet, ob die Entscheidungsbedingungen ethisch vertretbar sind. Bestehen dagegen Entscheidungsspielräume, ergibt sich damit auch die Möglichkeit ethischer Reflexion, da aus der Kombination von Verantwortungsdimension und Entscheidungsrestriktionen Handlungsalternativen resultieren. Diese Alternativen stehen prinzipiell auch dem Unternehmen als "moralischem Akteur" offen (*vgl.* ENDERLE *1993, S. 207-226*).

Formen der Verantwortung

Wir wollen an dieser Stelle weiter untersuchen, welche Handlungsalternativen sich den unterschiedlichen Entscheidungs- bzw. Verantwortungsträgern bieten. Grundsätzlich lassen sich folgende Formen der Verantwortung unterscheiden (*vgl.* LENK/MARING *1991, S. 367-376*):

> ❶ Individuelle Verantwortung einer Person,
>
> ❷ Gruppen- und Gemeinschaftsverantwortung (Mitverantwortung),
>
> ❸ Verantwortung von Berufsgruppen bzw. Experten.

Wenn man den Menschen als verantwortliches Wesen ansieht, das zu dieser Verantwortung auch befähigt ist, dann gilt erstens, daß "ethische Verantwortung letztlich immer an eine Person gerichtet und ein Appell an eine Idee bleibt: an die Idee des Moralischen, des Sittlichen, des Persönlichen, der persönlichen Verantwortung" (LENK/MARING *1991, S. 368*). Die Übernahme von personaler Verantwortung entspringt dem Gedanken der Würde des Menschen und entspricht damit der Idee der individuellen Handlungsfreiheit. Im Unternehmen steuern das moralische Bewußtsein und das individuelle Gewissen der Mitarbeiter Entscheidungen in ganz bestimmter Weise vor. Es ist zu betonen, daß keinesfalls nur die Geschäftsleitung bzw. das Top-Management als Träger moralisch relevanter Entscheidungen in Betracht kommt, wenn diese Personen auch eine erhebliche Rolle spielen. Vielmehr gilt für alle Mitglieder des Unternehmens die Verpflichtung zum moralischen Handeln. Damit verliert auch die Rede von "dem Unternehmen" ihren Allgemeinheits- und Unverbindlichkeitscharakter.

Ethische Verantwortung als persönliche Verpflichtung

In den komplexen, vernetzten Sachzusammenhängen einer Wirtschaft sowie des Unternehmens entstehen zweitens erweiterte Formen der Verantwortung und Mitverantwortung. Diese beziehen sich auch auf diejenigen Folgen der Industrialisierung und technischen Entwicklung, die über eine individuelle Verantwortlichkeit hinausgehen. Für sie sind auch und gerade Gruppen von Verantwortungsträgern (der Vorstand/die Geschäftsleitung, der Aufsichtsrat und Betriebsrat, einzelne Unternehmens- sowie Fachbereiche) verantwortlich. Mitverantwortung beinhaltet folglich deren unternehmensbezogene Institutionalisierung. Allerdings kann es sich dabei nicht um eine utopische Gleichverteilung der Verantwortung handeln: Es kann nicht jeder für alles verantwortlich gemacht werden (*vgl.* LENK/MARING *1991, S. 369 f.*).

Als Zwischenfazit ergibt sich, daß betriebliche Entscheidungen bzw. die daraus resultierenden Handlungen sowohl durch nicht mehr zu hinterfragende Basiswerturteile einzelner Personen als auch durch institutionelle Regelungen geprägt werden. Im konkreten Fall ist darüber zu befinden, welches Ausmaß an persönlicher Verantwortung bestimmten Entscheidungsträgern zuzumuten ist. Individuell vorgeprägte Werthaltungen von Führungskräften bestimmen auch mit darüber, ob und in welchem Maße der Konflikt mit den Einstellungen anderer und speziell mit den in der Unternehmenskultur sich wiederfindenden institutionalisierten Normen des Unternehmens aufgenommen wird.

Ethische Mitverantwortung als interorganisatorische Verpflichtung

Über das einzelne Unternehmen hinaus besteht drittens eine Verantwortung ganzer Berufsgruppen, z. B. von Kammern, technisch-wirtschaftlichen Verbänden und Berufsvereinigungen. Diese Experten können ihrer fachbezogenen Verantwortung u. a. dadurch entsprechen, daß sie einen Berufs- und Standeskodex für ihre Mitglieder festlegen (siehe z. B. der Hippokratische Eid des Mediziners) und so den Raum ihrer möglichen Handlungsalternativen verantwortungsvoll begrenzen. Für die Angehörigen eines Freien Berufs gilt eine jeweils besondere "professional ethics" (*vgl.* BAYLES *1981*), z. B. als "engineering ethics". Beispielsweise hat die amerikanische Gesellschaft der Bauingenieure einen solchen Ethikkodex bereits im Jahre 1914 aufgestellt (*vgl.* LENK/MARING *1991, S. 371 f.*).

3.4   Entscheidungskonflikte

Falls die Verantwortungsdimension und der Handlungsspielraum nicht miteinander übereinstimmen, kommt es zu konfliktären Situationen. Wir sprechen dann von einem "ethischen Dilemma". Schematisch läßt sich dieses wie folgt wiedergeben:

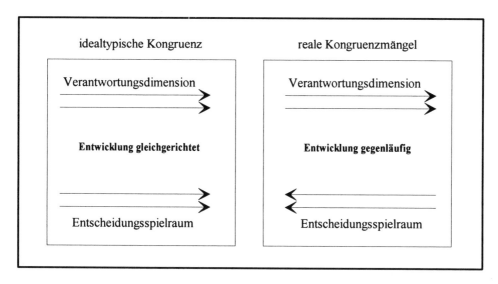

Abb. 20: Gegenüberstellung von idealtypischem und realem Verhältnis von Verantwortungsdimension und Entscheidungsspielraum.

In der Konfliktsituation laufen Verantwortungsdimension und tatsächlicher Entscheidungsspielraum gegeneinander. Anders ausgedrückt: Aufgabe, Kompetenz und Verantwortung fallen auseinander.

3.4.1 Kongruenzmängel als eine Ursache von Konflikten

In der auf der nachstehenden Seite folgenden Abbildung wird die fehlende Kongruenz von Verantwortung und Entscheidungsspielraum mit den verschiedenen Formen von Konflikten verknüpft.

Der Konflikt zwischen ethischen, (betriebs)wirtschaftlichen sowie technologischen Interessen kommt in den Konfliktzonen und Forderungen zum Ausdruck, denen sich das Unternehmen heute ausgesetzt sieht: dem Schutz der natürlichen Umwelt, der Bewältigung von Folgewirkungen der technischen Entwicklung oder der Neubestimmung der Beziehungen zu den Drittweltländern. So notwendig das Wissen über die Grundlagen und Anwendungsgebiete der Unternehmensethik auch sein mag: Genauso wichtig erscheint es auf der anderen Seite, das Gewissen der gegenwärtigen und zukünftigen Führungskräfte zu schärfen sowie die Verantwortlichen daran zu erinnern, daß die mit zahlreichen wirtschaftlichen Entscheidungen verknüpften ethischen Aspekte nicht ausgeklammert werden können.

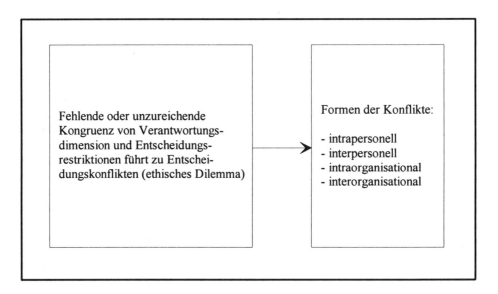

Abb. 21: Verknüpfung der fehlenden Kongruenz von Verantwortungsdimension und Entscheidungsspielraum mit den verschiedenen Formen von Konflikten.

Als Beispiel einer mangelnden Übereinstimmung sei der Konflikt von Entscheidungsträgern in einem multinationalen Unternehmen gewählt. Meinungsverschiedenheiten zwischen den zentralen Entscheidungen des Stammhauses im Heimatland und den dezentralen Tochtergesellschaften im Ausland entstehen z. B. durch ungenügende Ausstattung des lokalen Managements mit Informationen bzw. Kompetenzen. Die Folge sind Entscheidungsdefizite und Konflikte auf verschiedenen Ebenen. Hinzu kommt, daß die vom Stammhaus in die Niederlassung entsandten Vertreter vielfach lokalen soziokulturellen Eigenarten nicht verstehen und sich den Gepflogenheiten des Gastlandes nur schwer anpassen können oder wollen. Die Entscheidungsträger in der Zentrale gehen zudem häufig von einer ethnozentrischen Wertorientierung aus und

Marginalie: Störungen bei Kommunikation, Kompetenzen und Informationsverteilung als Folge mangelnder Kongruenz

versuchen, globale Strategien durchzusetzen. Dies führt zu Kommunikationsstörungen, verzerrten Kompetenzregelungen und Informationsasymmetrien. Das dominante Verhalten der Muttergesellschaft ist z. B. eine wichtige Ursache für ineffiziente Akquisitionsprozesse. Es verursacht dauerhafte Spannungen, es beeinträchtigt den Aufbau positiver Beziehungen zwischen Trägern eines unterschiedlichen kulturellen Erbes und führt zur Fehlallokation von Ressourcen (*vgl. dazu* REINEKE *1989, S. 55-59*).

Merkmale von Kongruenzmängeln

Die Vermutung bestehender Kongruenzmängel ist immer gegeben, wenn (*vgl. dazu* SCHREYÖGG *1989, S. 99*)

- die bestehende Unternehmenskultur ethischen Werten der Entscheidungsträger widerspricht,
- durch organisatorische Verselbständigung und räumliche Distanzierung Subkulturen entstehen und
- sich Unternehmen gegenüber der Umwelt abschließen.

3.4.2 Konfliktformen

Die Verwerfungen zwischen Verantwortung und Handlungsspielraum können zu unterschiedlichen Konfliktformen führen. Wie aus Abbildung 21 hervorgeht, handelt es sich dabei um eine der nachstehenden Konfliktarten:

Formen von Konflikten

❶ Intrapersonale Konflikte

Der Erkenntnisgegenstand beim intrapersonalen Konflikt ist das Individuum, welches gegensätzliche Vorstellungen in sich selbst austrägt (*vgl.* JESCHKE *1993, S. 8*). Das psychologische Gleichgewicht ist gestört, der Mensch strebt nach Wiederherstellung des konfliktlosen Zustandes. Es erfolgt ein individuelles Abwägen unterschiedlicher Handlungsalternativen und ihrer Folgen. Ist nur dem Gewinn zu folgen oder sind z. B. ökologische Konsequenzen zu berücksichtigen? Welche Konsequenzen hat das Aufzeigen eines ethischen Dilemmas für die eigene Karriere? Soll man sich bestehenden Gepflogenheiten anpassen und auf opportunistisches Handeln verzichten? Dies sind nur einige Fragen, die sich bei der Analyse intrapersoneller Konflikte stellen können.

❷ Interpersonelle Konflikte

Wenn zwischen zwei oder mehr Individuen Gegensätzlichkeiten bestehen und sie in eine ethische Dilemmasituation einbezogen sind, handelt es sich um einen interpersonellen Konflikt. Der Konflikt kann sich typischerweise als Paar- oder Dreieckskonflikt äußern (*vgl.* CRAWLEY *1994, S. 137-158*). Im Normalfall entsteht der Konflikt durch das Aufeinanderprallen unvereinbarer Absichten, Interessen und Bedürfnisse. Typisch für interpersonelle Konflikte sind Auseinandersetzungen zwischen Vorgesetzten und Mitarbeitern, die konfligierende Positionen hinsichtlich der Lösung eines Problems haben, soweit der Vorgesetzte nicht aus seiner Rolle als Vertreter der Institution Unternehmen heraus handelt (*vgl. dazu das Beispiel "Der erste Arbeitsplatz" bei* STEINMANN/LÖHR *1992b, S. 15*).

❸ Intraorganisatorische Konflikte

Wenn es sich bei den Konfliktparteien um organisationsinterne Personengruppen handelt, die unvereinbare Positionen bzw. Ziele institutioneller Herkunft aufweisen und diese austragen, dann besteht ein intraorganisatorischer Konflikt. Hier stoßen Organisation und Individuum oder mehrere institutionalisierte Einheiten innerhalb des Unternehmens aufeinander. Zweifellos liegt hier im Rahmen der Unternehmensethik der Schwerpunkt der Konfliktanalyse und -bewältigung. (Dies zeigen auch sehr deutlich die im nächsten Abschnitt 3.4.3 wiedergegebenen Untersuchungsbefunde von TOFFLER.) Die geäußerten Ansprüche seitens verschiedener einzelner Organisationseinheiten können Kann-, Soll- oder Mußcharakter tragen. Sie können ferner explizit formuliert werden oder impliziter Natur sein, d. h. unausgesprochen bleiben. Typisch für intraorganisatorische Konflikte sind Rollenkonflikte zwischen Mitgliedern einzelner Organisationseinheiten auf den verschiedenen Hierarchieebenen.

❹ Interorganisatorische Konflikte

Geht ein Konflikt über die Grenzen einer Organisation hinaus und ist er nach außen gerichtet, handelt es sich um einen interorganisatorischen Konflikt. Hier bestehen konfligierende Ansprüche zwischen dem Unternehmen und externen Organisationseinheiten, mit denen es sich auseinandersetzen muß. Interorganisatorische Konflikte können zwischen Unternehmen einer Branche, eines Landes oder im internationalen Bereich auftreten. Als interorganisatorische Konflikte gelten aber auch Konflikte zwischen dem Unternehmen und allen anderen externen Anspruchsgruppen (z. B. Gewerkschaften, Bürgerinitiativen, Gemeindeverwaltung).

3.4.3 Empirische Untersuchungsbefunde

Die konkreten Ausprägungen des ethischen Dilemmas im Unternehmen sind bislang vor allem durch empirisch gesicherte Untersuchungen in nordamerikanischen Unternehmen studiert worden.

In den USA hat sich insbesondere BARBARA LEY TOFFLER die empirische Erforschung der verschiedenen ethischen Dilemmata bei unternehmerischen Entscheidungen zur Aufgabe gemacht (*siehe* TOFFLER *1986*). Im Unterschied zu vorangegangenen Studien ließ TOFFLER die interviewten Manager selbst beschreiben, was sie bei ihren Entscheidungen als ethisch problematisch ansahen. Die insgesamt 18 von ihr dokumentierten Fälle beschäftigen sich sowohl mit intraorganisatorischen als auch mit intrapersonellen Konflikten. So zeigte sich z. B., daß die Organisationskultur von sich aus ethische Probleme schaffen kann, wenn die Zentrale unklare Anweisungen an die Auslandsniederlassungen erteilt, also Probleme nach außen verlagert.

Empirische Erforschung ethischer Dilemmata

Ethische Fragen als Teil unternehmerischer Routineentscheidungen

Nach TOFFLER sind ethische Fragen Bestandteil der Routineentscheidungen von Managern. Sie werden nicht so sehr durch juristische Probleme charakterisiert als vielmehr durch institutionelle und individuelle Verantwortlichkeiten. Zwar hätten ethische Probleme mit der Frage nach richtigen und falschen Entscheidungen zu tun, doch sei häufig nicht klar, was als "richtig" oder "falsch" einzustufen sei. Immerhin existiere ein gewisser Grundkonsens über "basic principles" wie Ehrlichkeit, Vertrauenswürdigkeit und das Vermeiden von Bösem.

Nach TOFFLER beinhaltet eine Entscheidungssituation folgende ethische Dimensionen:

Elemente	Komponenten
Menschen	Verwandtschaft: - Verpflichtung - Nähe Schaden: - unvermeidliche Ursache - Reaktion auf den Schaden
Konkurrierende Ansprüche	zwischen persönlichen Werten zwischen persönlichen Werten und den Werten anderer
Konkurrierende Ansprüche (fortdauernd)	zwischen Mitteln und Zielen zwischen Individuen oder Gruppen, gegenüber welchen man eine Verpflichtung hat
Intervention	durch Werte-Übereinstimmung durch Werte-Konflikt
Entscheidende Verantwortung (Verantwortlichkeit)	

Tab. 13: Elemente ethischer Situationen (*Quelle: in Anlehnung an* TOFFLER *1986, pp. 14 f.*).

Ethische Probleme können sich aus der Sicht der Organisation (Organisationskultur) oder der Entscheidungssituation selbst ergeben. Im ersten Fall wird die richtige Entscheidung vorgeschrieben bzw. durch allgemeine Problemfälle ("issues") beschrieben. Im zweiten Fall entsteht das eigentliche Dilemma. Die möglichen Problemfälle und Dilemmata lassen sich wie folgt charakterisieren (*siehe* TOFFLER *1986, pp. 20-22*):

Übersicht ethischer Problemfälle und Dilemmata

	Problemfall	Dilemma
1.	Das ethische Problem läßt sich leicht benennen.	Es läßt sich schwer benennen.
2.	Es ist zusammenhangslos und steht in keinem speziellen Kontext.	Es steht in einem speziellen Kontext.
3.	Übereinstimmung, daß das Problem ethischer Natur ist.	Nicht-Übereinstimmung, ob oder ob nicht das Problem ethischer Natur ist.
4.	Es ist an den Ansprüchen eines einzelnen adressiert.	Es ist an mehrere (oft konkurrierende) Anspruchsgruppen adressiert.
5.	Es spricht das Richtige und Falsche eines Wertes an.	Es spricht mehrere (oft konkurrierende) Werte an.
6.	Annahme, daß Individuen das "Richtige" machen, wenn sie es wollen.	Annahme, daß Individuen das "Richtige" machen wollen, aber a) nicht wissen, was das "Richtige" ist, oder b) nicht die Fähigkeit dazu haben, das "Richtige" zu tun.

Tab. 14: Charakterisierung ethischer Problemfälle und Dilemmata (*Quelle: in Anlehnung an* TOFFLER *1986, pp. 21 f.*).

Zur Charakterisierung eines ethischen Dilemmas ist die Unterscheidung zwischen den organisatorischen und den individuellen Faktoren von Bedeutung (*vgl.* TOFFLER *1986,*

Organisatorische Einflußgrößen der Ethik

pp. 24-38). Als organisatorische Einflußgrößen der Ethik werden die bestehenden Regelungen und Verfahrensvorschriften, die Organisationskultur, die formalen Organisationssysteme sowie die impliziten Normen bzw. Einstellungen betrachtet. So könnten z. B. in der Branche übliche hohe Bewirtungskosten dazu verleiten, Bewirtungsbelege zu fälschen oder Falschkontierungen vorzunehmen. Arbeitsunfälle werden etwa nach gängiger Einschätzung überwiegend als Ergebnis der Nachlässigkeit von Mitarbeitern angesehen.

Die Einschätzung der Situation durch den Manager wird durch die folgenden individuellen Faktoren beeinflußt:

- Arbeitsanforderungen,
- explizite und implizite Rollenerwartungen,
- die Verfügbarkeit von Entscheidungsalternativen,
- berufliche Abhängigkeiten,
- individuelle Vorlieben und Abneigungen sowie
- persönlicher Hintergrund.

So verleiten z. B. die in einem Leistungsbewertungssystem niedergelegten Arbeitsanforderungen dazu, einige Mitarbeiter schlechter einzustufen, um die Normalverteilung zu erhalten, oder aber sie besser zu beurteilen, um gegenüber den Vorgesetzten gute Mitarbeiter vorzeigen zu können. Ein ethischer Konflikt entsteht ferner dadurch, daß der oberste Chef als Rollenerwartung vorgibt, hohe Ausgaben für gemeinnützige Zwecke zu machen, der direkte Vorgesetzte unter starkem Kostendruck steht und der Sachbearbeiter sich nur so zu helfen weiß, daß er eine andere Kostenstelle mit den Spendenmitteln belastet.

<small>Individuelle Einflußgrößen der Ethik</small>

Organisatorische und individuelle Einflußgrößen des ethischen Dilemmas werden durch die persönliche Verantwortung der Führungskraft zum Ausgleich gebracht. Nach TOFFLER läßt sich diese unterscheiden in:

<small>Bereiche der persönlichen Verantwortung</small>

- Rollenverantwortung (formale Verantwortung, Arbeitsplatz- und Funktionsbeschreibung),
- kausale Verantwortung (für das Verursachte) und

> ○ Fähigkeits- bzw. Kompetenzverantwortung. Zu letzterer zählt auch die Information über eine ethische Konfliktsituation durch "whistle blowing", das persönlichen Mut und Zivilcourage voraussetzt.

Die individuelle Verantwortung stellt ein wichtiges Zwischenstück zwischen dem Manager, seiner Position und der Organisation dar. Nach TOFFLER sind auch gute Manager nicht für alles verantwortlich. Sie müßten vielmehr wissen, wann und für was sie zuständig seien (*vgl.* TOFFLER *1986, S. 35*).

Beispiele ethischer Dilemmasituationen

Im Rahmen einer am Seminar für Industriewirtschaft der Johann Wolfgang Goethe-Universität Frankfurt/Main erstellten Diplomarbeit wurden ebenfalls ethische Dilemmasituationen empirisch erhoben. Aus den insgesamt neun Fallstudien sei der Umweltkonfliktfall, dokumentiert durch zwei Beispiele, herausgegriffen (*siehe* BOHNE *1992*).

> Beispiel 1: Fehlen einer Baugenehmigung

Beispiel 1: Fehlen einer Baugenehmigung

An einer produktionstechnischen Anlage soll eine bauliche Veränderung vorgenommen werden, für die noch keine Genehmigung der Behörde vorliegt. Der Betriebsleiter der Anlage beschließt trotzdem, mit der baulichen Änderung zu beginnen. Es ist die gesetzliche Pflicht der Führungskraft, die als Abteilungsleiter (Stabsabteilung) die Aufgaben des Umweltschutzbeauftragten für den Produktionsprozeß im Betrieb wahrnimmt, auf das Fehlen der Genehmigung hinzuweisen. Die Führungskraft macht daraufhin von ihrem gesetzlichen Vortragsrecht beim Unternehmensvorstand Gebrauch. Sie weist ein Vorstandsmitglied darauf hin, daß für die geplante Änderung noch keine Genehmigung vorliegt. Daraufhin wird die Führungskraft zu dem Betriebsleiter gebeten, wo ihr das Vorstandsmitglied den Vorwurf macht, die "Hierarchie" nicht eingehalten zu haben. Das Vorstandsmitglied weist die Führungskraft an, in Zukunft keine schriftlichen Ausführungen mehr zu machen. Dies widerspricht mindestens jedoch den gesetzlichen Erfordernissen. Diese verlangen einmal jährlich einen schriftlichen Bericht über den Stand des Umweltschutzes im Unternehmen, der direkt an den Vorstand zu richten ist.

Beispiel 2: Vertuschung einer Bodenkontamination

Ein Gebäude der alten Lackiererei soll abgerissen werden. In den Ziegeln des Gebäudes finden sich nach einer chemischen Probe hochgiftige Stoffe, so daß eine gesonderte Entsorgung der Ziegel notwendig ist. Diese verursacht zusätzliche hohe Kosten. Die Führungskraft regt an, zusätzlich eine Probe des Bodens unter dem Gebäude zu nehmen. Ein Vorgesetzter der Führungskraft rät davon ab. Die Führungskraft besteht aber als Umweltschutzbeauftragter auf dieser Bodenprobe. Es stellt sich heraus, daß auch der Boden unter dem Gebäude bis zu einer Tiefe von acht Metern mit den hochgiftigen Stoffen verseucht ist. Die gesonderte Entsorgung des Bodens verursacht zusätzliche Kosten von 2 Mio. DM. Hierauf äußern mehrere Mitglieder des Vorstandes gegenüber der Führungskraft, daß sie das Gebäude nicht abgerissen hätten, wenn sie vorher gewußt hätten, wie hoch die Kosten der Entsorgung sein würden. Die Führungskraft beschreibt weiterhin, daß ihr zwar allgemein keine Vorgaben von den Vorgesetzten gemacht werden, bestimmte Handlungen zu unterlassen. Im Unternehmen bestehe aber eine "stille Übereinkunft" darüber, mögliche aufgetretene Umweltverschmutzungen nicht genauer zu untersuchen, um so eventuell entstehende Kosten einzusparen.

Dilemmalösung auf Basis eingehender Analyse

Die Lösung eines solchen Dilemmas kann nach TOFFLER nur aufgrund einer eingehenden Analyse der spezifischen Entscheidungssituation erfolgen. Es geht deshalb zunächst einmal darum, diese sorgfältig zu erhellen, um daraufhin über geeignete Lösungsvorschläge nachzudenken. Die Lösung des Dilemmas selbst wird also pragmatisch gesucht, nach einem vorangegangenen Prozeß der Ist-Analyse und des Nachdenkens.

Die Darstellung und kritische Kommentierung der einzelnen Fälle macht deutlich, daß aus dem "dilemma" häufig ein "issue" wird - so wie es in ARTHUR MILLERs "Death of a salesman" in tragischer Form gezeigt wird, wenn WILLY LOMANS Frau sagt: "Attention must be paid to such a person".

4 Auswirkungen von Störungen des Entscheidungsprozesses auf den Unternehmenserfolg

Die dargestellten Konflikte werden hier insoweit untersucht, als sie sich in Störungen von betrieblichen Entscheidungsprozessen niederschlagen und diese Störungen den Unternehmenserfolg betreffen. Dabei gehen wir von einer umfassenderen Definition des Erfolges aus, als er üblicherweise in der Betriebswirtschaftslehre (als Erlösüberschuß) verstanden wird. Wir unterscheiden im folgenden zwischen Auswirkungen auf die Effizienz und die Effektivität von Entscheidungen.

4.1 Entscheidungseffizienz

Untersuchungen über die Effizienz von Entscheidungen zielen auf den Prozeßcharakter von Entscheidungen ab. Bei der Entscheidungseffizienz geht es darum, "die Dinge richtig zu tun", d. h. die vorgegebene Zielsetzung optimal zu erreichen. "Einsame" Entscheidungen eines einzelnen sind in großen Unternehmen selten(er) anzutreffen, typischerweise sind Entscheidungen in Unternehmen Gruppenentscheidungen. Insbesondere interpersonelle und intraorganisatorische Konflikte können zu einer Verschlechterung der Entscheidungseffizienz führen, z. B. durch Verlangsamung des Entscheidungsprozesses oder auch zusätzliche Koordinationsprobleme. Im Mittelpunkt steht hier folglich die Effizienz des Mitteleinsatzes, gemessen an Zeiten, Kosten und Mengen.

> Messung der Entscheidungseffizienz anhand von Zeiten, Kosten und Mengen

Gefragt wird also nach den Auswirkungen der Entscheidungsprozesse auf die Ergiebigkeit von Ressourcen und die Veränderungen des Zielerfüllungsgrades. Dazu ist es notwendig, den Verlauf eines Entscheidungsprozesses in den Phasen Problemerkenntnis, Zielsetzung, Alternativensuche, Alternativenbewertung, Wahl der besten Alternative und schließlich Implementation der Entscheidung zu untersuchen (*vgl.* STAEHLE *1991, S. 486; zur Überlagerung der Phasen in der Praxis siehe* WITTE *1973*). Die Effizienz jeder einzelnen Phase des Prozesses wirkt sich auf die Entscheidungseffizienz insgesamt aus.

4.2 Entscheidungseffektivität

Die Effektivität einer Entscheidung wird daran gemessen, ob "die richtigen Dinge" getan werden. Hier stehen mit anderen Worten die Ziele und Werte selbst im Vordergrund. Im Rahmen von umweltethischen Überlegungen ist etwa zu prüfen, durch welche anderen Ziele die Vorstellung "Außerachtlassen ökologischer Überlegungen" zu ersetzen ist, z. B. durch die Ziele "Vermeidung einer Übernutzung der fossilen Energien" und "langfristige Schonung der Genreserven in der Natur".

Messung der Entscheidungseffektivität anhand der Unternehmensziele

Die Überprüfung der Effektivität von Entscheidungen, die an den Zielen selbst gemessen wird, setzt eine Abkehr von der Verfolgung eines einzigen Ziels (z. B. der Gewinnmaximierung) voraus. Dabei läßt sich ansetzen an den Aussagen der entscheidungsorientierten Betriebswirtschaftslehre, die ihren Ursprung in den Gedankengängen EDMUND HEINENs hat. HEINEN löst sich von einer monokausalen Betrachtungsweise und bezieht die Vielfalt von Handlungsmotiven in das unternehmerische Zielsystem ein. Eine empirische Analyse der Ziele unternehmerischer Betätigung zeigt auf, daß neben dem Ziel der Gewinnmaximierung andere Ziele wie Marktausweitung, Streben nach Liquiditätserhaltung und finanziellem Gleichgewicht, aber auch Prestigedenken sowie soziale und ethische Antriebe zu berücksichtigen sind.

Anwendung eines Zielsystems statt monokausaler Betrachtung

Dabei wird die Komplementarität ökonomischer und außerökonomischer Ziele hervorgehoben. Auch die Verfolgung z. B. ethischer Ansprüche trägt zum Überleben des Unternehmens bei. Diese Verknüpfung von ethischen Gedanken und Rationalisierungszielen hebt die Position HEINENs von der Arbeitsdefinition der Unternehmensethik bei STEINMANN ab, nach der die Gewinnbegrenzung ein wichtiges Merkmal ethischer Reflexion ausmacht. Ohne daß dies explizit zum Ausdruck kommt, setzen z. B. SCHNEIDER und HAX diesen Ansatz HEINENs in ihrer Kritik an der Position von STEINMANN/LÖHR fort bzw. bekräftigen ihn.

Komplementarität ökonomischer und außerökonomischer Ziele

4.3 Verringerter Unternehmenserfolg als Konsequenz von Prozeßstörungen

Sowohl die Minderung der Effizienz als auch die reduzierte Effektivität von Entscheidungen bringen zum Ausdruck, daß sich der Unternehmenserfolg verringert. Die Verminderung der Entscheidungseffizienz bewirkt, daß die von einem Unternehmen erwartete Aufgabenerfüllung schlechter als an sich möglich geschieht. Die Verminderung der Entscheidungseffizienz führt dazu, daß aufgrund einer falschen Zielsetzung auch die falschen Aufgaben erfüllt werden und somit ebenfalls der Unternehmenserfolg geringer als möglich ausfällt.

Geringerer Erfolg aufgrund verminderter Entscheidungseffizienz und -effektivität

Eine Verringerung des Unternehmenserfolgs zeigt sich u. a. in einer Verschlechterung der Mitarbeitermotivation, in einer Vergrößerung der organisatorischen Unsicherheit oder in einer Abstumpfung der Wirtschaft gegenüber Korruptions- und Bestechungsaffären. Erfolg im umfassenden Sinne kann z. B. im Rahmen eines ökologieorientierten Wirtschaftens als "sinnerfüllte Bedürfnisbefriedigung in einem harmonisierten Mensch-Natur-Technik-Verhältnis" (ZABEL *1994, S. 8*) verstanden werden. Die Frage nach dem Unternehmenserfolg bezieht sich also nicht nur auf die Erzielung eines Erlösüberschusses, sondern auf die Funktionalität und Dysfunktionalität der Unternehmensaktivitäten in einem umfassenden gesellschaftlichen Kontext. Entscheidungseffizienz und Entscheidungseffektivität sind jeweils notwendige Bedingungen für Unternehmenserfolg; die Existenz beider gemeinsam stellt die hinreichende Bedingung für Unternehmenserfolg dar.

5 Entscheidungsethik

5.1 Begründung

Echte Führungsentscheidungen umfassen Individual- und Teamentscheidungen. Wenn der Entscheidungsaspekt in den Mittelpunkt ethischer Reflexion rückt, sind intra- und interpersonelle, aber auch intra- und interorganisatorische Entscheidungsprozesse und die jeweils entstehenden Konflikte zu analysieren. Mit anderen Worten: eine pragmatisch vorgehende Entscheidungsethik hat es mit Individualethik und gleichzeitig mit Institutionenethik zu tun.

Individual- und Institutionenethik als Bestandteil der Entscheidungsethik

In der Literatur zur Unternehmensethik wird vielfach auf die Bedeutung der individuellen Bewußtseinsbildung und moralischer Gewissensentscheidungen abgehoben. Danach kommt es hauptsächlich auf das Ethos einzelner Manager an, ob sich ethische Maßstäbe über die Vorbildfunktion von Personen im Unternehmen verankern lassen. Dieser personalistische Ansatz bedarf insbesondere aus drei Gründen der Korrektur.

Gründe für die institutionelle Erweiterung

Zentraler Ausgangspunkt der entscheidungsethischen Konzeption ist die Verknüpfung von unternehmensethischen und betriebswirtschaftlichen Aussagen. Die pragmatische Ausrichtung der Entscheidungsethik an den betrieblichen Führungsentscheidungen kommt in der engen Anbindung an die strategische Unternehmensplanung zum Ausdruck.

Eine erste Begründung der Entscheidungsethik geht also von den strategischen Entscheidungen und Zielen des Unternehmens aus. Sie thematisiert zweitens die verhaltensleitenden Werte und Normen der Entscheidungsträger. Dies sind sowohl die handelnden Personen, insbesondere Unternehmer und Manager, als auch das Unternehmen an sich, d. h. die Institution. Individuelle Wertvorstellungen gehen über Sozialisationsprozesse in die bestehende Unternehmenskultur ein und prägen diese. Zwischen den persönlichen Leitbildern der Führungskräfte kommt es auf dem Weg der Interaktion mit den sonstigen Interessenträgern (Stakeholder) zu einer zumeist mittel- bis langfristigen Beeinflussung der Unternehmenskultur.

> Werte der Entscheidungsträger als Bestandteil der Entscheidungsethik

5.2 Arbeitsdefinition

Abschließend lassen sich die vorgetragenen Bausteine einer **Entscheidungsethik** in der folgenden Arbeitsdefinition zusammenfassen:

> *Die Entscheidungsethik behandelt die Wechselwirkungen zwischen den Normen bzw. Werten der Entscheidungsträger und den betrieblichen Entscheidungsprozessen. Sie gründet sich auf die Ausgangsposition der Verantwortungsethik. Dabei werden mögliche materiale Normen für die betriebliche Praxis aus einem Normenfindungsprozeß heraus entwickelt. Die Entscheidungsethik strebt eine Verbesserung der Effizienz und Effektivität unternehmerischer Entscheidungen unter ökonomischen und ethischen Aspekten an.*

Verständnisfragen zu Kapitel 7:

1. Worin liegt die Notwendigkeit einer Verknüpfung von unternehmerischen Entscheidungen und ethischen Aspekten begründet?

2. Nennen Sie die verschiedenen Entscheidungsträger, denen Verantwortung für unternehmerische Entscheidungen zugeordnet werden kann.

> 3. Wie verknüpfen sich Verantwortungsdimension und Entscheidungsrestriktionen bezüglich der möglichen Konfliktsituationen?
> 4. Geben Sie die Definition der Entscheidungsethik wieder.

Einführende Literaturempfehlungen:

Gutenberg, Erich: Unternehmensführung. Organisation und Entscheidungen, Wiesbaden 1962.

Heinen, Edmund: Das Zielsystem der Unternehmung: Grundlagen betriebswirtschaftlicher Entscheidungen, Wiesbaden 1966.

Jeschke, Barnim G.: Konfliktmanagement und Unternehmenserfolg: Ein situativer Ansatz, Wiesbaden 1993.

Lenk, Hans/Ropohl, Günter (Hrsg.): Ethik und Technik, Stuttgart 1987.

Toffler, Barbara Ley: Tough Choices - Managers Talk Ethics, New York et al. 1986.

Weber, Max: Soziologie, Universalgeschichtliche Analysen, Politik, 5. Aufl., Stuttgart 1973.

Kapitel 8: Normative Ausgestaltung einer Entscheidungsethik

Lernziele:

Nachdem im letzten Kapitel die Entscheidungsethik aus der Verknüpfung von Verantwortung und Handlungsalternativen der Entscheidungsträger deskriptiv abgeleitet wurde, lernt der Leser im folgenden Kapitel zunächst die Rahmenbedingungen der normativen Ausgestaltung einer Entscheidungsethik kennen. Ferner wird ihm das Verständnis für die Verknüpfung der Entscheidungsethik mit einzelnen Konfliktformen vermittelt. Schließlich erfährt der Leser, welche ethischen Leitlinien für die grundsätzliche Regelung der wichtigsten Funktionsbereiche in Frage kommen. Insgesamt wird ihm verdeutlicht, wie eng die inhaltliche Verzahnung der Kapitel 7 bzw. 8 ist und wie notwendig normative Aussagen für die Unternehmensethik sind.

1 Grundlagen der normativen Ausgestaltung

Am Ende des vorherigen Kapitels wurden die Komponenten der Entscheidungsethik zusammenfassend beschrieben. Im folgenden sind nun deren einzelne Elemente unter normativ-prospektiver Perspektive näher zu erläutern. Dazu dient das in der Abbildung enthaltene Schema. Es wird die weiteren Abschnitte dieses Kapitels begleiten.

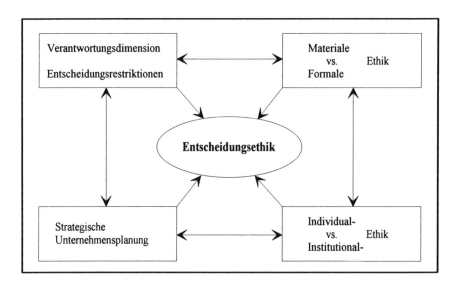

Abb. 22: Elemente und Rahmenbedingungen der Entscheidungsethik.

1.1 Elemente und Rahmenbedingungen einer normativen Entscheidungsethik

Verantwortungsdimension und Entscheidungsspielraum als Ausgangspunkt

Ausgangspunkt für eine normative Entscheidungsethik sind erstens die oben bereits skizzierte Verantwortungsdimension bzw. die Entscheidungsrestriktionen. Zweitens werden inhaltliche Normen benötigt. Sie entstehen aus einem Findungsprozeß, der z. B. nach den Regeln einer Dialogethik ablaufen kann, für den also bestimmte prozessuale Anforderungen gelten. In schematischer Form zeigt die folgende Abbildung diesen Zusammenhang auf.

Kapitel 8: Normative Ausgestaltung einer Entscheidungsethik

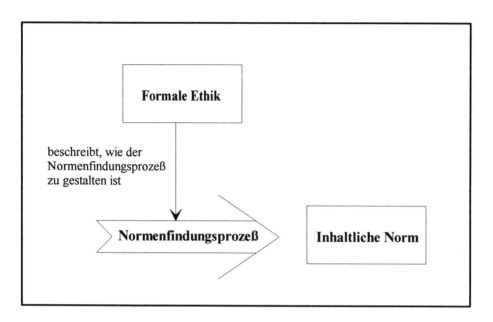

Abb. 23: Zusammenhang von Ethikschule und Normenfindung.

Die dialogische Form des Entscheidungsprozesses bietet der Unternehmensleitung, allen Organisationsmitgliedern sowie möglicherweise auch den externen Vertretern von Interessenträgern die Möglichkeit der Abstimmung und Verständigung im Sinne eines "Konsensus-Managements" (ULRICH 1983b, S. 79). Sie verhindert eine monologisch-einseitige "Inkraftsetzung" von ethischen Leitlinien und sichert die Beteiligung der Betroffenen bei der Entscheidungsfindung ab.

Dialogischer Entscheidungsprozeß als Basis eines Konsensus-Managements

Wie aus der obigen Abbildung hervorgeht, spielt bei der Suche nach geeigneten Verhaltensnormen auch eine Rolle, ob einzelne Personen oder das Unternehmen als Ganzes sich "ver-antworten" sollen, d. h. auf eine bestimmte Frage eine verbindliche Antwort geben. Zwar kann ein Unternehmen nicht als eine moralische Person auftreten, aber dennoch als übergeordnetes Entscheidungssystem moralisch-relevante Handlungen durchführen. Im Sinne der Entscheidungsethik müssen Unternehmen auch für die Konsequenzen der im Rahmen der Kooperation getroffenen Entscheidungen und Aktionen verantwortlich eintreten (siehe dazu auch bereits Kapitel 7).

Unternehmen als verantwortliche Akteure

Ein drittes Element der normativen Entscheidungsethik stellt die "Strategische Unternehmensplanung" (SUP) dar. Die strategische Unternehmensplanung beginnt mit einer strategischen Analyse und Prognose der internen bzw. externen Umweltbedingungen. Als interne Umweltbedingungen gelten die Wertvorstellungen der Führungskräfte, die Stärken und Schwächen des Unternehmens sowie eine Analyse des internen Potentials. Zu den externen Umweltbedingungen zählen die ökonomischen, gesetzlichen, technologischen, sozio-kulturellen und ökologischen Bedingungen. Als wichtigste Instrumente sind Portfolio-Analysen, das Konzept der Erfahrungskurve sowie strategische Wettbewerbsanalysen zu nennen.

Umweltbedingungen als Determinanten strategischer Unternehmensplanung

Aus der Sicht der Planungspraxis ist zu fordern, daß unternehmensethische Überlegungen eine vollständige und genaue Analyse sowie Prognose der rechtlichen bzw. wirtschaftlichen Rahmenbedingungen für strategische Entscheidungen enthalten, die Marktsituation sowie Technologiestruktur widerspruchsfrei abbilden und insbesondere für Zwecke der Umweltschutzpolitik eine detaillierte Beschreibung der ökologischen Umweltsituation umfassen. Die Analyse der externen Umweltbedingungen muß in der Weise erfolgen, daß sie bei allen Interessenträgern des Unternehmens (Stakeholder) auf Akzeptanz stößt (*zur Forderung eines Stakeholder-scanning vgl. auch* SCHOLZ *1987, S. 25-30*). Die Rücksichtnahme auf die Folgen des Handelns bedingt die Einrichtung eines Frühwarn- bzw. Frühaufklärungssystems, um die verantwortlichen Entscheidungsträger bereits im Vorfeld der Willensbildung auf bedrohliche Entwicklungen oder künftige Chancen im Umfeld aufmerksam zu machen (*vgl. dazu* HAHN/KLAUSMANN *1986, S. 264-280*).

Frühwarnsysteme zur Berücksichtigung der Handlungsfolgen

Die strategische Unternehmensplanung verfügt über einen umfassenden "Instrumentenkasten", der für die verschiedenen Planungszwecke genutzt werden kann. Seitens der Entscheidungsethik erscheint es wünschenswert, solche Instrumente einzusetzen, die insbesondere die Wertvorstellungen der Führungskräfte erfassen und eine Analyse von

SUP-Instrumente zur Erfassung ethisch relevanter Konflikte

ethisch relevanten Konflikten ermöglichen. Die individuellen Wertvorstellungen sind bislang vor allem im Zusammenhang mit dem sogenannten Wertewandel untersucht worden. Auf Konfliktprobleme zwischen technologischen und moralischen Prinzipien geht z. B. die Technologiefolgenabschätzung ein. Konflikte zwischen ökonomischen und ökologischen Zielen thematisieren u. a. das Umweltauditing bzw. -controlling.

Die Ausrichtung der Unternehmensethik an der inhaltlichen Ausgestaltung der strategischen Planung insgesamt sichert die Konzentration auf die Entscheidungen und Aktivitäten des Unternehmens mit weitreichender Bedeutung.

Durch Absichtserklärungen des Top-Managements werden die Rahmenziele für die Entwicklung des Unternehmens vorgezeichnet, wobei dies bereits einen interaktiven Prozeß umfaßt. Während die "generellen Absichten" Aussagen über den Unternehmenszweck bzw. die Unternehmensphilosophie im Hinblick auf Produkte, Märkte, Mitarbeiter und die Umwelt umfassen (z. B. Produkt- und Verfahrensentwicklung unter Berücksichtigung ökologischer Kriterien), umfassen die "speziellen Absichten" Äußerungen über Art und Richtung der Unternehmensziele (z. B. die Erhaltung der Marktanteile bei umweltfreundlichen Produkten) (*siehe* KREIKEBAUM *1993, S. 48-51*). Die jeweiligen Absichten werden durch unternehmerische Strategien und Maßnahmen verwirklicht. Der Grad der Zielerreichung gibt schließlich Auskunft darüber, inwieweit die ursprünglichen Absichten tatsächlich in die Praxis umgesetzt werden konnten.

> Formulierung genereller und spezieller Absichten

Im Rahmen der generellen Absichten setzen unternehmensethische Reflexionen bei der Formulierung der Unternehmensphilosophie ein. Diese kommt in den Führungsgrundsätzen (Unternehmensgrundsätzen) zum Ausdruck. Ein Beispiel hierfür könnte lauten: "Unser Unternehmen verfolgt den Zweck, Produkte für die Gesundheit von Mensch, Tier sowie Pflanze zu entwickeln, herzustellen und zu vertreiben", oder: "Unser Unternehmen sieht die Mitarbeiter als wichtigsten

> Einfluß ethischer Reflexionen auf die Unternehmensphilosophie

Produktionsfaktor an und verfolgt wirtschaftliche Zwecke und Humanziele gleichzeitig".

In jüngster Zeit sind die Umweltschutzaspekte immer stärker in den Mittelpunkt strategischer Entscheidungen gerückt. Gerade auch in diesem Bereich läßt sich die Notwendigkeit ethischer Reflexion deutlich machen. Dies erfordert einen Prozeß der Bewußtseinsbildung, der beim Top-Management einsetzt und sich auf alle Hierarchieebenen des Unternehmens erstreckt. Die Prioritätenfolge "Vermeiden, Vermindern, Verwerten, Entsorgen" setzt eine entsprechende Umgestaltung des rein ökonomisch formulierten Unternehmenszwecks voraus (*vgl. dazu* KREIKEBAUM *1988, S. 115-118*). Sie stützt sich auf eine umweltethische Grundhaltung des haushälterischen Umgangs mit den natürlichen Ressourcen.

> Einfluß ethischer Reflexionen auf die Bewußtseinsbildung

1.2 Zusammenhang der Elemente und Rahmenbedingungen

Es ist im einzelnen zu zeigen, wie die soeben beschriebenen Einzelelemente zusammenwirken. Dazu gehen wir von der gegenüberstehenden Abbildung aus. Die beiden Achsenbezeichnungen Verantwortungsdimension und Entscheidungsspielraum sind aufgespannt zwischen dem Aufgabenspektrum des Individuums einerseits und der Institution Unternehmen andererseits. Die Verantwortungsdimension bewegt sich zwischen den Extremwerten klein - groß, der Entscheidungsspielraum rangiert von eng bis weit. Beim Übergang der zu lösenden Aufgabe von einzelnen Personen als verantwortliche Entscheidungsträger über unterschiedlich große Gruppen (als Entscheidungskollektive) bis zum Gesamtunternehmen vergrößert sich tendenziell der Verantwortungsbereich, ebenso wächst der Entscheidungsspielraum.

> Zusammenhänge zwischen Verantwortungsdimension und Entscheidungsspielraum

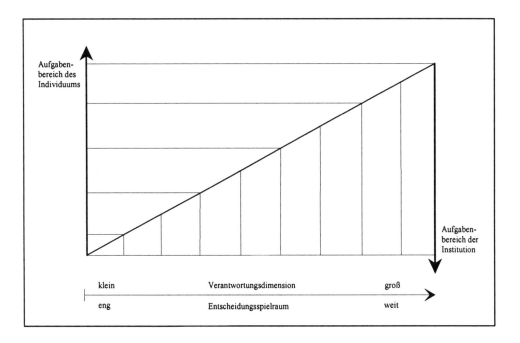

Abb. 24: Verantwortungsdimension bzw. Entscheidungsspielraum von Individuum und Institution.

Die jeweiligen Übergänge sind fließend. Allerdings ist hervorzuheben, daß zwischen Individuen, Gruppen und Institution kein Ausschließlichkeitsverhältnis besteht. Vielmehr tragen alle Akteure eine gemeinsame Verantwortung, wobei die jeweilige Mitverantwortung nicht exakt zu quantifizieren ist.

1.3 Entdeckung ethisch relevanter Konflikte

Im Kapitel 7 wurde herausgearbeitet, daß die mangelnde Übereinstimmung von Verantwortungsdimension und Entscheidungsrestriktion nahezu zwangsläufig zu Konflikten führt. Normativ gesehen ist zu fragen, wie solche Konflikte entdeckt und zutreffend bewertet werden können.

Die Entdeckung von ethisch relevanten Konflikten wird häufig dadurch ausgelöst, daß einem für den Konflikt Verantwortlichen "das Gewissen schlägt", d. h. bewußt wird, daß ein von ihm ausgelöstes Verhalten mit bestimmten moralischen oder rechtlichen Grundsätzen nicht übereinstimmt. Dies ist in der Regel ein Unternehmensangehöriger, es kann aber auch ein Betriebsfremder sein (wie im Bestechungsskandal der Adam Opel AG das Elektrounternehmen Rolf Lagrange aus Kirn). Ethisch relevante Konflikte können durch von Schäden betroffene oder latent bedrohte Dritte (z. B. die Nachbarn beim Störfall Griesheim der Hoechst AG) ebenso ausgelöst werden wie durch Selbstanzeigen von Arbeitnehmern oder Führungskräften.

> Das Gewissen als Indikator ethischer Konflikte

1.4 Kriterienkatalog zur Behandlung ethisch relevanter Konflikte

> Kriterienkatalog zur Konfliktbeurteilung

Die Erarbeitung eines Kriterienkatalogs ist eine wichtige Voraussetzung für die Beurteilung der bekannt gewordenen Konfliktsituation und damit auch für deren mögliche Beseitigung. Der Kriterienkatalog muß die objektive Darstellung sowie Bewertung von aktuellen Entscheidungskonflikten ermöglichen und die Suche nach Lösungsansätzen unterstützen. Dies geht auch aus dem nachstehenden Schaubild hervor.

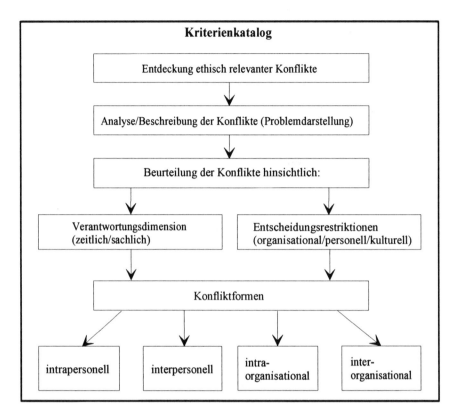

Abb. 25: Kriterienkatalog zur Behandlung ethisch relevanter Konflikte.

1.4.1 Beschreibung des ethisch relevanten Konflikts

Zwar wird jede Beschreibung einer Konfliktsituation aus der Sicht der Betroffenen subjektiv gefärbt sein, doch existiert keine Alternative dazu. Die erste Darstellung erfolgt nun einmal durch denjenigen, der den Konflikt entdeckt bzw. ihn als "ethisches Dilemma" empfindet (*vgl. dazu die Beispiele bei* TOFFLER *1986*). Die Beschreibung kann in mehr professioneller Form auch durch dazu vorgesehene Überwachungsorgane (Interne Revision, Wirtschaftsprüfer, Polizeibeamte, Ermittlungsbehörden) erfolgen.

Problem der Subjektivität der Konfliktbeschreibung

Auf diese erste Stufe kann schon deshalb nicht verzichtet werden, weil sich unter Umständen erst im nachhinein herausstellt, welche Person oder Instanz mit dem Konflikt weiter umzugehen hat. Eine schriftliche Dokumentation dieser Stufe ist unabdingbar.

1.4.2 Beurteilung des ethisch relevanten Konflikts

Die der Erhebung nachfolgende Beurteilungsphase dient dazu, den festgestellten Konflikt hinsichtlich der möglichen Ausprägungen von Verantwortungsdimension bzw. Entscheidungsrestriktionen zu bewerten und ihn in das mögliche Konfliktformenschema einzuordnen.

1.4.2.1 Analyse der Verantwortungsdimension

Zur Aufdeckung des Konfliktausmaßes (Wer ist in welchem Umfang und mit welchen Konsequenzen betroffen?) tritt ergänzend die Analyse der Verantwortungsdimension hinzu. Nicht nur für die retrospektive Aufdeckung einer Verschuldung, sondern auch in prospektiver Hinsicht (Ergreifen von zukunftsorientierten Gegenmaßnahmen), ist festzustellen, in wessen Zuständigkeitsbereich der betreffende Konfliktfall fällt. Für die Beurteilung der gesamten Situation erscheint es von ausschlaggebender Bedeutung, ob ein Aufgabenträger allein oder gemeinschaftlich mit anderen handelt.

Feststellung der zuständigen Entscheidungsträger

Mit diesem letzten Hinweis ist ein wichtiger Punkt angesprochen. Zwar erscheint nicht jeder Fall so spektakulär wie der Absturz eines Verkehrsflugzeuges im Jahr 1979, der durch organisatorische Schwachstellen ausgelöst wurde. Für die Flugsicherheit notwendige Vorschriften waren zuvor geändert worden. Die mangelhafte Implementierung formaler Informationswege im Unternehmen führte jedoch dazu, daß die überlebensnotwendigen Informationen über Änderungen nicht in den Bordcomputer eingegeben wurden (*vgl.* FRENCH *1984, p. 152*).

Kapitel 8: Normative Ausgestaltung einer Entscheidungsethik   223

Bedeutend schwieriger wird die Bewertung der Verantwortungsdimension, wenn eine übergeordnete Führungskraft in mehr informeller Weise generelle Normen vorgibt, sich aber mit dem Hinweis auf ein offensichtliches Mißverständnis aus der Verantwortung stiehlt, wenn untergeordnete Mitarbeiter entsprechend handeln und ein Schadensfall eintritt.

Die meisten Unternehmen regeln die individuellen Pflichten der Entscheidungsträger in Form von Kompetenzsystemen, Positions- und Funktionsbeschreibungen. Dabei wird jeweils förmlich bestimmt, wer die auftraggebende und auftragnehmende Stelle ist. Die Verantwortungsdimension bezeichnet also stets ein Interaktionsverhältnis (vgl. HAUSCHILDT 1987). Der Auftraggeber weist dem Auftragnehmer eine bestimmte Aufgabe und die für deren Ausführung erforderliche Kompetenz zu. Der Auftragnehmer steht für die zielentsprechende Erfüllung der Aufgabe. Er wird entweder entlastet oder mit Sanktionen belegt.

> Der Interaktionscharakter der Verantwortungsdimension

Schwieriger wird die Ermittlung der Verantwortung im Falle der kollektiven Entscheidung, da hier nicht ein einzelner "zur Verantwortung gezogen" werden kann, sondern Gruppenverantwortung und mögliches Mitverschulden vorliegt. Multipersonale Entscheidungen bezeichnen die tägliche Realität eines Unternehmens (mit Ausnahme von Kleinstbetrieben).

> Problem der Verantwortungsermittlung bei multipersonalen Entscheidungen

1.4.2.2 Analyse der Entscheidungsrestriktionen

Die Entscheidungsrestriktionen werden in personeller organisatorischer, und kultureller Hinsicht unterschieden. Personelle Entscheidungsrestriktionen liegen in den Eigenschaften und Fähigkeiten des Entscheidungsträgers begründet. Entscheidungsdefizite entstehen z. B. aufgrund mangelnder Ausbildung in der Beurteilung ethisch relevanter Situationen (Bewertung nur nach ökonomischen Krite-

> Organisationale, personelle und kulturelle Bestandteile der Entscheidungsrestriktionen

rien). Aufgrund organisatorischer Entscheidungsrestriktionen können unterschiedliche Kompetenzsysteme und Kommunikationsstrukturen bzw. Informationsasymmetrien der Entscheidungsträger vorhanden sein. Z. B. können die Kompetenzstrukturen organisatorische Unsicherheiten enthalten, die dem Entscheidungsträger einen im Einzelfall zu geringen und überdimensionierten Spielraum einräumen. Geschlossene Kommunikationssysteme können den Entscheider hinsichtlich der Art und Richtung sowie des Inhalts der Kommunikation beschränken. Informationsasymmetrien sind in der Regel mit dem bewußten Zurückhalten entscheidungsrelevanter Informationen verbunden. Kulturelle Entscheidungsrestriktionen entstehen durch das sozio-kulturelle Umfeld und das Wertesystem des Entscheiders. Überprüft werden muß also, ob die Entscheidungsrestriktionen des Entscheiders mit denen, die der Konflikt erfordert, kompatibel sind.

Personelle Entscheidungsrestriktionen lassen sich durch zusätzliche Maßnahmen der Information, Schulung und Mitarbeitermotivation abbauen, welche die Unternehmensangehörigen ethisch sensibilisieren. Die Beurteilung der organisatorischen Entscheidungsrestriktionen kann z. B. zu dem Schluß führen, ein rigides Kompetenzsystem durch eine Reduzierung der Hierarchieebenen flexibler zu gestalten, eine zu stark vorangetriebene Arbeitsteilung durch Reintegration von Prozessen aufzuheben und auf die Bewältigung von Querschnittsaufgaben zugeschnittene Projektstrukturen einzuführen. Die kulturellen Entscheidungsbarrieren sind am schwierigsten zu verändern, da sie z. T. in langjähriger Entwicklung entstanden sind und sich als widerspruchsfreie Regeln in den Köpfen festgesetzt haben. Ihre Beseitigung bzw. ihr Abbau erfordern ein bewußtes Commitment der obersten Führungsspitze und einen der Regeln der Kunst gemäßen Organisationsentwicklungsprozeß.

1.4.2.3 Einordnung des Konfliktes in das Konfliktformenschema

Die Ergebnisse der Analyse der Verantwortungsdimension und der Entscheidungsrestriktionen begleiten die nächste Stufe des Vorgehens, in der es um die Einordnung des Konflikts in das bestehende Schema der unterschiedlichen Konfliktformen geht. Wie aus Abbildung 26 hervorgeht, kann die Verantwortungsdimension von klein bis groß und können die Entscheidungsrestriktionen von eng bis weit variieren.

Insgesamt gesehen ergeben sich vier verschiedene Konfliktformen, die wie folgt zu charakterisieren sind.

Intrapersonelle Konflikte trägt der einzelne Entscheidungsträger mit sich aus. Im allgemeinen ist der Aufgabenbereich des Individuums beschränkt. Die Verantwortungsdimension ist entsprechend klein, der Spielraum für Entscheidungen beengt. Dennoch handelt es sich um einen ernstzunehmenden Konfliktfall, da hier gewichtige Vorentscheidungen fallen können. *Der intrapersonelle Konflikt*

Interpersonelle Konflikte entstehen bei kollektiver Entscheidungsbildung in einer Gruppe. Mehrpersonenentscheidungen (z. B. im Rahmen eines Vorstands oder Projektteams) beinhalten sowohl eine größere Verantwortungsdimension als auch weitere Entscheidungsfreiheiten. Je nach Art des Gremiums (Leitungsgremium, Stabsgruppe) kann die Aufgabe einen z. T. beträchtlichen Umfang annehmen. Entsprechend gewinnen ethische Konflikte an Bedeutung. *Der interpersonelle Konflikt*

Intraorganisatorische Konflikte stellen den typischen Fall von Konfliktfällen dar, bei denen das Unternehmen als Institution eine Rolle spielt. Hier kollidieren z. B. einzelne Organisationseinheiten (Funktionen, Geschäftsbereiche, Stabsabteilungen) mit den Normen, die vom Unternehmen als Ganzem in Kraft gesetzt worden sind. Aber auch die Konflikte innerhalb der einzelnen Organisationsbereiche (beispielsweise zwischen Vertrieb und Produktion oder Marketing und Forschung & Entwicklung) stellen exemplarische Konfliktfälle intraorganisatorischer Art dar. Der Aufgabenbereich der Institution ist hier sehr hoch, ebenso wie die Verantwortungsdimension. In diese Kategorie fallen Konflikte im Rahmen von echten Führungsentscheidungen, bei denen der Entscheidungsspielraum sehr weit gefaßt ist. *Der intraorganisatorische Konflikt*

Interorganisatorische Konflikte entstehen auf einer das einzelne Unternehmen übergreifenden Ebene. Die Entscheidungsträger sind hier z. B. Vertreter der Branche, staatlicher Stellen oder von Nichtregierungsorganisationen (z. B. Greenpeace, Terre des Hommes, BUND oder Oro Verde). Gegenstand möglicher Konflikte sind übergeordnete Interessen, die von außen an das Unternehmen (z. B. durch Bürgerinitiativen) herangetragen werden, unter Mobilisierung der Öffentlichkeit bzw. Massenmedien. Der Aufgabenbereich geht weit über individuelle Kompetenzen hinaus, Verantwortungsdimension und Entscheidungsspielraum sind sehr weit gefaßt.

Der interorganisatorische Konflikt

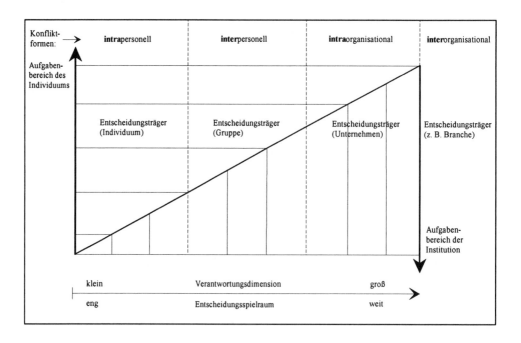

Abb. 26: Verknüpfung der Konfliktformen mit Verantwortungsdimension sowie Entscheidungsspielraum.

Die obenstehende Abbildung erscheint dem Leser möglicherweise zu formal und nicht ohne weiteres verständlich. Sie sollte deswegen durch einige Beispiele erläutert werden.

Die Fallstudie des Fiberglasherstellers "Manville Corporation" belegt "warum gute Manager ethisch fragwürdige Entscheidungen treffen" (GELLERMANN *1986, p. 85*). Es geht um die Beantwortung der Frage, warum das Management der Manville Corporation über Jahrzehnte hinweg die Tatsache verschleierte, daß die Mitarbeiter in lebensbedrohender Weise durch das Einatmen des giftigen Asbeststaubes geschädigt wurden. Der Hauptgrund war, daß die Zahlung von Schadensersatz das Unternehmen billiger kam als die Einführung ungefährlicherer Produktionsverfahren und Sicherheitsvorkehrungen (*siehe dazu die ausführliche Dokumentation bei* PAINE *1995*). Als der Betriebsrat seine Erkenntnisse über die bis zu tödlich verlaufenden Lungenerkrankungen führenden Auswirkungen der Asbestproduktion an die Geschäftsführung weitergab, unterband diese erstens kategorisch alle weiteren Forschungen und verhängte zweitens ein Verbot, die Mitarbeiter wahrheitsgemäß zu informieren (*vgl. dazu im einzelnen* GELLERMANN *1986, pp. 85-90*).

Angesprochen waren in diesem Fall alle vier Konfliktformen. "Gelöst" wurden die Konflikte zwischen dem Unternehmensinteresse und den Rechten Außenstehender vordergründig zugunsten des Unternehmens. Langfristig betrachtet führte dies zum Niedergang des Unternehmens.

1.4.3 Finden von Lösungsvorschlägen

Wie aus Abbildung 26 hervorgeht, weiten sich Verantwortungsdimension und Entscheidungsspielraum mit zunehmender Anzahl der Entscheidungsträger aus. Es entsteht eine Bewegungstendenz von der Individualethik hin zur Institutionenethik. Hieraus läßt sich erstens ableiten, daß tendenziell eine wachsende Anzahl von Beteiligten und Betroffenen an der Bewältigung der verschiedenen Konfliktformen entlang der aufsteigenden Linie teilnimmt.

> Tendenz von Individual- zur Institutionenethik

Zweitens ist anzunehmen, daß auch die für eine Konfliktlösung notwendigen Aktivitäten bzw. Abstimmungsprozesse an Gewicht und

Konsensmanagement durch konfliktspezifische Dilemmalösung

Umfang gewinnen. Das Konsensmanagement erhält einen entsprechenden Stellenwert.

Drittens resultiert aus dem obigen Schaubild die Notwendigkeit, Aussagen über die Bewältigung eines ethischen Dilemmas nicht allgemein zu treffen, sondern in spezifischer Weise auf den jeweiligen Konflikttyp zu konzentrieren. Die in Abbildung 22 dargestellten Elemente werden m. a. W. stets unter dem Aspekt von Abbildung 26 zu lesen sein.

Elemente der Entscheidungssituation

Das Finden von Lösungsvorschlägen wird sich zusammenfassend auf die Analyse der folgenden Elemente stützen, die der spezifischen Entscheidungssituation zugrunde liegen:

○ Art der Konfliktform,
○ am Konflikt beteiligte Entscheidungsträger,
○ Verantwortungsdimension dieser Entscheidungsträger sowie
○ Größe des Entscheidungsspielraums.

Im Vordergrund steht aufgrund der vorliegenden Erfahrungen nicht so sehr die eine mögliche bzw. zwingende Lösung des Konflikts an sich, sondern die dialogische Verständigung über die Art und Weise sowie die potentiellen Auswirkungen bestimmter Mechanismen einer Konfliktregelung.

Wie schwierig die "richtige" Lösungsstrategie im Einzelfall zu finden ist, belegt das Beispiel des interkulturell richtigen bzw. falschen Umgangs mit Korruption in der Dritten Welt von FADIMAN. Es zeigt deutlich die Mißverständnisse auf, die sich aus sprachlichen, interkulturellen und emotionalen Barrieren ergeben (*vgl.* FADIMAN *o. J., S. 87-92*).

2. Die Verknüpfung der Entscheidungsethik mit einzelnen Konfliktformen

2.1 Intrapersoneller Konflikt - Das Individuum

Der intrapersonelle Konfliktfall stellt zugleich den unauffälligsten Typus dar. Da der Konflikt im Individuum ausgetragen wird, kann nur das Individuum selber direkt eine Konfliktregulierung initiieren. Außenstehende, insbesondere Vorgesetzte bedürfen einer guten Beobachtungsgabe, um auf die Auswirkungen des intrapersonellen Konflikts, wie z. B. Lustlosigkeit oder allgemeine Leistungsschwäche, aufmerksam zu werden. Erkennen Sie den Mißstand, können Sie indirekt zur Bewältigung beitragen. In jedem Fall aber wird die Entscheidungsfähigkeit bzw. -freude des Individuums gemindert und damit ein verringerter oder qualitativ schlechterer Leistungsbeitrag zum Wirtschaftsprozeß hervorgerufen.

> Intrapersoneller Konflikt als individualethisches Problem

Als typischer Fall für diesen Konflikttyp sei das "whistle blowing" hervorgehoben. Ein Unternehmensangehöriger ist entweder Augenzeuge oder erfährt eher zufällig und gesprächsweise von einem Verstoß gegen die "guten Sitten". Möglicherweise wird der auch bewußt zu einem solchen Verhalten durch den Vorgesetzten angehalten. Soll er die Situation stillschweigend akzeptieren oder aber die Mauer des Schweigens durchbrechen? Der entstehende Konflikt verschärft sich durch die Ankündigung von Sanktionen, bis zur drohenden Kündigung.

2.2 Interpersoneller Konflikt - Die Gruppe

Bei Gruppenentscheidungen entsprechen die zeitliche und sachliche Verantwortungsdimension dem jeweiligen Aufgabenbereich der Gruppe. Verantwortung und Entscheidungsspielraum sind in jedem Falle aber größer als bei Individualentscheidungen. Ferner entsteht das Problem der Abgrenzung bzw. des Übergangs von der Individual- zur Institutionenethik.

> Konfligierende Positionen zwischen Individuen

Konflikt zwischen Individual- und Gruppenethos

Die stärkere Einbeziehung der Institution ist unbestreitbar, weil formelle Gruppen stets Subsysteme des Unternehmens bilden. Neu entsteht bei interpersonellen Konflikten somit der Konflikt zwischen dem Ethos einzelner Gruppenmitglieder und dem Gruppenethos (als Element der Institutionenethik). Die Vorgehensweise bei der Konfliktbewältigung umschließt den zumeist intensiv geführten Prozeß der Diskussion von Konfliktursachen, -beurteilung und -regelungsmechanismen.

Als ein aktuelles Beispiel für diese Art von Konflikten sei das "Mobbing" aufgeführt. Im Kern geht es dabei um den Konflikt eines Unternehmensangehörigen mit einer Gruppe von Menschen, der mit einem an sich belanglosen Streit beginnt, Unverschämtheiten einschließt und schließlich zu psychischen Nötigungen und dem Herausdrängen der Betroffenen aus dem Arbeitsverhältnis eskaliert (*vgl. dazu im einzelnen* LEYMANN *1994*).

2.3 Intraorganisatorischer Konflikt - Das Unternehmen

Wenn sich ein Mißverhältnis zwischen den individuellen Vorstellungen einer oder mehrerer Personen und organisatorisch-institutionellen Anforderungen ergibt, liegt ein intraorganisatorischer Konflikt vor.

Institutionale Anforderungen vs. individuelle Vorstellungen

Typisch für intraorganisatorische Konflikte sind Rollenkonflikte zwischen Unternehmensangehörigen auf den verschiedenen Hierarchieebenen. Dabei ist sowohl die Verantwortungsdimension der vom Konflikt betroffenen Person sehr stark ausgeprägt als auch der Entscheidungsfreiraum beträchtlich. Ein Übergewicht erhält entsprechend dem korporativen Charakter, der sich durch Verfolgung festgelegter Ziele sowie das Vorhandensein einer Reputation im Gegensatz zu unorganisierten Kollektiven bildet, die Entscheidungsethik der Institution Unternehmen. Allerdings spielen auch individualethische Aspekte hinein, da Entscheidungsträger an der

Spitze des Unternehmens mit einem besonderen Gewicht in die Auseinandersetzung hineingehen (als Macht- und auch Fachpromotoren).

Diesen Aspekt unterstreicht ein Fallbeispiel, über das TOFFLER berichtet (*vgl.* TOFFLER *1986, pp. 56-63*). Eine nordamerikanische Bank gründete eine neue Filiale in einem lateinamerikanischen Land. Da man sich in einer heftigen Expansionsphase befand, war es schwer, geeignetes Personal für die Filiale zu finden, insbesondere für die Position des Filialleiters. Schließlich wurde eine Führungskraft gefunden, die bereits kurz vor der Pensionierung stand, über lange Erfahrungen und viel Erfolg in dem Unternehmen verfügte, jedoch nie selbständig eine Filiale geführt hatte.

Nach einem Jahr und dem Abgeben regelmäßiger Berichte stellte eine Kontrollgruppe fest, daß zahlreiche schlecht oder gar nicht abgesicherte Kredite vergeben worden waren, nur um ein glänzendes Geschäftsergebnis in Form eines hohen Kreditvolumens in die Zentrale weitermelden zu können. Die wirtschaftlichen Ziele liefen hier klar dem Prestigegedanken des Individuums entgegen. Das Unternehmen stand vor seinem Dilemma: Sollte es die langgediente Führungskraft kurz vor seiner Pensionierung fristlos entlassen und eine geeignete Person kurzfristig zur Sanierung einsetzen? Oder sollte es der Führungskraft einen ehrenhaften Abgang ohne Gesichtsverlust ermöglichen und ihm einen "Kontrolleur im Hintergrund" zur Seite stellen? Das Unternehmen entschied sich für letzteres, da es großen Wert auf seine humane und motivierende Personalpolitik legte. Einen Teil von insgesamt 14 Mio. $ an verlorenen Krediten wurde deshalb zusätzlich in Kauf genommen, da während der Betreuungszeit durch den Kontrolleur aufgrund von Reibungsverlusten beider Personen bzw. wegen der Einarbeitungszeit des Kontrolleurs unnötige Verluste eintraten.

2.4 Interorganisatorischer Konflikt - Die Gesellschaft (?)

Das Fragezeichen am Schluß der Überschrift deutet bereits auf die Vielschichtigkeit dieses Begriffes hin. Gemeint sind mit interorganisatorischen Konflikten solche Konflikte, die zu den "external stakeholders" bestehen, d. h. die über die Organisation "Unternehmen" hinausgehen. Unter den "external stakeholders" werden verstanden (vgl. BEHNAM/MUTHREICH 1995):

> Konflikte mit "external stakeholders"

- O die Fremdkapitalgeber,
- O die Lieferanten,
- O die Kunden,
- O die Wettbewerber,
- O der Staat (auf Bundes-, Landes- und Kommunalebene) und
- O die Öffentlichkeit (als Oberbegriff).

Seitens der externern Interessengruppen werden bestimmte Ansprüche und Forderungen an das Unternehmen erhoben. Dieses hat dann zu prüfen, inwiefern es sich um berechtigte Forderungen handelt und ob es ihnen entsprechen möchte. Zum Konflikt kann es auf dreierlei Weise kommen: Wenn das Unternehmen

- O "berechtigte" Forderungen bewußt nicht erfüllt,
- O den Ansprüchen der externen Interessengruppen auf nicht ausreichende Weise entspricht oder
- O die Anspruchserfüllung nur mangelhaft kommuniziert.

Bei interorganisatorischen Konflikten sind sowohl die Verantwortungsdimension als auch die Entscheidungsfreiräume sehr hoch, da der Bezugsrahmen weit über die Institution Unternehmen hinausgeht. Zwar bleibt die Individualethik nicht völlig unberücksichtigt, aber wir finden hier eine stärkere Fokussierung auf die Institutionenethik vor. Das Unternehmen wird seitens der externen Interessengruppen als Ganzheit gesehen, es wird somit zum moralischen Akteur (*siehe* ENDERLE 1993; ENDERLE 1987a).

Insgesamt zu bedenken ist, daß es nicht die eindeutige, optimale Lösung von ethischen Konflikten gibt. Der Tendenz nach kommt es stärker darauf an, sich über gemeinsame Wege und Möglichkeiten bei der Wahl der Konfliktregelungsmechanismen zu verständigen. Das der jeweiligen Konfliktsituation zugrundeliegende Dilemma läßt sich meistens nicht oder nur

> Beschränkung auf Institutionenethik

unvollkommen bewältigen. Wie aber trotzdem mit Konflikten umgegangen werden kann, soll in den beiden nächsten Abschnitten theoretisch sowie anhand der wichtigsten Funktionsbereiche des Unternehmens beispielhaft erläutert werden.

3 Die Regelung von Entscheidungskonflikten durch Findung ethischer Leitlinien

3.1 Begründung der Notwendigkeit ethischer Leitlinien

Im folgenden werden zwei Begründungen vorgestellt, die gleichzeitig bestimmte Anforderungen an die praktische Ausgestaltung von ethischen Leitlinien enthalten: die Ableitung aus Rahmenordnungsmängeln und die Formulierung eines Ethikcodes als Konfliktklärungsinstrument.

Erstens läßt sich die Notwendigkeit ethischer Leitlinien aus der Rahmenordnung in der Marktwirtschaft und deren Grenzen begründen (*vgl. dazu* HOMANN *1992b, S. 77-80*). Diese umfaßt alle für die Wirtschaftssubjekte geltenden Gesetze, aber auch generelle moralische Überzeugungen und kulturelle Verhaltensstandards. Die Rahmenordnung muß auch gegenüber den opportunistischen "Grenzmoralisten" noch Geltung besitzen. Die Regeln der Rahmenordnung sind nötig, um auf keinen Fall diejenigen ökonomisch zu prämieren, die unmoralisch handeln. Eine normative Rahmenordnung ist jedoch aus praktischen und systematischen Gründen weder vollständig noch lückenlos aufzubauen. Eine Welt, die von "Unsicherheit, Unwissenheit, Transaktionskosten, Macht und dynamischen Entwicklungen" (HOMANN *1992b, S. 81*) bestimmt ist, bedarf zusätzlicher ("provisorischer") ethischer Anstrengungen der Unternehmen zur Behebung der moralischen Defizite der Marktwirtschaft.

> Ethische Leitlinien als Ausgleich von Mängeln der Rahmenordnung

Diese Auffassung wird insbesondere von denjenigen Vertretern der Unternehmensethik geteilt, die ordnungspolitischen Rahmenbedingun-

Verantwortungs-zuweisung an Unternehmen

gen einen Vorrang vor individualethischem Handeln einräumen. HOMANN vertritt die Ansicht, daß "ein gewisses Maß an Verantwortung bei Vorhandensein von Defiziten in der Rahmenordnung auf die einzelnen Unternehmen zurückfällt, daß sie aber diese Defizite nur hilfsweise und vorübergehend, also provisorisch auffangen können" (HOMANN *1992b, S. 81*).

Lücken der Gesetzgebung

Solche Defizite entstehen nach HOMANN (*vgl.* HOMANN *1992b, S. 81*) aus "Lücken" in der Gesetzgebung. Die Mängel können im einzelnen resultieren aus:

○ neuen technologischen oder sozialen Entwicklungen (Beispiel: Gentechnologie),
○ Defiziten im gesellschaftlichen Kontroll- und Sanktionssystem,
○ fehlenden Ordnungsstrukturen überhaupt (Beispiel: Entwicklungsländer),
○ kurzfristig nicht abbaubaren Informations- und Machtasymmetrien und
○ mangelnder Berücksichtigung von übergeordneten Prinzipien ("Fairneß", "Geist der Verträge") zugunsten individualistischer Gesichtspunkte.

Die genannten Defizite entstehen auch bei einer "richtigen" Ordnung nahezu zwangsläufig und vor allem dann, wenn die Rahmenordnung veränderten Ausgangsbedingungen anzupassen ist.

Ethische Leitlinien können auf der Verbands- und Unternehmensebene als "Wegbereiter" einer veränderten Ordnung dienen, indem sie auf bestehende Diskrepanzen zwischen der bisherigen Regelung und eingetretenen Veränderungen der Ausgangssituation aufmerksam machen.

Leitlinien als Vorleistung ethischen Verhaltens

Solche Veränderungen kommen z. B. dadurch zustande, daß sich die Problemschwerpunkte des Wirtschaftslebens bzw. der Unternehmenstätigkeit verschieben oder zusätzliche Informationen eine Neubesinnung über die bisher vertretenen Standpunkte erzwingen. In diesem Falle können Unternehmen Vorleistungen erbringen, um die Durchsetzung von allgemein erwünschten ethischen Maximen günstig zu beeinflussen (im Sinne des ersten Zugs einer Tit-for-Tat-Strategie). Diese Beiträge sind auch politisch zu nutzen, denn sie steigern das Image des betreffenden Unternehmens am Markt, innerhalb der Branche und in der gesellschaftlichen Öffentlichkeit (*siehe dazu auch* PIES/BLOME-DREES *1993, S. 758*).

Leitlinien als "Reparaturethik"?

Kritisch wird in diesem Zusammenhang gefragt, ob das Auffangen von Lenkungsdefiziten in der Marktwirtschaft oder ungenügender Koordinationsmechanismen im Unternehmen durch ethische Leitlinien nicht den Charakter einer "Reparaturethik" (MITTELSTRAß) gewinnt (*siehe dazu* HAX *1993, S. 776 f.*).

Auf der anderen Seite gilt: "Ein Gemeinwesen mit komplexer, arbeitsteiliger Wirtschaft ist nicht lebensfähig ohne ein Minimum an ethischen Normen, an die sich die Mitglieder ohne Rücksicht auf Anreize und Sanktionen gebunden fühlen" (HAX *1993, S. 776*). Auf diese Weise können Transaktionskosten gespart werden, die ohne solche ethischen Bindungen extrem hoch wären und ein effizientes Wirtschaften verhindern würden.

Forderung nach Minimum ethischer Normen

Als Bestandteil einer supranationalen Wirtschaftsordnung regeln z. B. die "codes of ethics" der Internationalen Handelskammer, des Internationalen Arbeitsamtes, der OECD und der United Nations Commission on Transnational Corporations generell das Verhalten multinationaler Unternehmen (*vgl.* GETZ *1990*). Das Verständnis für die vorrangige Bedeutung der Marktbeziehungen ist auch deshalb notwendig, weil dadurch eine Verengung der Betrachtungsweise auf eine lediglich unternehmensbezogene, spezialisierte Ethik vermieden wird.

"codes of ethics" als Erweiterung auf supranationale Aspekte

Die Aufstellung ethischer Leitlinien des Verhaltens läßt sich zweitens damit begründen, daß sie ein geeignetes Instrument zur Handhabung von Konflikten abgeben. Es kann sich dabei um die Bewältigung von außerbetrieblichen oder innerbetrieblichen Dilemmasituationen handeln. Ethische Leitlinien können vor allem verbindliche Regeln für die Lösung von intraorganisationalen Konflikten vorschreiben. Sie erleich-

Leitlinien als Instrument zur Handhabung von Konflikten

tern dann die interpersonelle Abstimmung bzw. Kommunikation in einem Unternehmen und reduzieren somit die Transaktionskosten.

Interpersonelle Konflikte entstehen insbesondere zwischen den Generationen einerseits und den Geschlechtern andererseits. Sie betreffen im Prinzip aber alle zwischenmenschlichen Beziehungen innerhalb und außerhalb eines Unternehmens. Voraussetzung für jeden sinnvollen Umgang mit Konflikten ist eine ethische Sensibilisierung. Ein Code of ethics kann dazu nur eine gewisse Hilfestellung leisten und die Bereitschaft zum angemessenen Umgang mit den Konflikten wecken. Ethische Leitlinien gelten als eine wichtige Voraussetzung dafür, daß die Unternehmensangehörigen trotz persönlicher Vorurteile, Neidgefühle, Abneigungen und Aggressionen im Sinne einer gemeinsamen Aufgabenbewältigung zusammenwirken.

Ethische Sensibilisierung als Voraussetzung der Konflikthand-habung

Die verschiedenen Gründe für die schriftliche Festlegung ethischer Unternehmensgrundsätze sind bislang noch nicht systematisch untersucht worden. Die vorliegenden empirischen Analysen beschäftigen sich vor allem mit der Verbreitung, der Bezeichnung, dem Alter sowie dem Inhalt von Verhaltenskodizes (*vgl. dazu* SCHLEGELMILCH *1990, S. 368-373*).

Faßt man die bisherigen Ausführungen zusammen, so lassen sich folgende Aussagen treffen:

- Ethische Leitlinien dienen in erster Linie dazu, Defizite der bestehenden Rahmenordnung zu überbrücken. Damit erfüllen sie eine Art Vorläuferfunktion für die permanente Entwicklung der für alle Wirtschaftsteilnehmer verbindlichen Wettbewerbsstruktur.
- Eine zweite Begründung lautet: Ethische Leitlinien sind in spezifischer Weise dazu geeignet, ethische Dilemmasituationen aufzufangen. Sie besitzen folglich eine Konfliktregelungsfunktion.
- Drittens haben ethische Leitlinien die Aufgabe, die geltende Rahmenordnung in praktisches Handeln umzusetzen (*vgl. dazu auch* KORFF *1992, S. 12*). Damit erhalten sie eine Implementierungsfunktion. Dieser Anspruch gilt für Branchen- bzw. Firmenleitlinien.

3.2 Basisentscheidung zur Auswahl des Normenfindungsprozesses

Wie aus dem folgenden Schaubild ersichtlich ist, geht der Suche nach geeigneten "codes of conduct" eine Basisentscheidung für den Prozeß der Normenfindung voraus. Insbesondere die Geschäfts- und Betriebsleitung, aber auch die übrigen Mitwirkenden sind an diesem Prozeß beteiligt. Es versteht sich von selbst, daß auch dieser Suchprozeß nicht konfliktfrei verläuft, da in ihn weitere individuelle Basisentscheidungen eingehen. Diese wirken sich in besonderer Weise prägend aus, wenn eine Unternehmerpersönlichkeit dem Betrieb ihren Stempel aufdrückt.

Basisentscheidung als Vorläufer des Prozesses der Normenfindung

Zunächst ist deshalb in diesem Zusammenhang über die Anwendbarkeit einer materialen Ethik zu sprechen. Es gibt Unternehmen, die von einer Einzelperson geführt werden, die materiale Vorgaben z. B. aus der eigenen christlichen Einstellung heraus ableitet und als Leitfaden vorgibt. Diese müßten allerdings auch umsetzbar sein. Ferner müßte diese Vorgehensweise von allen Betroffenen gewünscht werden.

Problematik der Anwendbarkeit einer materialen Ethik

Die erste Frage ist, ob dies in der Realität durchführbar ist, da bei einer heterogenen Wertestruktur innerhalb der Mitarbeiterschaft (z. B. in Unternehmen mit einem traditionell hohen Anteil an Ausländern) anders geprägte Mitarbeiter beispielsweise eine christliche Glaubensbasis als Ausgangspunkt für eine Unternehmensethik ablehnen würden. Ein einzelner Unternehmer wird bei wachsender Betriebsgröße immer weniger in der Lage sein, seine Wertvorstellungen durchzusetzen. Da die Betroffenen zweitens hier nicht auch zu Beteiligten gemacht werden, kann diese monologische Vorgehensweise nach unserem Verständnis nicht angestrebt werden.

Typisch z. B. für Kapitalgesellschaften mit einem großen Mitarbeiterstamm würde die Anwendung formalethischer Vorstellungen sein. Diese münden ebenso in Normen bzw.

Präferenz für Anwendung einer formalen Ethik

institutionalisierte Handlungsrichtlinien, können aber idealerweise unter Beteiligung aller Betroffenen erarbeitet werden.

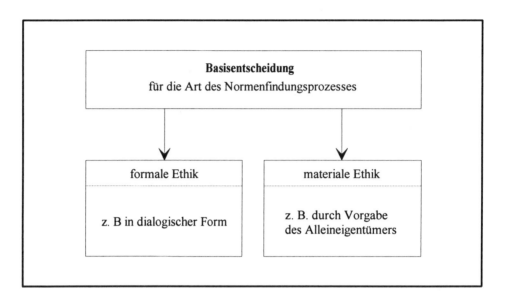

Abb. 27: Die Basisentscheidung als Auswahlinstrument des Normenfindungsprozesses.

3.3 Normenfindungsprozeß als Ausgangspunkt ethischer Leitlinien

In einer Mehrpersonengesellschaft (Kapitalgesellschaften, größere Personengesellschaften), in der Prinzipale, d. h. die Eigentümer und Agenten nicht identisch sind, läßt sich in der Regel der Wille des Prinzipals alleine nicht mehr durchsetzen. Ferner sinkt mit steigender Mitarbeiterzahl die Durchsetzungsmöglichkeit des Prinzipalwillens. Daher müssen Entscheidungen in einem interdependenten Prozeß gefunden oder den Agenten die Entscheidungsbefugnis übertragen werden. Das Ergebnis dieser dialogisch zu führenden Abstimmung ist ein Katalog ethischer Leitlinien als normative Handlungsvorgabe (vgl. das folgende Schaubild).

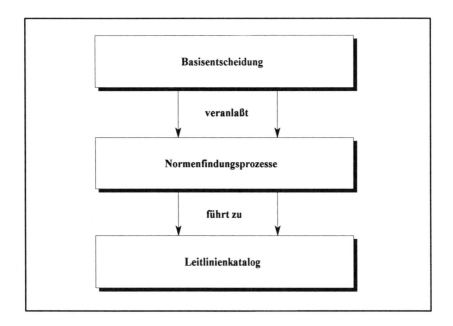

Abb. 28: Der Weg von der Basisentscheidung zu einem Leitlinienkatalog.

Es handelt sich hier um eine normative Aussage, die in der (Wunsch-) Vorstellung eines partizipativ zu führenden Unternehmens begründet ist. Die angestrebte Beteiligung der Unternehmensangehörigen führt zu einem demokratischen Prozeß der Konsensfindung über die dem Leitlinienkatalog zugrundeliegenden Normen. In diesen Prozeß können z. B. unterschiedliche Glaubens-, Religions- und Kulturvorstellungen eingebracht werden. Im Gegensatz zur Zeit des Frühkapitalismus mit seiner direktionalen Alleinbestimmung ist der reife Kapitalismus durch einen institutionalisierten Dialog zwischen Ethikexperten und Praktikern gekennzeichnet. Ethikexperten können z. B. Führer von Religionsgruppen oder Philosophen sein (*vgl. den Vorschlag von* SAUTTER *1995, S. 81*).

> Dialogische Konsensfindung zur Einbringung unterschiedlicher Vorstellungen

Der idealtypische Ablauf zur Findung ethischer Normen geht aus dem auf der Rückseite nachfolgenden Flußdiagramm in schematischer Form hervor.

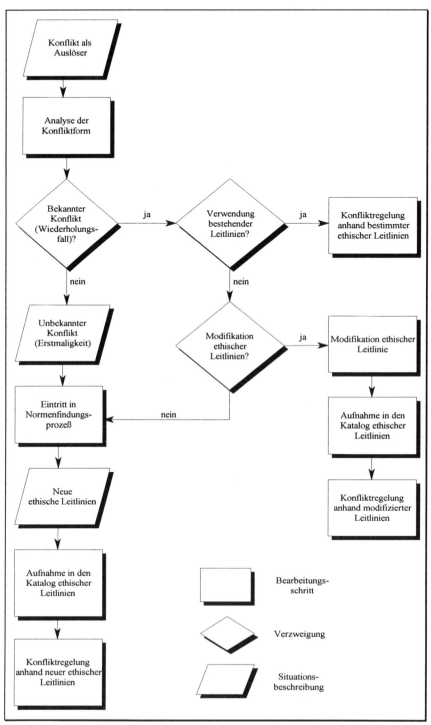

Abb. 29: Das Ablaufdiagramm des Normenfindungsprozesses.

Kapitel 8: Normative Ausgestaltung einer Entscheidungsethik

3.4 Methodik zur Findung ethischer Leitlinien

Die Findung ethischer Leitlinien geschieht nach einer bestimmten Methodik, die sich aus der Einordnung der Konfliktform, der Prüfung verwendbarer ethischer Leitlinien, deren Modifikation bzw. der Formulierung neuer ethischer Leitlinien als Zwangsfluß ergibt.

3.4.1 Der Konflikt als Auslöser - Analyse der Konfliktform

In einem ersten Schritt ist der Konflikt im einzelnen zu analysieren und in das oben behandelte Formenschema einzuordnen (vgl. Punkt 1.4.2.3). Ferner sind die von dem Konflikt unmittelbar und mittelbar betroffenen Personen festzustellen. Am Beispiel des Störfalls in einem Chemiebetrieb können z. B. folgende Personen bzw. Organe betroffen sein:

Feststellung der Betroffenen

○ Konfliktmelder ("whistle blower"),
○ Einsatzleitung von Werkschutz/Feuerwehr,
○ Technische Abteilung/Produktionsleitung,
○ Zuständiges Vorstandsressort,
○ Öffentlichkeitsarbeit/Firmensprecher,
○ unmittelbar betroffene Nachbarschaft,
○ Bürgerinitiativen,
○ Umweltschutzorganisationen sowie
○ Vertreter der Kommune/Landesregierung.

Wie vorliegende Negativerfahrungen zeigen, dürfen auch an sich möglicherweise harmlose Konflikte nicht bagatellisiert werden. Entscheidend für den praktischen Umgang mit dem Konflikt ist ferner die möglichst umfassende und genaue Information der Medien. Besonders verhängnisvoll wirkt sich schließlich ein mangelndes Commitment des Top-Managements aus.

Unterstützende Maßnahmen zur Konfliktbewältigung

Insbesondere einige spektakuläre, die Öffentlichkeit nachhaltig beschäftigende Konfliktfälle haben dafür gesorgt, daß die betroffenen Firmen wichtige Erfahrungen im Umgang mit deren Analyse gemacht haben. Dies gilt in erster Linie für die vollständige, rechtzeitige und wahrheitsgemäße Form der Dokumentation. Der Verzicht auf eine Tradition der Exklusivität und bewußten Nichtunterrichtung anderer Interessenträger als die des engsten Führungszirkels ist identisch mit einer Emanzipation und gleichzeitigen Professionalisierung der Informations- bzw. Kommunikationspolitik. Der Trend zur Sensibilisierung der Öffentlichkeit wird begleitet durch ein gewandeltes Bewußtsein der Aufsichtsrats- und Kontrollgremien. Inzwischen gehört es zum Standard der internen und externen Öffentlichkeitsarbeit, daß über aufgetretene Konflikte schonungslos berichtet und der gesamte Entscheidungsablauf lückenlos dokumentiert wird.

3.4.2 Der wiederholte Konflikt

Zuerst ist zu prüfen, ob der analysierte Konflikt bereits schon einmal aufgetreten ist (Wiederholungsfall). Ist dies gegeben, muß untersucht werden, ob eine Konfliktregelung in Form einer ethischen Leitlinie bereits existiert. Wenn diese vorhanden und noch sinnvoll ist, erscheint deren Umsetzung unproblematisch. Ist eine entsprechende Regelung vorhanden aber als überholt anzusehen, muß eine Modifikation der ethischen Leitlinie erwogen werden. Genügt diese Modifizierung zur Aktualisierung der alten Leitlinie, kann die modifizierte Leitlinie in den bestehenden Katalog eingefügt und umgesetzt werden (Dieser Fall entspricht der Überprüfung der generellen Regelungen, deren Effizienz die kritische Schwelle des Effizienzabbaus unterschritten hat; *vgl. dazu im einzelnen* KREIKEBAUM *1975.*) Reicht eine Modifikation nicht aus, muß eine Neuformulierung stattfinden.

Überprüfung und eventuelle Neuformulierung von Leitlinien

Zu unterscheiden sind folglich zwei Situationen. Eine bereits vorhandene Leitlinie zur Konfliktregulierung ist durch abweichendes Verhalten z. B. von Mitarbeitern unterlaufen worden. Dies kann in Form einer geschäftsschädigenden Handlung (z. B. durch arglistige Täuschung) und damit in unethischer Absicht oder durch simples Vergessen bzw. umbewußtes Außerachtlassen der bestehenden Regelung erfolgt sein. Die alte Leitlinie ist im ersten Fall problemlos weiterzuverwenden, es bedarf aber unterstützender Hinweise auf ihr Vorhandensein (Erinnerung, zusätzliche Information, erneute Schulung der Regelungsempfänger). Zweitens können sich aber beispielsweise die relevanten Umweltbedingungen und damit die Entscheidungsrestriktionen so geändert haben, daß die Leitlinie nicht mehr den aktuellen Stand der Konfliktregelung widerspiegelt. In diesem Fall ist sie durch eine Neuregelung zu ergänzen bzw. vollständig zu substituieren.

3.4.3   Der erstmalige Konflikt

Ist der analysierte Konflikt noch nicht aufgetreten bzw. geregelt worden, handelt es sich um einen für diesen Zeitpunkt gesehen erstmaligen Konflikt. Die Erstmaligkeit liegt dann vor, wenn bisher keine Erfahrungen mit der Situation und dem sich daraus ergebenden Konflikt gemacht wurden. Daraus resümiert zwangsläufig die Notwendigkeit einer Neuformulierung ethischer Leitlinien, die aufgrund der Erstmaligkeit des Konfliktes noch nicht vorliegen konnten. Um ethische Leitlinien neu aufstellen zu können, bedarf es eines erneuten Eintritts in den Normenfindungsprozeß. Dieser sollte idealerweise den Ansprüchen an eine dialogische Verständigung genügen. Am Ende dieses erneuten Normenfindungsprozesses steht die Formulierung einer neuen ethischen Leitlinie. Sie wird in den bestehenden Katalog ethischer Leitlinien zusätzlich aufgenommen.

> Notwendigkeit einer Neuformulierung ethischer Leitlinien

In diesem Zusammenhang ist auf das organisatorische Problem einzugehen, welche Stelle(n) für Entwurf sowie Implementierung der neuen ethischen Leitlinie zuständig und verantwortlich gemacht werden sollten. Falls eine interne Revision im Unternehmen vorhanden ist, wird diese Abteilung üblicherweise bereits in die Überprüfung des wiederholten Konflikts eingeschaltet worden sein. Denn abweichend von früheren Traditionen umfaßt das Tätigkeitsspektrum der Revision inzwischen über die Ist-Analyse von dolosen Handlungen, d. h. solchen mit bösem Vorsatz, hinaus auch das Ausarbeiten von Empfehlungen zur organisatorischen Neuregelung solcher Konflikte. Das prospektive Management-Auditing gehört mittlerweile zu den Standardfunktionen einer modernen Revision. Allerdings ist die Implementierung einer modifizierten bzw. neuen ethischen Leitlinie in erster Linie Aufgabe der direkt verantwortlichen und betroffenen Entscheidungsträger (Geschäftsleitung, Organisation, Ethikbeauftragte, Fachabteilung).

3.4.4 Anforderungen an die Formulierung neuer ethischer Leitlinien

Einflußfaktoren der Normenumsetzung

Im folgenden werden die an die Ausarbeitung von Unternehmensleitlinien zu stellenden praxisbezogenen Anforderungen herausgearbeitet. Die Basis dafür bilden Einflußfaktoren, die generell die praktische Umsetzung von Normen bestimmen (*vgl. dazu* REINHOLD *1992, S. 426*):

❶ Erstens spielt der Grad der Normeninternalisierung eine Rolle. Dieser kann durch Sanktionen in der Vergangenheit verstärkt worden sein. Je höher der Grad der Normeninternalisierung ist, um so weniger bedarf die Person noch einer Kontrolle von außen. Diese findet dann in zunehmendem Maße intraindividuell statt.

❷ Zweitens ist der Grad der Normenlegitimität relevant. Bei der Ableitung von Normen aus dem Wertesystem kommt es zu Störungen bzw. Inkonsistenzen. Je größer die Konsistenz von Wertesystem und Normen ist, um so höher ist der Grad der Legitimität.

❸ Drittens entscheidet die Wirkungskraft der Sanktionen über die Umsetzung von Normen im täglichen Verhalten. Je schärfer eine Sanktion gefaßt ist, um so größer ist ihre Abschreckungskraft. Hinzutreten muß noch die Kontrolle der Normen. Wird ihre Einhaltung nicht überwacht, verliert die schärfste Sanktion ihren Effekt.

> ❹ Ein vierter Punkt ist die Funktionalität der Normen in bezug auf die Interessen der handelnden Personen. Stimmen sie in ihren Auffassungen überein, ist eine hohe Funktionalität gegeben. Im Falle von allgemeingültigen, fremdbestimmten Normen wird wahrscheinlich nur eine geringere Funktionalität vorhanden sein.
>
> ❺ Fünftens ist das Ergebnis der Normeninterpretation von Bedeutung. Je konkreter eine Norm für eine bestimmte Handlungssituation ausgestaltet ist, um so leichter fällt dem Handelnden deren Interpretation an sich, und um so geringer ist die Gefahr einer Fehlinterpretation.
>
> ❻ Schließlich bestimmt der Grad der inneren Stimmigkeit des Normensystems dessen Durchführungsgrad. Je geringer die Menge der Zielkonflikte innerhalb des Normensystems ist, um so höher ist der Grad der Systemkonsistenz. Zielkonflikte lassen sich mit zunehmender Systemstrukturierung leichter erkennen.

Unternehmenkodizes, d. h. ethische Normen für ein Unternehmen, füllen einen Raum aus, der nicht durch den gesetzlichen Rahmen geregelt wird. Sie schließen also stets eine eigengewählte, freiwillige Selbstverpflichtung ein. Allerdings geschieht dies in der Regel nicht aus einer altruistischen Motivation heraus. Die Firmen versuchen vielmehr, einen bestimmten Spielraum an unternehmerischer Freiheit zu gewinnen oder zu verteidigen und verfolgen damit primär Eigeninteressen (*vgl. dazu auch* SCHLEGELMILCH *1990, S. 367*).

Unternehmenskodizes als Selbstverpflichtung

Die hier vertretene Entscheidungsethik entspricht einer sachbezogenen Einstellung, die den Sinnbezug wirtschaftlichen Handelns ernstnimmt. Eine pragmatische Zuwendung zu den Problemen der Praxis deckt sich mit dem Erfordernis des vernünftigen (rationalen) Handelns. Ausfluß einer solchen Haltung sind Entscheidungen nach dem Prinzip der zweck-mittel-bezogenen Ergiebigkeit als ökonomische Kategorie (*vgl.* SCHWEITZER *1994, S. 32-39*). Bei einer langfristigen, an ökologischen

Prinzipien orientierten Betrachtungsweise sind diese deckungsgleich mit der Forderung nach einer nachhaltigen Bewirtschaftung der knappen Ressourcen.

Erfordernis der Eindeutigkeit und Konkretion

Aus dieser Vorgabe einer pragmatischen Grundorientierung und den genannten grundlegenden Einflußfaktoren folgt ganz praktisch, daß erstens Handlungsnormen einfach sowie eindeutig formuliert sein und konkrete Anweisungen enthalten müssen. Damit wird der Forderung entsprochen, daß weder durch Sprachmängel oder Bildungsunterschiede bedingte Akzeptanzprobleme bei den Mitarbeitern entstehen dürfen noch Kommunikationsbarrieren aufgerichtet werden.

Erfordernis der Notwendigkeit der Norm

Eine zweite Voraussetzung für die Ausgestaltung von Unternehmensnormen ist die unmittelbare Einsicht in deren Notwendigkeit. Unternehmensethische Normen müssen gut fundiert und nachvollziehbar begründet sein. Dieser Anspruch steht in Verbindung mit der Forderung nach einer verständlichen Formulierung, insbesondere im Umgang mit Mitarbeitern, die aus anderen Kulturbereichen kommen.

Erfordernis der Dauerhaftigkeit

Ebenso wie organisatorische Regelungen generell sollten drittens auch entscheidungsethische Normen eine gewisse Dauerhaftigkeit aufweisen. Damit wird dem Umstand Rechnung getragen, daß mit der Einführung von Normen ein gewisser Lernprozeß verbunden ist, der Zeit erfordert und erst nach einer Übergangsfrist eine effiziente Organisationsstruktur entstehen läßt.

Erfordernis der Modifikationsfähigkeit

Viertens läßt sich die Organisationskultur im Zeitablauf nicht unverändert durchhalten, wenn sich die Effizienzbedingungen entscheidend verändern. Die unternehmensethischen Normen stellen keine ein für allemal feste Größe dar. Leitlinien müssen dann geändert oder modifiziert werden, wenn sich die Ausgangsbedingungen entscheidend verändern (z. B. ein Automobilhersteller den Informatikbereich als neues Geschäftsfeld aufgreift). Wichtige Änderungsimpulse können auch durch die Organisationsmitglieder ausgelöst werden. Beispielsweise ist es denkbar, daß

Kapitel 8: Normative Ausgestaltung einer Entscheidungsethik

sich einzelne Mitarbeiter zu "Ethischen Inseln" zusammenfinden und teamartig auf die anderen Mitarbeiter einwirken. Auf diese Weise kann ein ganzes Gefüge von ethischen Inseln entstehen, und es kommt zu einer allmählichen Umgestaltung der institutionellen Normen (vgl. dazu im einzelnen Kapitel 9).

Zusammenfassend sind aus der Sicht der Entscheidungsethik an die Formulierung ethischer Leitlinien ohne Anspruch auf Vollständigkeit die folgenden pragmatischen Forderungen zu stellen:

❶ Die *dialogische Abstimmung* neuer ethischer Leitlinien mit allen betroffenen Interessenträgern ist als grundsätzliche Anforderung anzusehen.

❷ Eine *schriftliche Dokumentation* ist erforderlich, damit alle Beteiligten und Betroffenen den gleichen Informationsgrad über den aktuellen Stand des Normenfindungsprozesses erhalten.

❸ Es sind *einfache Formulierungen* zu wählen, die von allen Anwendern ohne zusätzliche Erläuterungen verstanden werden können. Dies umschließt die Verwendung operationaler Vorgaben.

❹ Bei der Aufstellung neuer ethischer Leitlinien ist bereits deren möglichst problemlose *praktische Umsetzung* zu berücksichtigen.

❺ Neue ethische Leitlinien sollten *bekannte Aspekte* des aufgetretenen Konfliktes umfassen und zudem so ausgestaltet sein, daß sie ähnliche zukünftige Situationen in *flexibler Weise* auffangen können.

❻ Bei der Formulierung von Leitlinien ist eine *inhaltliche Konsistenz* zu bestehenden Leitlinien anzustreben. Sollte dies nicht möglich sein, so sind die bestehenden Leitlinien entsprechend zu überarbeiten.

Nach Abschluß des Normenfindungsprozesses ist die neue ethische Leitlinie allen Beteiligten und Betroffenen zugänglich zu machen, um sie intersubjektiv nachvollziehen sowie kritisch überprüfen zu können.

3.4.5 Die Entscheidung als Ausdruck der Konfliktregelung

Verbesserung von Effizienz und Effektivität durch Leitlinien

Die Entwicklung ethischer Leitlinien bietet die Möglichkeit, Konflikte strukturiert zu regeln. In diesem Fall können Entscheidungen erstens schneller greifen, weil der Suchprozeß einer Handlungsanleitung entfällt und ein Entlastungseffekt des Entscheiders entsteht. Zum anderen ergeben sich Effizienzverbesserungen bei der Entscheidungsfindung, weil Störungen im Entscheidungsprozeß dadurch verringert bzw. vermieden werden. Dies kann bis zur antizipativen Vermeidung zukünftiger Konflikte reichen. Auch qualitativ können die Entscheidungen gewinnen, da der dialogische Charakter der Normenfindung die Einbeziehung von Experten bzw. den Betroffenen "vor Ort" erlaubt. Insgesamt ergeben sich daraus positive Konsequenzen für Effizienz und Effektivität der betrieblichen Abläufe im Unternehmen.

Überwindung von Konflikten durch Finalentschluß

Damit diese eintreten können, ist es erforderlich, daß der Prozeß der Analyse und Suche nach geeigneten Maßnahmen der Konfliktregulierung durch einen Finalentschluß beendet wird. Dieser steht zwar am Ende eines gesamten Entscheidungsvorgangs, in komplexen, multipersonalen und neuartigen Aufgaben umfassenden Entscheidungsprozessen ergibt sich jedoch die Notwendigkeit zu bestimmten Vor- bzw. Teilentscheidungen. So ist in der Regel zu klären, ob die tradierten Methoden der Konfliktregelung im Unternehmen zu ändern sind, welche Einzelschritte dann gegangen werden müssen und wie hoch die Kosten für den Einsatz externer Berater sind (z. B. des "Harvard negotiating table" eines integrierenden Konfliktmanagements).

Korrekturfähigkeit von Entscheidungen

Die genannten Entscheidungsprozesse der Praxis zeichnen sich ferner dadurch aus, daß ein ursprünglich als Finalentscheidung gedachter Abschluß aufgrund bestimmter Situationsänderungen korrigiert wird bzw. werden muß. Als aktuelles Beispiel dazu sei der Brent-Spar-Fall von Shell erwähnt. Die Konzernleitung in London hatte sich im Konflikt mit Umweltschützern und Öffentlichkeit bereits für die für das Unternehmen einfachste (und

Kapitel 8: Normative Ausgestaltung einer Entscheidungsethik   249

damit die ökonomische) Lösung der Versenkung der Ölplattform in der Nordsee entschieden. Sie konnte sich dabei auf die behördliche Genehmigung und die Unterstützung der britischen Regierung stützen. Verschiedene Ereignisse führten jedoch zu einer neuen Sicht der bereits getroffenen Problemlösung: das erfolgreiche Entern der Brent-Spar-Plattform durch Greenpeace-Aktivisten, die bis zu 30-50%igen Erlöseinbußen durch den Shell-Boykott insbesondere deutscher Autofahrer, das ebenso unerwartete wie ausdauernde Widerstandsverhalten der Bundesregierung bzw. anderer europäischer Regierungsvertreter und schließlich der sich eskalierende Imageverlust des Shell-Konzerns. Bedeutsam für die Aufhebung der ursprünglichen Entscheidung wurde schließlich auch der intraorganisatorische Konflikt zwischen dem britischen Top-Management und der deutschen Geschäftsleitung im Hamburg, die sich für die ökologische Lösung des Problems einsetzte.

4 Beispiele für die Regelung von Konflikten durch ethische Leitlinien

"Grundsätze sind fürs Leben was im Kabinett geschriebene Instruktionen für den Feldherrn."

Friedrich Schlegel

4.1 Ethische Leitlinien der Unternehmensführung

Die Unternehmensführung muß dem sich ständig wandelnden Unternehmensumfeld besondere Aufmerksamkeit schenken. Zu beobachtende Verschiebungen, z. B. im Wertegefüge der Gesellschaft (Wertewandel), führen immer wieder zu Konflikten mit älteren, teilweise verkrusteten Führungs- und Organisationsstrukturen in Unternehmen. Sie bedingen gleichzeitig eine Überarbeitung der bestehenden Führungsgrundsätze.

Führungsgrundsätze als Leitliniengrundlage

Nach WUNDERER normieren Führungsgrundsätze die Führungsbeziehungen zwischen Vorgesetzten und Mitarbeitern in "wertorientierter, generalisierter und relativ dauerhafter Weise meist im Rahmen einer Führungskonzeption" (WUNDERER 1992, Sp. 923). Unterschieden wird

Leitlinien zur Normierung von Beziehungen

zwischen direkten (interaktionellen) und indirekten (strukturellen) Führungsgrundsätzen. Bei den direkten Führungsgrundsätzen ist ferner zu differenzieren zwischen Aussagen zum Verhältnis von Vorgesetzten und Mitarbeitern einerseits sowie von Mitarbeitern zu Mitarbeitern andererseits. Letztere werden als "laterale Kooperationen" bezeichnet (WUNDERER 1987, Sp. 1295). Die indirekten Führungsgrundsätze umfassen z. B. die Regelung der Aufgaben- und Kompetenzverteilungen, die Bildung von Anreizstrukturen, Aussagen zu einem Konsensus-Management (*vgl. dazu auch* ULRICH 1986, S. 431 f.) sowie zur Beteiligung der Mitarbeiter an Entscheidungs-, Informations- und Kommunikationsprozessen.

Förderung "diskursiver Problemlösungskompetenz"

Werden solche Grundsätze verwirklicht, entsprechen sie KOHLBERGS Forderung nach Herausbildung einer "diskursiven Problemlösungskompetenz" bei Führungskräften (*vgl. dazu im einzelnen* KOHLBERG 1974). Führungsgrundsätze beinhalten sowohl die Pflichten des Managements als auch Rechte und Pflichten der Mitarbeiter (*vgl. dazu im einzelnen* WOLLERT 1988, S. 66; HEY/SCHRÖTER 1985, S. 31, S. 34-36 sowie S. 47; SCHMIDT 1986, S. 99, S. 111; PAULIK 1985, S. 130; GOLAS 1990, S. 70; BAYER 1985, S. 13).

Die <u>Rechte</u> der Mitarbeiter kommen u. a. in folgenden Forderungen zum Ausdruck:

---

❶ Der Vorgesetzte soll mitarbeiterorientiert führen.

Für den Vorgesetzten bedeutet dies, ein geeignetes Arbeitsklima für die Beschäftigten zu schaffen. Dazu gehört auch, bei entstehenden Schwierigkeiten die persönliche Kommunikation zu verstärken und sich gegenüber den persönlichen Problemen der Mitarbeiter zu öffnen, da solche Probleme die Leistung vorübergehend beeinträchtigen können.

Um eine partizipative Einbindung der Mitarbeiter zu ermöglichen, muß deren Eigenmotivation durch Lob und Anerkennung gesteigert werden. Dazu zählt ferner auch, keine persönliche, sondern nur sachlich-konstruktive Kritik vorzutragen. Insgesamt muß der Vorgesetzte seine persönliche Vorbildfunktion wahrnehmen.

Dieser generelle Maßstab für das menschliche Miteinander läßt sich wie folgt konkretisieren:

> ❷   Die Menschenwürde der Mitarbeiter ist zu respektieren.

Die Mitarbeiter haben einen Anspruch auf faire, gerechte und individuelle Behandlung. Ferner sollte auch im betriebswirtschaftlichen Interesse ihr Fähigkeitspotential soweit wie möglich ausgeschöpft werden. Die Versorgung mit allen relevanten Informationen ist dafür genauso eine Voraussetzung wie die Möglichkeit zum kritischen Hinterfragen von Entscheidungen.

> ❸   Den Mitarbeitern ist ein individueller Freiheitsraum zu gewähren.

Die Mitarbeiter haben allgemein das Recht auf Erweiterung ihres Handlungs- bzw. Entscheidungsspielraums, sofern dies ihren Fähigkeiten und Eigenschaften entspricht. Hierzu kann der notwendige Freiraum zu kreativer Arbeit wie auch die partizipative Beteiligung an Entscheidungsprozessen gezählt werden. Zur Entfaltungsmöglichkeit ist ferner das Aufzeigen persönlicher und fachlicher Entwicklungsperspektiven zu rechnen.

> ❹   Die Mitarbeiter haben einen Anspruch auf Solidarität.

Den Mitarbeitern ist in solidarischer Weise zu begegnen, indem sie bei Leistungsschwächen unterstützt werden und bei Versagen eine erneute Chance erhalten. Dabei sollte ihnen Kritik unter vier Augen und nicht in der Gruppe vorgetragen werden.

Mitarbeiter haben folgende <u>Pflichten</u> zu erfüllen (*vgl. dazu z. B. die Führungsgrundsätze der* HOECHST AG):

> **❺** Die Werte, Einstellungen, Bedürfnisse und Gefühle jedes Individuums sollen geachtet werden.

Für die Mitarbeiter besteht generell die Forderung, sich gegenseitig zu respektieren, abweichende Meinungen bzw. Charaktere zu tolerieren sowie andere so zu behandeln, wie man selbst behandelt werden möchte. Dazu sollen sie jeden an der Gruppe und deren Entscheidungen teilnehmen lassen, um keinen zu isolieren. Konflikte müssen durch Gespräche erkannt und Wege zu deren Handhabung gefunden werden.

Zur Erfüllung dieser Verpflichtungen werden von den Mitarbeitern Verhaltensweisen wie Offenheit für Veränderungen und Weiterentwicklung des eigenen Potentials erwartet. Die Weitergabe von Informationen an Kollegen und Vorgesetzte ist ebenso gefordert wie die Bereitschaft zur konstruktiven Kritik sowie zum vernunftgeleiteten Dialog. Jedem sollte Mut zur unpopulären Information nach oben über Verstöße gegen ethische Grundsätze (Whistle blowing) gemacht werden.

Ein Mitarbeiter kann diesen Verpflichtungen um so eher nachkommen, je besser er im Rahmen von Personalentwicklungsmaßnahmen darauf vorbereitet wurde. Durch entsprechende Ausbildungsmaßnahmen sind deshalb Selbständigkeit und Eigeninitiative sowie die Entwicklung von Verantwortungs- bzw. Kooperationsbereitschaft zu fördern.

4.2 Ethische Leitlinien für Forschung & Entwicklung und die Produktpolitik

Die ethischen Aspekte der Forschung und Entwicklung (F&E) sind in jüngster Zeit durch eine Reihe von aktuellen Ereignissen und Entwicklungen ins Licht der Öffentlichkeit gerückt. Vor allem waren es die als Folge der technologischen Entwicklung eintretenden Gesundheitsschäden und Katastrophenfälle (Seveso, Bhopal, Tschernobyl), welche zu

Technikethik als Risikodiskurs

grundsätzlichem Nachdenken führten. Die Möglichkeit gentechnologischer Manipulationen und die globalen Konsequenzen der Umweltkrise werfen ebenfalls verstärkt ethische Fragen auf. Notwendig erscheint deshalb eine präventive Technikethik, die wünschbare technologische Entscheidungen beinhaltet und sich als "Risikodiskurs" versteht (*siehe* IRRGANG *1994, S. 161-167*).

Die Diskussion konzentriert sich zunehmend auf das Kernproblem des verantwortungsvollen Umgangs mit neuen Technologien bzw. Produkten und deren ökologische, gesellschaftliche sowie gesundheitliche Auswirkungen. Sie setzt an den Grundfragen der Forschungsfreiheit und des Machtmißbrauchs an. Nach WALTHER fehlt bislang eine Theorie der Forschungsfreiheit, die u. U. auch eine bewußte Selbstbeschränkung und den Verzicht auf den technisch möglichen "Fortschritt" einschließt (*vgl.* WALTHER *1993, Sp. 298*). WALTHER sieht die Gefahren einer bürokratischen Reglementierung und Kontrolle von Forschungsergebnissen ebenso wie die Notwendigkeit, der Neugier und dem schöpferischen Potential von F&E zugunsten möglicher Lebensvorzüge Raum zu geben. Dabei seien Kriterien der Humanität und Lebensdienlichkeit zu beachten (*vgl.* WALTHER *1993, Sp. 301*).

Technologieumgang in Verantwortung

Eine am Verantwortungsgrundsatz ausgerichtete Entscheidungsethik sieht sich also einer ambivalenten Situation gegenüber. Sie muß den Konflikt zwischen der Forderung nach Freiheit der Forschung einerseits und freiwilligem Verzicht auf unerwünschte Forschungsaktivitäten andererseits lösen (*aus der Sicht der Ingenieure vgl. dazu vor allem* LENK/MARING *1991 und die dort angegebene Literatur*). Diese Haltung der persönlichen und institutionalisierten Verantwortung umschließt eine langfristige, generationenübergreifende Kontrolle unbegrenzter Freiheitsentfaltung. HANS JONAS fordert in diesem Zusammenhang die Beachtung des Prinzips: "Handle so, daß die Wirkungen Deiner Handlung verträglich sind mit der Permanenz echten menschlichen Lebens auf Erden" (JONAS *1979, S. 36*). Daraus läßt sich folgende Leitlinie formulieren:

Forschungsfreiheit vs. Selbstbeschränkung

❶ Bei der Festlegung des Forschungsprogramms sind dessen langfristige Konsequenzen zu beachten.

In der Gentechnologie wurde der Forderung nach frühzeitiger Vorbeugung vor späteren Gefahren erstmalig Anfang der 80er Jahre durch eine freiwillige Selbstbeschränkung entsprochen. Auf der Konferenz von Asilomar faßten die anwesenden Wissenschaftler den Beschluß, Versuche mit vorhersehbaren Gefährdungen des menschlichen Lebens von vornherein zu unterlassen. Die Selbstbeschränkung bezog sich konkret auf die Verwendung bestimmter Bakterienstämme und die Beachtung labortechnischer Sicherheitsvorkehrungen (*vgl. dazu* STAUDINGER *1982, S. 10*).

> ❷ Die Auswirkungen der Forschungsergebnisse auf die menschliche Gesundheit, die Umwelt sowie zukünftige Lebenschancen sind unter Berücksichtigung der Interessen kommender Generationen in unternehmerische Entscheidungen einzubeziehen.

Aus einer theologischen Perspektive legt FRANZ KAMPHAUS ein Veto ein gegenüber der Auffassung: "Immer mehr, und immer besser, und was machbar ist, soll auch gemacht werden" (KAMPHAUS *1984, S. 11*). KAMPHAUS wendet sich gegen die Gefahr einer Verkettung von Lebenszielen und technischen Möglichkeiten als Lebens-Mittel. Er schließt sich CARL FRIEDRICH VON WEIZSÄCKERS Forderung nach einer "asketischen Weltkultur" an, die für das Überleben der Menschheit unverzichtbar sei. Erste Schritte auf diesem Wege sind eine individuelle Bewußtseinserneuerung und eine "Kehrtwende" bei der Ordnung der Lebensprioritäten (*vgl.* KREIKEBAUM *1988, S. 71-74*). Sie können nachfolgende Veränderungen des kollektiven, öffentlichen Bewußtseins und der bestehenden Unternehmenskultur auslösen. STITZEL und WANK fordern aus diesem Grunde eine "Verzichtsethik". Deren Verbreitung setze den Einsatz von "Ökopartisanen" voraus (*vgl.* STITZEL/WANK *1990*).

> ❸ Im Konfliktfall zwischen (kurzfristigen) Unternehmensinteressen und (langfristigen) Gesellschaftsinteressen ist ein F&E-Verzicht vorzuziehen.

Als Anwendungsbeispiel, das die Konfliktsituation zwischen betriebswirtschaftlichen und ethischen Maßstäben beleuchtet, sei die Abtrei-

Kapitel 8: Normative Ausgestaltung einer Entscheidungsethik

bungspille RU 486 der HOECHST AG genannt. Als Zielsetzung der Forschung wird vom Unternehmen summarisch angegeben: "Gesundheit schützen, Krankheiten erkennen und heilen" (HOECHST AG *1989, S. 15*). Im "Selbstverständnis" von HOECHST heißt es: "Unsere Unternehmensziele sind eingebunden in die ethischen Wertvorstellungen unserer Kultur und unserer Gesellschaftsordnung ...... HOECHST erfüllt seine Aufgaben in Übereinstimmung mit den Zielen, Bedürfnissen und den Regeln unserer Gesellschaft. Alles wirtschaftliche Handeln muß letztlich dem Menschen dienen." Diese Statements seien vorausgeschickt, um das folgende Fallbeispiel richtig einordnen zu können.

Die RU 486 wurde in den Laboratorien von Roussel-Uclaaf, einer hundertprozentigen Tochtergesellschaft, entwickelt. Mit 96% Erfolgswahrscheinlichkeit bietet sie die Möglichkeit eines medikamentösen Schwangerschaftsabbruchs.

Die ethische Diskussion setzte unmittelbar nach Bekanntwerden der neuen Produktentwicklung ein, wobei besonders der Aspekt einer Privatisierung des Abtreibungsgeschehens und der Schutz des ungeborenen Lebens als Begründung genannt wurden. Demgegenüber erwiesen sich die wirtschaftlichen Interessen als so zwingend, daß sich das Unternehmen dazu entschloß, neben der Einführung in Frankreich auch die Vergabe entsprechender Lizenzen an die amerikanische Tochtergesellschaft der HOECHST AG zu genehmigen.

Die gesamte Diskussion des Falles läßt erkennen, wie schwierig die Abwägung zwischen den Gewissensentscheidungen einzelner Entscheidungsträger und dem Verlangen potentieller Kunden sein kann. Sie zeigt ferner, daß "die durch die sittliche Überzeugung gegebene Haltung" (STAUDINGER *1982, S. 11*) offensichtlich nicht ausreicht, um gegen die sogenannten Marktkräfte und Gewinninteressen langfristig zu bestehen. Die Entscheidung des HOECHST-Vorstandes läßt vermuten, daß das individuelle Ethos der die Ablehnung der RU 468 befürwortenden Führungskräfte offensichtlich an Grenzen der Verwirklichung stieß.

Mit dem Instrument der Technologiefolgenabschätzung kann versucht werden, die möglichen Auswirkungen einer Neuentwicklung frühzeitig zu ermitteln und daraus entsprechende Folgerungen abzuleiten. Die Technologiefolgenabschätzung ist allerdings mit hohen Unsicherheiten verbunden. Immerhin bietet sie aber einen Ansatz, der in die Formulierung von ethischen Leitlinien übernommen werden kann. Aus ethischer Sicht setzt eine Kritik ferner an einer Politik der geplanten Veralterung an, weil dadurch die technische Haltbarkeit von Produkten gezielt manipuliert wird.

Leitlinien für die Produktpolitik beinhalten folglich Aussagen über den gesamten Produktlebenszyklus einschließlich der Vorstufen und der Entsorgung. Sie umfassen auch Anforderungen an die Entwicklung neuer Produkte unter ökologischen, gesundheitlichen und Sicherheitsgesichtspunkten. Als Leitlinie könnte daher festgehalten werden:

> ❹ Während der gesamten Produktlebensdauer sind der Ressourcenverbrauch, die Umweltbelastung, die Gesundheitsauswirkungen sowie die sozialen Folgen des Produktes zu ermitteln und bei den Entscheidungen über die Produktvariation, -innovation und -eliminierung zu berücksichtigen.

Für die Produktanalyse gilt, daß zusätzlich zur Untersuchung der technischen Anforderungen und ökonomischen Bedingungen eine Analyse der voraussichtlichen ökologischen Wirkungen erforderlich ist (*vgl. dazu im einzelnen* TÜRCK *1991*). Bei der Produktvariation geht es um die Suche nach Marktfeldern für ökologisch aufgeschlossene Konsumenten (Bsp.: phosphatfreie Waschmittel; Nahrungsmittel aus ökologischem Anbau; FCKW-freie Treibgase; *vgl. dazu im einzelnen* HÜSER *1995*). Im Rahmen der ökologischen Produktinnovation ist z. B. die Entwicklung rohstoffschonender, wiederverwertbarer und langlebiger Produkte oder die Verbesserung der Recyclingfähigkeit von Verpackungsmaterialien zu nennen.

Im Rahmen von Überlegungen zur Produkteliminierung kann die Produkt(linien)analyse (Ökobilanzanalyse) herangezogen werden. Bedroht das Produkt die menschliche Gesundheit, vergiftet es die Umwelt und zerstört es die Natur, so ist es aus dem Markt zu entfernen. Als gut dokumentiertes Beispiel für die Produkteliminierung sei die Rücknahme Asbest enthaltenden Fiberglases durch die Manville Corporation genannt (*vgl.* PAINE *1995*).

Prinzipiell kann als Leitlinie für den Konsumzeitraum eines Produktes formuliert werden:

> ❺ Grundsätzlich sollen langlebige Varianten eines Produktes produziert und vertrieben werden.

4.3 Ethische Leitlinien für die Produktionspolitik

Unter "Produktion" verstehen wir die produktionstechnischen Abläufe und Strukturen bei der industriellen Fertigung von Sachgütern. Es geht dabei im folgenden um die Lösung von Problemen, die beim Einsatz von Produktionstechnologien und im Fertigungsprozeß selbst entstehen. Sie betreffen Anforderungen an die Produktionsmittel und den Produktionsprozeß aus gesundheitlicher Sicht sowie aus ökologischer Perspektive.

Harmonisierung des Mensch-Maschine-Verhältnisses

Das gesundheitsgefährdende Potential von Produktionstechnologien und -strukturen wurde im Laufe der technologischen Entwicklung erheblich reduziert. Zumindest ist die unmittelbare Bedrohung von Leib und Leben der Produktionsarbeiter infolge einer ständigen Verbesserung der Anlagensicherheit erheblich zurückgegangen. Dennoch zeigen die steigende Zahl der Berufskrankheiten und der immer noch relativ hohe Anteil der Betriebsunfälle, daß die negativen Auswirkungen der industriellen Produktion auf die menschliche Gesundheit nach wie vor ernst genommen werden müssen. Daraus kann folgende allgemeine Leitlinie für eine menschengerechte Produktion abgeleitet werden:

> ❶ Produktionstechnologien sind so zu entwickeln, daß sie für die Arbeitnehmer keine unmittelbaren Bedrohungen darstellen.

Die Aufstellung von Leitlinien einer menschengerechten Produktion ist eng mit der jeweiligen Technologie verknüpft. Dies sei am Beispiel der Mikroelektronik verdeutlicht. Die Mikroelektronik hat zu einer erheblichen Veränderung des Belastungs- und Anforderungsprofils der Arbeitnehmer geführt. Insbesondere sind Verschiebungen in der Aufgabenstruktur in Richtung einer vergleichsweise höheren Belastung der psychischen anstelle der physischen Leistungsinhalte eingetreten. Deshalb gilt:

> ❷ Technologien sollen so entwickelt werden, daß es möglich ist, das menschliche "Wechselpotential" (*siehe* ELLINGER *1971*) auszuschöpfen.

Die Einführung von Bildschirmgeräten beansprucht beispielsweise das Seh- und Konzentrationsvermögen weitaus stärker, als dies früher der Fall war. Deshalb müssen konkrete Anforderungen an die Gestaltung der Geräte selbst, also an die Hardware, in die Umsetzung der formulierten Leitlinie eingehen. Diese lassen sich für den Einsatz von PCs ansatzweise folgendermaßen verdichten (*vgl.* SCHNORBUS *1979*):

> ○ Flexible Verstellbarkeit der Bildschirmgeräte (Höhe, Seite, Blickwinkel),
> ○ Trennung von Tastatur und Bildschirm,
> ○ Blendschutz des Bildschirms und problemlose Wahrnehmung der Zeichen.

Als negative Folge der technischen Entwicklung werden vielfach der ständig wachsende Zeitdruck mit der Konsequenz einer Streßsituation und eine zunehmende intensitätsmäßige Anpassung des einzelnen Mitarbeiters beklagt. Obwohl aus medizinischer Sicht unbestritten ist, daß eine steigende zeitliche Belastung und Hetze gesundheitsschädigende Folgen nach sich zieht, wird auf der anderen Seite eine positive Wirkung von Streßfaktoren bestätigt. Die entsprechende Leitlinie muß also lauten:

> ❸ Bei der Gestaltung der Arbeitsanforderungen ist ein Mittelweg zwischen einer zeitlichen Über- und Unterforderung anzustreben.

Kapitel 8: Normative Ausgestaltung einer Entscheidungsethik

Zeitaspekte treten ferner im Zusammenhang mit der Individualisierung und selbständigen Festlegung der Arbeitszeit auf. Die tarifpolitische Verkürzung der Wochenarbeitszeit stellt nur einen Aspekt dieser Entwicklung dar. Ebenso wichtig erscheint die Chance einer individuellen Gestaltung der täglichen Arbeitszeit entsprechend den persönlichen Lebensgewohnheiten und der Leistungskurve (*zu den verschiedenen Möglichkeiten vgl. im einzelnen* KREIKEBAUM/HERBERT *1988, S. 99-113*). Auch hier kann sich jedoch ein betrieblicher Konflikt ergeben, in dem die größere "Zeitsouveränität" des Arbeitnehmers mit der Forderung nach Zeitsouveränität (sprich Flexibilisierung der Produktion) des Arbeitgebers in Widerspruch gerät.

> Zeitsouveränität für Mitarbeiter und Unternehmen

Häufig argumentieren die Firmen mit "Sachgesetzlichkeiten". Sofern sie sich unabweisbar aus dem produktionstechnischen Vollzug ergeben, wird man sie hinnehmen müssen (Beispiele: Hochofenprozeß, Arbeiten "in einer Hitze", Verlängerung der Betriebszeiten von sehr teuren Anlagen). Im übrigen zeigt sich häufig, daß angebliche Sachgesetzlichkeiten auch kritisch zu hinterfragen sind und oft als Argument vorgeschoben werden. Demnach läßt sich die folgende Leitlinie aufstellen (*vgl. dazu auch* KREIKEBAUM *1992b, Sp. 35 f.*):

> ❹ Bei der Ausdehnung der Wochenarbeitszeit auf Sonn- und Feiertage ist ein Abstimmungsverfahren vorzusehen, bei dem die Interessen der Betriebspartner offengelegt und diskutiert werden.

4.4 Ethische Leitlinien für Vertrieb und Marketing

Das Marketing bietet ein frühes Anwendungsfeld für ethische Überlegungen (*vgl. dazu bereits* PICOT *1974*). Inzwischen befaßt sich eine Reihe von Marketing-Vertretern an deutschen Hochschulen auch mit ethischen Aspekten der Vertriebs- und Marketing-Politik (*vgl. u. a.* RAFFÉE *1988*, HANSEN *1981*, MEFFERT *1988*, HOPFENBECK *1990*, DICHTL *1991b*, KAAS *1993*). Ethische Leitlinien entwickelten sich auf diesem Gebiet aus der teilweise vehe-

> Marketingkritik als Auslöser der Ethikdiskussion

menten Kritik heraus, die z. B. an der Täuschung des Konsumenten durch Fehlinformationen oder Vortäuschen falscher Tatsachen ansetzt bzw. die Verführung zum "Konsummaterialismus" anprangert.

Der Vertriebs- und Marketing-Manager sieht sich bei seiner Tätigkeit häufig einem Dilemma gegenüber. Auf der einen Seite dient seine Tätigkeit dazu, neue Märkte zu erschließen und den Produktumsatz des Unternehmens zu erhöhen, um dadurch auch Arbeitsplätze zu sichern. Auf der anderen Seite muß er unter Umständen Entscheidungen treffen, die an der Grenze zu unmoralischem Verhalten liegen und das Image seines Unternehmens in der Öffentlichkeit negativ beeinflussen; mit entsprechenden Konsequenzen für den zukünftigen Ertrag der Firma. Verzichtet er aus Gewissensgründen darauf, z. B. Kriegsmaterial ins Krisengebiete zu liefern, gefährdet er damit auch seinen eigenen Arbeitsplatz. Das aufgezeigte Dilemma verschärft sich aufgrund der steigenden Anforderungen seitens der Öffentlichkeit an die Transparenz und Willensbildung im Unternehmen. Der Marketingleiter kann zudem auf die Tatsache verweisen, daß ein Konkurrent das Geschäft tätigen wird, falls sich das eigene Unternehmen aus dem Bereich zurückzieht.

> Vertriebsmanager zwischen Umsatzdruck und Moralität

Im folgenden ist zu untersuchen, wie die geschilderten Dilemmata durch die Formulierung von ethischen Verhaltensnormen entschärft werden können. Befunde aus der empirischen Forschung deuten darauf hin, daß ökologieorientierte Marketinggrundsätze möglichst noch am Kunden ansetzen sollten (*nach* TIEBLER *1995, S. 193*). Wir behandeln daher im folgenden einzelne Elemente des Marketing-Mixes und beginnen mit der Marktforschung.

> Leitlinien zur Verhinderung von "free-rider"-Vorteilen

Wenn eine ganze Branche bzw. ein Verband Leitlinien des Verhaltens vorgibt, zu deren freiwilliger Einhaltung sich die angeschlossenen Unternehmen bindend verpflichten, können "free-rider"-Positionen weitgehend ausgeschlossen werden. Dadurch entsteht eine wettbewerbsneutrale Ausgangssituation für die gesamte Branche. Wünschenswert wäre darüber hinaus eine überregionale und internationale Verbreitung dieser Leitlinien, um dem

Gesichtspunkt der Globalisierung und der weltwirtschaftlichen Wettbewerbsneutralität zu entsprechen. Für den Bereich der Marktforschung hat die AMERICAN MARKETING ASSOCIATION (AMA) den sogenannten Marketing Research Code of Ethics erarbeitet (*vgl.* AMA *1972*). Er fordert:

> ❶ Alle Daten müssen sachgemäß und gewissenhaft nach dem neuesten wissenschaftlichen Erkenntnisstand erhoben, ausgewertet, verwendet sowie interpretiert werden.

Ethische Konflikte treten auch in den Beziehungen des Unternehmens zu anderen Marktteilnehmern auf. Das Unternehmen kann beispielsweise versuchen, einen Konkurrenten durch mißbräuchliche Ausnutzung einer marktbeherrschenden Stellung zu schädigen. Ferner kann es die Konsumenten durch zu hohe und ungerechtfertigte Preise benachteiligen, so daß diese u. U. Dumping-Verkäufe des Unternehmens auf anderen Märkten in Form einer Mischkalkulation mitbezahlen. Ebenfalls ist von einem unethischen Verhalten auszugehen, wenn die Abnehmer unterschiedliche Preise bezahlen müssen. Eine solche Preisdifferenzierung ist unter der Prämisse der vollständigen Konkurrenz zwar prinzipiell ausgeschlossen, in der Praxis ergibt sich dieser Fall jedoch immer wieder, weil der Markt de facto Unvollkommenheiten ausweist. (*Zur Einbeziehung der tatsächlichen Marktunvollkommenheiten durch die Neue Institutionen Ökonomik vgl.* KAAS *1993*.) Zur Preis- und Wettbewerbspolitik läßt sich als Leitlinie aufstellen:

> ❷ Eine marktbeherrschende Position soll nicht zum Schaden der Konsumenten ausgenutzt werden, indem z. B. ein zu hoher Preis festgelegt wird.

Eine verantwortlich handelnde Unternehmensleitung wird nicht versuchen, eine monopolistische Situation für einen ruinösen Preiskampf gegenüber unliebsamen Konkurrenten zu mißbrauchen. Diese Haltung entspricht auch der Forderung nach einer gelebten Solidarität. Abgesehen von ethischen Überlegungen sei der Vollständigkeit halber darauf verwiesen, daß verschiedene rechtliche Regelungen den Konsumenten vor zu hohen Preisforderungen (Wucher) schützen sollen (*vgl. dazu* NIESCHLAG/DICHTL/HÖRSCHGEN *1991, S. 351-358*).

Die folgenden Überlegungen greifen Anforderungen an die Gestaltung der Werbung auf. Konflikte können im Hinblick auf das Produkt, die Werbebotschaft, die Werbemedien und die angesprochene Zielgruppe auftreten. Für die Werbung verbietet § 3 UWG eine Irreführung des Konsumenten ebenso wie eine vergleichende Werbung. Die Irreführung kann sich auf die Produktbeschaffenheit, die Produktion, den Ursprung des Produktes oder dessen Preis beziehen. Der deutsche Werberat hat bereits in den 70er Jahren Verhaltensregeln mit empfehlendem Charakter veröffentlicht. Dabei geht es z. B. um Themen wie Werbung für alkoholische Getränke, Reklame mit Frauen und Kindern, die Werbung für Reifen sowie mit Bildmotiven, die das Unfallrisiko erhöhen können. Die entsprechende Leitlinie lautet:

> ❸ Werbung muß so gestaltet werden, daß objektiv und subjektiv Sachverhalte bzw. Produkteigenschaften einschließlich aller Nachteile bewußt richtig und vollständig dargestellt werden. Die Werbung von Mitmenschen und Umwelt gefährdenden Produkten soll die Gefahren dieser Produkte aufzeigen.

Mit dieser Leitlinie (bzw. deren Verwirklichung) soll insbesondere der Mißbrauch von Ängsten der Konsumenten unterbunden und eine "inflationäre, plakative Verwendung" (HOPFENBECK *1990, S. 314*) von Öko-Begriffen verhindert werden. Dies ist auch deshalb wichtig, weil nach den Ergebnissen einer empirischen Studie drei Viertel der Befragten annehmen, daß die Verwendung solcher Begriffe einer vorherigen Zulassung bedürfe.

Konflikte können ferner dadurch entstehen, daß dem Käufer eine Ware "aufgeschwätzt" wird, so daß er sich über seine finanziellen Verpflichtungen nicht im klaren ist (z. B. hinsichtlich überteuerter Ratenzahlungen). Entscheidend für eine verantwortliche Haltung des Außendienstmitarbeiters ist vielmehr die Zufriedenheit des Kunden, die sich in einem regelmäßigen Bezug des angebotenen Produktes niederschlägt. Dies könnte auch Bestandteil der Provisionsvereinbarungen sein. Die entsprechende Leitlinie lautet:

> ❹ Kunden sollen im Rahmen des Verkaufs fair behandelt werden und als gleichberechtigte Partner gelten. In die Entlohnungsschemata sind Aspekte der Zufriedenheit des Kunden einzubeziehen.

Bestimmte Produkte dürfen nicht jeder Kundengruppe zugänglich gemacht werden, obwohl gerade hier Abgrenzungsprobleme existieren (*vgl.* DICHTL *1991b, S. 391*). Dies gilt z. B. für die Benutzung von Computern für militärische Zwecke durch kriegführende Parteien, aber auch für den Verkauf von Zigaretten und Alkoholika an Kinder bzw. Jugendliche.

Zur Abrundung des Marketing-Mix gehört schließlich der Bereich der ökologieorientierten Distribution. An sie sind folgende Anforderungen zu stellen:

> ❺ Die Rückführung verbrauchter Güter sollte durch das Unternehmen erleichtert werden, indem organisatorische Lösungen direkt angeboten werden oder über Rückführungsmöglichkeiten informiert wird.

Bei der Formulierung von ethischen Leitlinien für den Marketing- und Vertriebsbereich steht eindeutig die Verantwortung des Unternehmens für seine Vertriebspolitik und Marketinggestaltung im Vordergrund. Diese kommt in prägnanter Form im Grundsatz des Konsumentenschutzes zum Ausdruck. Allerdings stößt dieser Grundsatz auf Grenzen, die mit der Forderung nach Konsumentensouveränität und Selbstbestimmung des potentiellen Käufers verbunden sind. Der Konsument hat ein Recht darauf, seine Bedürfnisse so zu befriedigen, daß dadurch nicht er selbst oder andere Marktteilnehmer geschädigt bzw. in Mitleidenschaft gezogen werden. Jedoch muß es ihm überlassen bleiben, wie er seine persönliche Verantwortung, beispielsweise im Umgang mit den Familienangehörigen oder mit von ihm abhängigen Personen, wahrnimmt und ihr gerecht wird. Umgekehrt ergeben sich aus dieser Situation heraus bestimmte Konsequenzen. Z. B. kann das

Produktmanagement eines Unternehmens sich daran orientieren, daß in Bedürfnissen der Verbraucher stets auch gewisse Wunschvorstellungen mitschwingen, die sowohl emotionaler als auch rationaler Natur sind. Sie können auf die Befriedigung von innengeleiteten Wünschen abzielen oder sich an externen Erwartungshaltungen orientieren (z. B. Status- und Prestigebedürfnissen). Häufig wird dem Verbraucher durch eine entsprechende Werbebotschaft erst deutlich, worin der zusätzliche Produktnutzen für ihn besteht. Ein erlebbarer Produktnutzen muß folglich erst vermittelt werden. In diesem Sinne definiert auch KOTLER die Aufgabe des Marketings: "Marketing is a social process by which individuals and groups obtain what they need and want through creating an exchange of products and value with others" (KOTLER *1984, p. 4*).

Verständnisfragen zu Kapitel 8:

1. Nennen Sie die Elemente und Rahmenbedingungen der Entscheidungsethik und charakterisieren Sie deren Zusammenhang (mit Begründung).

2. Wie läuft idealtypisch ein Normenfindungsprozeß ab und warum ist diesem eine Basisentscheidung vorwegzunehmen?

3. Formulieren Sie die Anforderungen, die an die Formulierung von ethischen Leitlinien zu stellen sind und begründen Sie diese.

Einführende Literaturempfehlungen:

American Marketing Association, Marketing Research Standards Comitee (Edit.): Marketing Research Code if Ethics, Chicago 1972 (zitiert als AMA 1972).

Homann, Karl: Marktwirtschaftliche Ordnung und Unternehmensethik, in: Unternehmensethik: Konzepte - Grenzen - Perspektiven, ZfB - Ergänzungsheft 1, Wiesbaden 1992, S. 75-90.

Kaas, Klaus-Peter: Informationsprobleme auf Märkten für umweltfreundliche Produkte, in: Wagner, Gerd Rainer (Hrsg.): Betriebswirtschaft und Umweltschutz, Stuttgart 1993, S. 29-43.

Kreikebaum, Hartmut: Strategische Unternehmensplanung, 5. Aufl., Stuttgart - Berlin - Köln 1993.

Schlegelmilch, Bodo B.: Die Kodifizierung ethischer Grundsätze in europäischen Unternehmen: Eine Empirische Untersuchung, in: DBW, 50. Jg. (1990), Heft 3, S. 365-374.

Scholz, Christian: Strategisches Management. Ein integrativer Ansatz, Berlin - New York 1987.

Kapitel 9: Die Implementierung einer Entscheidungsethik

> **Lernziele:**
>
> Nachdem der Inhalt einer Entscheidungsethik dargestellt wurde, wird der Leser nun mit den Problemen der Umsetzung des entscheidungsethischen Ansatzes in die Unternehmenspraxis bekannt gemacht. Er lernt zunächst die Implementierung als Problem der Werteentwicklung kennen. Im Anschluß daran wird er über die organisatorischen und personellen Voraussetzungen der Implementierung unterrichtet. Den Mittelpunkt des Kapitels bildet das Konzept der "Ethischen Inseln" als ein Instrument zur effizienten Diffusion der Entscheidungsethik. Schließlich soll der Leser die Grenzen der Entscheidungsethik erkennen lernen und wird in einem Exkurs mit Implementierungsbeispielen von Unternehmensethik bekannt gemacht.

Im folgenden Kapitel sind die Voraussetzungen für die Einführung und Weiterentwicklung ethischer Leitlinien zu erläutern. Zunächst wird anhand der Theorie KOHLBERGS auf den Zusammenhang von individualisierter und institutionalisierter Ethik eingegangen. Kernpunkte der Darstellung in Kapitel 9 sind die organisatorischen und personellen Aspekte der Implementierung ethischer Verhaltensleitlinien. Beide gehören selbstverständlich zusammen und sind nur aus didaktischen Gründen getrennt zu behandeln. Sie werden im vierten Abschnitt in das Lösungskonzept der "Ethischen Inseln" überführt. Abschließend soll dargestellt werden, wie ethische Leitlinien in amerikanischen Unternehmen institutionalisiert werden. Fallbeispiele aus einzelnen Unternehmen verdeutlichen, wie das Ziel einer "ethikfreundlichen" Organisationsstruktur zu erreichen ist und welche Schwierigkeiten sich dabei ergeben.

1 Die Implementierung einer Entscheidungsethik als Werteentwicklungsproblem

1.1 Theoretische Konzepte zur Werteentwicklung

Individuelle Werte als Grundlage ethischer Reflexion

Die praktische Durchsetzung der Entscheidungsethik ist eng verknüpft mit der Entwicklung von Werten der handelnden Personen. Individuelle Normen ermöglichen erst die ethische Reflexion. Im folgenden wird zu zeigen sein, wie sich die individuellen Werte in idealtypischer Weise entwickeln. Persönliche Werte gehen in die Entscheidungen des Handelnden ein, wie auch umgekehrt die jeweils zu treffenden Entscheidungen die Werte beeinflussen. Sie prägen darüber hinaus die Gesellschaft bzw. das jeweilige soziale Umfeld des Entscheiders. Auch hier besteht ein Interdependenzverhältnis.

Entwicklung der menschlichen Psychologie als Stufenmodell

Die Entwicklungspsychologie unterstellt, daß jedes Individuum im Laufe seines Lebens gewisse Veränderungen im Erleben und Verhalten mitmacht, die sich als eine invariante Veränderungsreihe darstellen. Diese, im Kindesalter einsetzenden Veränderungen der kognitiven Entwicklung werden von JEAN PIAGET in Form eines Stufenmodells festgehalten. Es enthält genaue Angaben über die Struktur der geistigen Operationen eines Kindes (*vgl. die zusammenfassende Darstellung bei* PIAGET/INHELDER *1991*). Für die geistig-moralische Entwicklung des Kindes sind nach diesem Modell sowohl bestimmte biologische Veränderungen als auch sachlogisch bedingte Lernschritte ausschlaggebend.

Verhaltensänderung durch Selbstbewertung

Im Gegensatz zum behaviouristischen Grundmodell nimmt die neuere soziale Lerntheorie neben reinen Verhaltensänderungen als Folge psychologischer Entwicklung durch externe Einflüsse auch im Individuum gelagerte Ursachen in ihr Modell auf, die im kognitiven System verankert sind. Kognitiv bedeutet hier die Einbeziehung interner Verarbeitungsstrategien. Für ALBERT BANDURA haben Selbstbewertungsprozesse größere Konsequenzen für das Verhalten als äußere Anlässe. Dies unterstreicht seiner Auffassung nach eindeutig die Fähigkeit der einzelnen Person zur aktiven Selbstbestimmung (*vgl.* BANDURA *1977*). Allerdings macht die soziale Lerntheorie keine Angaben über die qualitativen Veränderungen der Wahrnehmungs- und Denkprozesse.

LAWRENCE KOHLBERG benutzt die kognitive Entwicklungspsychologie als Grundlage ener eigenen Stufentheorie. Danach werden Handeln und Denken als verwandte Prozesse angesehen. Das Kind versucht aus seinen Erfahrungen heraus ein Schema zu entwickeln, das sich auf die Bewältigung zahlreicher Situationen übertragen läßt. Nach KOHLBERG verläuft diese Entwicklung synchron, stufenförmig und mit dem Ziel der Entsprechung zwischen innerer kognitiver Struktur und äußerer (sozialer oder natürlicher) Umwelt. Insgesamt handelt es sich um sechs Stufen, die KOHLBERG paarweise zu drei Ebenen zusammenfaßt (*vgl. dazu im einzelnen* KOHLBERG *1984*):

Erfahrungen als Grundlage psychologischer Entwicklung

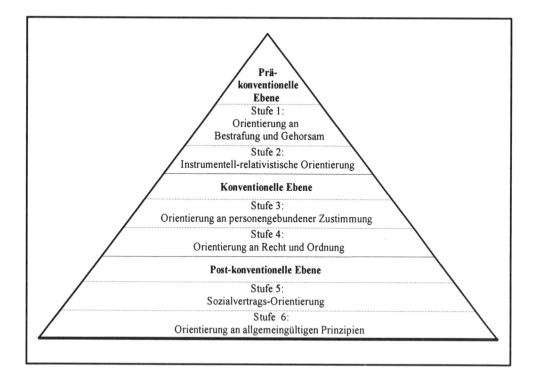

Abb. 30: Die Stufen psychologischer Entwicklung nach KOHLBERG.

Die erste Ebene umfaßt die "präkonventionelle" Beziehung der Person zu ihrer direkten Umwelt. Auf der zweiten, "konventionellen" Ebene wird die das Individuum beeinflussende Gesellschaft einbezogen. Weiter differenziert KOHLBERG zwischen der dritten Stufe, die die Orientierung des Handelns an der Loyalität gegenüber der Bezugsgruppe beinhaltet, und der vierten Stufe, auf der die strikte Beachtung der legalen Regeln zur Erhaltung der Gesellschaft beobachtet wird.

Unterteilung der Kohlbergschen Stufen

Auf dieser vierten, "postkonventionellen" Ebene geschieht die Ausrichtung an universalen ethischen Prinzipien und dem Idealbild einer Gesellschaft. Hier werden soziale Regeln befolgt, die durch einen (fiktiven) Sozialkontakt vereinbart sind. Sie werden meist als gerecht empfunden (fünfte Stufe) oder folgen ethischen Prinzipien bzw. leiten sich aus diesen ab (sechste Stufe).

Die von KOHLBERG und Mitarbeitern in über 30-jähriger Forschungsarbeit entwickelte Stufenfolge der moralischen Entwicklung ist vielfach kritisiert worden. Die Kritik bezieht sich sowohl auf die metaethischen Grundannahmen des Modells wie auf dessen Inhalte (*siehe dazu im einzelnen* REBSTOCK *1992, S. 69-98*). U. a. wird kritisiert, daß KOHLBERG die Moral nur unter formalen Aspekten betrachte und nicht-kognitive Elemente, wie z. B. Einfühlungsvermögen, Verantwortungsgefühl und Fürsorge für andere, ausklammere. Er gerate durch seine Beschränkung auf eine deontologische Sicht der Moral in die Position eines ethischen Rigorismus, bei der man den Kontextbezug verliere. Schließlich wird darauf hinwiesen, daß KOHLBERGs Theorie sich ausschließlich mit moralischen Urteilsstrukturen befasse, den Zusammenhang von Urteilen und Handeln also ausklammere. KOHLBERG selbst hat gerade diesen Vorwurf als berechtigt angesehen und ihm in neueren Arbeiten entsprochen. Auf der anderen Seite haben sich die Grundannahmen des Modells, die Universalität, Invarianz und eindeutige Gerichtetheit der einzelnen Stufen, bisher empirisch nicht bestätigen lassen.

Kritikpunkte an Kohlbergs Theorie

Wie REBSTOCK zeigt, läßt sich eine konkrete Veränderung moralischer Kompetenz nicht exakt vorhersagen, da sie stets vor dem Hintergrund individueller moralischer Entwicklungszustände zu sehen ist. Letztere können aber von den organisatorischen Bedingungen im Unternehmen in sehr unterschiedlicher Weise bestimmt sein. Sie werden geprägt von den moralisch relevanten Wert- bzw. Regelkonflikten, der Kommunikationsintensität zwischen den Unternehmensangehörigen sowie der erfahrenen Kooperation und Verantwortung beim Treffen gemeinsamer Entscheidungen (*vgl.* REBSTOCK *1992, S. 103-110*).

> Probleme der Prognose moralischer Veränderung

1.2 Reale Möglichkeiten der Werteentwicklung

Reale Möglichkeiten zur Änderung von Werten, d. h. insbesondere von interkulturell verbindenden Werten, sind in zwei Stufen zu untersuchen. Zunächst ist zu klären, unter welchen Umständen neue oder veränderte Werte von Personen ("Adaptoren") angenommen werden. Anschließend ist zu prüfen, wie sich ein Wert oder ein Wertegerüst durch "Innovatoren" verbreiten läßt.

> Schritte der Werteentwicklung

Nicht die Primärübernahme von Werten ist unter ethischen Aspekten relevant, sondern die Veränderung oder Ersetzung bereits bestehender Werte. Dieser Prozeß gestaltet sich weit schwieriger, da die Person erst davon überzeugt werden muß, wie falsch oder ungenügend ein bisher akzeptierter Wert war. Außerdem unterliegt der Adaptor der selektiven Wahrnehmung, indem er nicht seine ganze Umwelt wahrnimmt, sondern lediglich einen gewissen Ausschnitt, der von ihm unterbewußt für relevant bzw. sinnvoll gehalten wird (*vgl. zu diesem Sachverhalt* REINHOLD *1992, S. 647*). Die Adaption von Werten kann auf kognitive oder auf emotionale Weise erfolgen. Zweckmäßig erscheint eine Kombination beider Elemente. Vorrangig geht es um die Überzeugung der individuellen Persönlichkeit. Überzeugung kann nur erreicht werden, wenn auch rationale Argumente oder Vorbilder kommuniziert werden. Beeinflussung hingegen erfolgt durch Einsatz von Machtinstrumenten oder appellativen Mitteln (*vgl.* REINHOLD *1992, S. 44*).

> Werteadaption über Kognition und Emotion

Einsatz rationaler Argumente im kognitiven Bereich

Die Verwendung rationaler Argumente findet im kognitiven Bereich statt. Das Wissen des Adaptors über Zusammenhänge und Wirkungen von Werten muß erweitert werden, um den individuellen Selbstveränderungsprozeß einzuleiten. Dies setzt allerdings bei Sender und Empfänger die Fähigkeit zu rationaler Kommunikation auch oder gerade in konfliktären Situationen voraus. Es stehen sich abweichende Meinungen gegenüber, und üblicherweise möchte jeder recht haben. Die notwendige Veränderung fällt leichter, wenn der Empfänger vom Sender vorgemacht bekommt, was dieser verbal vermitteln will. Kann der Adaptor im Handeln des Innovators dessen Werthaltungen bzw. rationale Argumente wiedererkennen, und bemerkt er weiterhin positive Wirkungen dieser Handlungen, so unterstützt dies den Selbständerungsprozeß sowohl rational als auch emotional.

Diffusion als zwangsfreie Weitergabe von Werten

Insgesamt ist auf eine zwangsfreie Weitergabe der Werthaltungen ("Kulturdiffusion") zu achten. Diffusion beinhaltet die Verbreitung und Adaption von Werten innerhalb von (z. B. intrakulturell) oder zwischen (z. B. interkulturell) Systemen. Die Diffusion einer Überzeugung (Innovation) besitzt Prozeßcharakter. Dabei lassen sich vier Elemente unterscheiden:

- Die Innovation selber,
- welche über interpersonelle Kanäle kommuniziert wird
- und zwar an Mitglieder eines bestimmten Organisationssystems
- und dies innerhalb einer bestimmten Zeit (*vgl.* ROGERS/SHOEMAKER *1971, pp. 18-19*).

Offen bleibt noch die Frage, <u>wie</u> die (soziale) Innovation kommuniziert wird. LEWIN bietet für Verhaltensänderungen einen Drei-Stufen-Prozeß an. Ausgehend von der Annahme, daß ein Adaptor von seiner bisherigen Haltung überzeugt ist und sie für richtig hält, sieht LEWIN die Notwendigkeit, das Handlungsschema des Adaptors zunächst "aufzutauen". Dieser Phase folgt der eigentliche Handlungsänderungsprozeß. Die erworbenen neuen Handlungsmaßstäbe müssen in einer abschließenden Einfrierungsphase fixiert und stabilisiert werden (*vgl.* LEWIN *1963, S. 263*).

2 Die Implementierung ethischer Verhaltensleitlinien als organisatorisches Problem

Ziel der Implementierung von moralischen Wertmaßstäben ist eine "ethikfreundliche Organisationsstruktur". Als ein Vorläufer dieser Organisationsform kann das Modell der "human organization" von LIKERT (*vgl.* LIKERT *1967*) angeführt werden. In diese Richtung zielt auch der Vorschlag von WUNDERER, Führungsgrundsätze als Teil umfassender Strategien einer Organisationsentwicklung zu betrachten (*vgl.* WUNDERER *1992, Sp. 934*). Diese Empfehlung bezweckt, möglichst viele Mitarbeiter und Manager in die Durchsetzung der Führungsgrundsätze einzubeziehen.

Das Ziel der ethikfreundlichen Organisation

Dabei sind zwei Situationen zu unterscheiden: die Implementierung ethischer Leitlinien bei gegebener und bei variabler Organisationsstruktur. Bei einer gegebenen Organisationsstruktur geht es um Probleme der Vorbildfunktion von Vorgesetzten, die Durchführung von Work-Shops bzw. Seminaren und den Einsatz von Ethik-Reformern (Ethical advocates) sowie Ethik-Kommissionen. Unterstellt man dagegen eine variable Organisationsstruktur, liegt der Schwerpunkt der Untersuchung auf den Reorganisationsprozessen selbst. In diesem Falle werden die einzelnen Organisationsformen daraufhin überprüft, ob sie für die Durchsetzung ethischer Leitlinien geeignet sind oder nicht. Mit dieser zweiten Situation beschäftigen wir uns im folgenden.

Eignung verschiedener Organisationsformen zur Leitlinienimplementierung

Eine kritische Überprüfung der verschiedenen Organisationsformen hinsichtlich der Durchsetzung von ethischen Leitlinien führt zu folgendem, nach möglichen Organisationsstrukturen differenzierten Ergebnis.

❶ Traditionelle Organisationsstrukturen

Eine funktionale Organisationsstruktur ist mit hohen Koordinationskosten verbunden und schon deshalb für eine effiziente Implementierung ungeeignet.

Eine divisionale Abteilungsgliederung bietet ein verhältnismäßig großes Maß an Autonomie, enthält aber die Gefahr der Bildung von Subkulturen. Auch sie erscheint also nur bedingt geeignet.

Die Matrix-Organisation zwingt zur Selbstabstimmung auf der mittleren Führungsebene und übermittelt echte Informationen an die Geschäftsleitung. Sie stellt eine dialogfreundliche Struktur dar und bietet gute Voraussetzungen für die gewünschte Implementierung.

> ❷ Projektorientierte Organisationsstrukturen

Projektorientierte Strukturen bzw. Teams ermöglichen Freiräume für die Entfaltung kreativer Fähigkeiten und für Selbstorganisation. Sie eignen sich gut für die Implementierung ethischer Leitlinien, weil erstens alle Beteiligten und Betroffenen in den Änderungsprozeß einbezogen werden können. Zweitens können offene oder latente Widerstände besser erkannt und gezielter überwunden werden. Drittens beinhaltet diese Organisationsform gegenüber den stärker bürokratisierten ein hohes Maß an Flexibilität. Da Eigenverantwortlichkeit und Selbstverwirklichung im Mittelpunkt stehen, bieten alle Formen der Selbstorganisation günstige Voraussetzungen für die Einführung ethischer Verhaltensgrundsätze.

> ❸ Unterstützung der Organisationsstruktur durch Stäbe

Der Einsatz von Stäben schafft geeignete Voraussetzungen für die Durchsetzung der speziellen Aufgaben von "ethical advocates". Diese üben eine Art Beratungstätigkeit aus. Sie werden nicht unmittelbar in den Prozeß der Entscheidungsvorbereitung einbezogen und besitzen auch keine direkten Weisungs- bzw. Entscheidungsbefugnisse. Auf der anderen Seite sind sie disziplinarisch unabhängig von der Unternehmensleitung oder sollten es sein, um vollständig bzw. rechtzeitig über auftretende Konfliktfälle informiert zu werden und betriebliche Reformen einzuleiten. Als "Ethik-Reformer" entsprechen sie in ihrer Aufgabenstruktur dem "Kontext-Partisanen" (*vgl.* KIRSCH *1984, S. 1006*) bzw. dem "Öko-Partisanen" (*vgl.* STITZEL/WANK *1990, S. 126-128*).

Es handelt sich dabei um Querdenker, die unabhängig von Beifall und Zustimmung des Managements agieren. Sie stellen den bestehenden Zustand radikal in Frage, d. h., sie gehen den Dingen an die Wurzel und untersuchen die eigentlichen Ursachen eines Konfliktes. Ethik-Partisanen orientieren sich nicht am Zeitgeist, sondern schwimmen gegen den Strom. Sie sind an langfristigen Problemlösungen und nicht am kurzfristigen Kurieren von Symptomen interessiert. Dafür benötigen sie ein geschultes Sensorium für sich unmerklich abzeichnende Veränderungstendenzen und eine rasche Auffassungsgabe. Wachheit, Sinn für das Wesentliche und Gespür für Menschen sowie Situationen stellen weitere wünschenswerte Eigenschaften dieses Typus dar, dessen Grundmerkmale Kühnheit und auch ein gewisses Maß an List bilden.

3 Die Durchsetzung von ethischen Leitlinien als personelles Problem

Mit der Aufzählung von wünschenswerten Eigenschaften von Ethik-Reformern wurden bereits die personellen Voraussetzungen der Einführung und Weiterentwicklung von Ethik-Programmen im Unternehmen angesprochen. (*Zur Verbreitung reformierter Denkmuster in der Praxis siehe im einzelnen* ULRICH/THIELEMANN *1992, S. 81-92*.) Die vorhandenen Grundsätze werden nur halbherzig befolgt, wenn sie nicht von engagierten Angehörigen der Organisation mit Leben gefüllt werden. Wie OPPENRIEDER nachweist, müssen die ethischen Normen nicht nur den Maßstäben einer praktischen Vernunft entsprechen, sondern auch die jeweiligen Empfänger zu einem normenkonformen Handeln bewegen. Ihre Implementierung ist deshalb von deren Einsicht in die Notwendigkeit und Zweckmäßigkeit der Leitsätze abhängig. Damit werden Bewußtseinsbildung sowie Sinnvermittlung zu entscheidenden Voraussetzungen der Implementierung (*vgl. dazu im einzelnen* OPPENRIEDER *1986, S. 5*).

Bewußtseinsbildung und Sinnvermittlung als notwendige Voraussetzungen

Die Vermittlung von ethischen Inhalten erfordert einen kommunikativen Prozeß. Er beinhaltet die kooperative Entwicklung der Wertmaßstäbe einerseits und deren Transformierung auf alle Ebenen des Unternehmens andererseits (*vgl. auch* RÜEGG *1989, S. 246*).

Implementierung durch Selbstverpflichtung und Vorbild

Leitlinien sind vorzuleben und in konkrete Verhaltensweisen umzusetzen. Die persönliche Selbstverpflichtung (das Commitment) der Führungskräfte bildet dafür eine wichtige Voraussetzung. Motivationswirkungen bei den Mitarbeitern ergeben sich allerdings nicht automatisch, sondern erst als Ergebnis von im Einzelfall mühsamer und zeitraubender Überzeugungsarbeit. Es geht dabei zentral um die Entwicklung und Verbreitung gemeinsamer Werte bzw. Werthaltungen.

Personelle Barrieren für neue Wertesysteme

Der Änderung von Werthaltungen und Schaffung eines neuen Normensystems stellen sich verschiedene personelle Barrieren entgegen. Diese können sich aus den unterschiedlichen Werten (z. B. der Weltanschauung) der Unternehmensangehörigen, einer fehlenden Motivation und der unterschiedlichen Bildungsstruktur ergeben. Organisationsmitglieder neigen im allgemeinen dazu, an überlieferten Wertvorstellungen festzuhalten, von denen sie nur durch einschneidende Erfahrungen und Erlebnisse abzubringen sind. Eine solche Veränderung ergibt sich häufig nur im Verlauf persönlicher Lebenskrisen, die mit einer Umwertung von tradierten Normen des Verhaltens einhergehen. Sie umfassen die gesamten Lebensbezüge im Sinne einer totalen Kehrtwende und Bewußtseinsänderung (griech.: metanoia).

Mit einer Veränderung des grundlegenden Wertsystems ergibt sich auch eine neue Motivations- und Antriebsstruktur. Dabei werden häufig bis dahin verschüttete latente Antriebe reaktiviert. Ein Promotor ist gefordert, der durch sein persönliches Vorbild einer Kehrtwende andere "mitzieht" und "zu neuen Ufern" führt. Auf diese Weise kann der Funke auf ein ganzes Team überspringen und zu bisher nicht für möglich gehaltenen Hochleistungen befähigen, indem die letzten Kräfte mobilisiert werden. Hier zeigen sich Züge einer visionären Beflügelung ("I have a dream"). Die Selbstentfaltung wird in den Dienst der Gruppe als größerer Einheit gestellt.

Personelle Barrieren entstehen häufig auch aus unvollständigem Wissen über Zusammenhänge des Handelns und infolge mangelnder Information über dessen Konsequenzen. Sie können dadurch überwunden werden, daß dem einzelnen ein neues Verständnis seiner personhaften Bedeutung und Einzigartigkeit vermittelt wird. Das Bewußtsein, auch als ein "kleines Rädchen" in einem abgegrenzten Rahmen etwas bewegen zu können, ist durch gezielte Maßnahmen der Personalentwicklung im positiven Sinne zu beeinflussen. Solche Anreize können dazu führen, daß der einzelne über sich hinaus wächst und andere "mitreißt".

Informationsmängel über Handlungsfolgen als Barriere

Die bisherige Praxis der Personalentwicklung trägt den genannten Anforderungen nur ansatzweise und unvollkommen Rechnung. Ethik-Reformern bietet sich deshalb ein weites und unbeackertes Feld der Betätigung. Gegenstand dieser Aktivitäten wird die gleichzeitige Beeinflussung von Wissen, Verhalten und Fähigkeiten der Organisationsmitglieder sein. Als ein bewährtes Instrument gilt dabei das Gegenstromprinzip (partizipative Entscheidungsbildung von oben nach unten und gleichzeitig von unten nach oben).

Hierzu sind neue Personalentwicklungsprogramme und Anreizsysteme auszubilden, bezogen auf verschiedene Ebenen und unterschiedliche Zeithorizonte. Einige amerikanische Business schools haben diese neuen Anforderungen durch gezielte Ethik-Programme aufgenommen und in ihrem Curriculum verankert.

Reformierung der Personalentwicklung hin zu ethischer Kompetenz

4 Ethische Inseln als Instrument der Diffusion und Konfliktbewältigung

4.1 Begriff und Beschreibung der "Ethischen Insel"

Ob die Verankerung ethischer Leitlinien im Unternehmen gelingt, ist auch eine Frage des zweckmäßigen Formalisierungsgrades. Die Mitarbeiter werden bei der Regelung von

Zweckmäßiger Formalisierungsgrad der Normen

ethischen Konflikten wirksam durch Leitlinien unterstützt, die folgenden Ansprüchen gerecht werden sollten. Sie müssen

- genügend präzise formuliert sind,
- die eigenen Handlungsverpflichtungen in konkreter Form erkennen lassen,
- einen übersichtlichen und geschlossenen Aufbau enthalten,
- die individuellen Kompetenzen und Verantwortlichkeiten genau umreißen sowie
- ausreichenden Spielraum für eigene Handlungsfreiheit und Flexibilität bieten.

Organisatorische und personelle Aspekte sind nur gedanklich voneinander zu trennen. In der betrieblichen Realität durchdringen sie sich in vielfältiger Weise. So dient z. B. die Entwicklung von Ethik-Ausschüssen nicht nur dazu, Entscheidungen über fachliche Konflikte vorzubereiten, sondern auch die individuelle Bewußtseinsbildung zu fördern. Ein partizipativer Führungsstil setzt gleichzeitig bestimmte Organisationsformen voraus. Die beschriebene Interdependenz von organisatorisch-strukturellen und personell-situativen Bedingungen sei am Beispiel der "Ethischen Inseln" verdeutlicht (*vgl. zum folgenden* WAMSER *1993*).

Verwirklichung permanenter Bewußtseinsbildung durch "Ethische Inseln"

In Anlehnung an den Begriff der "Kulturinsel" (*vgl.* WEVER *1992, S. 205-211;* SATTELBERGER *1989, S. 256*) versteht man unter einer ethischen Insel ein informelles Kommunikationsnetzwerk, das ethische Konflikte in Form eines dialogischen Diskussionsprozesses zu bewältigen versucht. Die Mitglieder der ethischen Insel verbindet ein gemeinsames Normensystem und der Wunsch, negative sozio-ökologische Konsequenzen ihres Handelns zu minimieren. Eine ethische Insel kann nicht als statisches Gebilde verstanden werden, vielmehr erfordert sie einen dynamischen Prozeß permanenter Bewußtseinsbildung.

Es lassen sich aktive und passive Formen ethischer Inseln unterscheiden. Den Ausgangspunkt einer <u>passiven</u> ethischen Insel bildet die Unzufriedenheit eines einzelnen oder einer kleinen Gruppe von Personen mit einem moralischen Mißstand im Unternehmen. Charakteristisch für diese Person(en) ist deren selbstbestimmte Orientierung an ethischen Werten bzw. Normen. Solche Menschen sind Auslöser und Motor der langsam größer werdenden ethischen Insel, wobei erfahrungsgemäß immer wieder neue moralische Konflikte aufgedeckt werden. Typischerweise steht ein "Innovator" im Mittelpunkt der anschließenden Kommunikationsphase. In Form eines Diffusionsprozesses verdeutlicht dieser seinen Kollegen bzw. Vorgesetzten die festgestellten ethischen Konflikte und legt den eigenen Problemlösungsansatz offen. Dabei verknüpft sich das Konzept des Innovators mit seinem persönlichen Einfluß. Es verschafft ihm die Rolle eines Vordenkers bei der Diskussion ethischer Entscheidungssituationen im Rahmen eines möglichst zwanglosen Abstimmungs- und Kommunikationsprozesses (non-persuasives Expertengespräch).

Individuelle Unzufriedenheit als Ausgangspunkt des Inselkonzeptes: die passive Insel

4.2 Beschreibung des Diffusionsprozesses

Die Entwicklung zur <u>aktiven</u> ethischen Insel vollzieht sich durch eine bewußte Dezentralisierung des bisher um den Innovator gebildeten sternförmigen Netzwerkes. Dessen Mitglieder tragen den Kommunikationsprozeß nach außen und versuchen, andere Organisationsmitglieder in den Entscheidungsprozeß zur Lösung ethisch unbefriedigender Situationen einzubeziehen. Es geht dabei im Kern um die Generierung eines gemeinsamen Normensystems über alle Ebenen des Unternehmens hinweg im Sinne eines "ethischen Wertschöpfungsprozesses". Die informellen Mitglieder einer Insel wirken als Multiplikatoren des Diffusionsprozesses quer durch das Unternehmen hindurch (Promotoren). Ziel der Kommunikation ist die Aufweichung von festgefahrenen Standpunkten durch offene Behandlung der ethisch relevanten Probleme und die Erzeugung einer individuellen Veränderungsbereitschaft.

Forcierung der Wertediffusion durch dezentrales Netzwerk: die aktive Insel

Zu unterscheiden ist bei diesem Prozeß zwischen den Adressaten A 1 und Adressaten A 2. Als Adressaten A 1 werden Personen bezeichnet, die unmittelbar durch die Kommunikation erreicht werden und sich in die ethische Insel integrieren lassen. Die Adressaten A2 zeichnen sich dadurch aus, daß sie zunächst keiner Einflußnahme durch den Innovator oder andere Mitglieder der ethischen Insel zugänglich sind. Sie bleiben aber Bestandteil des Kommunikationsnetzwerkes, weil sie auch weiterhin angesprochen werden. Ihre Integration in die ethische Insel kann jedoch erst im Laufe eines formellen Entwicklungsprozesses erreicht werden.

Unterscheidung der Diffusionsadressaten

Die Kommunikation mit den Adressaten der "Werbung für Werte" umfaßt auch die Geschäftsleitung und bezieht sie in eine ethische Kommunikationskultur mit ein (*vgl.* KIRCHNER *1992, S. 12*). Kann das Top-Management von dem neuen ethischen Ansatz überzeugt werden, so erlangt die ethische Insel neben ihrem informellen Einfluß auch eine formelle Vertretungsmacht. Moralische Vorstellungen können nun z. B. in ethischen Leitlinien manifest werden. Dies ist der Ausgangspunkt zur vollständigen Expansion der ethischen Insel, während der auch die Adressaten A 2 erreicht werden und die ethische Durchdringung des gesamten Unternehmens gelingt.

Einbeziehung des Top-Managements in die Insel zu deren Institutionalisierung

4.3 Formulierung des Diffusionsmodells

Bei der Darstellung der ethischen Insel handelt es sich um die Beschreibung eines formalen Ablaufmodells, das weitgehend Soll-Vorstellungen und Idealbedingungen umfaßt. Aussagen über inhaltliche Aspekte treten dagegen, wie ohnehin bei Modellen der Diskursethik, in den Hintergrund. Darin liegt eine gewisse Stärke, aber auch die unverkennbare Schwäche des im folgenden dargestellten Modellansatzes.

"Ethische Insel" als formales Diffusionsmodell

Das Ziel muß es deshalb sein, die Modellannahmen so realistisch wie möglich zu formulieren. In Annäherung an die Entscheidungssituationen der Praxis gehen wir von folgenden Einflußgrößen des Diffusionsprozesses aus:

○ Anzahl der Mitglieder der ethischen Insel zu Beginn der Expansion,
○ Stärke der kommunikativen Integration der ethischen Insel ins Unternehmen,
○ Anteil der Adressaten A 2 an der Gesamtzahl der Adressaten des Kommunikationsprozesses,
○ Anteil der Promotoren an den Mitgliedern der ethischen Insel.

Anhand dieser Operatoren lassen sich zur experimentellen Überprüfung des Modells folgende Hypothesen formulieren:

H 1: Die Zahl der Inselmitglieder nimmt c. p. um so schneller zu, je höher der Anteil der Inselmitglieder an den Unternehmensmitgliedern zu Beginn der Expansionsphase ist.

H 2: Die Zahl der Inselmitglieder nimmt c. p. um so schneller zu, je stärker die Inselmitglieder kommunikativ im Unternehmen integriert sind.

H 3: Die Zahl der Inselmitglieder nimmt c. p. um so schneller zu, je geringer der Anteil der Adressaten A 2 an den Adressaten ist.

H 4: Die Zahl der Inselmitglieder nimmt c. p. um so schneller zu, je höher der Anteil der eine Multiplikatorfunktion einnehmenden Inselmitglieder an den neuen Inselmitgliedern ist.

Das Modell selbst beschreibt die Expansion der ethischen Inseln im Zeitablauf. Dessen Kern besteht in einer Diffusionsfunktion, die von WAMSER wie folgt formuliert wurde (*vgl. im einzelnen WAMSER 1993, S. VI-XIX*):

$$IM_t = IM_{t-1} + \alpha * IM_{t-1}(UM - IM_{t-1}),$$

mit:

IM_t = Anzahl der Inselmitglieder in Periode t,
UM = Anzahl der Unternehmensmitglieder,
α = Überzeugungsrate, mit $0 \leq \alpha \leq 1$,
t = Diffusionsperiode, mit t = 1, ..., n.

Abhängigkeit der Diffusion von Überzeugungsrate

Das Modell beruht auf bestimmten Annahmen über die Entwicklung der Anzahl der Inselmitglieder in Abhängigkeit von der "Überzeugungsrate". Die Überzeugungsrate bringt zum Ausdruck, mit welcher Wahrscheinlichkeit die Inselmitarbeiter die übrigen Unternehmensmitglieder zur Annahme ihres veränderten Normensystems veranlassen können. Restriktionen der Einflußnahme auf die übrigen Unternehmensmitglieder ergeben sich aus dem sogenannten Koeffizienten der Kommunikationsstruktur:

$$\mu_t = f(IM_{t-1}) = \left(\frac{IM_{t-1}}{UM}\right)^\varepsilon$$

mit

ε = exogene Variable zur Variation des Kommunikationsstrukturkoeffizienten, mit $0 \leq \varepsilon$.

Unterschiedliche Formen der kommunikativen Einflußnahme der Inselmitglieder lassen sich durch eine Variation von ε ausdrücken. Je höher ε ist, desto kleiner wird der Wert von μ. Dies bedeutet, daß die Inselmitglieder nur einen verhältnismäßig kleinen Anteil der anderen Unternehmensmitglieder kommunikativ beeinflussen können.

Promotoren zur Ausweitung des Netzwerks

Die Multiplikatorenquote δ bezeichnet den multiplikativen Einfluß derjenigen Inselmitarbeiter, die als Promotoren tätig und für die Ausweitung des Netzwerkes verantwortlich sind. Die Adressaten A 2 können entsprechend den Modellannahmen erst dann gewonnen werden, wenn alle Adressaten A 1 in die ethische Insel integriert worden sind. Dies ist durch eine

Zweiteilung der Diffusionsfunktion in Form von zwei Definitionsbereichen zu erreichen.

Aufgrund der obigen Annahmen läßt sich ein Diffusionsverlauf der ethischen Insel über die Zeit beschreiben. Dabei werden die folgenden exogenen Variablen in ihrer Entwicklung berücksichtigt:

> Exogene Variablen des Diffusionsverlaufs

- Veränderung der Adressaten im Phasenablauf,
- Variation der Inselmitglieder in der Ausgangsperiode,
- Entwicklung des Grades der kommunikativen Integration der Inselmitglieder im Verlauf der Expansion,
- Veränderung des zahlenmäßigen Verhältnisses der Adressaten A 2 zu Adressaten A 1,
- Variation der Multiplikatorenquote.

Die im nächsten Kapitel beschriebenen Ergebnisse basieren auf einer Modellrechnung unter Verwendung folgender exogener Variablen:

UM = 1.0000	$\delta = 1{,}0$
$IM_0 = 10$	$\varepsilon = 0{,}5$
$A\,1_0 = 495$	$\alpha\,1 = 0{,}01376$
$A\,2_0 = 495$	$\alpha\,'' = 0{,}001$

4.4 Ergebnisse der Modellsimulation

Die Ergebnisse der Modellsimulation lassen zusammengefaßt u. a. folgende Schlüsse zu:

- Selbst bei für das Modell ungünstigen Annahmen über das Verhältnis von Inselmitgliedern und Adressaten A 2 ergibt sich bereits nach wenigen Perioden eine relativ vollständige Wertediffusion.

> ○ In Periode 5 wird bereits die Hälfte, in Periode 8 werden annähernd 100% der Inselmitglieder einschließlich der Unternehmensleitung überzeugt.
> ○ Die Adressaten A 1 können bereits nach Periode 5 vollständig überzeugt werden.
> ○ Die Adressaten A 2 werden in Periode 9 vollständig in die ethische Insel integriert.

Ruf nach Ethik-Reformern als Konsequenz der Modellergebnisse

Die praktischen Konsequenzen der Simulationsergebnisse liegen auf der Hand. Sie unterstreichen zunächst die ausschlaggebende Bedeutung von Ethik-Reformern. Es sind stets einzelne Führungskräfte bzw. Mitarbeiter, die den sozialpsychologischen Kernprozeß des kritischen Nachdenkens über bestimmte Entscheidungspraktiken starten. Sie sorgen im positiven Sinne für Un-Ruhe im Unternehmen. Allerdings hängt der erfolgreiche Start einer ethischen Insel entscheidend davon ab, daß die Initiative nicht in nörgelnder, beckmesserischer Form erfolgt, sondern von ernsthafter Offenheit und loyaler Integrität getragen ist.

Ruf nach tatsächlicher Nutzung des Multiplikatoreffektes

Eine zweite Konsequenz liegt in der Verknüpfung des Multiplikatoreffektes mit der "normativen Kraft des Faktischen" (MAX WEBER). Wie bei zahlreichen novativen Entscheidungsprozessen müssen auch hier die Organisationsmitglieder durch vorbildhafte Authentizität und sachbezogene Argumentation seitens der Inselmitglieder bzw. später der Unternehmensleitung gewonnen werden. Gelingt diese Überzeugungsarbeit auf breiter Basis, tritt verhältnismäßig rasch ein Schneeballeffekt ein.

Mit dem Konzept der ethischen Insel wird der formale Ablauf des ethischen Dialogs und der Kommunikation von Normen im Unternehmen beschrieben. Die folgenden Beispiele lassen inhaltliche Aspekte dieses Prozesses erkennen. Sie zeigen vor allem, wie die Unternehmen im Einzelfall vorgehen, um ihre Mitarbeiter ethisch zu sensibilisieren.

5 Grenzen einer Entscheidungsethik

Der Erfolg einer Verankerung von ethischen Leitlinien in Form von Führungs- oder Verhaltensgrundsätzen wird entschieden durch deren Kompatibilität mit der bestehenden Unternehmenskultur. Spiegeln die institutionalisierten Grundsätze die vorhandene Unternehmenskultur wider (*vgl.* ALBACH *1976*) oder erweitern sie diese in realistischer Weise, ist die Wahrscheinlichkeit einer Akzeptanz und Umsetzung bei Führungs- bzw. Basiskräften gegeben. Werden hingegen abgehobene Verhaltensregeln formuliert, die nicht einmal das Top-Management einhält, kann kaum mit einer positiven Implementierung gerechnet werden. Insbesondere die Unternehmensführung muß sich dem "ehernen Gesetz der Verantwortung" stellen (*vgl.* DAVIS/BLOMSTROM *1971, S. 94 f.*, KREIKEBAUM *1993, S. 171 f.*) und ihre Vorbildfunktion auch nachprüfbar ausfüllen.

Erfordernis der Kompatibilität von Unternehmenskultur und ethischen Leitlinien

Als weiterer erfolgsbeeinflussender Faktor bei der Implementierung ethischer Leitlinien ist der Entstehungsprozeß der Handlungsrichtlinien zu nennen. Dazu empfiehlt sich eine breite Beteiligung aller Mitarbeiter- und Führungsschichten (Arbeiter und Angestellte, Frauen und Männer, Auszubildende und Pensionäre usw.). Nur auf diesem Wege läßt sich erstens eine Übereinstimmung mit der vorhandenen Unternehmenskultur erlangen und sind zweitens die Betroffenen zu Beteiligten zu machen. In der Folge bildet sich eine Identifikation mit den selbstgestalteten Handlungsgrundsätzen heraus, die besser als jedes hierarchische Machtmittel handlungsleitend wirkt.

Erfordernis der Beteiligung der Mitarbeiter an der Leitliniengenerierung

Schließlich ist die Form der ethischen Verhaltensgrundsätze als Erfolgsfaktor der Implementierung kritisch zu betrachten. Zumeist finden sich in den Führungsgrundsätzen der Unternehmen allgemein formulierte Handlungsnormen, die nur in geringem Maße eine Hilfestellung für konkrete Entscheidungssituationen im komplexen Unternehmensalltag bieten. Häufig verweisen sie, mehr oder weniger originell formuliert, auf

Erfordernis der Konkretion bei der Leitlinienformulierung

ohnehin von der Gesellschaft geforderte Verhaltensweisen (*vgl.* GOTT-SCHALL *1986, S. 15-18*). "Wenn aber Führungsgrundsätze ... nur ein Führungsverhalten widerspiegeln, das als 'normal und selbstverständlich' bezeichnet werden kann, so muß bezweifelt werden, ob mit Hilfe von Führungsgrundsätzen tatsächlich das Führungsverhalten beeinflußbar ist." (SCHOLZ *1993, S. 476.*)

Erfordernis der Modifikationsfähigkeit der Leitlinien

Im gleichen Zuge ist der überwiegend statische Charakter von Handlungsrichtlinien zu kritisieren, die eine flexible Anpassung an die laufenden, bedeutenden Umfeldveränderungen ermöglichen. Eine wichtige Bedingung ist deshalb die "built-in-flexibility" eines ethischen Kodex. Diese Flexibilität wird gewährleistet durch den grundsätzlichen Willen der Unternehmen zu einer verbindlichen und gleichzeitig offenen Festlegung von handlungsleitenden Führungs- und Mitarbeitergrundsätzen. Ethische Leitlinien müssen sowohl eine bindende Kraft entfalten und zumindest in moralischer Hinsicht einklagbar sein als auch situationsspezifisch greifen.

6 Exkurs: Beispiele der Implementierung einer Unternehmensethik

6.1 USA

Blüte der Unternehmensethik in USA durch Skandale

Es kommt nicht von ungefähr, daß die Unternehmensethik ("corporate ethics", "business ethics") in den USA gegenwärtig eine besondere Blüte erlebt. Gerade die Wirtschaftsskandale der letzten Jahre ("insider-trading", Betrugsaffären, Korruptionsfälle, Preisabsprachen, die Herstellung gesundheitsschädlicher Produkte) haben die Öffentlichkeit in erheblichem Maße beschäftigt und beeinflußt. Viel schwerwiegender sind jedoch deren Konsequenzen in wirtschaftlicher und finanzieller Hinsicht für die betroffenen Unternehmen selbst.

Hinzu kommt, daß die seit dem 1. November 1991 geltenden Federal sentencing guidelines gewissermaßen einen Boom an organisatorischen Maßnahmen zur Verbesserung der Geschäftsmoral ausgelöst und zu neuen Formen der Institutionalisierung von Konfliktlösungsmechanismen geführt haben.

Staatlicher Rahmen durch Sentencing guidelines

Folgende Maßnahmen resultieren aus dem us-amerikanischen "Federal Sentencing Guidelines" und zeigen gleichzeitig, wie moralisches Verhalten bzw. ethische Leitlinien in Unternehmen etabliert werden können:

- Dokumentation von Werten der Unternehmenspolitik,
- Benennung von Mitarbeitern zu deren Kontrolle,
- Nachweis, daß bekanntermaßen unzuverlässige Mitarbeiter nicht mit moralisch sensiblen Aufgaben betraut werden,
- Trainingsmaßnahmen zu ethischem Verhalten,
- Auditing- und Frühwarnsysteme,
- Festlegung von disziplinarischen Maßnahmen zur Bestrafung von unmoralischem Verhalten sowie
- Einleitung von Wiedergutmachungsaktivitäten nach Entdeckung von ungesetzlichem Handeln.

Die komplexe Entscheidungssituation im Unternehmen läßt vielfach nur einen Kompromiß zwischen "tragic choices" zu und ermöglicht selten die Bestlösung der vorhandenen Konflikte. Gerade moralische Entscheidungskonflikte stellen sich als ein Dilemma dar, das je nach Einschätzung und Ausgangsposition des Betrachters mehr oder weniger gut zu bewältigen ist. Allerdings bieten sich aufgrund der vorhandenen Erfahrungen im Umgang mit Entscheidungsprozessen bestimmte institutionelle Formen zur Bewältigung des Dilemmas bevorzugt an. Im Rahmen einer deskriptiven Analyse ergaben sich insgesamt fünf organisatorische Instrumente einer institutionalisierten Ethik, die in der Praxis mit Erfolg implementiert wurden (*vgl. zum folgenden* WIELAND *1993, S. 28-37*).

Instrumente zur Ethikinstitutionalisierung in den USA

> ❶ Codes of ethics/Codes of conduct

Kernpunkt der Codes of ethics ist die Beantwortung der Frage, welche Überzeugungen von der Firma nach innen und außen vertreten werden. Ihre Bewährung erleben die Verhaltenskodizes dann, wenn entweder eine bedrohliche Krise eintritt oder aber die Beachtung der ethischen Leitlinien zu einer belastenden Situation führt. Erst wenn es zum Schwur kommt, erweist sich der "code" als ein "living document". Die Verbreitung von Codes of ethics hat in den vergangenen Jahren einen interessanten Verlauf genommen: Nach einem Fortune-Survey erklärten 1979 75% der befragten Firmen, einen Code aufgestellt zu haben. Bis 1988 nahm diese Zahl nur unwesentlich zu (auf 76%). Die jüngste Untersuchung aus den Jahren 1991/92 zeigt, daß inzwischen der Anteil der Firmen auf über 90% gestiegen ist. Allerdings machen nur rund die Hälfte der Firmen den Inhalt der Codes allen Abteilungen des Unternehmens zugänglich.

> ❷ Ethics committee of the Board of directors

Als wichtigste Erfahrung der us-amerikanischen Business-ethics-Praxis aus den letzten drei Jahrzehnten gilt: Ethisches Geschäftsverhalten hat nur dann eine Chance der Durchsetzung, wenn sich die Unternehmensspitze damit identifiziert. Maßgeblich ist also die Grundvoraussetzung des "moral leadership" bzw. das persönliche Commitment des Chief executive officers (CEO). Dieser wird bei seiner Aufgabe vielfach durch ein Ethics committee of the Board of directors unterstützt. Es hat insbesondere folgende Aufgaben zu erfüllen:

> - die Kommunikation der ethischen Ansprüche und Grundwerte des Unternehmens an die Stakeholder;
> - das Treffen von Entscheidungen bei wichtigen ethischen Konflikten;
> - das Überwachen von ethisch relevanten Entscheidungen des Unternehmens;
> - die Etablierung eines Anreiz- und Bestrafungssystems für moralisches bzw. unmoralisches Verhalten.

❸ Corporate ethics and Business conduct office

In dieser Abteilung ist der "ethics officer" tätig. Er ist zuständig für die Umsetzung der ethischen Leitlinien auf allen hierarchischen Ebenen des Unternehmens. Zu seinen speziellen Aufgaben im Unternehmen zählen (*vgl. hierzu* WIELAND *1993, S. 33*):

- die Förderung von Möglichkeiten für die einzelnen Mitarbeiter zur ungehinderten Offenlegung wahrgenommener ethischer Probleme;
- der Aufbau eines Personalentwicklungsprogramms zur ethischen Aus- und Weiterbildung der Mitarbeiter sowie die Einstellung neuer, ethisch denkender Mitarbeiter;
- das Aufdecken und Überwachen ethisch sensibler Bereiche des Unternehmens;
- Aufbau und Führung eines ethischen Auditing- bzw. Frühwarnsystems;
- die Öffentlichkeitsarbeit des Unternehmens bezüglich ethischer Problemstellungen;
- die Berichterstattung über die Unternehmensführung und das Ethik-Komitee.

Die Ethics officers haben sich Ende 1991 im Berufsverband der "Ethics Officer Association" (EOA) zusammengeschlossen.

❹ Ethics-training- and -auditing-program

Ziel der Ausbildung ist nicht nur die Vermittlung von Wissen über Ethik durch Orientierungsgespräche für neue Mitarbeiter und praxisnahe Seminare, sondern vor allem die Umsetzung ethischer Maßstäbe auf der Abteilungsebene bzw. in konkrete Entscheidungen. Durch Auditing-Programme kann das "moralische Klima" in den einzelnen Abteilungen oder im Gesamtunternehmen empirisch ermittelt und gestaltet werden.

> **❺ Ethics hot line**

Dem "ethics office" oder einem "ethics adviser" kann jeder Mitarbeiter anonym eine Information über vermutete oder tatsächliche Verstöße gegen ethische Maßstäbe mitteilen. Dabei geht es beispielsweise um die Lösung folgender Probleme:

> ○ Mißbrauch von Arbeitszeit, von Firmen- und Kundeneigentum,
> ○ Angebote von Geschenken und Zuwendungen,
> ○ Probleme mit Lieferanten und
> ○ Fragen der Preispolitik, Produktsicherheit sowie der Qualitätskontrolle.

Das CENTER FOR BUSINESS ETHICS am Bentley College hat in einer empirischen Untersuchung (1990/91) über den Stand der Institutionalisierung von Ethik in Großunternehmen folgende Verteilung der einzelnen Normen ermittelt (vgl. CENTER FOR BUSINESS ETHICS 1992, pp. 863-868):

Institutionalisierungsform	Prozentzahl
Codes of conduct	93%
Training in Ethics	52%
Social auditing	30%
Change of Organizational structures	13%
Committees of ethics	32%

Tab. 15: Institutionalisierungsformen und deren Verbreitung.

Die Aufgabenverteilung entspricht cum grano salis der Zusammensetzung der Mitglieder des Ethics committee. In 60% der Unternehmen stammen diese aus dem Kreis des Top-Managements (Executive officers), zu 45% sind es Mitglieder des Board of directors und in 23% der Fälle Abteilungsleiter (Manager). Nur jeweils 8% der Unternehmen haben sich für Vertreter der Mitarbeiter und externer Interessengruppen entschieden (vgl. CENTER FOR BUSINESS ETHICS 1986, pp. 87). (Die

Zahlenangaben erscheinen deshalb widersprüchlich, weil Mehrfachnennungen möglich waren und ein Committee of ethics nicht unbedingt nur Mitglieder einer Berufsgruppe enthalten muß.)

6.2 Bundesrepublik Deutschland

Beispiele für eine erfolgreiche Durchsetzung von ethischen Leitlinien lassen sich in zahlreichen amerikanischen Unternehmen nachweisen (*vgl. dazu* DEGEORGE *1987*). Sofern diese international tätig sind, gelten die von der Zentrale in den USA formulierten Ethikstandards vielfach in unveränderter Form auch für die ausländischen Niederlassungen und Tochtergesellschaften. Als Beispiele dafür seien IBM, Hewlett-Packard und BMW genannt.

❶ Die Unternehmensgrundsätze der IBM Deutschland

IBMs Grundsätze in Deutschland sind nach Angaben von FIEGE organisch gewachsen und lassen einen hohen Identifikationsgrad der Mitarbeiter mit dem Unternehmen erkennen (*vgl.* FIEGE *1990, S. 117*). Sie gehen zurück auf die Zeit der Depression bzw. der Massenarbeitslosigkeit in den USA und wurden durch die Führungspersönlichkeit von THOMAS WATSON geprägt.

Herausgegriffen sei diejenige Leitlinie, die sich auf die Achtung der Würde und Rechte der Mitarbeiter bezieht (*vgl.* FIEGE *1990, S. 118*). Folgende Maßnahmen dienen der Implementierung dieses Leitsatzes:

- ◯ die individuelle Förderung der Anlagen,
- ◯ eine leistungsgerechte Entlohnung,
- ◯ die gegenseitige Achtung,
- ◯ die Lösung von Konflikten durch Diskussion sowie
- ◯ das Verständnis von Führung als Entwicklungshilfe.

Die IBM-Grundsätze betonen sehr stark das Verantwortungsbewußtsein der Mitarbeiter als Grundlage für ein moralisches Miteinander im Betrieb.

> **❷ Die Unternehmensleitlinien der BMW AG**

In ihren Unternehmensleitlinien geht die BMW AG von einem Normensystem aus, das folgende Werte enthält (*vgl. dazu im einzelnen* BIHL *1991, S. 948*):

- Vertrauen,
- Vorbild,
- Glaubwürdigkeit,
- Toleranz und
- Verantwortungsbewußtsein.

Seminarveranstaltungen und Tagungen dienen dazu, dieses Wertesystem zunächst im Kreise der Führungskräfte zu verankern. Ob die Seminare auch tatsächlich den gewünschten Zweck erreichen, wird im Wege einer Aufwärtsbeurteilung durch die Untergebenen der Führungskräfte ermittelt. Es handelt sich dabei um eine freiwillige Maßnahme, bei der die Führungskräfte anonym hinsichtlich der folgenden Fähigkeiten eingestuft werden:

- Delegation von Entscheidungsbefugnissen und Aufgaben,
- Motivationsfähigkeit,
- Umfang und Fristen der Information,
- Formen und Intensität der Zusammenarbeit,
- Mitarbeiterförderung.

Diese Beurteilung der Führungskräfte dient der Herausbildung eines an ethischen Maßstäben gemessenen Führungsstils. Er wird verstärkt durch Rückkopplungen und Diskussion kritischer Aspekte.

Die Diffusion der Führungsgrundsätze bei BMW beanspruchte insgesamt einen Zeitraum von mehr als 10 Jahren (*zum Ablaufprozeß vgl. im einzelnen* REICHART *1991, S. 413-426*). Die Unternehmensspitze wurde in diesen Entwicklungsprozeß intensiv eingebunden. Das konkrete Ergebnis war die Verabschiedung von 13 Maximen der Unternehmensführung. Maxime 5 lautet beispielsweise wie folgt: "Konstruktive Kritik zu üben und zu ertragen ist die Pflicht jedes Mitarbeiters über einen längeren Zeitraum".

Üblicherweise beschränken sich Leitlinien auf die Formulierung weitgefaßter und daher oft zu allgemeiner Vorgaben, die nicht direkt handlungsanleitend sind. Ein gutes Gegenbeispiel bieten die folgenden Leitlinien der Lebensmittelkette BERNHARD KUPSCH GMBH, Würzburg:

❶ Wahrhaftigkeit ist der aufrichtige und verantwortungsbewußte Umgang mit der Wahrheit.

❷ Gegenseitiges Vertrauen ist die Grundlage fruchtbarer Zusammenarbeit.

❸ Offenheit ist der schnelle Weg zum gemeinsamen Ziel.

❹ Glaubwürdigkeit ist die Voraussetzung, um Menschen von unseren Unternehmenszielen zu überzeugen.

❺ Ehrliche Freundlichkeit ist unsere Grundhaltung für den Umgang miteinander.

❻ Unterschiedliche Meinungen sind ein Weg zu neuen Erkentnissen.

❼ Selbstwertgefühl ist notwendig, um den einzelnen Menschen und das Unternehmen zu stärken.

❽ Kreativität ist die schöpferische Kraft; sie sichert die Existenz des Unternehmens.

❾ Unser Erfolg ist das Ergebnis guter Zusammenarbeit aller Mitarbeiter im Unternehmen.

Ausgehend von der in Matth. 7, 12 aufgegebenen Goldenen Regel präzisiert das Unternehmen die Leitlinien jeweils durch weiterführende Erläuterungen. So wird z. B. die Leitlinie "Unterschiedliche Meinungen sind ein Weg zu neuen Erkenntnissen" wie folgt konkretisiert (*vgl.* BERNHARD KUPSCH GMBH *1994, o. S.*):

❍ Die Meinung des anderen anhören, fördert seine Bereitschaft zur Mitverantwortung.
❍ Durch gezielte Fragestellung erfahre ich die Meinung des anderen.

- ○ Ich betrachte unterschiedliche Meinungen als Motor des Fortschritts und als Nährboden für eine fruchtbare Zusammenarbeit.
- ○ Ich blocke Hinweise von anderen nicht ab, sondern sehe sie als gutgemeinte Hilfe für mein Tun.
- ○ Ich werte die Meinung des anderen nicht ab und bemühe mich, die Sache aus seiner Sicht zu sehen.
- ○ Ich akzeptiere andere Meinungen, auch wenn sie unbequem sind.
- ○ Ich bemühe mich, dem anderen wirklich zuzuhören und ihn zu verstehen.

Verständnisfragen zu Kapitel 9:

1. Nennen Sie die Probleme der Durchsetzung einer Unternehmensethik bei verschiedenen Organisationsformen.

2. Auf welche Weise erfolgt die Diffusion ethischer Forderungen innerhalb von Unternehmen (formaler Ansatz)?

3. In welchen Formen wird in den USA die Unternehmensethik institutionalisiert?

Einführende Literaturempfehlungen:

Kohlberg, Lawrence: Essays on Moral Development. Vol. II: The Psychology of Moral Development, San Francisco 1984.

Lewin, Kurt: Feldtheorie in den Sozialwissenschaften, Bern-Stuttgart 1963.

Radzicki, Michael J.: Incorporating Christian Values into Business Simulations: An Institutional Dynamics Approach, in: Rueschhoff, Norlin/Schaum, Konrad (Eds.): Christian Business Values in an Intercultural Environment, Berlin 1989, pp. 157-172.

Sattelberger, Thomas (Hrsg.): Innovative Personalentwicklung: Grundlagen, Konzepte, Erfahrungen, Wiesbaden 1989.

Ulrich, Peter/Thielemann, Peter: Ethik und Erfolg: unternehmensethische Denkmuster von Führungskräften: eine empirische Studie, Bern - Stuttgart 1992.

Wieland, Josef: Formen der Institutionalisierung von Moral in amerikanischen Unternehmen: die amerikanische Business-Ethics-Bewegung: Why and how they do it, Bern -Stuttgart - Wien 1993.

Kapitel 10: Konsequenzen des entscheidungsethischen Konzeptes für die betriebswirtschaftliche Lehre und Forschung

Lernziele:

In Kapitel 10 erhält der Leser einen Überblick über die gegenwärtige Ausbildung in Unternehmensethik im angloamerikanischen und deutschsprachigen Raum sowie die Anforderungen, die hieraus für die betriebswirtschaftliche Forschung resultieren. Die Ausführungen konzentrieren sich auf die Konsequenzen, die sich aus der Anwendung des entscheidungsethischen Konzepts auf die betriebswirtschaftliche Lehre und Forschung ergeben. Abschließend werden dem Leser die möglichen Folgen einer anwendungsbezogenen Entscheidungsethik für das Unternehmen von morgen verdeutlicht.

1 Die gegenwärtige Situation der Lehre an Hochschulen sowie Fachhochschulen und künftige Anforderungen

Wenn im folgenden von Konsequenzen der Entscheidungsethik für die Hochschulausbildung gesprochen wird, so geschieht das im Hinblick auf die Situation im deutschsprachigen Raum und hier speziell in der Bundesrepublik Deutschland. Da die Entwicklung in den USA in der Vermittlung von ethischem Wissen in der Hochschulausbildung besonders weit fortgeschritten ist, kann sie als Anschauungsmaterial und Grundlage für weiterführende Überlegungen dienen. Es soll deshalb zunächst über den jeweiligen Stand der Dinge in den USA berichtet und dieser Ist-Analyse die deutsche Situation gegenübergestellt werden.

Konsequenzen der Entscheidungsethik für die Hochschulausbildung

1.1 Die Situation in den USA

Die in diesem Buch vertretene Auffassung einer Entscheidungsethik existiert in dieser geschlossenen Konzeption bisher weder im englischsprachigen noch im deutschsprachigen Raum. Allerdings finden sich, wie wir gesehen haben, in den USA vergleichsweise stärker als in den deutschsprachigen Ländern Elemente dieses Ansatzes. Dabei ist sowohl an den stark pragmatisch orientierten Bezug zu den Managementaufgaben und betrieblichen Entscheidungen zu denken, aber auch an ein z. T. sehr ausgeprägtes Interesse an der Umsetzung von persönlichen Glaubenserkenntnissen in die Welt des Unternehmens. Im folgenden werden deshalb solche Entwicklungen aus dem Gesamtbereich der Unternehmensethik herausgegriffen, bei denen zumindest Anklänge an das entscheidungsethische Konzept vorliegen.

Als ein wichtiger Entwicklungsstrang ist generell die Einbindung der Unternehmensethik in das Curriculum der Ausbildung von Studenten der Betriebswirtschaftslehre an us-amerikanischen Hochschulen anzusehen. Thematisiert werden u. a. die Probleme der Lehr- bzw. Lernbarkeit von ethischem Verhalten, die Geschäftsmoral von Managern und Studierenden sowie der Entwurf eines ethischen Unternehmerprofils ("ethics screening") (*vgl. dazu die Zusammenfassung bei* DAHM *1989b*).

Einbindung der Unternehmensethik in die betriebswirtschaftliche Ausbildung

Die Ausbildung in Unternehmensethik bildet in zahlreichen Business schools in den USA seit einigen Jahren einen festen Bestandteil der Lehre. Allerdings variieren sowohl deren Umfang wie die Intensität der Hochschulausbildung beträchtlich. Zwei Beispiele seien herausgegriffen: die Aktivitäten der Harvard University Graduate School of Business Administration und des Center for Ethics and Social Policy, Berkeley. Sie wurden ausgewählt, weil sie gewissermaßen Prototypen beschreiben.

Die Harvard Business School (HBS) stellte keineswegs als einzige Hochschule ein Ethikprogramm für die Absolventen ihrer Master of Business Administration Ausbildung auf. Sie unternahm aber als erste Universität in den USA entsprechende Anstrengungen, die bis ins Jahr

1907 zurückreichen (*vgl. zur historischen Entwicklung* PIPER *1993b, S. 151-153*). Außerdem ist festzuhalten, daß die HBS ihr Curriculum in Unternehmensethik im Vergleich zu anderen Hochschulen des Landes in einer umfassenden und zahlreiche Hochschullehrer integrierenden Weise aufbaut. Das "Program in Leadership, Ethics, and Corporate Responsibility" gewinnt damit eine Vorbildfunktion für ähnliche Anstrengungen anderer Universitäten in den USA und über die Grenzen des Landes hinaus (*siehe dazu im einzelnen* PIPER *1993b und die dort angegebene Literatur*). Der stark entscheidungsorientierte Charakter zeigt sich u. a. in der bevorzugten Verwendung von reale Situationen abbildenden Fallstudien (*vgl. z. B.* PAINE *1995 oder* VELASQUEZ *1992*).

> Vorbildfunktion der HBS hinsichtlich der ethischen Ausbildung

Das Center for Ethics and Social Policy wurde 1974 als Teil der Graduate Theological Union gegründet. Es ist assoziiert mit der University of California, Berkeley, an deren School of Divinity der Sozialethiker und Theologe CHARLES MCCOY lehrte. MCCOYS "Social System Value Analysis" stellt auch das Instrument dar, das die von ihm betreute Projektgruppe bei Beratungsaufträgen einsetzt. Ziel dieses Programms ist es, die in den kooperierenden Unternehmen verwirklichten Werte empirisch zu erheben und sie gleichzeitig zu verändern. Unterstützt wird diese Beratungsaktivität von einem Kreis interessierter Persönlichkeiten aus Wirtschaft, Kirche und Hochschulen (insbesondere den Graduate Schools of Business Administration von Berkeley, Stanford und Santa Clara). Die Forschungsprojekte des Centers werden durch Beiträge von Stiftungen finanziert (*vgl. dazu und zu den Aktivitäten ähnlich operierender Institute im einzelnen* WIELAND *1993, S. 69-89*).

> Empirisches Ethikprojekt des Center of Ethics and Social Policy

Zusammenfassend ist festzustellen, daß die Aufnahme ethischer Inhalte in das betriebswirtschaftliche Studium in pragmatischer, entscheidungsfallbezogener und integrierender Weise erfolgt. Dies schließt allerdings nicht aus, daß sich der akademischen Vermittlung ethischer Normen auch bestimmte Widerstände entgegenstellen. Das Beispiel der Ausbildung von Studenten der

> Widerstände bei der Integration ethischer Inhalte

Barrieren der Ethik-Integration

Betriebswirtschaftslehre im Rahmen des Ethik-Programms der Harvard Business School zeigt sehr deutlich die Probleme, die sich im Vorfeld einer akademischen Vermittlung von unternehmensethischen Leitsätzen ergeben (*vgl. zum folgenden* GENTILE *1993, pp. 79-94*). GENTILE hat insgesamt 14 Barrieren ermittelt, die zusammengefaßt folgende wesentliche Punkte beinhalten:

Vermeindlich geringe Bedeutung ethischer Lehrinhalte

Zunächst herrscht seiner Auffassung nach bei vielen Lehrkräften die Überzeugung vor, daß ein eng gebündeltes Lehrprogramm nur noch wenig Platz für zusätzliche ethische Inhalte bereithält, denen i. d. R. auch im betriebswirtschaftlichen Zusammenhang nur eine geringe Notwendigkeit zuerkannt wird. Sollte eine Unternehmensethik aber vollständig in die Betriebswirtschaftslehre integriert werden, entstünde neuer Bedarf an Feld-Forschung sowie Theorienbildung im Schnittfeld von Ethik und allen funktionalen Gebieten als Grundlage für eine gehaltvolle Lehre.

Mögliche Gefahren für die Lehre durch Integration der Ethikausbildung

Ferner meint GENTILE, daß die Integration einer Ethik in den curricularen Themenkreis vielen Lehrkräften gefährlich erscheint, da dies zu einer Diskussion über den Lehrprozeß selbst führen könnte sowie letztlich zu dessen Infragestellung. Ferner könnte es notwendig werden, daß die Lehrkräfte selbst ihr eigenes Wertesystem überprüfen müßten.

Schließlich könnten die Bemühungen zur Steigerung der Aufmerksamkeit für Unternehmensethik im Curriculum von den Lehrkräften als repressiv angesehen werden. Daher erscheine es notwendig, ein für die Lehrkräfte erkennbares Systems von Anreizen zu installieren, welche die Aufmerksamkeit für ethische Belange fördern könnten.

Zusammengefaßt signalisieren die Befragungsergebnisse latenten Handlungsbedarf auf den verschiedenen Stufen der Hochschulausbildung in Unternehmensethik. Sie können damit auch die Ethik-Ausbildung an ausländischen Hochschulen verbessern helfen.

Im folgenden wenden wir uns der Situation im deutschsprachigen Raum zu.

1.2 Die Lage an den Hochschulen und Fachhochschulen im deutschsprachigen Raum

Da die Auffassungen der im folgenden genannten Hochschullehrer bereits in Kapitel 6 ausführlich dargestellt wurden, können wir uns hier auf einen zusammenfassenden Überblick über gesonderte Ethiklehrstühle beschränken.

Ebenso wie in den USA werden auch in der Schweiz, in Österreich und in der Bundesrepublik Deutschland ethische Aspekte der Unternehmensführung im betriebswirtschaftlichen Unterricht an Hoch- bzw. Fachhochschulen behandelt. Allerdings erfolgt dies überwiegend in enger Verknüpfung mit der funktionsbezogenen oder institutionellen Ausrichtung des jeweiligen Lehrstuhlinhabers (z. B. als Unternehmensführungs-, Marketing- oder Umweltethik). Eine Ausnahme von dieser Regel bilden die (bislang sehr wenigen) Lehrstühle mit spezieller Ethikwidmung an der Hochschule St. Gallen (PETER ULRICH) und der Katholischen Universität Eichstätt (KARL HOMANN) sowie der Fachhochschule Konstanz (JOSEF WIELAND). Während ULRICH sein Augenmerk stärker auf wirtschaftsphilosophische Fragen richtet, beschäftigt sich HOMANN in seinen Arbeiten schwerpunktmäßig mit Problemen der Wirtschaftsethik. Von den letztgenannten Instituten abgesehen existiert an deutschsprachigen Hochschulen jedoch keine curriculare Einbindung der Unternehmensethik in den bestehenden Fächerkanon. Obwohl der Lehrstuhl für Unternehmensführung von HORST STEINMANN an der Universität Erlangen/Nürnberg keine spezielle Widmung für Wirtschafts- bzw. Unternehmensethik besitzt, ist er an dieser Stelle ebenfalls hervorzuheben. Als Protagonist der Unternehmensethik in Deutschland (gemeinsam mit seinem Schüler ALBERT LÖHR) gewinnt STEINMANN seinen Ansatz insbesondere durch den interdisziplinären Austausch mit den Philosophen der Erlanger Schule. Über die genann-

> Vorreiter der ethischen Ausbildung im deutschsprachigen Raum

ten betriebswirtschaftlichen Hochschullehrer hinaus zeigen sich auch andere Kollegen für ethische Fragestellungen aufgeschlossen und haben dies auch in ihren Arbeiten zum Ausdruck gebracht (*u. a. seien hier ergänzend zu den bereits Erwähnten genannt:* ERWIN DICHTL, HANS JÜRGEN DRUMM, THEODOR ELLINGER, RUDOLF GÜMBEL, URSULA HANSEN, REINHARD HAUPT, HERBERT HAX, FRANZ-XAVER KAUFMANN, HELMUT KOCH, HANS-ULRICH KÜPPER, BRIJ KUMAR, REINHARD PFRIEM, ARNOLD PICOT, HANS RAFFÉE, MICHAEL STITZEL, JEAN-PAUL THOMMEN *sowie* HARTMUT WÄCHTER *und* GERD RAINER WAGNER). Allerdings werden dabei jeweils interessierende Einzelaspekte betont, eine Koordinierung z. B. auf Verbandsebene hat noch nicht stattgefunden. Auch fehlt bislang weitgehend ein Ethikprogramm, an dem sich eine Reihe betriebswirtschaftlicher Professoren fächerübergreifend beteiligen.

1.3   Anforderungen der Entscheidungsethik an die künftige betriebswirtschaftliche Ausbildung

Im Rahmen einer kritischen Betrachtung der bisherigen Situation in der betriebswirtschaftlichen Ausbildung in den genannten Ländern läßt sich folgendes Fazit ziehen: Auf entscheidungsethische Gesichtspunkte wird von den hier genannten inhaltlichen Elementen der Entscheidungsethik her gesehen nur ansatzweise eingegangen. So ist z. B. die Ausbildung in "business ethics" in den USA weniger theoriegeleitet, sondern reflektiert kritisch besondere Entscheidungssituationen in Form von Fallstudien (*vgl. z. B.* PAINE, VELASQUEZ, BUCHHOLZ). In der betriebswirtschaftlichen Lehre im deutschsprachigen Raum findet sich bei STEINMANN ein erster Hinweis auf den Kontext zur strategischen Planung. HOMANN untersucht die Einbindung betrieblicher Entscheidungsprozesse in eine übergeordnete Rahmenordnung.

Fallstudiencharakter der "business ethics" in den USA

Über diese ersten Verweise hinaus ist eine explizite Verknüpfung zwischen der Entscheidungsethik und der betriebswirtschaftlichen Theorie zur Unternehmensführung zu fordern. Sie umfaßt in diesem Zusammenhang vor allem die Strategische Unternehmensplanung sowie das

Strategische Management, die durch den funktionalen Bezug zur Entscheidungstheorie inhaltlich verklammert sind. Für die künftige curriculare Gestaltung dieses Lehrstoffes bietet es sich an, die Entscheidungsethik insbesondere im Hauptstudium und da in den genannten Lehrbereichen anzusiedeln. In diese sind über die Aufgabenschwerpunkte hinaus auch andere Funktionen wie Marketing, Forschung & Entwicklung oder Organisationslehre einzubeziehen. Die Notwendigkeit einer fächerübergreifenden Zusammenarbeit erfordert eine breite sozial-wissenschaftliche Ausrichtung. Diese könnte sich in gemeinsamen Veranstaltungen von Wirtschafts- und Sozialwissenschaftlern, Philosophen und Theologen niederschlagen.

Erfordernis der Verknüpfung von betriebsw. Theorie und Entscheidungsethik

2 Implikationen des entscheidungsethischen Konzeptes für die betriebswirtschaftliche Forschung

Ansätze zur Theoriebildung ergeben sich zunächst aus der empirischen Forschung auf dem Feld der Unternehmensethik. Die folgende Übersicht gibt einige Ergebnisse aus Deutschland und den USA wieder.

Auf eine relativ lange Tradition kann die empirische Untersuchung des ethisch relevanten Verhaltens multinationaler Unternehmen verweisen (*vgl. dazu den Überblick bei* SCHÖLLHAMMER *1977*). Sie hat zu weitreichenden Konsequenzen in praktischer und theoretischer Sicht geführt. Eine wichtige Konkretisierung der kritischen Diskussion über die Rolle multinationaler Unternehmen bedeuten die Codes of conduct bzw. Codes of ethics.

Empirische Ergebnisse der unternehmensethischen Forschung

Als eine neuere Forschungsrichtung stellt sich die empirische Durchleuchtung des "ethischen Dilemmas" von Führungskräften dar (*vgl.* TOFFLER *1986*). Allerdings konzentriert sich dies bislang vor allem auf die Erhebung von Fallbeispielen, in denen die befragten Manager die von ihnen

Erforschung des "Ethischen Dilemmas"

als ethisch problematisch empfundenen Entscheidungen schildern. Die Gefahr eines reinen Empirismus ist deshalb nicht von der Hand zu weisen.

Erforschung des Zusammenhangs von Unternehmenskultur und -ethik

Ebenfalls sind empirische Erhebungen zum Zusammenhang von einer Unternehmensethik und der Kultur des Unternehmens angestellt worden. Dabei geht es insbesondere um die Frage, wie die individuellen Werthaltungen (values) der Führungskräfte beschaffen sind und in welcher Weise sie die Organisationskultur beeinflussen (*vgl. dazu* KAUFMANN/KERBER/ZULEHNER *1986, sowie* ULRICH/THIELEMANN *1992*).

Erforschung von Ethik in multinationalen Unternehmen

Schließlich sei auf eine eigene Forschungsrichtung verwiesen: die empirische Überprüfung der Analyse von sowie Lösungsvorschläge zu interpersonellen und intraorganisatorischen Konflikten in multinationalen Unternehmen. Ein zentrales Ziel dieses Forschungsprojektes ist die Erhebung der Beziehungen zwischen dem inländischen Stammhaus und den ausländischen Tochtergesellschaften im Rahmen einer spiegelbildlichen Untersuchung in Deutschland sowie in den USA.

Reifephase des kommunikationsorientierten Ansatzes

Den bisher am intensivsten ausgearbeiteten konzeptionellen Ansatz repräsentiert die kommunikationsorientierte Unternehmensethik. Dies hängt einmal damit zusammen, daß die Theorie hier auf philosophische Vorarbeiten der Diskurs- und Kommunikationsethik (insbesondere HABERMAS und APEL) sowie des Konstruktivismus (KAMBARTEL, LORENZEN) zurückgreifen konnte. Der zweite Grund liegt in der langjährigen Konzentration von STEINMANN und Mitarbeitern (vor allem LÖHR) an der Universität Nürnberg-Erlangen auf die Nutzbarmachung der Dialogethik für unternehmensethische Fragestellungen.

Der dialogische Ansatz als sinnvolle Basis

Der dialogische Ansatz bietet die wünschenswerten Voraussetzungen für die Behandlung des Problems, wie der Prozeß der Konsensfindung im praktischen Anwendungsfall in idealer Weise zu gestalten ist. Seine Stärke liegt in der Beschreibung der erforderlichen Eigenschaften der

"Ethik-Experten" und des zweckmäßigen Ablaufprocederes bei der Beratung über ethische Normen. Es darf aber nicht übersehen werden, daß dies nur die eine Seite der Medaille ist. Ebenso wichtig erscheint die Verknüpfung der formalen mit den materialen Elementen der Ethik. Gegenstand des Forschungsprogramms der Entscheidungsethik muß die Unterstützung der betrieblichen Praxis bei der Suche und Anwendung von ethischen Normen bzw. Werten sein. Es geht also stets auch um die Lösung inhaltlicher Aufgaben, die in der Diskurs- bzw. Dialogethik ausgeklammert werden. Daher müssen entsprechend der bei der Herleitung bzw. Ausgestaltung der Entscheidungsethik dargestellten Notwendigkeiten weitere theoretische Möglichkeiten untersucht werden. Ferner müssen bestimmte allgemeine Anforderungen, die an eine betriebswirtschaftliche Theorie der Unternehmensethik zu stellen sind, berücksichtigt werden. Sie lauten stichwortartig:

Erfordernis der Verknüpfung von formalen und materialen Ethikelementen

Anforderungen an eine Theorie der Unternehmensethik

- Verknüpfung von Unternehmenstheorie und Unternehmensethik,
- Berücksichtigung formaler und inhaltlicher Elemente,
- Ausrichtung an konkreten Problemen der Unternehmenspraxis.

Dies führt insgesamt zu den nachstehenden Implikationen, ohne dabei aber den Anspruch auf Vollständigkeit zu erfüllen.

- Verknüpfung von Konflikttheorie und ethischen Überlegungen,
- Zusammenhang von Institutionen- und Individualethik,
- Suche nach und Begründung von ethischen Leitlinien,
- Implementierungsproblematik,
- Rolle staatlicher Instanzen und Systeme.

Auf diese insbesondere für eine Entscheidungsethik wichtigen Punkte wird im folgenden näher eingegangen.

2.1 Verknüpfung von Konflikttheorie und ethischen Überlegungen

Dieser oben bereits thematisierte Zusammenhang soll hier am Beispiel von Unternehmen mit grenzüberschreitender Tätigkeit dargestellt werden. In Anlehnung an die Auffassung von RAWLS bearbeitet VELASQUEZ Problembereiche moralischer Prinzipien für multinationale Unternehmen, die sich aus den unterschiedlichen unternehmens- und landeskulturellen Bedingungen ergeben. Als multinational gelten Firmen, die grenzüberschreitend in zwei oder mehr Ländern tätig sind und dort auf der Grundlage von Direktinvestitionen Verkaufsniederlassungen und Produktionsgesellschaften unterhalten. VELASQUEZ' Überlegungen lassen sich in folgende Fragen kleiden (*vgl.* VELASQUEZ *1992, p. 109*):

> **Problembereiche moralischer Prinzipien für multinationale Unternehmen**

- Was bedeutet die Unternehmenspolitik im Kontext der lokalen Gegebenheiten und Wertvorstellungen?
- Sind die unternehmerischen Entscheidungen unter ethischen Gesichtspunkten akzeptabel oder vernachlässigen sie allgemeine ethische Standards?
- Sind die Auswirkungen der Unternehmenspolitik auch unter unterschiedlichen sozialen, ökonomischen und technologischen Bedingungen in den Gastländern ethisch zu vertreten, d. h., können die schärferen gesetzlichen Auflagen der Industrieländer ohne Nachteile auf die Entwicklungsländer übertragen werden?
- Berücksichtigen die Gesetze des Gastlandes und die Verhaltensweisen des multinationalen Unternehmens die fundamentalen moralischen Ansprüche der Menschen auf Freiheit, Gerechtigkeit und Gleichheit? Wenn dem nicht so ist, sollte sich dann das Unternehmen aus dem Gastland zurückziehen?
- Wenn die Übernahme von lokal üblichen Verhaltensweisen (wie z. B. Rassendiskriminierung oder Bestechung) die Verletzung ethischer Standards des Heimatlandes einschließt, könnte dann eine Fortführung des Geschäftsbetriebes ohne diese Praktiken erfolgen oder sollte sich das Unternehmen aus diesem Land zurückziehen?

Die Beantwortung dieser Fragen kann nur im Kontext der bisherigen Konflikte zwischen der Unternehmenskultur des Stammhauses und der Kultur des Gastlandes erfolgen. Die zweite Grundfrage lautet deshalb, wie die Unternehmenskultur mit ihren in der Regel höheren Ansprüchen in das Ethos der lokalen Führungskräfte eingebunden werden kann und deren bisherige Geschäftspraktiken bzw. Denkweisen zu verändern vermag. Wie schwierig diese Aufgabe ist, wird dann besonders deutlich, wenn man sich die verschiedenen Konfliktthemen vor Augen führt. Nach DONALDSON lassen sich wenigstens acht Hauptkategorien ethischer Probleme in multinationalen Unternehmen unterscheiden (*vgl.* DONALDSON *1993, Sp. 735*).

Problem der Einbindung unterschiedlicher Kulturen in eine Entscheidungsethik

- Bestechungen und andere fragliche Zahlungen,
- Beschäftigungsfragen,
- Marketingpraktiken,
- Auswirkungen auf Wirtschaft und Entwicklung der Gastländer,
- Folgen für die natürliche Umwelt,
- kulturelle Einflüsse multinationaler Unternehmen,
- Beziehungen zu den Regierungen der Gastländer,
- Beziehungen zu den Stammländern.

Die hier auftretenden ethischen Problembereiche unterstreichen die Notwendigkeit von firmenübergreifenden ethischen Leitlinien.

2.2 Zusammenhang von Institutionen- und Individualethik

Das Spannungsgefälle zwischen der persönlichen Verantwortung des Individuums und der institutionalisierten Verantwortlichkeit des Unternehmens als Organ ist bereits verschiedentlich angesprochen worden. Es handelt sich um ein besonders sensibles Forschungsfeld, weil Interessenstandpunkte und ideologische Voreingenommenheiten der einen oder anderen Provenienz gerade diesen Aspekt in der Vergangenheit häufig tabuisierten. Die Verknüpfung von individueller und insti-

Spannungsfeld zwischen persönlicher und institutioneller Verantwortung

tutioneller Ethik sei deshalb an dieser Stelle noch einmal aufgegriffen und in mehr grundlegender Weise problematisiert. Im Kern geht es um die Interdependenz des Handelns von Individuen im Unternehmen und das Handeln von Unternehmen (als Subjekt), das sich nicht vollständig auf die Unternehmensangehörigen zurückführen läßt (*vgl.* ENDERLE *1992, S. 145 f.*).

Schwerpunkte der Individualethik

Die Individualethik bietet für die künftige Forschung ein breites Spektrum an offenen Problemen. Zu thematisieren sind hier u. a. die

- Wahrnehmung individueller Verantwortung in alleiniger Entscheidung der Führungskraft (monologische Sicht) versus deren Übernahme in Abstimmung mit anderen Interessenträgern (dialogische Sicht),
- Bedeutung und Konkretisierung des "Gewissens" als Legitimationsgrundlage von Individualentscheidungen,
- Gefahren von Leerformeln in Selbstverpflichtungen der Manager,
- Reflexionen über den Zusammenhang von Gewinn und den Mitteleinsatz zu dessen Erzielung,
- Ausprägung unterschiedlicher Verantwortungsarten (korrektives Unterlassen negativer Handlungen versus prospektive Verhinderung potentieller Handlungsfolgen),
- organisatorischen und kulturellen Einflußfaktoren individuellen Handelns generell (nicht nur der Führungskräfte).

Schwerpunkte der Institutionenethik

Auch im Bereich der Institutionenethik bieten sich verschiedene Themenschwerpunkte als Objekt künftiger Forschung an, welcher der folgenden Aufzählung entnommen werden können (*vgl. dazu* HERRMANN *1993, S. 25-47*).

- das Zusammenwirken von ausschließlicher (Organ-) Verantwortung des Unternehmens, individueller Verantwortung der Akteure und Verantwortung von externen Bezugsgruppen,
- Auswirkungen der Gefährdungshaftung auf prospektive Strategien einer Verhinderung unethischen Handelns,

> - der Einfluß asymmetrischer Informations- und Machtstrukturen und hierarchischer Organisationsstrukturen auf das individuelle moralische Handeln von Unternehmensmitgliedern,
> - Möglichkeiten für das Unternehmen als Subjekt ethischer Verantwortung zum Abbau von institutionellen Beschränkungen verantwortlicher Entscheidungen,
> - Analyse der positiven und negativen Auswirkungen der faktischen Unternehmenskultur auf das moralische Handeln der Mitarbeiter als primäre Akteure,
> - Konsequenzen eines unterschiedlichen Verständnisses von Öffentlichkeitsarbeit im Hinblick auf das Ethos der Führungskräfte.

Zusammenfassend läßt sich feststellen, daß weder eine individuelle noch eine institutionelle Unternehmensethik für sich in der Lage ist, die Festlegung von Verantwortung zutreffend zu beschreiben und zu erklären. Vielmehr existieren korporative und persönliche Verantwortung stets nebeneinander (*vgl.* MARING *1989, S. 38*). Dies muß bzw. sollte sowohl in der Lehre als auch im Forschungsprogramm der Entscheidungsethik berücksichtigt werden.

2.3 Die Suche nach und Begründung von ethischen Leitlinien

Ein Bedarf an mehr grundlagenbezogener Forschung besteht ferner im Bereich der Fundierung von ethischen Leitlinien. Unbestreitbar ist erstens, daß diese einen wichtigen Bestandteil der Rahmenordnung bilden, welche im Sinne HOMANNs die Diskriminierung ethisch sinnvollen Handelns ausschließen soll. Zweitens entspricht es der inneren Logik einer immer enger zusammenwachsenden Weltwirtschaft, daß auch deren Leitlinien international verbindlich sind.

Forschungsbedarf bei der Fundierung ethischer Leitlinien

Das Bemühen um global akzeptierte Leitlinien des unternehmerischen Verhaltens setzt zunächst die Einigung über bestimmte Inhalte ethischer Normen voraus. Eine solche Verknüpfung von formalen und inhaltlichen Aspekten ist bisher nur in Ansätzen versucht worden. So macht z. B. JÖSTINGMEIER den Vorschlag, eine von unterschiedlichen Religionen und weltanschaulichen Positionen getragene "Basisethik" zu formulieren, die den Anspruch auf eine internationale Akzeptanz erheben kann. Ähnlich argumentiert HANS KÜNG aus einer theologischen Position heraus. Sein Vorschlag läuft auf den universal gültigen Katalog eines "Weltethos" hinaus (*vgl.* KÜNG *1991*).

Internationale Ausrichtung an gemeinsamen moralischen Grundwerten

Bemerkenswert an beiden Konzepten erscheint die Ausrichtung an gemeinsamen moralischen Grundwerten der Menschheit. Sie kommt den Tendenzen zur Herausbildung der "Eine-Welt-Gesellschaft" ebenso entgegen wie der immer stärker werdenden weltwirtschaftlichen Verflechtung. Die Aktualität, der Grad an Internationalität und der visionäre Charakter dieses Ansatzes erscheinen bestechend. Seine Schwächen liegen darin, daß er mehr als langfristige Perspektive denn als Baustein für eine "praxisorientierte Theorie mittlerer Reichweite" (ROBERT K. MERTON) zu verstehen ist.

Basisethik als Ansatz internationaler Normenfindung

Der Vorschlag JÖSTINGMEIERs zu einer Basisethik läßt sich als ein Ansatz für eine verantwortungsethische Fundierung von Normen in einem multinationalen Unternehmen interpretieren (*vgl. zum folgenden* JÖSTINGMEIER *1994, S. 85-96*).

JÖSTINGMEIER fordert diese als dauerhaften Grundkonsens aller Mitglieder eines multinationalen Unternehmens. Kernproblem einer übergreifenden Basisethik sei die Ermittlung von weltweit gültigen Normen.

Gemeinsame Normen der Weltreligionen

Zur Lösung dieses Problems differenziert JÖSTINGMEIER in religiös beeinflußte und säkular geprägte Normenträger. Er sucht in diesen weiterhin heterogenen, aber leichter einzugrenzenden Untergruppen nach Gemeinsamkeiten bezüglich humanorientierter sowie umweltgerichteter Aspekte. Drei dem Menschen zugewandte Anforderungsbereiche finden sich in den meisten Weltreligionen (*vgl.* JÖSTINGMEIER *1994, S. 88-90*):

> ❶ Bemühungen um das Wohl des Menschen.
>
> ❷ "Mondiale" Maximen, die dem Schutz des Nächsten dienen, insbesondere
>
> - das Tötungsverbot,
> - das Verbot zu lügen,
> - das Diebstahlverbot,
> - das Verbot der Unzucht,
> - die gebotene Achtung der Eltern und die Kindesliebe.
>
> ❸ Die Goldene Regel (Alles, was du von anderen erwartest, das tue auch selbst.).

Religiös-weltanschauliche Grundnormen sind in zahlreiche Gesetze eingegangen. Zumindest ohne direkten Verweis auf eine religiöse Weltanschauung findet sich u. a. in den meisten Nationen eine Anerkennung gewisser Menschenrechte. Hervorgehoben werden kann die "Universal Declaration of Human Rights" der UNO aus dem Jahr 1948, welche in der Tradition der amerikanischen "Bill of Rights" (1776) sowie der 1789 von der französischen Nationalversammlung verkündeten Menschen- und Bürgerrechte steht. Alle Weltreligionen achten zudem die natürliche Umwelt als Lebenspartner des Menschen und empfehlen sie seiner verantwortlichen Pflege.

Einflußnahme religiöser Grundnormen auf Gesetze

Das Konzept einer Basisethik muß allerdings, um auf generellen Konsens zu stoßen, sehr breit angelegt sein. Es gerät dann leicht in die Gefahr der Unverbindlichkeit, wenn es nicht in konkrete Handlungsanweisungen umgesetzt wird. Außerdem weist es bei näherer Betrachtung Brüche auf: Man denke nur allein an die unterschiedliche Einstellung zum "Menschen" als Mann und Frau in den drei Weltreligionen oder den Spannungsbogen zwischen "Gesetz" und "Gnade" im Alten und Neuen Testament.

Möglichkeiten und Grenzen der Basisethik

2.4 Implementierungsproblematik einer Entscheidungsethik

Da die generellen Aspekte einer Implementierung der Entscheidungsethik bereits im 9. Kapitel ausführlich behandelt wurden, wollen wir uns hier auf die Durchsetzungsproblematik in internationalen Unternehmen konzentrieren.

Machtasymmetrie als Umsetzungsproblem der Entscheidungsethik

Eine erste Schwierigkeit bei der Durchsetzung entscheidungsethischer Normen bzw. deren Notwendigkeit ergibt sich im Falle internationaler Unternehmen aus der Machtasymmetrie zugunsten des Stammhauses. Die de facto gegebene Überlegenheit der Konzernzentrale gegenüber den ausländischen Niederlassungen führt deren Management zu einer Haltung des Vertrauens auf die "Weisheit der zentralen Instanzen" und entlastet es von eigener Verantwortung.

SCHÖLLHAMMER beschreibt die daraus erwachsenden nachweislich unethischen Praktiken zahlreicher nordamerikanischer Unternehmen (z. B. Lockheed, General Tire and Rubber, Gulf Oil, Exxon, R. J. Reynolds und United Brands), aber auch britischer, französischer und japanischer Firmen. Er sieht ferner die multinationalen Firmen sowohl als Opfer (in Reaktion auf externe, politische Ansprüche der Gastländer) wie auch als Verursacher von Korruption.

Vorschläge zur Abhilfe unethischer Praktiken

SCHÖLLHAMMERs Vorschläge zur Abhilfe, die auch die gegenwärtige Diskussion kennzeichnen, lauten (SCHÖLLHAMMER *1977, p. 27 f.*):

○ Abschluß internationaler Abkommen zur Verhinderung der Korruption;
○ restriktive, weltweite Gesetzgebung;
○ regulative Maßnahmen von Verwaltungsbehörden;
○ ethische Leitlinien ("codes of conduct") als Bekräftigung der jeweiligen Unternehmenspolitik;
○ regierungsübergreifende Übereinkommen über ethische Leitlinien.

Diese Empfehlungen lassen sich unschwer als Gegenstand künftiger Forschungsprojekte erkennen. Allerdings bedarf es dazu einer weiteren Einschränkung bzw. Konkretisierung. Diese kann länderspezifisch erfolgen, auf die grenzüberschreitenden Aktivitäten einzelner multinationaler Unternehmen bezogen sein oder sich auf bestimmte Funktionen oder auch Querschnittsbereiche beschränken. Dabei werden die sowohl die auftretenden Konflikte zu analysieren sein als auch Möglichkeiten zur Regelung von Konflikten aufgezeigt werden müssen. Damit beschäftigt sich ein eigenes Forschungsprojekt, das die länderübergreifenden ethischen Konflikte ausgewählter multinationaler Unternehmen thematisiert (*vgl. dazu im einzelnen* KREIKEBAUM *1995*).

Ethische Empfehlungen als zukünftiges Forschungsprojekt

2.5 Die Rolle staatlicher Instanzen und Systeme am Beispiel der Entwicklungsländer

Die folgenden Ausführungen greifen erneut einen Problembereich der Unternehmensethik heraus, der durch die zunehmende Globalisierung der Märkte und die sich verstärkende weltwirtschaftliche Verflechtung ein ständig zunehmendes Gewicht erhält. Allerdings konzentrieren wir uns jetzt auf die Beziehungen zur Dritten Welt. Die Globalisierung der Märkte hat zu einer Intensivierung der internationalen Wirtschaftsbeziehungen geführt, wie sie in dieser Form neu ist. Die multinationalen Unternehmen waren von Beginn ihrer Tätigkeit in den Entwicklungsländern an mit dem Odium des unmoralischen Verhalten behaftet (vgl. dazu die Beispiele der United Fruit Company und der United Tobacco Company). Der Mißbrauch von Marktmacht hat frühzeitig eine Diskussion über das moralische Handeln von multinationalen Unternehmen in den Entwicklungsländern ausgelöst.

Mißbrauch von Marktmacht multinationaler Unternehmen in der Dritten Welt

Einen ersten Ansatzpunkt für die künftige Forschung stellt die Notwendigkeit einer Ethik für multinationale Unternehmen dar. Sie wird von KUMAR und SJURTS wie folgt begründet (vgl. KUMAR/SJURTS *1991, S. 164-170*):

Erfordernis der Reflexion negativer externer Effekte

Erstens gelte auch für multinationale Unternehmen die klassische Begründung negativer externer Effekte des Wirtschaftens mit deren ökologischen und sozialen Kosten. Eine ethische Reflexion erübrige sich auch dann nicht, wenn man unter den idealtypischen Bedingungen der vollkommenen Konkurrenz auf den Weltmärkten mit der Pareto-Optimalität argumentiere. Denn einerseits seien die multinationalen Unternehmen typischerweise auf Oligopolmärkten tätig, andererseits müßten auch paretooptimale Zustände unter ethischen Aspekten bewertet werden: "Alle hungern paretooptimal" (PROSI *1988, S. 482*).

Defizite im rechtlichen Rahmen internationalen Wirtschaftens

Zweitens wiesen die rechtlichen Regelungen der Handlungsbedingungen von multinationalen Unternehmen Steuerungsdefizite auf (z. B. infolge unbestimmter Rechtsbegriffe mit geringer Steuerungseffizienz und ungenügender Information über die zentralen Entscheidungsprozesse). Die Giftkatastrophe von Bhopal habe z. B. gezeigt, daß man von einer "organisierten Unverantwortlichkeit" sprechen könne, da das indische Niederlassungsmanagement auf die globale Technologie sowie die damit verbundene Kontrolle der Zentrale vertraut und sich dadurch auch moralisch entlastet gesehen habe. Außerdem hinke die Rechtsentwicklung stets mit einem gewissen Time lag hinter der Technologie her, zumal sie in den Entwicklungsländern noch unterentwickelt sei.

Lücken im gesellschaftlichen Wertesystem von Drittweltländern

Drittens fehle in den Entwicklungsländern die interessenabgleichende, friedensstiftende Funktion des gesellschaftlichen Wertesystems als Konfliktregulierungsmechanismus. Speziell für die Länder der Dritten Welt gelte, daß die Rahmenordnung aufgrund der bestehenden Informations- und Machtasymmetrien rechtliche Steuerungsdefizite aufweist. Sie sei auf der Verbands- und Unternehmensebene ergänzungsbedürftig und erfordere spezifische Zusatzordnungen.

Kapitel 10: Konsequenzen für Lehre und Forschung

Auf diese Probleme wird von den staatlichen Instanzen in den einzelnen Ländern unterschiedlich reagiert. In den USA sind die bereits genannten "Federal Sentencing Guidelines" in Kraft getreten. Der besondere Schwerpunkt dieser Richtlinien findet sich im achten Kapitel, welches dem "sentencing of organizations" gewidmet ist. Aufgabe des "chapter eight" ist die Unterstützung der im Verhältnis zu deutschem Recht sehr restriktiv gehandhabten Gesetzgebung zur Wirtschaftskriminalität. Typischerweise obliegt im us-amerikanischen "case-law" dem Richter die Zumessung des Strafmaßes, wobei dieser sich nach dem Umsatz des verursachenden Unternehmens, der Höhe des Schadens und ähnlichen Faktoren richtet. Dabei werden nicht selten enorme Summen (z. T. mehrere 100 Mio. $) als Strafmaß verhängt. Inhalt des Sentencing of organizations ist nun eine Art Kronzeugenregelung für Wirtschaftsakteure. Können diese Anstrengungen nachweisen, die der Vermittlung von ethischem (gesetzestreuem) Handeln im Unternehmen dienen, ergeben sich im Konfliktfalle vor Gericht daraus strafmindernde Effekte. Hat das Unternehmen einzelne oder ein Bündel der nachstehenden Maßnahmen zur Förderung ethischen Handelns institutionalisiert, kann dies eine Strafreduzierung zwischen 20% und 60% zur Folge haben (*vgl.* WIELAND 1993, S. 22). Eröffnet das betroffene Unternehmen gar das Gerichtsverfahren durch eine Selbstanzeige, kann es mit einer Strafminderung von 80% bis zu 95% rechnen.

> Staatliche Reaktionen auf die mangelnde ethische Selbstbindung in den USA

Sicherlich beinhaltet dieses System einen starken Anreiz für Unternehmen, ethische Aspekte in ihre Unternehmenspolitik zu integrieren und in der Organisation zu institutionalisieren. Zweifelhaft bleibt jedoch, ob die vorgenommenen Maßnahmen über bloße Lippenbekenntnisse hinausgehen, die als Vorsorge für einen potentiellen gerichtlichen Konfliktfall herhalten müssen. Kritisch ist ferner anzumerken, daß die Berufung auf ethische Verhaltensweisen vielfach nur in Zusammenhang mit rechtlichen Anforderungen erfolgt. Dieser Auffassung würde es entsprechen, wenn die Befolgung gesetzlicher Bestimmungen gleichzeitig als ethisches Verhalten identifiziert wird.

Freiwillige Selbstverpflichtung jenseits gesetzlicher Normen

Ob dies so ist, könnte im Rahmen eines weiteren Forschungsprogramms geklärt werden. Zweifellos kann jemand nicht als unmoralisch bezeichnet werden, wenn er sich an Geist und Buchstaben der Gesetze hält. Der Begriff der Ethik umschließt darüber hinaus aber ein individuelles Element freiwilliger Selbstverpflichtung. Dies ist auch deshalb erwünscht und notwendig, weil Gesetze nur einen Minimalkodex repräsentieren bzw. generelle Regelungen für ein Standardverhalten umfassen.

Effizienzwirkung freiwilliger Selbstverpflichtung

So gesehen kann die Ergänzung bzw. selbstgewählte Ausfüllung der gesetzlichen Rahmenordnung durch situationsabhängige ethische Leitlinien effizienter als die buchstabengetreue Rechtsauslegung sein. Erfahrungsgemäß können Transaktionskosten einer weitergehenden gesetzlichen Regelung durch freiwillige ethische Vorleistungen vermieden werden (*vgl. dazu auch* WIELAND *1993, S. 26 f.*). In einem empirischen Forschungsprojekt wäre zu prüfen, ob das Normensystem im Sinne einer Einheitlichkeit oder einer regionalen Differenzierung aufzubauen ist (*siehe dazu die Diskussion bei* HESSE *1988*). HESSE spricht sich gegen die Anwendung von unterschiedlichen Normen im Umgang mit Inländern und Ausländern aus. Er setzt sich stattdessen für die Einführung einer einheitlichen Rahmenordnung für die "Weltwirtschaftsgemeinschaft" und die Beachtung des Prinzips der internationalen Verteilungsgerechtigkeit ein (*vgl.* HESSE *1988, S. 197*). Die einheitliche Rahmenordnung soll sich nach dieser Vorstellung an den Prinzipien der Konfliktvermeidung (z. B. durch Verzicht auf protektionistische Maßnahmen) und der "Kooperation zum gegenseitigen Vorteil" (z. B. in der Stabilitätspolitik) orientieren (*vgl.* HESSE *1988, S. 197-202*). Letztere ließe sich erreichen, wenn die internationale Arbeitsteilung nach dem Fairneß-Prinzip von RAWLS umgestaltet würde. Danach sind nur solche internationale Vereinbarungen abzuschließen, die den Entwicklungsländern Vorteile bringen.

Einheitliche internationale ethische Normen zur Konfliktvermeidung

Als ein strittiger Aspekt erweist sich das Streben nach "Gerechtigkeit im eigenen Land", nach dem die Bekämpfung der Armut vor der Haustür meist Vorrang vor dem Wohl des "fernen Nächsten" gewinnt. (MAHATMA GANDHI: "I must not serve my distant neighbour at the expense of my nearest", *zitiert nach* DIWAN *1982, S. 419).* Dieses sogenannte Suadeshi-Prinzip macht deutlich, daß Wohltätigkeit offensichtlich "eine steigende Funktion der Nähe" (HESSE *1988, S. 207)* ist. Ob diese Beobachtung allerdings verallgemeinerungsfähig ist, kann nur durch weitere empirische Forschung belegt werden.

Die Entwicklungshilfepolitik sieht sich offensichtlich einer "Dialektik der Entwicklung" gegenüber *(siehe* SAUTTER *1988, S. 341 f.).* Einerseits ist die Entwicklungshilfe notwendig, um Hunger und Elend in den Entwicklungsländern zu beseitigen. Dies geht jedoch nicht ohne die Änderung kultureller Traditionen. Die dabei entstehende Gefahr besteht in einer "Ökonomisierung des Weltbildes", d. h. in der Herauslösung des wirtschaftlichen Wandels aus der kulturellen Identität von Moral, Weltbild und Religion. Die Wertrationalität der wirtschaftlichen Entwicklung ist damit in Frage gestellt.

<small>Kulturelle Traditionen versus wirtschaftlicher Erfolg</small>

Unbestritten ist nach den vorliegenden Erfahrungen aus 40 Jahren Entwicklungshilfepolitik die Notwendigkeit, die Vergabe von Entwicklungshilfe stärker als bisher an Eigenanstrengungen der Empfängerländer zu knüpfen und letztere dazu in geeigneter Form zu motivieren *(vgl.* SAUTTER *1981, S. 647).* Damit ergibt sich gleichzeitig die Ausgangsposition für eine unternehmerische Betrachtung der anstehenden Probleme. Auch hier besteht noch ein erhebliches Forschungsdefizit.

<small>Verknüpfung von Entwicklungshilfe und Eigeninitiative</small>

3 Ausblick: Konsequenzen einer Entscheidungsethik für die Welt der Unternehmen von morgen

Ob und in welchem Umfang das Konzept einer Entscheidungsethik eine Chance der Verwirklichung in der Zukunft haben wird, hängt von verschiedenen Bedingungen ab. Anders gefragt: Welche Voraussetzungen müssen erfüllt

<small>Gestaltunganforderungen einer Entscheidungsethik</small>

sein, damit die oben ausgesprochene Forderung nach einer realitätsnahen Gestaltung der Verantwortungsethik eingelöst werden kann? Zusammenfassend und vereinfacht lassen sich folgende Bedingungen formulieren:

> O Berücksichtigung generationenübergreifender, langfristiger Perspektiven,
> O Einsatz von praxiserprobten Instrumenten der strategischen Planung und von Zukunftsanalysen,
> O Konzentration auf Anwendungsbereiche, die der Erhaltung einer menschenwürdigen und umweltgerechten Mit- bzw. Umwelt dienen.

Die "Grundlagen der Unternehmensethik" verstehen sich als anwendungsbezogen und den Fragen der Praxis gegenüber offen. Als ein zentrales Problem im betrieblichen Alltag erweist sich die immer wieder neue Bewältigung von Konfliktsituationen wie z. B. zwischen ökonomischen und ökologischen Zielen oder im Verhältnis zu Schwellen- und Entwicklungsländern. Die vorurteilsfreie Analyse von Konfliktzonen und Suche nach friedensstiftenden Lösungsalternativen kann nur in einer gemeinsamen Anstrengung aller Beteiligten und Betroffenen erfolgen. Ziel dieser Bemühungen ist die weitere Konkretisierung von ethischen Leitlinien sowie die Überwindung von organisatorischen und personellen Barrieren gegenüber diesen Leitlinien.

Überwindung getrennten ethisch-ökonomischen Denkens

Ein getrenntes Denken in ethischen und ökonomischen Kategorien muß überwunden werden. Ökonomische Konsequenzen als Auswirkung des ethischen Handelns sind stets zu berücksichtigen. Insgesamt geht es um die Vereinfachung der Abläufe in den betrieblichen Entscheidungsprozessen. Sie wird erreicht durch eine verbesserte Effektivität von Ethikausbildung und Ethikberatung. Die Bildung von "ethischen Inseln" im Unternehmen kann dazu ebenso einen wichtigen Beitrag leisten wie bei der Überbrückung des Grabens zwischen Theorie und Praxis einer Entscheidungsethik.

Unter ethischen Gesichtspunkten lassen sich folgenden Probleme nennen, von deren praktischer Lösung das weltweite Zusammenspiel der wirtschaftlichen Kräfte bestimmt wird.

> ❶ Eine-Welt-Vorstellung als gemeinsame Ausgangsidee;
>
> ❷ Suche nach kooperativen Problemdefinitionen;
>
> ❸ Entwicklungsfähigkeit als gemeinsames Lernproblem;
>
> ❹ Verbesserung internationaler Arbeitsteilung als Effizienzkriterium;
>
> ❺ Verpflichtung zu Vorleistungen multinationaler Unternehmen;
>
> ❻ Anwendung gemeinsamer Problemlösungsmechanismen.

Damit sind gleichzeitig einige Anforderungen genannt, die an eine auf den Nord-Süd-Dialog ausgerichtete Theorie des multinationalen Unternehmens zu stellen sind. Sie lassen sich in fünf Postulaten zusammenfassen, die nachfolgend festgehalten sind:

Anforderungen an einen Nord-Süd-Dialog

> ○ Vorrang von Regionalisierungsstrategien,
> ○ Einsatz von angepaßten Technologien,
> ○ Durchführung einer kundennahen Entwicklung und Produktion,
> ○ Ausnutzung regenerierbarer Energiequellen und
> ○ Berücksichtigung kultureller Werte des Gastlandes.

In diesem Zusammenhang läßt sich feststellen, daß die ethischen Probleme des internationalen Managements bisher nur ansatzweise diskutiert worden sind. Angesichts der wachsenden Verflechtung der Weltwirtschaft werden sie in Zukunft mit Sicherheit an Bedeutung gewinnen. Es gibt kaum eine ethische Leitlinie in multinationalen Unternehmen, die keinen direkten oder indirekten Bezug zur wirtschaftlichen Situation der Drittweltländer hätte (*siehe dazu insbesondere* SPIEGEL *1992, S. 24 f.*).

> **Verständnisfragen zu Kapitel 10:**
>
> 1. Beschreiben Sie die Situation zur Ausbildung in Unternehmensethik in der Bundesrepublik Deutschland bzw. den USA und vergleichen Sie diese mit Ihrem Ausbildungsinstitut.
>
> 2. Beschreiben Sie die ethischen Konflikte, die in multinationalen Unternehmen auftreten können und finden Sie Ansätze zu deren Lösung. Welche Rolle spielen dabei die Konzernzentralen?
>
> 3. Nennen Sie die Probleme, die bei einer Integration ethischer Lehrinhalte an Hochschulen auftreten können, und begründen Sie diese.

Einführende Literaturempfehlungen:

Hesse, Helmut (Hrsg.): Wirtschaftswissenschaft und Ethik, Berlin 1988.

Piper, Thomas R./Gentile, Mary C./Daloz Parks, Sharon (Edit.): Can ethics be taught?: perspectives, challenges and approaches at the Harvard Business School, Boston (Mass.) 1993.

Rueschhoff, Norlin/Schaum, Konrad: Perspectives for Further Research, in: Rueschhoff, Norlin/Schaum, Konrad (Eds.): Christian Business Values in an Intercultural Environment, Berlin 1989, pp. 182-188.

Schöllhammer, Hans: Ethics in an International Business Context, in: Management International Review, Vol. 17 (1977), No. 2, pp. 23-33.

Velasquez, Manuel G.: Business Ethics: Concepts and Cases, 3rd edit., Englewood Cliffs 1992.

Namensverzeichnis

AlHabshi, Othman 97 f., 121
Apel, Karl-Otto 82-84, 132, 304
von Aquin, Thomas 35, 53, 63 f., 106, 113
Aristoteles 35, 47, 49, 51-54, 86 f., 90, 106, 143
Arrow, Kenneth J. 141, 160
Bandura, Albert 57, 268 f.
Bayer, Hermann 250
Bayles, Michael 196
Behnam, Michael 232
Bienert, Wolfgang 112
Biervert, Bernd 160
Bihl, Gerhard 292
Birnbacher, Dieter 130
Blome-Drees, Franz 156 f., 161, 235
Blomstrom, R. L. 285
Bohne, Daniela 205
Bonhoeffer, Dietrich 9, 188
Boulding, Kenneth E 115
Braun, Wolfram 124
Buchanan, James M. 132 f., 161
Buchholz, Rogene A. 302
Campbell Jr., Thomas C. 115
Clark, Peter B. 121
Crawley, John 200
Czayka, Lothar 124
Dahm, Karl-Wilhelm 40, 43, 298
Daloz Parks, Sharon 320
Davis, K. 285
DeGeorge, Richard T. 291
Delius, Harald 88
Dichtl, Erwin 259, 262 f., 302

Dierkes, Meinolf 193
Diwan, Romesh K. 317
Donaldson, Thomas 307
Dörner, Dietrich 125
Drumm, Hans Jürgen 302
Ellinger, Theodor 258, 302
Enderle, Georges 7, 8, 14, 19, 28, 42, 147, 194, 232
Epstein, Edwin M. 145-147, 154
Erhard, Ludwig 41
Fadiman, Jeffrey A. 228
Fiege, Rudolf 291
Freeman, Edward A. 161
French, Peter A. 222
Friedman, Milton 118
Fulda, Hans Friedrich 68
Furger, Franz 35-37, 43
Geiger, Theodor 41
Geiss, G. 50, 67
Gellermann, Saul W. 227
Gemünden, Hans Georg 166
Gentile, Mary C. 300, 320
Gerhard, Birgit 191
Getz, Kathleen A. 235
Giersberg, Georg 155
Gilbert, R. Richard 116
Göbel, Elisabeth 15
Golas, Heinz G. 250
Goodpaster, Kenneth E. 147 f.
Gottschall, Dietmar 286
Gremillion, Joseph 43
Griffiths, Brian 118-120
Gümbel, Rudolf 19, 88, 131, 302

von Gumppenberg, Rudolf 66
Gutenberg, Erich 3, 23, 166, 212
Habermas, Jürgen 82-84, 91, 132, 141, 304
Hahn, Dietger 216
Hansen, Ursula 259, 302
Hauschildt, Jürgen 168, 223
Hax, Herbert 209, 235, 302
von Hayek, Friedrich A. 118
Hein, N. J. 102
Heinen, Edmund 165 f., 208 f., 212
Held, Martin 160
Helferich, Christoph 48, 52, 54, 60, 69, 72
Herbert, Klaus-Jürgen 259
Herms, Eilert 21, 28, 37 f., 125
Hesse, Helmut 9, 15 f., 29, 316 f., 320
Hey, Dieter 250
Hinterhuber, Hans H. 126, 191
Hirschman, Albert O. 132
Hobbes, Thomas 54-57, 61, 79, 90
Höffe, Otfried 9, 11, 21, 51 f., 64, 69, 75, 84, 89, 91, 94, 96, 100, 103, 130, 179
Hoffmann, Friedrich 152 f.
Höffner, Joseph 36 f.
Homann, Karl 9, 15 f., 18, 29, 42, 59, 130, 154-158, 161, 233 f., 264, 301 f., 309
Hopfenbeck, Waldemar 259, 262
Hörschgen, Hans 262
Hume, David 55, 58 f., 62, 73, 75 f., 90, 176
Hüser, Annette 256
Ineichen, Hans 172

Irrgang, Bernhard 253
Jäger, Alfred 18, 181
Jahnke, Ralph 171 f., 177
Jeremias, J. 102
Jeschke, Barnim G. 199, 212
Johnson, Harold L. 115, 116
Jonas, Hans 61, 71, 81 f., 86, 91, 181, 190, 253
Jones, Donald G. 116
Jores, Arthur 173
Jöstingmeier, Bernd 310
Kaas, Klaus-Peter 259, 261, 265
Kalveram, Wilhelm 184
Kambartel, Friedrich 84, 138, 304
Kamphaus, Franz 254
Kant, Immanuel 5, 65, 71, 73 f., 82, 90 f., 133, 143
Kardiner, Abram 174
Kaufmann, Franz-Xaver 302, 304
von Keller, Eugen 174
Kellerhals, Emanuel 98
Kerber, Walter 304
Kern, Manfred 125
Kirchner, Baldur 280
Kirsch, Werner 274
Klausmann, Walter 216
Kliemt, Hartmut 20, 29
Koch, Helmut 302
Kohlberg, Lawrence 250, 267, 269 f., 294
Korff, Wilhelm 16, 173, 177, 236
Koslowski, Peter 19, 111 f., 142
Kotler, Philip 264
Kötter, Rudolf 130 f., 142
Kreikebaum, Hartmut 24, 190 f., 217, 218, 242, 254, 259, 265, 285, 313

Kulenkampff, Jens 62
Kumar, Brij 302, 314
Küng, Hans 310
Küpper, Hans-Ulrich 102, 124, 181
Kutsch, Ernst 95
Lachmann, Werner 32
Lange, Ernst Michael 66 f., 69
Laux, Helmut 169
Lay, Rupert 11-13
Lenk, Hans 86, 180, 194, 195 f., 212, 253
Lewin, Kurt 272, 294
Leymann, Heinz 230
Liermann, Felix 169
Likert, Rensis 273
Locke, John 55, 57 f., 61 f., 73, 75, 90
Løgstrup, Knud E. 176, 187
Löhr, Albert 6, 28 f., 42, 126, 132, 138-142, 160 f., 200, 209, 301, 304
Lorenzen, Paul 84 f., 89, 138, 304
Lübbe, Hermann 185
Mandeville, Bernard 60
Maring, Matthias 86, 194-196, 253, 309
Matthews Jr., John E. 147
McCoy, Charles S. 148 f., 299
Meffert, Heribert 259
Merton, Robert K. 310
Messner, Johannes 36 f.
Mittelstraß, Jürgen 19, 49 f., 84, 138, 235
Müller, Eberhard E. 112
Müller, Mario 155
Müller-Armack, Alfred 41
Müller-Merbach, Heiner 53, 143-145

Muthreich, Arndt 232
Myrdal, Gunner 6
Neugebauer, Udo 184
Nicklisch, Heinrich 34, 184
Niebuhr, Reinhold 37 f., 115
Nieschlag, Robert 262
Nohl, Herman 65
Novak, Michael 116 f.
Oldenberg, Hermann 100 f., 122
Oppenrieder, Bernd 126, 275
Origo, Iris 33
Paine, Lynn Sharp 227, 257, 299, 302
Paulik, Helmut 250
Pfriem, Reinhard 302
Piaget, Jean 268
Picht, Georg 86, 179
Picot, Arnold 259, 302
Pies, Ingo 235
Piper, Thomas R. 299
Platon 47-51, 53, 57, 69, 89
Poser, Hans 63 f., 67
Prosi, Gerhard 314
Radzicki, Michael J. 294
Raffée, Hans 259, 302
Rawls, John 71, 78-80, 86, 91, 131, 150 f., 306, 316
Rebstock, Wolfgang 151-154, 270 f.
Recktenwald, Horst Claus 63
Reichart, Ludwig 292
Reineke, Rolf-Dieter 199
Reinhold, Gerd 37 f., 115, 173-175, 244, 271
Rendtorff, Trutz 37 f.
Rich, Arthur 9 f., 13, 19, 29, 37 f., 126

Röd, Wolfgang 55, 61
Röpke, Wilhelm 41
Rogers, Everett, M. 272
Rothschild, Kurt W. 128 f.
Rüegg, Johannes 276
Rüstow, Alexander 41
Rueschhoff, Norlin 43, 294, 320
Sattelberger, Thomas 278, 295
Sautter, Hermann 239, 317
Schauenberg, Bernd 20, 132
Schaum, Konrad 43, 294, 320
Schmeisser, Wilhelm 174
Schmidt, Walter 250
Schmölders, Günter 33
Schneider, Dieter 140 f., 181, 209
Schnorbus, Axel 258
Schöllhammer, Hans 145, 303, 312, 320
Scholz, Christian 216, 265, 286
Schrader, Wolfgang 56, 61
Schreyögg, Georg 199
Schröter, Armin 250
Schweidler, Walter 51, 73
Schweitzer, Albert 81
Schweitzer, Marcell 245
Schweitzer, Wolfgang 12, 13
Sen, Amartya 131
Shoemaker, Floyd F. 272
Sjurts, Insa 314
Smith, Adam 55, 57, 59, 60, 63, 90, 108, 128 f., 157
Spaemann, Robert 15, 69
Specht, Rainer 64
Spiegel, Yorick 188, 285, 319
Staehle, Wolfgang H. 208
Staffelbach, Bruno 42, 158-161

Staudinger, Hansjürgen 254 f.
Steinmann, Horst 6, 28, 42, 124, 126, 132, 138-142, 160 f., 181, 191, 200, 209, 301 f., 304
Stitzel, Michael 254, 274, 302
Suchanek, Andreas 18
Suranyi-Unger, Tivadar 9
Taylor, John U. 115
Thielemann, Peter 275, 295, 304
Thommen, Jean-Paul 302
Tiebler, Petra 260
Toffler, Barbara Ley 200-206, 212, 221, 231, 303
Türck, Rainer 256
Ulrich, Hans 135, 138, 158 f., 302
Ulrich, Peter 6, 29, 42, 132-134, 136, 161, 181, 215, 250, 275, 295, 301, 304, 320
Velasquez, Manuel G. 150 f., 299, 302, 306, 320
Wächter, Hartmut 302
Wagner, Gerd Rainer 16, 34, 265, 302
Walser, Martin 4
Walther, Christian 253
Wamser, Christoph 278, 281
Wank, Leonhard 254, 274
Weber, Max 113, 182, 184, 212, 284
Weber, O. 108, 113 f.
Weisser, Gerhard 41
von Weizsäcker, Carl Friedrich 254
von Weizsäcker, Richard 104, 110, 112, 186
Wever, Ulrich A. 278
Wieland, Josef 39, 43, 287, 289, 295, 299, 301, 315 f.

Namensverzeichnis

Witte, Eberhard 168, 208
Wolff, Christian 71-73
Wollert, Arthur 250
Wunderer, Rolf 250, 273
Zabel, Hans-Ulrich 209
Zulehner, Paul M. 304

Stichwortverzeichnis

A

Adaptor   271, 272
Aktionsraum
   , ethikfreier   5, 8, 176
Akzeptanzbarrieren   246, 285
Altruismus   245
Ansatz
   , dialogorientierter   56, 132, 138, 139, 187
   , gesellschaftsbezogener   142, 145
   , gewissensethischer   48, 114
   , grundwerteorientierter   151, 153
   , integrativer   27, 123, 158, 265
   , klassischer   77, 128-131
   , kognitivistischer   19 f.
   , naturrechtlicher   18, 35, 37, 56, 106
   , neoklassischer   128, 130 f.
   , non-kognitivistischer   19 f., 157
   , philosophischer   11, 18, 26, 42, 42, 46 f., 53 f., 59, 67, 69, 71, 76, 87 f., 104, 106, 108, 123, 128 f., 188, 301, 304
   , rechtsbezogener   142
   , religiöser   38, 42, 93, 115, 120 f., 173, 187, 311
   , theologischer   93, 95, 104, 114, 119, 121, 142, 254, 310
   , triadischer   148 f.
   , utilitaristischer   77-79, 86, 123, 128, 130
   , werteorientierter   142, 151, 153 f., 160
"Christian-Framework"-   118
"Corporate-Good-Citizenship"-   145, 154
Drei-Ebenen-   132, 135
"Management-of-Values"-   148
"Managerial-Ethics"-   116
"Stakeholder"-   146, 159, 211, 216, 232, 288
Anspruchsgruppen
   , externe   133, 137, 201
   , interne   137
Askese   114
Aufklärung   55, 57, 71, 73, 128
Axiologie   170

B

"basic principles"   202
Bedürfnisse
   einer Entscheidungsethik   123
   Sicherheits-   112, 170
Bergpredigt   109, 185
Betriebswirtschaftslehre
   , entscheidungsorientierte   165
   , neoklassische   131
Betroffener   62, 75, 78, 80, 130, 133, 136-138, 215, 220-222, 227, 230, 237 f., 241 f., 244, 247 f., 274, 285 f., 315, 318

Bewußtseinsbildung 210, 218, 275, 278
Buddhismus 93, 99 f.
"business ethics" 40, 42, 146, 286, 288, 290, 302

C

Christentum 67, 93, 104, 114, 117, 121, 187
Christliche Ethik 38, 103, 109, 111, 187
"codes of ethics" 236, 261
Corporate social
  -policy process 145 f.
  -responsibility 145 f.
  -responsiveness 145 f.

D

Dekalog 95, 102, 109, 185
Dialog
  -ethik 138-140, 214, 304 f.
  -fähigkeit 191
  , idealer 138
  , nicht persuasiver 139, 160, 279
Diffusion
  , ethische 267, 277, 279 f., 283, 294
Dilemma
  -situation 23, 203
  , ethisches 7, 110, 154, 177, 184, 196, 199, 200 f., 203-205, 221, 228, 232, 236, 287, 303
  , wirtschaftliches 3, 134, 206, 231, 235, 260

Diskurs
  -ethik 11, 82, 84, 87, 91, 132 f., 138, 280, 304 f.
  , optimaler 82 f., 141
Dogmatismus
  , rationalistischer 71

E

Effektivität 135, 207-211, 248, 318
Effizienz 6, 23 f., 88, 131 f., 135, 140, 177, 186, 191, 207-211, 242, 246, 248, 314, 316, 319
Egoismus 12, 60, 77, 110, 117, 129
Ehrlichkeit 202, 293
Empirismus 54, 58, 75, 90, 106, 304
"engineering
  , approach" 131
  , ethics" 196
Enkulturation 160, 173-175
Entscheidung
  , strategische 190, 216
  Individual- 5, 67, 169, 195, 210, 229, 308
  Team- 169, 210, 225
Entscheidungs
  -alternativen 167, 170, 204, 208
  -bildung 115, 142, 178, 193, 225, 277
  -defizite 198, 223
  -determinanten 169
  -dilemmata 3, 23
  -effektivität 208, 210
  -effizienz 24, 207-210
  -kompetenz 197, 223 f., 226
  -konflikte 196, 220, 233, 287

Stichwortverzeichnis

-logik 132, 140 f.
-prozeß 3, 24, 167, 169, 248, 279
-träger 4-7, 21, 23, 99, 130, 133, 143, 145 f., 148, 165-170, 175 f., 179, 181, 189, 192, 194-196, 198 f., 211, 213, 216, 218, 222-230, 244, 255

Entscheidungsethik
  Konzept der 3, 26 f., 165, 179, 186, 210, 297 f., 303, 317

Entscheidungshilfe
  , heuristische 131

Entscheidungskonflikte
  , moralische 287

Entscheidungsrestriktion
  , kulturelle 192, 223 f.
  , organisatorische 192, 223 f.
  , personelle 192, 223-225

Erfolg
  -spotential 135
  -ssicherung 137

Erlanger Schule 71, 84 f., 87, 138, 301

Erwartungswertbildung 183

Eschatologie 105, 119, 188

"Ethics of Organization" 147

"Ethics Officer" 289

Ethik
  -experten 239
  -kodex 196
  -lehrstühle 301
  -Reformer 273-275, 277, 284
  -versagen 112
  , buddhistische 100
  , christliche 27, 34, 38, 93, 103-105, 109-112, 114, 187
  , deontologische 12
  , deskriptive 10
  , formale 10 f., 20, 27 f., 46, 71, 87 f., 159 f., 237, 294, 305, 309
  , jüdische 93 f., 103, 187
  , kommunikative 123, 137-142, 160, 304
  , konstruktive 84, 144
  , materiale 10 f., 26, 28, 46 f., 63, 67, 71, 87 f., 120, 159 f., 237, 305
  , neuzeitliche 73
  , nikomachische 51
  , normative 10 f., 20, 27, 74, 130, 164, 213 f., 216
  , ökologische 81
  , protestantische 113 f.
  , prozessuale 11, 46, 138, 141 f.
  , republikanische 85, 140
  , teleologische 12, 48 f., 183
  , theologische 18, 29, 38, 91, 104, 114, 121
  , utilitaristische 137
  Absichts- 12, 183 f.
  Arbeits- 95
  Basis- 310 f.
  Dialog- 138-140, 214, 304 f.
  Diskurs- 11, 82, 84, 87, 132 f., 280
  Entscheidungs- 3, 22, 26 f., 123, 163-166, 178 f., 186, 190, 210 f., 213-216, 229, 230, 245, 247, 253, 267 f., 285, 297 f., 302 f., 305, 309, 312, 317 f.

Führungs- 3, 14
Gesinnungs- 182-184
Glückseligkeits- 55, 74
Handlungs- 133,
Individual- 210, 227, 232, 305, 307 f.
Institutionen- 133, 143, 147, 154, 194, 210, 227, 229, 230, 232, 308
Konsequenzen- 184
Management- 133, 161
Marketing- 301
Meta- 19, 270
Pflicht- 64, 74, 97
Sozial- 12-14, 28, 31, 34 f., 37 f., 41, 43, 93, 104, 107, 299
Technik- 82, 253
Umwelt- 86, 103, 301
Verantwortungs- 84, 116, 124, 179, 182-185, 190, 192, 211, 318
Vernunft- 6, 133, 139
Wirtschafts- 3, 8, 13-20, 28 f., 37 f., 42 f., 97, 99, 113, 155, 301
"Ethische Inseln" 247, 267, 277 f., 281, 318
Ethos
, individuelles 255
, puritanisches 114
Berufs- 10
Führungskräfte- 307, 309
Gruppen- 230
Welt- 310
Existenzsicherung 96
Externe Effekte 136, 314

F

Fehlallokation 199
Flexibilität 274, 278, 286
Formalziel 5, 136
Forschung
, betriebswirtschaftliche 3, 164, 166, 297
, empirische 201, 260, 317
& Entwicklung 27, 225, 252, 303
-sfreiheit 253
Fortschritt
, technischer 253
, wirtschaftlicher 115, 294
Frankfurter Schule 71, 82
Freiheit
-sgrade 130
-sraum 8
Gedanken- 80
Gewissens- 80
Handlungs- 61, 88, 90, 139, 151 f., 195, 278
Macht- 83
Meinungs- 91
Wert- 5, 111, 123 f., 126, 160
Willens- 61, 65, 67, 88, 151 f.
Freiwilligkeit 89
Frühwarnsystem 216, 287, 289
Führung
-sentscheidung 3, 22, 166 f., 169, 193, 210, 225
-sfähigkeit 143
-sgrundsätze 62, 217, 249-251, 273, 285 f., 292
-skonzeption 136, 250
-sstil 278, 292

-ssystem 135

G

"genitivus"
- -"objektivus" 3, 15 f.
- -"subjektivus" 3, 15 f.

Gerechtigkeit
- -stheorie 71, 78
- , ausgleichende 55, 152
- , legale 52
- , soziale 6, 98
- , verteilende 52, 316

Geschäftsmoral 16, 194, 287, 298

Gesellschaft
- -sordnung 255
- -sstruktur 131

Gesetz
- -gebung 5, 74, 234, 312, 315
- , ewiges 106
- , natürliches 56, 106

Gewinnprinzip 85, 126, 140, 181, 191

Gewissen
- -sentscheidung 210, 255
- -sethik 114
- -sfreiheit 80
- -skonflikt 4
- , persönliches 48, 109, 117, 180, 195

Glaube
- , christlicher 53, 87, 102 f., 116, 119, 121
- , islamischer 93, 102
- , jüdischer 93

Gleichgewichtstheorie 130 f.

Gleichheit
- -sgrundsatz 151
- -sprinzip 55
- , formale 152
- , sittliche 48
- Chancen- 151 f.

Goldene Regel 102, 311

Grundwerte
- , moralische 310

H

Handeln
- , ethisches 27, 73, 154, 160, 193, 234, 309, 315, 318
- , kommunikatives 83
- , moralisches 8, 10, 21, 38, 57, 59, 74, 158, 176, 195, 309, 313
- , pragmatisches
- , sittliches 89 f.
- , unethisches 308

Handlung
- -sfreiheit 139, 151
- -smoral 71
- -spielraum 57, 130, 192, 196, 199, 251
- -srichtlinien 53, 238, 285 f.

Handlungsnormen
- , allgemeingültige 172, 285
- , eigenverpflichtende 172
- , fremdverpflichtende 172
- , individuelle 172

Hedonismus 75, 89
Hochschulausbildung 297 f., 300
Homo oeconomicus 111, 129
Humanität 79, 131, 253

I

Ideal 49, 57, 62, 73, 117, 157

Ideologie 184, 187

Implementierung
  einer Ethik 27, 163 f., 243 f.,
    267 f., 273 f., 276, 286, 312,
  -sproblematik 305, 312

Individual
  -ethik 210, 227, 232, 305, 307 f.
  -ziele 72

Infiniter Regreß 125

Informationsasymmetrien 23, 199,
    224

Innovation 155, 177, 256, 272

Innovatoren 271

Institutionenethik 133, 143, 147,
    154, 194, 210, 227, 229, 230,
    232, 308

Interessen
  -ausgleich 136 f.
  , gruppenspezifische 136
  , personenspezifische 136

Internalisierung 175, 177, 244

Intuitionismus 77

Islam 32, 93, 96-99

"Invisible hand" 108, 129

J

Judentum 93-95, 102, 104

K

Kameralismus 113

Kapitalismus 43, 66 f., 114 f., 117,
    239

Kasuismus 94 f., 102

Kategorischer Imperativ 73, 82, 176

Katholizismus 106, 113

Kodex
  Berufs- 86, 196
  Ethik- 196
  Standes- 196

Kognitivismus 19 f.

Kommunikation
  -sethik 123, 137-142, 160, 304
  -sgemeinschaft 83, 139
  -snetzwerk 278, 280
  -sstörung 23, 199
  -sstruktur 224, 228
  -ssystem 192, 224

Kompetenz
  -regelung 192, 199
  -systeme 223 f.
  , moralische 270

Konflikt
  -ausmaß 222
  -beurteilung 230
  -formen 199
  -lösung 6, 24, 56, 84 f., 145,
    227 f., 287, 291
  -regelung 228, 242 f., 248, 314
  -theorie 306
  -ursachen 145, 197

Konflikte
  , ethische 7, 193, 204 f., 219-222,
    232, 261, 278 f., 288, 313, 320
  , interpersonelle 23, 200, 207,
    225, 229, 236
  , interorganisatorische 4, 23, 201,
    226, 231

, intraorganisatorische 4, 7, 23, 200, 207, 225, 230, 235, 249, 304
, intrapersonelle 4, 23, 199, 225, 229
, moralische 48, 159, 279
Dreiecks- 200
Entscheidungs- 196
Gewissens- 4
Interessen- 136, 140
Rollen- 201, 230
Wert- 202, 271
Ziel- 245
Konfuzianismus 93, 99, 101-103
Konsensfindung 7, 132, 239, 304
Konsensus-Management 215, 250
Konstruktivismus 138, 304
Kontrolle 287, 314, 169, 184, 231, 244, 253, 287
Konzept
   der "Theology of Economics" 116
   einer guten Staatsbürgerschaft 145 f.
, integratives 27, 123, 144, 158
, kommunikationsorientiertes 123, 132, 138 f., 142, 160, 304
, utilitaristisches 78, 123, 128, 130
, werteorientiertes 142, 151, 153 f., 160
"Moral-Rights"- 150
Kosten
, ökologische 314
, soziale 314
Opportunitäts- 17

Transaktions- 24, 177, 233, 235 f., 316
Kultur
   -diffusion 272
   Unternehmens- 4 f., 22, 72, 192 f., 196, 199, 211, 254, 285, 307, 309

L

Leitbild 211
Leitlinien
, ethische 11, 147, 191, 213, 215, 233-236, 238, 241 f., 244, 247-264, 267, 273-275, 277, 280, 285-289, 291, 305, 307, 309, 312, 316, 318
Unternehmens- 61, 81, 244, 292
Letztbegründung 84
Liberalismus 57, 90, 113
Logischer Zirkel 125

M

Macht
   -asymmetrie 312, 314
   -mißbrauch 95
Management
, konsensorientiertes 132, 137, 215, 228, 250
, operatives 135
, normatives 135
, strategisches 135, 140, 303
Materiale Ethik 10 f., 26, 28, 46 f., 63, 67, 71, 87 f., 120, 159 f., 237, 305
Menschenbild
, christliches 93, 103 f., 109, 114

Menschengerechtigkeit 36, 112
Merkantilismus 33, 72, 113 f.
Metaphysik 9, 63, 74, 91
Mitspracherecht 137
Modell
   Dominanz- 17 f.
   Diffusions- 280
   Koexistenz- 17, 19, 115
   Kooperations- 19, 115
   Unterwerfungs- 17 f.
Moral
   -arbitrage 156
   -auslegung 114
   -empfinden 170
   -lehre 94
   -theologie 110 f.
   Vergeltungs- 112
Moralismus 185
Moralität 260
Motivation
   Mitarbeiter- 177, 209, 224, 251, 276
Münchhausen-Trilemma 124
Multiplikatoreffekt 284

N

Nationalökonomie 34, 67, 128 f.
Natur
   -recht 72, 79, 106 f., 113, 118
   -system 181
   -philosophie 128 f.
Neoklassik 78, 130 f.
Nicht-Persuasivität 139
Non-Kognitivismus 19 f., 157

Normen
   -findungsprozeß 211, 238, 243, 264
   -interpretation 245
   -internalisierung 244
   -legitimität 244
   -system 85, 245, 276, 278 f., 282, 292, 316
   , freiwillige 173, 245, 260, 316
   , gesetzliche 10, 315
   , inhaltliche 46, 176, 214
   , institutionalisierte 4, 193, 196, 238, 267
   , prozessuale 11, 142
   , unternehmensethische 153, 246
Nutzen
   -effekt 176
   -maximierung 137, 176
   Individual- 171 f., 176

O

Ökonomik 20, 52 f., 88, 98, 133 f., 261
Ordoliberalismus 41
Organisation
   -sentwicklung 224, 273
   -sstruktur 246, 249, 267, 273 f., 309

P

Pantheismus 108
Partizipation 137, 152
Paternalismus 137, 148

Pflicht   12, 35 f., 64 f., 68, 72, 74, 81, 86, 95-97, 153, 157, 159, 190 f., 205, 223, 250 f., 292

Philosophie
- , epikureische   89
- , griechische   47, 49, 53 f., 69, 187
- , praktische   11, 51-53
- , stoische   90
- , traditionelle   81
- Assoziations-   76
- Moral-   9, 18, 59-61
- Natur-   128 f.
- Sozial-   9

Prädestinationslehre   108, 113

Prägungsfaktoren   174

Prinzip
- , erwerbswirtschaftliches   136
- , vorislamisches   96
- Demokratie-   151 f.
- Dialog-   84
- Differenz-   79 f.
- Gewinn-   85, 126, 140, 181, 191
- Gegenstrom-   277
- Gleichheits-   55, 77, 117
- Knappheits-   117
- Maximal-   85
- Moral-   84 f.
- Nützlichkeits-   77
- Spar-   80
- Utilitäts-   75
- Vollkommenheits-   72

Produktivität   5, 117, 135

"professional ethics"   196

Prozeß
- Abstimmungs-   196, 227, 279
- Diffusions-   279, 281, 283
- Enkulturations-   173, 175
- Entscheidungs-   3 f. 21-24, 146, 165-167, 169, 192, 207 f., 210 f., 215, 248, 251, 279, 284, 287, 302, 314, 318
- Kommunikations-   250, 279, 281
- Normenfindungs-   211, 238, 240, 243, 247, 264
- Sozialisations-   211
- Top-down-   148

Q

Quantifizierung   219

R

Rahmenordnung   27, 123, 153-157, 173, 233-236, 302, 309, 314, 316

Rationalisierung
- , instrumentelle   135
- , kommunikative   135
- , strategische   135

Rationalismus   60, 62, 73, 106, 124

Rationalität   5
- , betriebswirtschaftliche   6
- , ökonomische   134
- , sozialökonomische   133

Rechenschaftslegung   188

Recht
- -snorm   172, 191
- -sordnung   61

Regulative Idee   74, 132 f., 136

Religion 67 f., 93 f., 99, 102 f., 115, 121, 186, 239, 310 f., 317
Reorganisation 273
"responsiveness" 135 f., 145 f.
Rigorismus 182, 185, 270

S

Sach
- -gerechtigkeit 134
- -logik 133 f.

Scholastik 63, 73
Selbst
- -beschränkung 141, 253
- -bestimmung 65, 90, 100, 130, 263, 269,
- -verpflichtung 61, 140, 173, 177, 245, 276, 308, 316
- -verwirklichung 54, 72, 110, 274

Selbstveränderungsprozeß 272
Selektive Wahrnehmung 271
Sensibilisierung 191, 236, 242
Sensualismus 73
"Sentencing of Organisations" 315
Shintoismus 103
Sinnvermittlung 275
Solidargemeinschaft 158
Solidarität 36, 39, 112, 152, 156, 251, 261
"Soziale Frage" 1, 13, 26, 31, 34, 35 f., 68
Sozialenzykliken 35 f.
Sozialethik 12-14, 28, 31, 34 f., 37 f., 41, 43, 93, 104, 107, 299
Sozialeudämonismus 76
Sozialisation 173-175, 211

Sozialismus 41, 117
Soziallehre
, evangelische 38
, katholische 13, 31, 35-37, 93, 106, 114
Sozialmarketing 137
Sozialnutzenmaximierung 137
Sozialphilosophie 9
Stakeholder 146, 159, 211, 216, 232
Stoizismus 90
Strategische Planung 190 f., 210, 216 f., 265, 302, 318
"Suadeshi-Prinzip" 317
System
-konsistenz 244 f.
-strukturierung 245
Sub- 230
Ziel- 165, 208
kognitives 268
Systemansätze
, analytische 144
, extraspektive 144
, integrative 27, 123, 132, 158
, introspektive 144
, konstruktive 144
, reduktive 144
, synthetische 144

T

Taoismus 93, 99 f.
Taylorismus 72
Teamarbeit 274
Technik
-ethik 82, 253
-verantwortung 86

Technologiefolgenabschätzung 42, 217, 256
Theologie 13, 37, 40, 67, 108, 110 f., 115-117, 120, 149
Theologische Ethik 18, 29, 38, 91, 104, 114, 121
Transaktionskosten 24, 177, 233, 235 f., 316
Tugenden
  , vorislamische 96
  Doppel- 101
  Kardinal- 100, 102

U

Überzeugungsrate 282
Umwelt
  -bedingungen 193, 216, 243
  -ethik 86, 103, 301
  -schutz 151, 205 f., 216, 218, 265
  -schutzpolitik 103, 216
  , materielle 173
  , natürliche 181, 190, 197
  , soziale 173
  , technologische 216, 252
Unsicherheit 170, 209, 224, 233, 256
Unternehmen
  -serfolg 153, 165-167, 207, 209 f.
  -skultur 4 f., 22, 72, 152, 192 f., 196, 199, 211, 254, 285, 307, 309
  -sleitung 137, 141, 147, 191, 215, 261, 274, 284
  -sphilosophie 62, 217
  -spolitik 85, 137, 146, 166, 287, 306, 312, 315
  -stheorie 305

-sverfassung 132 f., 136-138, 149
-sziele 72, 152, 217, 255, 293
, multinationale 116, 156, 193, 198, 235, 303 f., 306 f., 310, 312-314, 319
Unternehmung
  als Kombination v. Prod.faktoren 135
  als quasi-öffentliche Institution 135 f.
  als soziotechnisches System 135
Utilitarismus
  , klassischer 77, 128, 130 f.
  Handlungs- 77
  Individual- 75
  Regel- 77

V

Verantwortlichkeit 10, 81 f., 119, 180, 185, 194 f., 202, 274, 278, 307
Verantwortung
  -sarten 308
  -sethik 84, 116, 124, 179, 182-185, 190, 192, 211, 318
  -sformen 194 f.
  -spielraum 197
  -sträger 194 f.
  -süberlastung 185
  , entscheidungsorientierte 181
  , ethische 86, 181, 195, 309
  , fachbezogene 196
  , individuelle 195, 205, 308
  , interne 147
  , kausale 151 f., 204

, moralische 7, 134, 156, 180
, persönliche 103, 195 f., 204, 263, 307, 309
, rechliche 180
, soziale 145
, technisch-ökologische 71, 81
Input- 137
Kompetenz- 205
Langzeit- 181
Output- 137
Rollen- 204
Verursacher- 82
Zukunfts- 82
Verantwortungsdimension
, sachliche 189 f., 229
, zeitliche 190, 229
Verhalten
-sänderungen 268, 272
-sannahmen 111, 132
-skodex 21, 236, 288
Vernunft
-ethik 6, 133, 139
, ethische 134
, politische 176
, praktische 73 f., 85, 110, 134, 275
, theoretische 85
Verständigung
, dialogische 50, 56, 228, 243
, interpersonelle 83, 87
Vertragstheorie 79, 132
Verzicht 5, 61, 100 f., 112, 139, 141, 187, 242, 253 f., 316
Vorbild 101, 111, 210, 251, 271, 273, 276, 285, 292, 299

Vorprägung 87, 166, 168, 192

W

Weltanschauung 25, 27, 33 f., 73, 106, 118, 120 f., 123, 142, 152, 168, 173, 186, 276, 310 f.
Weltreligionen 121, 310 f.
Werte
-entwicklung 267 f., 271
-gefüge 10, 173, 249
-komplex 170
-system 172, 224, 244, 276, 292, 300, 314
-wandel 39, 151, 217, 249
, gesamtnutzengerichtete 171
, immateriell orientierte 171
, individualnutzengerichtete 171
, individuelle 175, 268
, materiell orientierte 171
, nutzenfreie 171
Wertfreiheit
-spostulat 124, 126
-sproblematik 5, 111, 124-126
Wertmaßstäbe 5-7, 21 f., 114, 273, 276
Wertvorstellungen
, individuelle 170, 211
"whistle blowing" 205, 229, 241, 252
Wirtschafts
-beziehungen 152, 156, 313
-ethik 3, 8, 13-20, 28 f., 37 f., 42 f., 97, 99, 113, 155, 301
-ordnung 5, 17, 37, 41, 51, 69, 131, 140, 158, 235

Wohlfahrts
- -ökonomie 76, 130
- -steigerung 129

Z

Zen-Buddhismus 100
Zeitgeist 275
Ziel
- -system 165, 208, 212
- , außerökonomisches 209
- , ökonomisches 209, 217, 318
- , unternehmerisches 140, 165, 208
- Individual- 72
- Unternehmens- 72, 152, 217, 255, 293

Zielvereinbarung 178
Zukunftsorientierung 190, 222

Literaturverzeichnis

Abel, Bodo: Denken in theoretischen Modellen als Leitidee der Wirtschaftswissenschaften, in: Raffeé, Hans/Abel, Bodo (Hrsg.): Wissenschaftstheoretische Grundfragen der Wirtschaftswissenschaften, München 1979, S. 138-160 (zitiert als Abel 1979a).

Abel, Bodo: Kritischer Rationalismus und das Wertfreiheitsprinzip, in: Raffeé, Hans/Abel, Bodo (Hrsg.): Wissenschaftstheoretische Grundfragen der Wirtschaftswissenschaften, München 1979, S. 215-234 (zitiert als Abel 1979b).

Albach, Horst: Welche Aussagen lassen Führungsgrundsätze von Unternehmen über die Auswirkungen gesellschaftlicher Veränderungen auf die Willensbildung im Unternehmen zu?, in: Albach, Horst/Sadowski, Dieter (Hrsg.): Die Bedeutung gesellschaftlicher Veränderungen für die Willensbildung im Unternehmen, Berlin 1976, S. 739-764.

AlHabshi, Othman: Inculcating Moral and Ethical Values in Business, in: Hamid, Ahmad Sarji Abdul (Edit.): Malaysia`s Vision 2020: Understanding the Concept, Implications and Challenges, Malaysia 1993, pp. 119-132.

AlHabshi, Othman: The Influence of Islam on Economics, in: AlHabshi, Othman/Agil, Omar (Edit.): The Role and Influence of Religion in Society, Kuala Lumpur 1994, pp. 201-227.

Allen, Christopher S.: Germany: Competing Communitarianisms, in: Lodge, George C./Vogel, Ezra F. (Edit.): Ideology and National Competiveness. An Analysis of Nine Countries, Boston (Mass.) 1987, S. 79-102.

Altner, Günter: Ethik - Voraussetzung aller Prävention, in: Simonis, Udo Ernst (Hrsg.): Lernen von der Umwelt - Lernen für die Umwelt. Theoretische Herausforderungen und praktische Probleme einer qualitativen Umweltpolitik, Berlin 1988, S. 47-57.

American Marketing Association, Marketing Research Standards Comitee (Edit.): Marketing Research Code if Ethics, Chicago 1972 (zitiert als AMA 1972).

Andrews, Kenneth R.: Can the Best Corporations Be Made Moral?, in: Iannone, A. Pablo (Edit.): Contemporary Moral Controversies in Business, New York - Oxford 1989, pp. 135-142.

Apel, Karl-Otto: Das Apriori der Kommunikationsgemeinschaft und die Grundlagen der Ethik, in: Apel, Karl-Otto (Hrsg.): Transformation der Philosophie, Band 2, Frankfurt am Main 1973, S. 358-435.

Apel, Karl-Otto: Grenzen der Diskursethik? Versuch einer Zwischenbilanz, in: Zeitschrift für philosophische Forschung, 40. Jg. (1986), Heft 1, S. 3-31 (zitiert als Apel 1986a).

Apel, Karl-Otto: Kann der postkantische Standpunkt der Moralität noch einmal in substantielle Sittlichkeit "aufgehoben" werden?, in: Kuhlmann, W. (Hrsg.): Moralität und Sittlichkeit, Frankfurt am Main 1986, S. 217-265 (zitiert als Apel 1986b).

Apel, Karl-Otto: Diskurs und Verantwortung: Das Problem des Übergangs zur postkonventionellen Moral, 2. Aufl., Frankfurt am Main 1992.

von Aquin, Thomas: Summe der Theologie, Band 1: Gott und Schöpfung, 3. Aufl., o. O. 1985 (zitiert als von Aquin 1985a).

von Aquin, Thomas: Summe der Theologie, Band 2: Die sittliche Weltordnung, 3. Aufl., o. O. 1985 (zitiert als von Aquin 1985b).

von Aquin, Thomas: Summe der Theologie, Band 3: Der Mensch und das Heil, 3. Aufl., o. O. 1985 (zitiert als von Aquin 1985c).

Arbeitsgemeinschaft Selbständiger Unternehmer (Hrsg.): Ethik und Marktwirtschaft. Positionen und Argumente, Bonn 1990.

Aristoteles: Nikomachische Ethik, Stuttgart 1987.

Aristoteles: Politik, 4. Aufl., Hamburg 1990.

Arrington, Robert L.: Advertising and Behavior control, in: Iannone, A. Pablo (Hrsg.): Contemporary Moral Controversies in Business, New York 1989, pp. 395-403.

Arrow, Kenneth J.: Social Choice and Individual Values, 2nd edit., New York - London - Sidney 1963.

Axelrod, Robert: Die Evolution der Kooperation, München 1988.

Bandura, Albert/Walters, Richard H.: Social Learning and Personality Development, Aylesbury (GB) 1963.

Bandura, Albert: Social Learning Theory, Englewood Cliffs (N. J.) 1977.

Barben, Daniel/Dierkes, Meinolf: Wirtschaftsethik, Unternehmenskultur und Technologiefolgenabschätzung - Orientierungsgrundlagen für die tägliche Praxis?, in: Dierkes, Meinolf/Zimmermann, Klaus (Hrsg.): Ethik und Geschäft - Dimensionen und Grenzen unternehmerischer Verantwortung, Frankfurt am Main - Wiesbaden 1991, S. 205-240.

Barthel, Alexander: Grundzüge protestantischer Wirtschaftsethik, in: Gutmann, Gernot/Schüller, Alfred (Hrsg.): Ethik und Ordnungsfragen der Wirtschaft, Baden-Baden 1989, S. 97-115.

Baumhart, Raymond C. SJ: How Ethical Are Businessmen?, in: Harvard Business Review, Vol. 39 (1961), pp. 6-19.

Bayer, Hermann: Unternehmensführung und Führungsethik: Warum diese Schrift?, in: Bayer, Hermann (Hrsg.): Unternehmensführung und Führungsethik: Praxiserfahrungen und Perspektiven, Heidelberg 1985, S. 9-18.

Bayles, Michael: Professional Ethics, Belmont (Cal.) 1981.

Beauchamp, Tom C./Bowie, Norman E.: Ethical Theory and Business, 2. edit., Englewood Cliffs (N. J.) 1983.

Beck, Ulrich: Gegengift: die organisierte Unverantwortlichkeit, Frankfurt am Main 1988.

Behnam, Michael/Muthreich, Arndt: Die Einbeziehung externer Interessensgruppen in der Prozeß der strategischen Unternehmensplanung, Arbeitspapiere des Lehrstuhls für Internationales Management an der EUROPEAN BUSINESS SCHOOL, Nr. 01/95, Oestrich-Winkel 1995.

Bendixen, Peter: Fundamente der Ökonomie: Ökologie und Kultur, Wiesbaden 1991.

Benz, Peter: Ethik in der Personalarbeit, in: Lattmann, Charles/Staffelbach, Bruno (Hrsg.): Die Personalfunktion der Unternehmung im Spannungsfeld von Humanität und wirtschaftlicher Rationalität, Heidelberg 1991, S. 59-70.

Berkel, Karl: Konflikte in und zwischen Gruppen, in: von Rosenstiel, Lutz/Regnet, Erika/Domsch, Michel (Hrsg.): Führung von Mitarbeitern. Handbuch für erfolgreiches Personalmanagement, Stuttgart 1991, S. 283-294.

Bernhard Kupsch GmbH (Hrsg.): Die Leitlinien. Wie wir miteinander umgehen, 3. Aufl., Würzburg 1994.

Bhide, Amar/Stevenson, Howard H.: Warum rechtschaffen sein, wenn sich Lug und Trug lohnen?, in: Harvard manager, 13. Jg. (1991), Heft 2, S. 124-131.

Bickel, Wolfgang: Über die Ethik in der Unternehmensberatung, in: ZfO, 50. Jg. (1981), Heft 2, S. 62-65.

Bienert, Wolfgang: Arbeit, in: Galling, Kurt (Hrsg.): Religion in Geschichte und Gegenwart: Handwörterbuch für Theologie und Religionswissenschaft, Band 1, 3. Aufl., Tübingen 1957, Sp. 534-545.

Bierich, Marcus: Moral und Effizienz in der Marktwirtschaft, in: ZfbF, 47. Jg. (1995), Heft 2, S. 186-196.

Biervert, Bernd/Held, Martin: Zur Einführung: Eigentum, Verträge, Institutionen - Ihre normativ-ethischen Grundlagen in der Theoriebildung, in: Biervert, Bernd/Held, Martin (Hrsg.): Ethische Grundlagen der ökonomischen Theorie: Eigentum, Verträge, Institutionen, Frankfurt am Main - New York 1989, S. 7-14.

Biervert, Bernd/Wieland, Josef: Der ethische Gehalt ökonomischer Kategorien - Beispiel: Der Nutzen, in: Biervert, Bernd/ Held, Martin (Hrsg.): Ökonomische Theorie und Ethik, Frankfurt am Main - New York 1987, S. 23-50.

Bihl, Gerhard: Anreizaspekte einer wertorientierten Personalpolitik in einem neuen Automobilwerk der BMW AG, in: Schanz, Günther (Hrsg.): Handbuch Anreizsysteme in Wirtschaft und Verwaltung, Stuttgart 1991, S. 948-952.

Birnbacher, Dieter: Das Marmeladen-Paradox, in: WiSt, 20. Jg. (1991), Heft 11, S. 573-575.

Birnbacher, Dieter: John Stuart Mill, in: Höffe, Otfried (Hrsg.): Klassiker der Philosophie, Bd. 2, 2. Aufl., München 1985, S. 132-152.

Birnbacher, Dieter: Neue Entwicklungen des Utilitarismus, in: Biervert, Bernd/Held, Martin (Hrsg.): Ethische Grundlagen der ökonomischen Theorie: Eigentum, Verträge, Institutionen, Frankfurt am Main - New York 1989, S. 15-36.

Birner, Johann: Wa(h)re Ethik im Ladenregal, in: Innovatio, 8. Jg. (1992), Heft 7, S. 24-26.

Böckle, Franz: Moraltheologie und Wirtschaftsethik, in: Hesse, Helmut (Hrsg.): Wirtschaftswissenschaft und Ethik, Berlin 1988, S. 35-45.

Böckle, Franz: Individualethik und Ethik institutionellen Handelns: Verantwortung des einzelnen und des Unternehmens, in: Dierkes, Meinolf/Zimmermann, Klaus (Hrsg.): Ethik und Geschäft - Dimensionen und Grenzen unternehmerischer Verantwortung, Frankfurt am Main - Wiesbaden 1991, S. 112-127.

Böckle, Franz: Gerechtigkeit in katholisch-theologischer Sicht, in: Homann, Karl (Hrsg.): Aktuelle Probleme der Wirtschaftsethik, Berlin 1992, S. 13-27.

Bockmühl, Klaus: Christliche Lebensführung: eine Ethik der Zehn Gebote, Gießen - Basel 1993.

Bockmühl, Klaus: Evangelikale Sozialethik - Der Artikel 5 der Lausanner Verpflichtung, Heft 9 Theologie und Dienst des Prediger- und Missionsseminars St. Chrischona, Gießen o. J. (zitiert als Bockmühl a).

Bockmühl, Klaus: Umweltschutz - Lebenserhaltung - Vom Umgang mit Gottes Schöpfung, Heft 6 Theologie und Dienst des Prediger- und Missionsseminars St. Chrischona, Gießen o. J. (zitiert als Bockmühl b).

Bohne, Daniela: Das ethische Dilemma von Führungskräften!, unveröffentlichte Diplomarbeit, Frankfurt am Main 1992.

Bolle, Friedel: Das Rotten Kid Theorem, in: WiSt, 20. Jg. (1991), Heft 10, S. 511-515.

Bonhoeffer, Dietrich: Widerstand und Ergebung. Briefe und Aufzeichnungen aus der Haft. 8. Aufl., München 1958.

Bonhoeffer, Dietrich: Ethik. München 1961.

Born, Karl Erich: Die ethische Beurteilung des Geldwesens im Wandel der Geschichte, in: Hesse, Helmut/Issing, Otmar (Hrsg.): Geld und Moral, München 1994, S. 1-20.

Boulding, Kenneth E.: Religious Foundations of Economic Progress, in Harvard Business Review, Vol. 30 (1952), No. 3, pp. 33-49.

Bowie, Norman E.: Business Ethics as a Discipline: The Search for Legitimacy, in: Freeman, R. Edward (Edit.): Business Ethics. State of the Art, New York - Oxford 1991, pp. 17-41.

Brandt, Reinhard: John Locke, in: Höffe, Otfried (Hrsg.): Klassiker der Philosophie, Bd. 1, 2. Aufl., München 1985, S. 360-377.

Brantl, Stefan: Management und Ethik. Unternehmenspolitische Rahmenplanung und moralisch-praktische Rationalisierung der Unternehmensführung, München 1985.

Braun, Wolfram: Das Transsubjektivitätsprinzip, in: Raffeé, Hans/Abel, Bodo (Hrsg.): Wissenschaftstheoretische Grundfragen der Wirtschaftswissenschaften, München 1979, S. 209-213.

Bretz, Hartmut: Warum Unternehmen charismatische Manager brauchen, in: Harvard manager, 12. Jg. (1990), Heft 1, S. 110-119.

Bruhn, Manfred/Wuppermann, Martin: Position und Aufgabe der Geschäftsführer: Eine empirische Analyse, in: DBW, 48. Jg. (1988), Heft 4, S. 421-434.

Buchanan, James M.: Freedom in Constitutional Contract. Perspectives of a Politica Economist, College Station/London 1977.

Büchele, Herwig: Christlicher Glaube und politische Vernunft. Für eine Neukonzeption der katholischen Soziallehre, Wien - Zürich - Düsseldorf 1987.

Buchholz, Rogene A.: Fundamental Concepts and Problems in Business Ethics, Englewood Cliffs (N. J.) 1989.

Business and Society Review - Editorial Survey: Business Executives and Moral Dilemmas, in: Iannone, A. Pablo (Edit.): Contemporary Moral Controversies in Business, New York - Oxford 1989, pp. 61-67 (zitiert als BSR 1989a).

Business and Society Review - Editorial Survey: Is Whistle-Blowing the Same as Informing?, in: Iannone, A. Pablo (Edit.): Contemporary Moral Controversies in Business, New York - Oxford 1989, pp. 207-220 (zitiert als BSR 1989b).

Bussmann, Karl Ferdinand: Produktionsrisiken, in: Kern, Werner (Hrsg.): Handwörterbuch der Produktionswirtschaft, Stuttgart 1979, Sp. 1572-1585.

Calvez, Jean-Yves SJ: Theologische Implikationen zu den internationalen Finanzierungsproblemen, in: Bertsch, Ludwig SJ/ Messer, Hans: Wertbewußtsein im modernen wirtschaftlichen Handeln, Frankfurt am Main 1988, S. 37-45.

Campbell, Thomas C. jr.: Capitalism and Christianity, in Harvard Business Review, Vol. 35 (1957), No. 4, pp. 37-44.

Capra, Fritjof: Die neue Sicht der Wirklichkeit. Zur Synthese östlicher Weisheit und westlicher Wissenschaft, in: Grof, Stanislav (Hrsg.): Alte Weisheit und modernes Denken: spirituelle Traditionen in Ost und West im Dialog mit dem neuen Wissen, München 1986, S. 131-144.

Carr, Albert Z.: Can an Executive Afford a Conscience?, in: Iannone, A. Pablo (Edit.): Contemporary Moral Controversies in Business, New York - Oxford 1989, pp. 23-29.

Carroll, Archie B.: Managing Public Affairs. When Business Closews Down: Social Responsibilities and Management Actions, in: Iannone, A. Pablo (Edit.): Contemporary Moral Controversies in Business, New York - Oxford 1989, pp. 230-240.

Carson, Thomas L./Wokutch, Richard E./Cox, James E., Jr.: An Ethical Analysis of Deception in Advertising, in: Iannone, A. Pablo (Edit.): Contemporary Moral Controversies in Business, New York - Oxford 1989, pp. 384-394.

Cavanagh, Gerald F./McGovern, Arthur F.: Ethical Dilemmas in the Modern Corporation, Englewood Cliffs 1988.

Center for Business Ethics: A selected Bibliography of business ethics books, Waltham (Mass.) 1982 (zitiert als CBE 1982a).

Center for Business Ethics: A selected Bibliography of business ethics articles, Waltham (Mass.) 1982 (zitiert als CBE 1982b).

Center for Business Ethics: Are Corporations Institutionalizing Ethics?, in: Journal of Business Ethics, Vol. 5 (1986), pp. 85-91.

Center for Business Ethics: Instilling Ethical Values in Large Corporations, in: Journal of Business Ethics, Vol. 11 (1992), pp. 863-868.

Chamberlain, Neil: The Limits of Corporate Responsibility, New York 1973.

Clark, Peter B. (Hrsg.): Atlas der Weltreligionen. Entstehung - Entwicklung - Glaubensinhalte, München 1994.

Cooke, Robert Allan: Ethics at the Crossroads, in: Iannone, A. Pablo (Edit.): Contemporary Moral Controversies in Business, New York - Oxford 1989, pp. 564-567.

Crawley, John: Constructive Conflict Management, Amsterdam et al. 1994.

Csik-Hopfensperger, Gisela: Freiheit als Ermöglichung der Sittlichkeit, in: Spaemann, Robert (Hrsg.): Ethik-Lesebuch: Von Platon bis heute, München - Zürich 1987, S. 181-266.

Czayka, Lothar: Formale Logik und Wissenschaftsphilosophie: Einführung für Wirtschaftswissenschaftler, München - Wien 1991.

Dahm, Karl-Wilhelm: Unternehmensbezogene Ethikvermittlung. Literaturbericht: Zur neueren Entwicklung der Wirtschaftsethik, in: Zeitschrift für Evangelische Ethik, 33. Jg. (1989), Heft 33, S. 121-147 (zitiert als Dahm 1989a).

Dahm, Karl-Wilhelm: Manager auf der Schulbank? Probleme der Vermittlung ethischer Kompetenz, in: Claußen, Ulf (Hrsg.): Moderne Zeiten - soziale Gerechtigkeit? Zwanzig Jahre sozialwissenschaftliches Institut der Evangelischen Kirche in Deutschland, Bochum 1989, S. 169-187 (zitiert als Dahm 1989b).

Daloz Parks, Sharon: Is It Too Late? Young Adults and the Formation of Professional Ethics, in: Piper, Thomas R./Gentile, Mary C. /Daloz Parks, Sharon (Edit.): Can ethics be taught?: perspectives, challenges and approaches at the Harvard Business School, Boston (Mass.) 1993, pp. 13-72.

Danielmeyer, Hans Günter: Brauchen wir eine neue Unternehmensethik?, in: Siemens-Mitteilungen, 67. Jg. (1991), Heft 11, S. 9-12.

Davis, K./Blomstrom, R. L.: Business, Society and Environment: Social Power and Social Response, 2nd Ed., New York 1971.

DeGoerge, Richard T.: The Status of Business Ethics: Past and Future, in: Journal of Business Ethics, Vol. 6 (1987), pp. 201-211.

DeGeorge, Richard T.: Will Success Spoil Business Ethics?, in: Freeman, R. Edward (Edit.): Business Ethics. State of the Art, New York - Oxford 1991, pp. 42-56.

Delius, Harald: Ethik, in: Diemer, Alwin/Frenzel, Ivo (Hrsg.): Philosophie, Frankfurt am Main 1967, S. 43-64.

Derry, Robbin: Institutionalizing Ethical Motivation: Reflections on Goodpasters Agenda, in: Freeman, R. Edward (Edit.): Business Ethics. State of the Art, New York - Oxford 1991, pp. 121-136.

Dichtl, Erwin: Ökorationalität: Gebot der Vernunft oder Geschäft der Stunde?, in: WiSt, 20. Jg. (1991), Heft 6, S. 269 (zitiert als Dichtl 1991a).

Dichtl, Erwin: Marketing und Ethik, in: WiSt, 20. Jg. (1991), Heft 8, S. 388-393 (zitiert als Dichtl 1991b).

Dierkes, Meinolf: Die neue Herausforderung an die Wirtschaft: Ethik als organisatorisches Problem, in: Plesser, Ernst H. (Hrsg.): Leben zwischen Wille und Wirklichkeit: Unternehmer im Spannungsfeld von Gewinn und Ethik, Düsseldorf - Wien 1977, S. 103-161.

Dierkes, Meinolf/Marz, Lutz: Umweltorientierung als Teil der Unternehmenskultur, in: Steger, Ulrich (Hrsg.): Handbuch des Umweltmanagements. Anforderungs- und Leistungsprofile von Unternehmen und Gesellschaft, München 1992, S. 223-240.

Dierkes, Meinolf/Zimmermann, Klaus: Unternehmensethik: Mehr Sein als Schein?, in: Dierkes, Meinolf/Zimmermann, Klaus (Hrsg.): Ethik und Geschäft - Dimensionen und Grenzen unternehmerischer Verantwortung, Frankfurt am Main - Wiesbaden 1991, S. 15-69.

Diwan, Romesh K.: The Economies of Love; or an Attempt at Ghandian Economics, in: Journal of Economic Issues, Vol. XVI (1982), No. 2, pp.7-19.

Donaldson, Thomas J.: Corporations and Morality, Englewood Cliffs (N. J.) 1982.

Donaldson, Thomas J.: Multinationale Unternehmen, in: Enderle, Georges u. a. (Hrsg.): Lexikon der Wirtschaftsethik, Freiburg - Basel - Wien 1993, Sp. 732-742.

Donaldson, Thomas/Dunfee, Thomas W.: Integrative Social Contracts Theory: Ethics in Economic Life, Georgetown (Pennsylvania) 1988.

Dörner, Dietrich: Die Logik des Mißlingens, 2. Aufl., Reinbek bei Hamburg 1991.

Drucker, Peter: Ethical Chic, in: Iannone, A. Pablo (Edit.): Contemporary Moral Controversies in Business, New York - Oxford 1989, pp. 44-52.

Drumm, Hans Jürgen: Personalwirtschaftslehre, Berlin et al. 1989.

Drumm, Hans Jürgen: Von der Unternehmenskultur zur Unternehmensethik: Verführerische strategische Sackgasse der Personalwirtschaftslehre?, in: Ackermann, Karl-Friedrich/Scholz, Hartmut (Hrsg.): Personalmanagement für die 90er Jahre: neue Entwicklungen - neues Denken - neue Strategien, Stuttgart 1991, S. 63-76.

Dülfer, Eberhard: Internationalisierung der Unternehmung - gradueller oder prinzipieller Wandel?, in: Lück, Wolfgang/Trommsdorff, Volker (Hrsg.): Internationalisierung der Unternehmung als Problem der Betriebswirtschaftslehre, Berlin 1982, S. 47-71.

Dyllick, Thomas: Management der Umweltbeziehungen. Öffentliche Exponiertheit von Unternehmungen als Herausforderung für Managementtheorie und -praxis, in: Die Unternehmung, 42. Jg. (1988), Heft 3, S. 190-205.

Dyllick, Thomas: Management der Umweltbeziehungen: öffentliche Auseinandersetzungen als Herausforderung, Wiesbaden 1989.

Ellinger, Theodor: Industrielle Wechselproduktion, in: RKW e. V. (Hrsg.): Produktivität und Rationalisierung. Chancen, Wege, Forderungen, Frankfurt am Main 1971, S. 197-205.

Enderle, Georges: Ethik und Wissenschaft, Schriften des Vereins für Sozialpolitik, N. F. Band 174, Berlin 1985.

Enderle, Georges: Problembereiche einer Führungsethik im Unternehmen, Nr. 15 der Beiträge und Berichte der Forschungsstelle für Wirtschaftsethik, St. Gallen 1986.

Enderle, Georges: Ethik als unternehmerische Herausforderung, in: Die Unternehmung, 41. Jg. (1987), Heft 6, S. 433-450 (zitiert als Enderle 1987a).

Enderle, Georges: Some Perspectives of Managerial Ethical Leadership, in: Journal of Business Ethics, Vol. 6 (1987), pp. 657-663 (zitiert als Enderle 1987b).

Enderle, Georges: Wirtschaftsethik im Werden. Ansätze und Problembereich der Wirtschaftsethik, Stuttgart 1988 (zitiert als Enderle 1988a).

Enderle, Georges: Die Goldene Regel für Manager?, in: Lattmann, Charles (Hrsg.): Ethik und Unternehmensführung, Heidelberg 1988, S. 130-148 (zitiert als Enderle 1988b).

Enderle, Georges: Zum Zusammenhang von Wirtschaftsethik, Unternehmensethik und Führungsethik, in: Steinmann, Horst/ Löhr, Albert(Hrsg.): Unternehmensethik, 2. Aufl., Stuttgart 1991, S. 173-187 (zitiert als Enderle 1991a).

Enderle, Georges: Annäherung an eine Unternehmensethik, in: Nutzinger, Hans G. (Hrsg.): Wirtschaft und Ethik, Wiesbaden 1991, S. 145-166 (zitiert als Enderle 1991b).

Enderle, Georges: Zur Grundlegung einer Unternehmensethik: das Unternehmen als moralischer Akteur, in: Homann, Karl (Hrsg.): Aktuelle Probleme der Wirtschaftsethik, Berlin 1992, S. 143-158.

Enderle, Georges: Handlungsorientierte Wirtschaftsethik: Grundlagen und Anwendungen, Bonn - Stuttgart - Wien 1993.

Engelhard, Johann: Verhaltenskodizes, in: Macharzina, Klaus/ Welge, Martin K.: Handwörterbuch Export und Internationale Unternehmung, Stuttgart 1989, Sp. 2155-2168.

Engfer, Hans-Jürgen: Regeln institutionellen Handelns, in: Hubig, Christoph (Hrsg.): Ethik institutionellen Handelns, Frankfurt am Main - New York 1982, S. 104-128.

Epstein, Edwin M.: Beyond Business Ethics, Corporate Social Responsibility, and Corporate Social Responsiveness: An Introduction to the Corporate social Policy Process, Business and Public Policy Working Paper No. BPP-17, Center for Research in Management, University of California, Berkeley Business School 1986.

Epstein, Edwin M: Business Ethics, Corporate Good Citizenship and the Corporate Social Policy Process: A View from the United States, in: Journal of Business Ethics, Vol. 8 (1989), pp. 583-595.

Etzioni, Amitai: The Moral Dimension: Toward a New Economics, New York 1988.

Fadiman, Jeffrey A.: Korruption in der Dritten Welt, in: Harvard manager: Unternehmensethik, Bd. 1, Hamburg o. J., S. 87-92.

Fehl, Ulrich: Die Frage nach dem gerechten Preis, in: Gutmann, Gernot/Schüller, Alfred (Hrsg.): Ethik und Ordnungsfragen der Wirtschaft, Baden-Baden 1989, S. 249-267.

Ferguson, Marylin: Die sanfte Verschwörung: persönliche und gesellschaftliche Transformation im Zeitalter des Wassermanns, Basel 1982.

Ferrell, O. C.: Implementing and Monitoring Ethics in Advertising, in: Laczniak, Gene R./Murphy, Patrick E. (Edit.): Marketing Ethics, Lexington (Mass.) 1985, pp. 27-40.

Fiedler, Hans: Unternehmensgrundsätze und Führungsleitlinien - Wegweiser in die Zukunft, in: FB/IE, o. Jg. (1980), Heft 29, S. 122-129.

Fiege, Rudolf: Die Unternehmensgrundsätze der IBM, Entstehungsgeschichte und Form der Realisierung, in: Wörz, Michael/Dingwerth, Paul/Öhlschläger, Rainer (Hrsg.): Moral als Kapital: Perspektiven des Dialogs zwischen Wirtschaft und Ethik, Stuttgart 1990, S. 111-115.

Förster, Oliver: Investieren in die Umwelt, in: Roche, Peter/ Hoffmann, Johannes/Homolka, Walter (Hrsg.): Ethische Geldanlagen - Kapital auf neuen Wegen, Frankfurt am Main 1992, S. 106-119.

Forschungsgruppe Gesundheit: Ökonomie und Ethik. Kostendämpfung und medizinische Leistungen, in: WZB-Mitteilungen, 55. Jg. (1992), Heft 3, S. 21-24.

Freeman, Edward A.: Strategic Management. A Stakeholder Approach, Boston (Mass.) 1984.

French, Peter A.: Collective and Corporate Responsibility, New York 1984.

French, Peter A.: The Corporation as a Moral Person, in: Donaldson, Thomas J./Werhane, Patricia H. (Edit.): Ethical Issues in Business. A Philosophical Approach, Englewood Cliffs 1988, pp. 100-127.

Frey, Christofer: Ethische Gesichtspunkte angesichts wirtschaftlicher Verflechtungen am Ende des 20. Jahrhunderts, in: Harms, Jens (Hrsg.): Das Multinationale Unternehmen im sozialen Umfeld: ökonomische und ethische Aspekte, Bd. 12 der Arnoldshainer Texte, Frankfurt am Main 1983, S. 81-94.

Frey, Christofer: Die Ethik des Protestantismus von der Reformation bis zur Gegenwart, Gütersloh 1989.

Frick, Siegfried: Hauptströmungen im Diskurs von Ökonomik und Ethik. Ein Überblick, in: Hattenbach, Amuth/Müller, Eberhard E. (Hrsg.): Wissenschaftliche und ethische Leitbilder für neue Wirtschaftskonzepte, Gießen 1994, S. 50-82.

Friedman, Milton: Capitalism and Freedom, Chicago 1962.

Friedman, Milton: The Social Responsibility of Business is to Increase its Profits, in: The New York Times Magazine, September 13, 1970, pp. 32 f. and 122-126.

Fulda, Hans Friedrich: Georg Wilhelm Friedrich Hegel, in: Höffe, Otfried (Hrsg.): Klassiker der Philosophie, Bd. 2, 2. Aufl., München 1985, S. 62-92.

Furger, Franz: Moral oder Kapital?: Grundlagen der Wirtschaftsethik, Zürich - Mödling 1992.

Furger, Franz: Grundlagen einer christlichen Sozialethik, in: Ethica, 2. Jg. (1994), Heft 2, S. 183-201.

Gabele, Eduard/Kretschmer, Helmut: Unternehmensgrundsätze, Zürich 1986.

Gabele, Eduard: Werthaltungen von Führungskräften in kleinen und mittleren Unternehmen, in: Gabele, Eduard (Hrsg.): Märkte, Mitarbeiter, Management: Erfolgreiche Führung kleiner und mittlerer Unternehmen I, Bamberg 1983, S. 125-149.

Gäfgen, Gérard: Der Wandel moralischer Normen in den Entwicklung der Wirtschaftsordnung: Positive Erklärung und ethische Folgerungen, in: Hesse, Helmut (Hrsg.): Wirtschaftswissenschaft und Ethik, Berlin 1988, S. 85-107.

Gähde, Ulrich: Zur Anwendung wissenschaftstheoretischer Methoden auf ethische Theorien: Überlegungen am Beispiel des klassischen Utilitarismus, in: Nutzinger, Hans G. (Hrsg.): Wirtschaftsethische Perspektiven II: Unternehmen und Organisationen, philosophische Begründungen, individuelle und kollektive Rationalität, Berlin 1994, S. 77-101.

Galliker, Bernhard: Umweltverträgliche Produkte, in: Marketing Journal, 22. Jg. (1989), Heft 3, S. 250-252.

Geiss, G.: Im Labyrinth der Philosophen, Neukirchen - Vluyn 1962.

Gellermann, Saul W.: Why "good" managers make bad ethical choices, in: Harvard Business Review, Vol. 64 (1986), No. 4, pp. 85-90.

Gemmel, Friedrich-Martin/Schuchmann, Hans-Rainer: Technik-Verantwortung als Diskurs im Unternehmen - Die Bamberger Siemens-Gespräche, in: Zimmerli, Walther Ch./ Brennecke, Volker M. (Hrsg.): Technikverantwortung in der Unternehmenskultur: von theoretischen Konzepten zur praktischen Umsetzung, Stuttgart 1994, S. 159-161.

Gemünden, Hans Georg: "Echte Führungsentscheidungen" - empirische Beobachtungen zu Gutenbergs Idealtypologie, in: DBW, 43. Jg. (1983), Heft 1, S. 49-64.

Gentile, Mary. C.: Engaging the Power and Competence of the Faculty, in: Piper, Thomas R./Gentile, Mary C./Daloz Parks, Sharon (Edit.): Can ethics be taught?: perspectives, challenges and approaches at the Harvard Business School, Boston (Mass.) 1993, pp. 73-115.

Gerum, Elmar: Prinzipien des Konstruktivismus, in: Raffeé, Hans/Abel, Bodo (Hrsg.): Wissenschaftstheoretische Grundfragen der Wirtschaftswissenschaften, München 1979, S. 205-208.

Gerum, Elmar: Neoinstitutionalismus, Unternehmensverfassung und Unternehmensethik, in: Biervert, Bernd/Held, Martin (Hrsg.): Ethische Grundlagen der ökonomischen Theorie: Eigentum, Verträge, Institutionen, Frankfurt am Main - New York 1989, S. 134-155.

Gerum, Elmar: Unternehmensethik und Unternehmensverfassung, in: Steinmann, Horst/Löhr, Albert (Hrsg.): Unternehmensethik, 2. Aufl., Stuttgart 1991, S. 141-152.

Getz, Kathleen A.: International Codes of Conduct: An Analysis of Ethical Reasoning, in: Journal of Business Ethics, Vol. 9 (1990), pp. 567-577.

Giersberg, Georg: 1994 mehr Insolvenzen durch Betrug und Konjunkturaufschwung, in: FAZ vom 30.12.1994, Nr. 303, S. 11.

Gilbert, R. Richard: Foreword, in: Jones, Donald G. (Edit.): Business, Religion and Ethics. Inquiry and Encounter, Cambridge (Mass.) 1982, p. vii.

Gillespie, Norman C.: The Business of Ethics, in: Iannone, A. Pablo (Edit.): Contemporary Moral Controversies in Business, New York - Oxford 1989, pp. 30-34.

Girvetz, Harry K. (Edit.): Contemporary Moral Issues, 2. edit., Belmont (CA) 1969.

Glenn Jr., James R.: Ethics in Decision Making, New York et al. 1986.

Göbel, Elisabeth: Wirtschaftsethik. Die verschiedenen Ansätze und der zwischen ihnen bestehende Zusammenhang, in: WiSt, 21. Jg. (1992), Heft 6, S. 285-290.

Golas, Heinz G.: Der Mitarbeiter: Ein Lehrbuch für Personalführung, Betriebssoziologie und Arbeitsrecht, 7. Aufl., Düsseldorf 1990.

Goodpaster, Kenneth E.: Some Avenues for Ethical Analysis in General Management, Harvard Business School Working Paper 383-007, Boston (Mass.) 1982.

Goodpaster, Kenneth E.: Note on the Corporation as a Moral Environment, in: Andrews, Kenneth R. (Edit.): Ethics in Practice. Managing the Moral Corporation, Boston 1989, pp. 89-99.

Goodpaster, Kenneth E.: Ethical Imperatives and Corporate Leadership, in: Freeman, R. Edward (Edit.): Business Ethics. State of the Art, New York - Oxford 1991, pp. 89-110.

Goodpaster, Kenneth E./Matthews Jr., John B.: Can a Corporation have a Conscience?, in: Harvard Business Review, Vol. 60 (1982), No. 1, pp. 132-141.

Gottschall, Dietmar: In den Wind geschrieben, in: Management Wissen, o. Jg. (1986), Heft 9, S. 14-28.

Gremillion, Joseph: The Church as Transnational source and Carrier of Values Affecting Economic and Business Institutions and Policies, in: Rueschhoff, Norlin/Schaum, Konrad (Eds.): Christian Business Values in an Intercultural Environment, Berlin 1989, pp. 173-181.

Griffiths, Brian: Morality and the Market Place, London et al. 1982.

Griffiths, Brian: The Creation of Wealth, London et al. 1984.

Grimm, Eleonore: Der neue deutsche Typ: Sorglos und materialistisch, in: Psychologie Heute, 17. Jg. (1990), Heft 11, S. 34-41.

Gröschner, Rolf: Zur rechtsphilosophischen Fundierung einer Unternehmensethik, in: Steinmann, Horst/Löhr, Albert (Hrsg.): Unternehmensethik, 2. Aufl., Stuttgart 1991, S. 103-123.

Grunwald, Wolfgang: Führung in den 90er Jahren: Ethik tut Not!, in: ZfO, 62. Jg. (1993), Heft 5, S. 337-340.

Gümbel, Rudolf: Ethik und Ökonomik, in: Aschenbrücker, Karin/Pleiß, Ulrich (Hrsg.): Menschenführung und Menschenbildung: Perspektiven für Betrieb und Schule; Festschrift für Ernst Wurdack zum 65. Geburtstag, Hohengehren 1991, S. 95-111.

von Gumppenberg, Rudolf: Moral und sittliche Verhältnisse, in: Spaemann, Robert (Hrsg.): Ethik-Lesebuch: Von Platon bis heute, München - Zürich 1987, S. 333-391.

von Gumpenberg, Rudolf/Gruber, Sharon: Glück, in: Spaemann, Robert (Hrsg.): Ethik-Lesebuch: Von Platon bis heute, München - Zürich 1987, S. 393-458.

Gurdjieff, Georges I.: Begegnungen mit bemerkenswerten Menschen, Basel 1992.

Gutenberg, Erich: Unternehmensführung. Organisation und Entscheidungen, Wiesbaden 1962.

Gutenberg, Erich: Grundlagen der Betriebswirtschaftslehre, Die Produktion, Bd. 1, 24. Aufl. Wiesbaden 1983.

Guth, Wilfried: Macht und Verantwortung - Zur politischen Aufgabe des Unternehmers, in: Dierkes, Meinolf/Wenkebach, Hans H. (Hrsg.): Macht und Verantwortung: Zur politischen Rolle des Unternehmens, Stuttgart 1987, S. 47-56.

Guth, Wilfried: Unternehmerverantwortung,: Die Ethik des Gewinnstrebens, in: Barbier, Hans D. (Hrsg.): Die Moral des Marktes: Wirtschaftspolitik in einer offenen Welt, S. 73-84.

Gutmann, Gernot: Ethische Grundlagen und Implikationen der ordnungspolitischen Konzeption "Soziale Marktwirtschaft", in: Gutmann, Gernot/Schüller, Alfred (Hrsg.): Ethik und Ordnungsfragen der Wirtschaft, Baden-Baden 1989, S. 323-355.

Habermas, Jürgen: Theorie des kommunikativen Handelns, Bd. 2: Zur Kritik der funktionalisierenden Vernunft, Frankfurt am Main 1981.

Habermas, Jürgen: Diskursethik - Notizen zu einem Begründungsprogramm, in: Habermas, Jürgen (Hrsg.): Moralbewußtsein und kommunikatives Handeln, Frankfurt am Main 1983, S. 53-125.

Habermas, Jürgen: Erläuterungen zur Diskursethik, 2. Aufl., Frankfurt am Main 1991.

Hahn, Dietger/Klausmann, Walter: Frühwarnsysteme und strategische Unternehmungsplanung, in: Hahn, Dietger/Taylor, Bernard (Hrsg.): Strategische Unternehmungsplanung - Strategische Unternehmungsführung, 4. Aufl., Heidelberg 1986, S. 264-280.

Hampicke, Ulrich: Ethik, Natur und Neoklassische Ökonomie, in: Biervert, Bernd/Held, Martin (Hrsg.): Ökonomische Theorie und Ethik, Frankfurt am Main - New York 1987, S. 78-100.

Hanselmann, Sandra: Wertewandel bei Führungskräften und Führungsnachwuchs. Zur Entwicklung einer wertorientierten Unternehmensgestaltung, in: WiSt, 21. Jg. (1992), Heft 4, S. 197-200.

Hansen, Ursula: Marketing und soziale Verantwortung, in: Steinmann, Horst/Löhr, Albert (Hrsg.): Unternehmensethik, 2. Aufl., Stuttgart 1991, S. 243-256.

Harms, Jens: Entwicklungspolitik, Multinationale Unternehmen und die Kirchen, in: Harms, Jens (Hrsg.): Das Multinationale Unternehmen im sozialen Umfeld: ökonomische und ethische Aspekte, Bd. 12 der Arnoldshainer Texte, Frankfurt am Main 1983, S. 9-23.

Hastedt, Heiner: Aufklärung und Technik: Grundprobleme einer Ethik der Technik, Frankfurt am Main 1991.

Hauff, Volker: Soziale und ökologische Verantwortung von Unternehmen, in: Dierkes, Meinolf/Zimmermann, Klaus (Hrsg.): Ethik und Geschäft - Dimensionen und Grenzen unternehmerischer Verantwortung, Frankfurt am Main - Wiesbaden 1991, S. 71-86.

Literaturverzeichnis

Hauschildt, Jürgen: Entwicklungslinien der Organisation, Göttingen 1987.

Hauschildt, Jürgen: Verantwortung, in: Kieser, Alfred/Reber, Gerhard/Wunderer, Rolf (Hrsg.): Handwörterbuch der Führung, 2. Aufl., Stuttgart 1995, Sp. 2097-2106.

Hax, Herbert: Zu Funktion und Inhalt einer Unternehmensethik, in: Dekan des Fachbereichs Wirtschaftswissenschaften der Johann Wolfgang Goethe-Universität (Hrsg.): Ansprachen anläßlich der Verleihung der Ehrendoktorwürde an Professor Dr. Edmond Malinvaud und Professor Dr. Herbert Hax, Idstein 1991, S. 57-67.

Hax, Herbert: Unternehmensethik - Ordnungselement der Marktwirtschaft?, in: ZfbF, 45. Jg. (1993), Heft 9, S. 769-779.

Hax, Herbert: Unternehmensethik - fragwürdiges Ordnungselement in der Marktwirtschaft, in: ZfbF, 47. Jg. (1995), Heft 2, S. 180 f.

von Hayek, Friedrich A.: Soziale Gerechtigkeit - Eine Fata Morgana, in: FAZ vom 16.04.1977, Nr. 88, S. 13.

Hegel, Georg Wilhelm Friedrich: Die Philosophie des Rechts. Die Mitschriften von Wannenmann (Heidelberg 1817/18) und Homeyer (Berlin 1818/19), hrsg. von Karl-Heinz Ilting, Stuttgart 1983.

Hein, N. J./Jeremias, J.: "Goldene Regel", in: von Campenhausen, Hans (Hrsg.): Die Religion in Geschichte und Gegenwart, Band II, Wiesbaden, 1958, S. 1687-1689.

Heinen, Edmund: Das Zielsystem der Unternehmung: Grundlagen betriebswirtschaftlicher Entscheidungen, Wiesbaden 1966.

Helferich, Christoph: Geschichte der Philosophie: von den Anfängen bis zur Gegenwart und östliches Denken, 2. Aufl., Stuttgart 1992.

Hengsbach, Friedhelm: Arbeitsethische Innovationen durch alte und neue soziale Bewegungen, in: Biervert, Bernd/Held, Martin (Hrsg.): Ethische Grundlagen der ökonomischen Theorie: Eigentum, Verträge, Institutionen, Frankfurt am Main - New York 1989, S. 156-188.

Hengsbach, Friedhelm: Wirtschaftsethik. Aufbruch - Konflikte - Perspektiven, Freiburg - Basel - Wien 1991.

Hensel, Paul J./Dubinsky, Alan J.: Ethical Dilemmas in Marketing: A Rationale, in: Journal of Business Ethics, Vol. 5 (1986), pp. 63-75.

Hermann, Brigitta: Wirtschaftsethik - Stand der Forschung, in: Unternehmensethik: Konzepte - Grenzen - Perspektiven, ZfB-Ergänzungsheft 1, Wiesbaden 1992, S. 1-33.

Herms, Eilert: Theoretische Voraussetzung einer Ethik wirtschaftlichen Handelns. F. A. von Hayeks Anthropologie und Evolutionstheorie als Spielraum wirtschaftsethischer Aussagen, in: Hesse, Helmut (Hrsg.): Wirtschaftswissenschaft und Ethik, Berlin 1988, S. 131-193.

Herms, Eilert: Der religiöse Sinn der Moral. Unzeitgemäße Betrachtungen zu den Grundlagen einer Ethik der Unternehmensführung, in: Steinmann, Horst/Löhr, Albert (Hrsg.): Unternehmensethik, 2. Aufl., Stuttgart 1991, S. 69-102.

Herrmann, Torsten: Verantwortung als Grundbegriff einer Unternehmensethik, unveröffentlichte Diplomarbeit, Frankfurt am Main 1993.

Herrmann-Pillath, Carsten: Die konfuzianische Synthese: Wirtschaftspolitische Konzepte und normative Grundlagen gesellschaftlicher Ordnung als anpassungsoptimierende evolutorische Strategien, in: Gutmann, Gernot/Schüller, Alfred (Hrsg.): Ethik und Ordnungsfragen der Wirtschaft, Baden-Baden 1989, S. 195-227.

Hess, Walter: Die Ethik aus der Sicht der Unternehmungsführung, in: Lattmann, Charles (Hrsg.): Ethik und Unternehmensführung, Heidelberg 1988, S. 179-196.

Hesse, Helmut: Wirtschaft und Moral, Berlin 1987.

Hesse, Helmut: Internationale Wirtschaftsbeziehungen als Gegenstand der Wirtschaftsethik, in: Hesse, Helmut (Hrsg.): Wirtschaftswissenschaft und Ethik, Berlin 1988, S. 195-214.

Hesse, Helmut: Wirtschaftliches Handeln in Verantwortung für die Zukunft, in: Homann, Karl (Hrsg.): Aktuelle Probleme der Wirtschaftsethik, Berlin 1992, S. 29-41.

Hesse, Helmut: Moral der Stabilitätspolitik, in: Hesse, Helmut/Issing, Otmar (Hrsg.): Geld und Moral, München 1994, S. 41-55.

Hesseling, Pjotr: A moral interregnum for multinationals in the Third World?, in: van Dam, Cees/Stallaert, Luud M. (Eds.): Trends in business ethics, Leiden (NL) - Boston (Mass.) 1978, pp. 29-41.

Hey, Dieter/Schröter, Armin: Muß-Bedingungen beim Führen: Theorie und Praxis, in: Bayer, Hermann (Hrsg.): Unternehmensführung und Führungsethik: Praxiserfahrungen und Perspektiven, Heidelberg 1985, S. 29-48.

Heymann, H.-Helmut: Die "Neue" Wirtschaftsethik. Ethische Bezüge der Unternehmenspolitik, in: Harms, Jens (Hrsg.): Das Multinationale Unternehmen im sozialen Umfeld: ökonomische und ethische Aspekte, Bd. 12 der Arnoldshainer Texte, Frankfurt am Main 1983, S. 95-117.

Heymann, H.-Helmut/Seiwert Lothar J.: Flexible Arbeitszeiten und Job Sharing, in: Personal, 34. Jg. (1982), S. 76-78.

Hinterhuber, Hans H.: Wettbewerbsstrategie, 2. Aufl., Berlin - New York 1990.

Hirschman, Albert O.: Leidenschaften und Interessen: Politische Begründung des Kapitalismus vor seinem Sieg, Frankfurt am Main 1987.

Hobbes, Thomas: Vom Menschen - Vom Bürger, 2. Aufl., Hamburg 1966.

Hobbes, Thomas: Vom Körper (Elemente der Philosophie I), Hamburg 1967.

Hochstätter, Dietrich: Lorbeer und Mammon. Wirtschaftsethik: Elementare Sinnfragen werden neu gestaltet, in: Wirtschaftswoche, 44. Jg. (1990), Heft 5, S. 34-44.

Hoechst AG (Hrsg.): Neue Wege finden. Hoechst High Chem in Forschung und Entwicklung, Frankfurt am Main 1989.

Höffe, Otfried: Einführung in die utilitaristische Ethik, in: Höffe, Otfried (Hrsg.): Einführung in die utilitaristische Ethik - Klassische und zeitgenössische Texte, München 1975, S. 7-34.

Höffe, Otfried: Aristoteles, in: Höffe, Otfried (Hrsg.): Klassiker der Philosophie, Bd. 1, 2. Aufl., München 1985, S. 63-94 (zitiert als Höffe 1985a).

Höffe, Otfried: Immanuel Kant, in: Höffe, Otfried (Hrsg.): Klassiker der Philosophie, Bd. 2, 2. Aufl., München 1985, S. 7-39 (zitiert als Höffe 1985b).

Höffe, Otfried (Hrsg.): Lexikon der Ethik, 3. Aufl., München 1986.

Höffner, Joseph: Wirtschaftsordnung und Wirtschaftsethik - Richtlinien der katholischen Soziallehre, Bonn 1985.

Hoffmann, Friedrich: Kritische Erfolgsfaktoren und Erfahrungen in großen und mittelständischen Unternehmungen, ZfbF, 38. Jg. (1986), Heft 10, S. 831-843.

Hoffmann, Friedrich/Rebstock, Wolfgang: Unternehmungsethik. Eine Herausforderung an die Unternehmung, in: ZfB, 59. Jg. (1989), Heft 6, S. 667-687.

Hoffmann, Johannes: Geld und Gewissen, in: Roche, Peter/Hoffmann, Johannes/Homolka, Walter (Hrsg.): Ethische Geldanlagen - Kapital auf neuen Wegen, Frankfurt am Main 1992, S. 9-27 (zitiert als Hofmann 1992a).

Hoffmann, Johannes: In wessen Dienst? Theologische und sozial-ethische Reflexion zum Thema "Kirche, Geld und Glaube heute", in: Roche,Peter/Hoffmann, Johannes/Homolka, Walter (Hrsg.): Ethische Geldanlagen - Kapital auf neuen Wegen, Frankfurt am Main 1992, S. 120-136 (zitiert als Hoffmann 1992b).

Hofmann, Michael: Arbeit und Liebe: Zur ethischen Begründung der Kooperation, in: Lattmann, Charles (Hrsg.): Ethik und Unternehmensführung, Heidelberg 1988, S. 160-178.

Hoffman, W. Michael: What is Necessary for Corporate Moral Excellence?, in: Journal of Business Ethics, Vol. 5 (1986), pp. 233-242.

Hohn, Hannsjosef: Die Freiheit des Gewissens: Gewissensfragen in Gesellschaft, Politik und Recht, Heidelberg 1990.

Homann, Karl: Die Rolle ökonomischer Überlegungen in der Grundlegung der Ethik, in: Hesse, Helmut (Hrsg.): Wirtschaftswissenschaft und Ethik, Berlin 1988, S. 213-240.

Homann, Karl: Vertragstheorie und Property-Rights-Ansatz - Stand der Diskussion und Möglichkeiten der Weiterentwicklung, in: Biervert, Bernd/Held, Martin (Hrsg.): Ethische Grundlagen der ökonomischen Theorie: Eigentum, Verträge, Institutionen, Frankfurt am Main - New York 1989, S. 37-69.

Homann, Karl: Der Sinn der Unternehmensethik in den Marktwirtschaft, in: Corsten, Hans/Schuster, Leo/Stauss, Bernd (Hrsg.): Die soziale Dimension der Unternehmung, Berlin 1991, S. 97-118.

Homann, Karl: Einleitung: Ethik und Ökonomik, in: Homann, Karl (Hrsg.): Aktuelle Probleme der Wirtschaftsethik, Berlin 1992, S. 7-12 (zitiert als Homann 1992a).

Homann, Karl: Marktwirtschaftliche Ordnung und Unternehmensethik, in: Unternehmensethik: Konzepte - Grenzen - Perspektiven, ZfB-Ergänzungsheft 1, Wiesbaden 1992, S. 75-90 (zitiert als Homann 1992b).

Homann, Karl: Marktversagen, in: Enderle, Georges u. a. (Hrsg.): Lexikon der Wirtschaftsethik, Freiburg im Breisgau u. a. 1993, Sp. 646-654 (zitiert als Homann 1993a).

Homann, Karl: Wirtschaftsethik, in: Enderle, Georges u. a. (Hrsg.): Lexikon der Wirtschaftsethik, Freiburg im Breisgau u. a. 1993, Sp. 1286-1296 (zitiert als Homann 1993b).

Homann, Karl: Geld und Moral in der Marktwirtschaft, in: Hesse, Helmut/Issing, Otmar (Hrsg.): Geld und Moral, München 1994, S. 21-40.

Homann, Karl/Blome-Drees, Franz: Unternehmensethik - Managementethik, in: DBW, 55. Jg. (1995), Heft 1, S. 95-114.

Homann, Karl/Blome-Drees, Franz: Wirtschafts- und Unternehmensethik, Göttingen 1992.

Homann, Karl/Hesse, Helmut: Wirtschaftswissenschaft und Ethik, in: Hesse, Helmut (Hrsg.): Wirtschaftswissenschaft und Ethik, Berlin 1988, S. 9-33.

Homann, Karl/Pies, Ingo: Wirtschaftsethik und Gefangenendilemma, in: WiSt, 20. Jg. (1991), Heft 12, S. 608-614.

Homann, Karl/Suchanek, Andreas: Wirtschaftsethik - Angewandte Ethik oder Beitrag zur Grundlagendiskussion?, in: Biervert, Bernd/Held, Martin (Hrsg.): Ökonomische Theorie und Ethik, Frankfurt am Main - New York 1987, S. 101-121.

Homann, Karl/Suchanek, Andreas: Grenzen der Anwendbarkeit einer "Logik des kollektiven Handelns", in: Schubert, Karl (Hrsg.): Leistungen und Grenzen politisch-ökonomischer Theorie. Eine kritische Betrachtung zu Mancur Olsen, Darmstadt 1992.

Homolka, Walter: Das Beziehungsgeflecht Ethik und Ökonomie, in: Roche, Peter/Hoffmann, Johannes/Homolka, Walter (Hrsg.): Ethische Geldanlagen - Kapital auf neuen Wegen, Frankfurt am Main 1992, S. 28-50 (zitiert als Homolka 1992a).

Homolka, Walter: Investmentfonds mit ethischen Anlagekriterien setzen sich durch, in: Roche, Peter/Hoffmann, Johannes/Homolka, Walter (Hrsg.): Ethische Geldanlagen - Kapital auf neuen Wegen, Frankfurt am Main 1992, S. 90-105 (zitiert als Homolka 1992b).

Hopfenbeck, Waldemar: Umweltorientiertes Management und Marketing. Konzepte - Instrumente - Praxisbeispiele, Landsberg am Lech 1990.

Hopfenbeck, Waldemar: Allgemeine Betriebswirtschafts- und Managementlehre: das Unternehmen im Spannungsfeld zwischen ökonomischen, sozialen und ökologischen Interessen, 4. Aufl., Landsberg am Lech 1991.

Hoppmann, Erich: Moral und Wirtschaftssystem, in: Dams, Theodor (Hrsg.): Beiträge zur Gesellschafts- und Wirtschaftspolitik. Grundlagen - Empirie - Umsetzung, Festschrift zum 70. Geburtstag von Kunihiro Jojima, Berlin 1990, S. 99-113.

Hordijk, Arij: Trade unionism and ethics, in: van Dam, Cees/Stallaert, Luud M. (Eds.): Trends in business ethics, Leiden (NL) - Boston (Mass.) 1978, pp. 43-50.

Hubig, Christoph: Einleitung: Probleme einer Ethik institutionellen Handelns. Einige Thesen zur Aufgabenstellung, in: Hubig, Christoph (Hrsg.): Ethik institutionellen Handelns, Frankfurt am Main - New York 1982, S. 11-27 (zitiert als Hubig 1982a).

Hubig, Christoph: Die Unmöglichkeit der Übertragung individualistischer Handlungskonzepte auf institutionelles Handeln und ihre Konsequenzen für eine Ethik der Institution, in: Hubig, Christoph (Hrsg.): Ethik institutionellen Handelns, Frankfurt am Main - New York 1982, S. 56-80 (zitiert als Hubig 1982b).

Hüser, Annette: Marketing, Ökologie und ökonomische Theorie. Der Abbau von Kaufbarrieren bei ökologischen Produkten durch Marketing vor dem Hintergrund einer ökonomisch orientierten Theorie des Konsumentenverhaltens, Diss. Frankfurt am Main 1995.

Hume, David: Eine Untersuchung über den menschlichen Verstand, Hamburg 1964.

Hume, David: Eine Untersuchung über die Prinzipien der Moral, Stuttgart 1984.

Huning, Alois: Der Technikbegriff, in: Rapp, Friedrich (Hrsg.): Technik und Philosophie, Düsseldorf 1990, S. 11-25.

Huning, Alois: Die philosophische Tradition, in: Rapp, Friedrich (Hrsg.): Technik und Philosophie, Düsseldorf 1990, S. 26-40.

Ibrahim, Nabil A. et al.: Characteristics and Practices of "Christian-Based" Companies, in: Journal of Business Ethics, Vol. 10 (1991), No. 2, pp. 123-132.

Ineichen, Hans: Wilhelm Dilthey, in: Höffe, Otfried (Hrsg.): Klassiker der Philosophie, Bd. 2: Von Immanuel Kant bis Jean-Paul Sartre, 2. Aufl., München 1985, S. 187-202.

Irrgang, Bernhard: Ethische Implikationen globaler Energieversorgung, in: Stimmen der Zeit, 114. Jg. (1989), Heft 9, S. 607-620.

Irrgang, Bernhard: Dimensionen des Verantwortungsbegriffes in der Technologie-Zivilisation, in: Ethica, 2. Jg. (1994), Heft 2, S. 155-169.

Jäger, Alfred: Wirtschaftsethik: Das Prinzip Verantwortung als Element einer Management-Philosophie, in: Ulrich, Hans (Hrsg.): Management-Philosophie für die Zukunft: gesellschaftlicher Wertewandel als Herausforderung an das Management, Bern - Stuttgart 1981, S. 47-56.

Jäger, Alfred: Diakonie als christliches Unternehmen. Theologische Wirtschaftsethik im Kontext diakonischer Unternehmenspolitik, Gütersloh 1987.

Jahnke, Ralph: Entwicklung ökologieverträglichen Mitarbeiterverhaltens und dessen Erfolgswirkungen, in: Kreikebaum, Hartmut/Seidel, Eberhard/Zabel, Hans-Ulrich (Hrsg.): Unternehmenserfolg durch Umweltschutz: Rahmenbedingungen, Instrumente, Praxisbeispiele, Wiesbaden 1994, S. 176-192.

Jaki, Stanley L.: Decision-making in business: amoral?, in: van Dam, Cees/Stallaert, Luud M. (Eds.): Trends in business ethics, Leiden (NL) - Boston (Mass.) 1978, pp. 1-10.

Jaki, Stanley L.: Ethics and the science of decision-making in business: a specification of perspectives, in: van Dam, Cees/Stallaert, Luud M. (Eds.): Trends in business ethics, Leiden (NL) - Boston (Mass.) 1978, pp. 141-156.

Jeschke, Barnim G.: Konfliktmanagement und Unternehmenserfolg: Ein situativer Ansatz, Wiesbaden 1993.

Johnson, Harold L.: Can the Businessman Apply Christianity?, in: Harvard Business Review, Vol. 35 (1957), No. 5, pp. 68-76.

Jonas, Hans: Das Prinzip Verantwortung - Versuch einer Ethik für die technologische Zivilisation, Frankfurt am Main 1979.

Jones, Donald G: The Promise of Business Ethics, in: Jones, Donald G. (Edit.): Business, Religion, and Ethics. Inquiry and Encounter, Cambridge (Mass.) 1982, pp. 207-226.

Jores, Arthur: Menschsein als Auftrag, 4. Aufl., Bern - Stuttgart - Wien 1978.

Jöstingmeier, Bernd: Pragmatische Unternehmensethik als strategischer Erfolgsfaktor, in: Jöstingmeier, Bernd (Hrsg.): Aktuelle Probleme der Genossenschaften aus rechtswissenschaftlicher und wirtschaftswissenschaftlicher Sicht: Eberhard Dülfer und Volker Beuthien gewidmet, Göttingen 1994, S. 251-275.

Jöstingmeier, Bernd: Zur Unternehmensethik international tätiger Unternehmungen, Göttingen 1994.

Kaas, Klaus-Peter: Informationsprobleme auf Märkten für umweltfreundliche Produkte, in: Wagner, Gerd Rainer (Hrsg.): Betriebswirtschaft und Umweltschutz, Stuttgart 1993, S. 29-43.

Kadel, Peter: Ethik und Personalmanagement - Neuausrichtung des betrieblichen Personalwesens, in: Personal, 45. Jg. (1993), Heft 7, S. 306-308.

Kaiser, Helmut: Die ethische Integration ökonomischer Rationalität: Grundelemente und Konkretion einer modernen Wirtschaftsethik, Bern - Stuttgart - Wien 1992.

Kalveram, Wilhelm: Der christliche Gedanken in der Wirtschaft, Köln 1949.

Kambartel, Friedrich (Hrsg.): Philosophie: Praktische und konstruktive Wissenschaftstheorie, 1974.

Kamphaus, Franz: Eine asketische Kultur - Therapie für die Konsumgesellschaft?, in FAZ vom 15.11.1984, Nr. 259, S. 11.

Kant, Immanuel: Grundlegung zur Metaphysik, Frankfurt am Main o. J.

Kardiner, Abram et al.: The Psychological Frontiers of Society, New York 1945.

Karl, Gerhard: Ethik und Werbung: Verletzt Werbung religiöse Gefühle?, in: Werbeforschung und Praxis, 36. Jg. (1991), Heft 4, S. 155.

Kaufmann, Franz-Xaver/Kerber, Walter/Zulehner, Paul M.: Ethos und Religion bei Führungskräften: eine Studie im Auftrag des Arbeitskreises für Führungskräfte in der Wirtschaft, München 1986.

von Keller, Eugen: Management in fremden Kulturen: Ziele, Ergebnisse und methodische Probleme der kulturvergleichenden Managementforschung, Bern-Stuttgart 1982.

Kellerhals, Emanuel: Der Islam: Geschichte, Leben und Lehre, 3. Aufl., Gütersloh 1993.

Kelly, Charles M.: The Destructive Achiever: Power and Ethics in the American Corporation, Reading (Mass.) 1988.

Kelman, Steven: Cost-Benefit Analysis. An Ethical Critique, in: AEI Journal on Government and Society, (1981), No. 1, pp. 33-40.

Kemp, Peter: Das Unersetzliche: eine Technologie-Ethik, Berlin 1992.

Kerber, Walter SJ: Sittlich handeln unter dem Druck ökonomischer Sachzwänge, in: Hesse, Helmut (Hrsg.): Wirtschaftswissenschaft und Ethik, Berlin 1988, S. 241-258.

Kerber, Walter SJ: Zum Ethos von Führungskräften. Ergebnisse einer empirischen Untersuchung, in: Steinmann, Horst/Löhr, Albert (Hrsg.): Unternehmensethik, 2. Aufl., Stuttgart 1991, S. 303-313.

Kern, Manfred: Klassische Erkenntnistheorien und moderne Wissenschaftslehre, in: Raffeé, Hans/Abel, Bodo (Hrsg.): Wissenschaftstheoretische Grundfragen der Wirtschaftswissenschaften, München 1979, S. 11-27.

Kiefer, Heinz J.: Grundwerte-orientierte Unternehmenspolitik und ethisches Vorbild der Führungskräfte, in: Bayer, Hermann (Hrsg.): Unternehmensführung und Führungsethik: Praxiserfahrungen und Perspektiven, Heidelberg 1988, S. 59-73.

Kirchenamt der EKD (Hrsg.): Gemeinwohl und Eigennutz: Wirtschaftliches Handeln in Verantwortung für die Zukunft, 2. Aufl., Gütersloh 1991.

Kirchner, Baldur: Dialektik und Ethik - besser Führen mit Fairneß und Vertrauen, 2. Aufl., Wiesbaden 1992.

Kirsch, Werner: Wissenschaftliche Unternehmensführung oder Freiheit vor der Wissenschaft?, 2. Halbband, München 1984.

Kirsch, Guy: Die politische Verantwortung von Unternehmen, in: Dierkes, Meinolf/Wenkebach, Hans H. (Hrsg.): Macht und Verantwortung: Zur politischen Rolle des Unternehmens, Stuttgart 1987, S. 111-139.

Kirsch, Guy: Ethik und Stabilität von Institutionen, in: Dierkes, Meinolf/Zimmermann, Klaus (Hrsg.): Ethik und Geschäft - Dimensionen und Grenzen unternehmerischer Verantwortung, Frankfurt am Main - Wiesbaden 1991, S. 87-111.

van Klaveren, Jacob: Europäische Wirtschaftsgeschichte, Stuttgart 1961.

Kliemt, Helmut: Ökonomik und Ethik, in: Wist, 16. Jg. (1987), Heft 3, S. 113-118.

Kliemt, Hartmut: Normbegründung und Normbefolgung in Ethik und Ökonomie, in: Unternehmensethik: Konzepte - Grenzen - Perspektiven, ZfB-Ergänzungsheft 1, Wiesbaden 1992, S. 91-105.

Klose, Alfred: Unternehmerethik, Linz 1988.

Knapp, Hans G.: Marketing: Sozialtechnik oder Marktethik?, in: Schauenberg, Bernd (Hrsg.): Wirtschaftsethik: Schnittstellen von Ökonomie und Wissenschaftstheorie, Wiesbaden 1991, S. 69-82.

Knebel, Heinz: Einführung von Führungsgrundsätzen, in: Töpfer, Armin/Zander, Ernst (Hrsg.): Führungsgrundsätze und Führungsinstrumente, Frankfurt am Main 1982, S. 194-263.

Koch, Helmut: Diskursethik und Wirtschaftssystem, in: ZfbF, 42. Jg. (1990), Heft 5, S. 421-422.

Koch, Helmut: Unternehmerische Entscheidungen und ethische Normen. Zur Theorie der Wertkonflikte, in: ZfbF, 41. Jg. (1989), Heft 9, S. 739-753.

Koestenbaum, Peter: The Heart of Business: Ethics, Power and Philosophy, San Francisco - Dallas - New York 1987.

Kohlberg, Lawrence (Hrsg.): Zur kognitiven Entwicklung des Kindes, Drei Aufsätze, Frankfurt am Main 1974.

Kohlberg, Lawrence: Essays on Moral Development. Vol. II: The Psychology of Moral Development, San Francisco 1984.

Korff, Wilhelm: Orientierungslinien einer Wirtschaftsethik, in: Hunold, Gerfried W./Korff, Wilhelm (Hrsg.): Die Welt für morgen: ethische Herausforderungen im Anspruch der Zukunft, München 1986, S. 67-80.

Korff, Wilhelm: Unternehmensethik und marktwirtschaftliche Ordnung, in: ZfR, 27. Jg. (1992), Heft 1, S. 1-16.

Koslowski, Peter: Economics and Philosophy, Tübingen 1985.

Koslowski, Peter: Prinzipien der ethischen Ökonomie: Grundlegung der Wirtschaftsethik und der auf die Ökonomie bezogenen Ethik, Tübingen 1988 (zitiert als Koslowski 1988a).

Koslowski, Peter: Nebenwirkungen (Externalitäten) als Problem der Wirtschaftsethik, in: Hesse, Helmut (Hrsg.): Wirtschaftswissenschaft und Ethik, Berlin 1988, S. 259-275 (zitiert als Koslowski 1988b).

Koslowski, Peter: Wirtschaftsethik in der Marktwirtschaft. Ethische Ökonomie als Theorie der ethischen und kulturellen Grundlagen des Wirtschaftens, in: Matthiessen, Christian (Hrsg.): Ökonomie und Ethik: Moral des Marktes oder Kritik der reinen ökonomischen Vernunft, Freiburg 1990, S. 9-30.

Kossbiel, Hugo: Die Bedeutung formalisierter Führungsgrundsätze für die Verhaltenssteuerung in Organisationen, in: Wunderer, Rolf (Hrsg.): Führungsgrundsätze in Wirtschaft und öffentlicher Verwaltung, Stuttgart 1983, S. 17-27.

Kotler, Philip: Marketing Management: Analysis, Planning and Control, Englewood Cliffs 1984.

Kotler, Philip: Marketing - eine Einführung, Wien 1988.

Kötter, Rudolf: Fundierungsprobleme einer Unternehmensethik im Rahmen der neoklassischen Gleichgewichtstheorie, in: Steinmann, Horst/Löhr, Albert (Hrsg.): Unternehmensethik, 2. Aufl., Stuttgart 1991, S. 125-138.

Kötter, Rudolf: Eingriffsmaßnahmen der Polizei, 2. Aufl., Stuttgart u. a. 1994.

Kramer, Rolf: Der Unternehmer und sein Gewinn, Berlin 1985.

Kramer, Rolf: Sozialer Konflikt und christliche Ethik, Berlin 1988.

Kreikebaum, Hartmut: Die Anpassung der Betriebsorganisation, Wiesbaden 1975.

Kreikebaum, Hartmut: Humanisierung der Arbeit und technologische Entwicklung, in: Kreikebaum, Hartmut u. a. (Hrsg.): Industriebetriebslehre in Wissenschaft und Praxis, Festschrift für Theodor Ellinger zum 65. Geburtstag, Berlin 1985, S. 43-70.

Kreikebaum, Hartmut: Kehrtwende zur Zukunft, Neuhausen - Stuttgart 1988.

Kreikebaum, Hartmut: Grundzüge einer theologisch orientierten Umweltethik, in: Steinmann, Horst/Löhr, Albert (Hrsg.): Unternehmensethik, 2. Aufl., Stuttgart 1991, S. 213-224 (zitiert als Kreikebaum 1991a).

Kreikebaum, Hartmut: Beiträge der Theologie zu Grundfragen der Unternehmensethik, in: Aschenbrücker, Karin/Pleiß, Ulrich (Hrsg.): Menschenführung und Menschenbildung: Perspektiven für Betrieb und Schule; Festschrift für Ernst Wurdack zum 65. Geburtstag, Hohengehren 1991, S. 113-122 (zitiert als Kreikebaum 1991b).

Kreikebaum, Hartmut: Ökologie im Spannungsfeld von Ökonomie und Ethik, in: Lachmann, Werner/Haupt, Reinhard (Hrsg.): Wirtschaftsethik in einer pluralistischen Welt, Moers 1991, S. 83-92 (zitiert als Kreikebaum 1991c).

Kreikebaum, Hartmut: Unternehmensethik und strategische Planung, in: Hahn, Dietger/Taylor, Bernard (Hrsg.): Strategische Unternehmungsplanung - Strategische Unternehmungsführung, 6. Aufl., Heidelberg 1992, S. 838-851 (zitiert als Kreikebaum 1992a).

Kreikebaum, Hartmut: Arbeit, in: Gaugler, Eduard/Weber, Wolfgang (Hrsg.): Handwörterbuch des Personalwesens, 2. Aufl., Stuttgart 1992, Sp. 29-39 (zitiert als Kreikebaum 1992b).

Kreikebaum, Hartmut: Strategische Unternehmensplanung, 5. Aufl., Stuttgart - Berlin - Köln 1993.

Kreikebaum, Hartmut: Ethische Konflikte in multinationalen Firmen (1) und (2), in: Blick durch die Wirtschaft, 38. Jg. (1995), Nr. 141 vom 25. Juli 1995 und 142 vom 26. Juli 1995.

Kreikebaum, Hartmut/Herbert, Klaus-Jürgen: Humanisierung der Arbeit: Arbeitsgestaltung im Spannungsfeld ökonomischer, technologischer und humanitärer Ziele, Wiesbaden 1988.

Krelle, Wilhelm: Ethik lohnt sich auch ökonomisch. Über die Lösung von Nicht-Nullsummenspielen, in: Unternehmensethik: Konzepte - Grenzen - Perspektiven, ZfB-Ergänzungsheft 1, Wiesbaden 1992, S. 35-49.

Krelle, Wilhelm: Positive und negative Ethik, in: Nutzinger, Hans G. (Hrsg.): Wirtschaft und Ethik, Wiesbaden 1991, S. 95-116.

Kreykamp, Antoine: A reconnaissance into technology and ethics, in: van Dam, Cees/Stallaert, Luud M. (Eds.): Trends in business ethics, Leiden (NL) - Boston (Mass.) 1978, pp. 83-94.

Krüsselberg, Hans-Günter: Ordnungstheorie - Zur Konstituierung und Begründung der Rahmenbedingungen, in: Biervert, Bernd/Held, Martin (Hrsg.): Ethische Grundlagen der ökonomischen Theorie: Eigentum, Verträge, Institutionen, Frankfurt am Main - New York 1989, S. 100-133.

Krystek, Ulrich/Müller-Stewens, Günter: Grundzüge einer Strategischen Frühaufklärung, in: Hahn, Dietger/Taylor, Bernard (Hrsg.): Strategische Unternehmensführung, 6. Aufl., Heidelberg 1992, S. 337-364.

Kühn, Hagen: Rationierung im Gesundheitswesen. Politische Ökonomie einer internationalen Ethikdebatte, Veröffentlichungsreihe der Forschungsgruppe Gesundheitsrisiken und Präventionspolitik des Wissenschaftszentrums Berlin für Sozialforschung, Berlin 1991.

Küng, Emil: Steuerung und Bremsung des technischen Fortschritts, Tübingen 1976.

Küng, Emil: Unternehmungsführung und Ethik aus der Sicht eines Nationalökonomen, in: Lattmann, Charles (Hrsg.): Ethik und Unternehmensführung, Heidelberg 1988, S. 117-129.

Küng, Hans: Projekt Weltethos, 3. Aufl., München 1991.

Küpper, Hans-Ulrich: Verantwortung in der Wirtschaftswissenschaft, in: ZfbF, 40. Jg. (1988), Heft 4, S. 318-339.

Küpper, Hans-Ulrich: Ethische Normen und wirtschaftliche Kriterien - unvereinbare Gegensätze?, in: Schubert, Karl (Hrsg.): Ethik der Wissenschaften, St. Ottilien 1992 (zitiert als Küpper 1992a).

Küpper, Hans-Ulrich: Unternehmensethik - ein Gegenstand betriebswirtschaftlicher Forschung und Lehre?, in: BFuP, 44. Jg. (1992), Heft 6, S. 498-518. (zitiert als Küpper 1992b).

Kuhn, Thomas: Unternehmerische Verantwortung in der ökologischen Krise als "Ethik der gestaltbaren Zahlen": unternehmensethische Leitlinien für umwelt- und erfolgsbewußtes Management, Bern - Stuttgart - Wien 1993.

Kulenkampff, Jens: David Hume, in: Höffe, Otfried (Hrsg.): Klassiker der Philosophie, Bd. 1, München 1985, S. 434-456.

Kumar, B. Nino/Sjurts, Insa: Multinationale Unternehmen und Ethik, in: Dierkes, Meinolf/Zimmermann, Klaus (Hrsg.): Ethik und Geschäft - Dimensionen und Grenzen unternehmerischer Verantwortung, Frankfurt am Main - Wiesbaden 1991, S. 159-186.

Kumar, Brij: Die multinationale Unternehmung und das Grundbedürfniskonzept, in: Pausenberger, Ehrenfried (Hrsg.): Entwicklungsländer als Handlungsfelder internationaler Unternehmungen, Stuttgart 1982, S. 153-178.

Kumar, Brij: Unternehmensethik im Kontext internationaler Unternehmensführung, in: Steinmann, Horst/Löhr, Albert (Hrsg.): Unternehmensethik, 2. Aufl., Stuttgart 1991, S. 225-241.

Kutsch, Ernst: Armut I. Biblisch, in: Galling, Kurt (Hrsg.): Die Religion in Geschichte und Gegenwart: Handwörterbuch für Theologie und Religionswissenschaft,, Bd. 1, 3. Aufl., Tübingen 1957, Sp. 622-624.

von Kutschera, Franz: Grundlagen der Ethik, Berlin - New York 1982.

Lachmann, Werner: Wirtschaft und Ethik. Maßstäbe wirtschaftlichen Handelns, Neuhausen - Stuttgart 1987.

Lachmann, Werner: Ethik und soziale Marktwirtschaft. Einige wirtschaftswissenschaftliche und biblisch-theologische Überlegungen, in: Hesse, Helmut (Hrsg): Wirtschaftswissenschaft und Ethik, Berlin 1988, S. 277-304 (zitiert als Lachmann 1988a).

Lachmann, Werner: Ökonomische Konzepte in kirchlichen Verlautbarungen, in: Ludwig-Erhard-Stiftung Bonn (Hrsg.): Die Ethik der Sozialen Marktwirtschaft, Stuttgart - New York 1988, S. 25-44 (zitiert als Lachmann 1988b).

Lachmann, Werner: Bedarf die Wirtschaftswissenschaft des ethischen Dialogs?, in: Wörz, Michael/Dingwerth, Paul/Öhlschläger, Rainer (Hrsg.): Moral als Kapital: Perspektiven eines Dialogs zwischen Wirtschaft und Ethik, Stuttgart 1990.

Laczniak, Gene R./Murphy, Patrick E.: Incorporating Marketing Ethics into the Organization, in: Laczniak, Gene R./Murphy, Patrick E. (Edit.): Marketing Ethics, Lexington (Mass.) 1985, pp. 97-105.

Lange, Ernst Michael: Karl Marx, in: Höffe, Otfried (Hrsg.): Klassiker der Philosophie, Bd. 2, 2. Aufl., München 1985, S. 168-186.

Lattmann, Charles: Die Unternehmung als soziales System, in: Ulrich, Hans/Ganz, Werner (Hrsg.): Strukturwandlungen der Unternehmung, Festschrift zum 70. Geburtstag von Professor Dr. Emil Gsell, Bern - Stuttgart 1969, S. 25-37.

Lattmann, Charles: Wissenschaftstheoretische Grundlagen der Unternehmungsethik, in: Lattmann, Charles (Hrsg.): Ethik und Unternehmensführung, Heidelberg 1988, S. 1-30.

Laux, Helmut: Der Einsatz von Entscheidungsgremien. Grundprobleme der Organisationslehre in entscheidungstheoretischer Sicht, Berlin - Heidelberg - New York 1979.

Laux, Helmut/Liermann, Felix: Grundlagen der Organisation. Die Steuerung von Entscheidungen als Grundproblem der Betriebswirtschaftslehre, 3. Aufl., Berlin u. a. 1993.

Lay, Rupert: Ethik für Wirtschaft und Politik, München 1983.

Lay, Rupert: Die Macht der Unmoral. Oder: die Implosion des Westens, Düsseldorf u. a. 1993.

Learned, Edmund P./Dooley, Arch R./Katz, Robert L.: Personal Values and Business Decisions, in: Andrews, Kenneth R. (Edit.): Ethics in Practice. Managing the Moral Corporation, Boston 1989, pp. 45-58.

Lehmann, Karl: Geld - Segen oder Mammon? Biblische Aspekte - Ein Arbeitspapier, in: Hesse, Helmut/Issing, Otmar (Hrsg.): Geld und Moral, München 1994, S. 125-137.

Leipert, Christian: Offenlegung der Umwelteffekte des Wirtschaftswachstums, in: Simonis, Udo Ernst (Hrsg.): Lernen von der Umwelt - Lernen für die Umwelt. Theoretische Herausforderung und praktische Probleme einer qualitativen Umweltpolitik, Berlin 1988, S. 107-116.

Leipold, Helmut: Vertragstheorie und Gerechtigkeit; in: Gutmann, Gernot/Schüller, Alfred (Hrsg.): Ethik und Ordnungsfragen der Wirtschaft, Baden-Baden 1989, S. 357-385.

Lenk, Hans: Mitverantwortung ist anteilig zu tragen - auch in der Wissenschaft, in: Baumgartner, Hans Michael/Staudinger, Hans (Hrsg.): Entmoralisierung der Wissenschaften, Ethik der Wissenschaften, Bd. II, München - Paderborn 1985, S. 102-109.

Lenk, Hans: Über Verantwortungsbegriffe und das Verantwortungsbewußtsein in der Technik, in: Lenk, Hans/Ropohl, Günter (Hrsg.): Ethik und Technik, Stuttgart 1987, S. 112-148.

Lenk, Hans: Verantwortungsdifferenzierung und Systemkomplexität, in: Rapp, Friedrich (Hrsg.): Technik und Philosophie, Düsseldorf 1990, S. 194-244.

Lenk, Hans/Maring, Matthias: Der Ingenieur als Experte eines Freien Berufes und seine Verantwortung in der technisierten Gesellschaft, in: Steinmann, Horst/Löhr, Albert (Hrsg.): Unternehmensethik, 2. Aufl., Stuttgart 1991, S. 363-377.

Lenz, Hansrudi/Zundel, Stefan: Zum Begriff der Unternehmensethik, in: ZfbF, 41. Jg. (1989), Heft 4, S. 318-324.

Lesly, Philip: Funtioning in the New Human Climate, in: Iannone, A. Pablo (Edit.): Contemporary Moral Controversies in Business, New York - Oxford 1989, pp. 545-551.

Lewin, Kurt: Feldtheorie in den Sozialwissenschaften, Bern-Stuttgart 1963.

Leymann, Heinz (Hrsg.): Der neue Mobbing-Bericht: Erfahrungen und Initiativen, Auswege und Hilfsangebote, Reinbek bei Hamburg 1995.

Likert, Rensis A.: The Human Organization: Its Management and Values, New York et al. 1967.

Linss, Hans-Peter: Das Verhältnis zwischen Wirtschaft und Ethik aus der Sicht eines Verantwortlichen der Unternehmensführung, in: BFuP, 44. Jg. (1992), Heft 6, S. 568-579.

Lisowsky, Arthur: Ethik und Betriebswirtschaftslehre, in: ZfB, 4. Jg. (1927), S. 253-258, 363-372, 429-442.

Lobkowicz, Nikolaus: Das Erbe Europas, in: MUT, o. Jg. (1992), Heft 4, S. 56-68.

Locke, John: Über den menschlichen Verstand, Band I, Berlin 1962.

Lodge, George C.: The New American Ideology. How the ideological basis of legitimate authority in America is being radically transformed - the profound implications for our society in general and the great corporations in particular, New York 1976.

Lodge, George C.: The American Disease, New York 1984.

Löhr, Albert: Unternehmensethik und Betriebswirtschaftslehre: Untersuchungen zur theoretischen Stützung der Unternehmenspraxis, Stuttgart 1991.

Löhr, Albert/Osterloh, Margit: Ökonomik und Ethik als Grundlage organisationaler Beziehungen, in: Staehle, Wolfgang H./Sydow, Jörg (Hrsg.): Managementforschung 3, Berlin - New York 1993, S. 109-155.

Løgstrup, Knud E.: Die ethische Herausforderung, 2. Aufl., Tübingen 1968.

Løgstrup, Knud E.: Verantwortung, in: Galling, Kurt (Hrsg.): Die Religion in Geschichte und Gegenwart: Handwörterbuch für Theologie und Religionswissenschaft,, Bd. 6, 3. Aufl., Tübingen 1957, Sp. 1254-1256.

Lorenzen, Paul: Philosophische Fundierungsprobleme einer Wirtschafts- und Unternehmensethik, in: Steinmann, Horst/Löhr, Albert (Hrsg.): Unternehmensethik, 2. Aufl., Stuttgart 1991, S. 35-67.

Lübbe, Hermann: Verantwortung vor Gott, in: Fauser, Peter/Luther, Henning/Meyer-Drawe, Käte (Hrsg.): Verantwortung, Friedrich Jahresheft X 1992, S. 64-65.

Lühr, Hans-Peter: Umwelt und Technologie - Chancen für eine Zukunft, Hamburg - New York 1987.

Lydenberg et al.: Rating America's Corporate Conscience. A Provocative Guide to the Companies Behind the Products You Buy Every Day, Reading (Mass.) 1986.

Mack, Elke: Ökonomische Rationalität: Grundlage einer interdisziplinären Wirtschaftsethik?, Berlin 1994.

Magnet, Myron: The Decline & Fall of Business Ethics, in: Fortune, Vol. 114 (1986), No. 13, pp. 49-56.

Mandeville, Bernard: Die Bienenfabel oder Private Laster als gesellschaftliche Vorteile, o. O. 1988.

Maring, Matthias: Modelle korporativer Verantwortung, in: Conceptus - Zeitschrift für Philosophie, 23. Jg. (1989), Heft 58, S. 25-41.

Marsch, Wolf-Dieter: Die Folgen der Freiheit. Christliche Ethik in der technischen Welt, Gütersloh 1974.

Martin, Albert: Personalforschung, München - Wien 1988.

Marxsen, Willi: "Christliche" und christliche Ethik im Neuen Testament, Gütersloh 1989.

Maslow, Abraham H.: Motivation and Personality, 2nd edit., New York 1970.

Mathews, M. Cash: Strategic Intervention in Organizations: Resolving Ethical Dilemmas, Newbury Park et al. 1988.

Mayer, Peter: Ineffizienz in kleinen und mittleren Unternehmen in Entwicklungsländern. Eine theoretische Analyse unter besonderer Berücksichtigung der X-Effizienz-Theorie, Frankfurt am Main 1992.

McCoy, Charles S.: Ethik für Organisationen, Texte des Instituts für Sozialethik des SEK, Heft 8/92, Vortragsmanuskript des Gastvorlesung vom 13. Oktober 1993 an der Universität Bern, Bern 1992.

McCoy, Charles S.: Management of Values: The Ethical Difference in Corporate Policy and Performance, New York et al. 1985.

Meffert, Heribert: Ökologisches Marketing als Antwort der Unternehmen auf aktuelle Problemlagen der Umwelt, in: Brandt, Arno/Hansen, Ursula/Schoenheit, Inge (Hrsg.): Ökologisches Marketing, Frankfurt am Main - New York 1988, S. 131-158.

Meffert, Heribert: Marketing und allgemeine Betriebswirtschaftslehre - Eine Standortbestimmung im Lichte neuerer Herausforderungen der Unternehmensführung, in: Kirsch, Werner/Picot, Arnold (Hrsg.): Die Betriebswirtschaftslehre im Spannungsfeld zwischen Generalisierung und Spezialisierung, Festschrift zum 70. Geburtstag von Edmund Heinen, Wiesbaden 1989, S. 337-357.

Meran, Josef: Ethik und Wirtschaft in philosophischer Sicht, in: Nutzinger, Hans G. (Hrsg.): Wirtschaft und Ethik, Wiesbaden 1991, S. 21-35.

Meran, Josef: Wirtschafts- und unternehmensethische Aspekte der Standortpolitik, in: Nutzinger, Hans G. (Hrsg.): Wirtschaftsethische Perspektiven II: Unternehmen und Organisationen, philosophische Begründungen, individuelle und kollektive Rationalität, Berlin 1994, S. 95-107.

Merton, Robert K.: Entwicklung und Wandel von Forschungsinteressen: Aufsätze zur Wirtschaftssoziologie, Frankfurt am Main 1985.

Messner, Johannes: Das Naturrecht-Handbuch der Gesellschaftsethik, Staatsethik und Wirtschaftsethik, 4. Buch: Wirtschaftsethik, 7. Aufl., Berlin 1984.

Meyer, Willi: Ethik, Erkenntnis und Ökonomie, in: Gutmann, Gernot/Schüller, Alfred (Hrsg.): Ethik und Ordnungsfragen der Wirtschaft, Baden-Baden 1989, S. 23-46.

Michaelis, Elke: Organisation unternehmerischer Aufgaben - Transaktionskosten als Beurteilungskriterium, Frankfurt am Main - Bern - New York 1985.

Mintzberg, Henry: The Case for Corporate Social Responsibility, in: Iannone, A. Pablo (Edit.): Contemporary Moral Controversies in Business, New York - Oxford 1989, pp. 164-177.

Mittelstraß, Jürgen: Platon, in: Höffe, Otfried (Hrsg.): Klassiker der Philosophie, Bd. 1, 2. Aufl., München 1985, S. 38-62.

Molitor, Bruno: Die Moral der Wirtschaftsordnung, Köln 1980.

Molitor, Bruno: Wirtschaftsethik, München 1989.

Müller, Eberhard E.: Elemente und Perspektiven einer sozial und ökologisch strukturierten Ökonomie, in: Nutzinger, Hans G. (Hrsg.): Wirtschaftsethische Perspektiven II: Unternehmen und Organisationen, philosophische Begründungen, individuelle und kollektive Rationalität, Berlin 1994, S. 33-49.

Müller, Mario: Ermittler im Irrgarten, in: Die Zeit vom 14.10.1994, Nr. 42, S. 32.

Müller, Roland: Zur Ethik von Gesamtsystemen - Zehn Thesen, in: Kaltenbrunner, Gerd-Klaus (Hrsg.): Überleben und Ethik - Die Notwendigkeit, bescheiden zu werden, Initiative 10 der Herderbücherei, München 1976, S. 55-76.

Müller-Jentsch, Walther: Profitable Ethik - effiziente Kultur. Neue Sinnstiftungen durch das Management? München - Mering 1993.

Müller-Merbach, Heiner: Ethik ökonomischen Verhaltens. Eine Lehre der verantwortungsbewußten Unternehmensführung in marktwirtschaftlichen Gesellschaftsordnungen, in: Hesse, Helmut (Hrsg): Wirtschaftswissenschaft und Ethik, Berlin 1988, S. 305-323.

Müller-Merbach, Heiner: Management in stoischer Kultur, in: Institut für Unternehmenskybernetik e. V. (Hrsg.): Neupositionierung mittelständischer Unternehmen im Wettbewerb, Köln 1990, S. 199-216.

Müller-Merbach, Heiner: Philosophie-Splitter für das Management: 16 praktische Handreichungen für Führungskräfte, 2. Aufl., Bad Homburg v. d. H. 1992 (zitiert als Müller-Merbach 1992a).

Müller-Merbach, Heiner: Vier Arten von Systemansätzen, dargestellt in Lehrgesprächen, in: ZfB, 62. Jg. (1992), Heft 8, S. 853-876 (zitiert als Müller-Merbach 1992b).

Myrdal, Gunner: Das politische Element in der nationalökonomischen Doktrinbildung, 2. Aufl., Bonn - Bad Godesberg 1976.

Nash, Laura N.: Ethics Without the Sermon, in: Iannone, A. Pablo (Edit.): Contemporary Moral Controversies in Business, New York - Oxford 1989, pp. 552-563.

Nawroth, Edgar: Gesellschaft und marktwirtschaftliches Erfolgsdenken, in: Plesser, Ernst H. (Hrsg.): Leben zwischen Wille und Wirklichkeit: Unternehmer im Spannungsfeld von Gewinn und Ethik, Düsseldorf - Wien 1977, S. 63-102.

Neugebauer, Udo: Unternehmensethik in der Betriebswirtschaftslehre. Vergleichende Analyse ethischer Ansätze in der deutschsprachigen Betriebswirtschaftslehre, Ludwigsburg - Berlin 1994.

Newstrom, John W./Ruch, William A.: The Ethics of Management and the Management of Ethics, in: Iannone, A. Pablo (Edit.): Contemporary Moral Controversies in Business, New York - Oxford 1989, pp. 143-150.

Nicklisch, Heinrich: Der Genius des Kaufmanns, in: Rohwaldt, K. (Hrsg.): Maier-Rothschildt Kaufmannspraxis, Berlin 1923, S. 991-992.

Niebuhr, Reinhold: Moral Man and Immoral Society. A Study in Ethics and Politics, London 1963.

Niebuhr, Reinhold: The Cultural Crisis of Our Age, in: Harvard Business Review, Vol. 32 (1954), No. 1, pp. 33-38.

Niebuhr, Reinhold: The Children of Light and the Children of Darkness. A Vindication of Democracy and a Critique of its Traditional Defense, New York 1960.

Nienhaus, Volker: Wirtschaftswissenschaft, Wirtschaftsethik und Wirtschaftsordnung in islamischer Sicht, in: Gutmann, Gernot/Schüller, Alfred (Hrsg.): Ethik und Ordnungsfragen der Wirtschaft, Baden-Baden 1989, S. 175-194.

Nieschlag, Robert/Dichtl, Erwin/Hörschgen, Hans: Marketing, 16. Aufl., Berlin 1991.

Nohl, Herman (Hrsg.): Hegels theologische Jugendschriften, Tübingen 1907.

Novak, Michael: God and man in the Corporation, in: Jones, Donald G. (Edit.): Business, Religion, and Ethics. Inquiry and Encounter, Cambridge (Mass.) 1982, pp. 69.88.

Novak, Michael: Toward a Theology of the Corporation, Washington D. C.- London 1981.

Nutzinger, Hans G.: Einleitung: Zum Spannungsfeld von Wirtschaft und Ethik, in: Nutzinger, Hans G. (Hrsg.): Wirtschaft und Ethik, Wiesbaden 1991, S. 7-20 (zitiert als Nutzinger 1991a).

Nutzinger, Hans G.: Zum Verhältnis von Ökonomie und Ethik am Beispiel der Umweltproblematik, in: Nutzinger, Hans G. (Hrsg.): Wirtschaft und Ethik, Wiesbaden 1991, S. 227-243 (zitiert als Nutzinger 1991b).

Nutzinger, Hans: Der Begriff Verantwortung aus ökonomischer und sozialethischer Sicht, in: Homann, Karl (Hrsg.): Aktuelle Probleme der Wirtschaftsethik, Berlin 1992, S. 43-67.

Ockenfels, Wolfgang: Soziallehre - made in USA. Ein Hirtenbrief zur Wirtschaft. Die Bischöfe der Vereinigten Staaten gehen eigene Wege, in: Rheinischer Merkur/Christ und Welt, vom 3.7.1987, Nr. 27, S. 22.

Ockenfels, Wolfgang: Wie weit geht der Wertewandel?, in: Bund Katholischer Unternehmer e. V., Wirtschaft im Wertewandel, Nr. 7 der Diskussionsbeiträge des BKU, Bonn 1986, S. 4-10.

Oehler, Helmut: Die Unternehmensleitsätze der Hoechst AG, Gründe der Entstehung, Erfahrungen mit der Realisierung und Chancen für die Zukunft, in: Wörz, Michael/Dingwerth, Paul/Öhlschläger, Rainer (Hrsg.): Moral als Kapital: Perspektiven des Dialogs zwischen Wirtschaft und Ethik, Stuttgart 1990, S. 111-115.

Oldemeyer, Ernst: Geschichtlicher Wertewandel, in: Rapp, Friedrich (Hrsg.): Technik und Philosophie, Düsseldorf 1990, S. 186-193.

Oldenberg, Hermann: Buddha. Sein Leben - seine Lehre - seine Gemeinde, Stuttgart 1983.

Oppenrieder, Bernd: Implementationsprobleme einer Unternehmensethik, Erlangen-Nürnberg 1986.

Origo, Iris: "Im Namen Gottes und des Geschäfts". Lebensbild eines toskanischen Kaufmanns der Frührenaissance - Francesco di Marco Datini 1335-1410, München 1985.

Osterloh, Margit: Unternehmensethik und Unternehmenskultur, in: Steinmann, Horst/Löhr, Albert (Hrsg.): Unternehmensethik, 2. Aufl., Stuttgart 1991, S. 153-171.

O. V.: Pastoralkonstitution Die Kirche in der Welt von heute, Drittes Kapitel Das Wirtschaftsleben, in: Internationale Stiftung Humanum (Hrsg.): Oeconomia Humana - Beiträge zum Wirtschaftskapitel der Pastoralen Konstitution, Köln 1968, S. 15-39.

O. V.: Wirtschaft im Wertewandel - BKU-Leitsätze 1986, in: Bund Katholischer Unternehmer e. V., Wirtschaft im Wertewandel, Nr. 7 der Diskussionsbeiträge des BKU, Bonn 1986, S. 11-14.

O. V.: Diskussion, in: Ludwig-Erhard-Stiftung Bonn (Hrsg.): Die Ethik der Sozialen Marktwirtschaft, Stuttgart - New York 1988, S. 73-126.

O. V.: Unternehmensleitung soll Führungsethik vorleben, in: Handelsblatt vom 20./21.09.1991, Nr. 182, S. 7.

O. V.: Verantwortlichkeit von Ingenieuren als Ziel und Bildungsaufgabe, in: VDE/VDI Arbeitskreis Gesellschaft und Technik, 2. Dezember 1992.

van Oyen, H.: Ethik, in: Galling, Kurt (Hrsg.): Die Religion in Geschichte und Gegenwart: Handwörterbuch für Theologie und Religionswissenschaft,, Bd. 2, 3. Aufl., Tübingen 1957, Sp. 708-715.

Paine, Lynn Sharp: Manville Corporation Fiber Glass Group (A)-(D), Harvard Business School, April 24, 1995.

Paraskewopoulos, Spiridon: Die wirtschaftsethische Position des Judentums nach dem Alten Testament, in: Gutmann, Gernot/Schüller, Alfred (Hrsg.): Ethik und Ordnungsfragen der Wirtschaft, Baden-Baden 1989, S. 139-156.

Parasuraman, A.: Marketing Research, Reading (Mass.) 1986.

Patzig, Günther: Ökologische Ethik - innerhalb der Grenzen bloßer Vernunft: (Vortrag, gehalten auf d. Vortragsveranstaltung d. Niedersächsischen Landesregierung am 13. Januar 1983), Göttingen 1983.

Paulik, Helmut: Bildungsarbeit und Führungsethik, in: Bayer, Hermann (Hrsg.): Unternehmensführung und Führungsethik: Praxiserfahrungen und Perspektiven, Heidelberg 1988, S. 115-143.

Pawlas, Andreas: Welchen Beitrag leistet Martin Luther zu einer Unternehmensethik? Auf der Suche nach einer evangelischen Unternehmensethik, in: ZfB, 61. Jg. (1991), Heft 3, S. 379-398.

Peterse, Aat: Politisches Marketing: Der Weg zur gesellschaftlich verantwortlichen Unternehmensführung, in: Dierkes, Meinolf/Wenkebach, Hans H. (Hrsg.): Macht und Verantwortung: Zur politischen Rolle des Unternehmens, Stuttgart 1987, S. 89-110.

Pfriem, Reinhard: Unternehmensethik zwischen Marketingkosmetik und sozialökologischen Perspektiven, in: econova, Augsburg 1992.

Philip, André: Das Wirtschaftskapitel von "Gaudium et spes" aus der Sicht eines evangelischen Wirtschaftsethikers, in: Internationale Stiftung Humanum (Hrsg.): Oeconomia Humana - Beiträge zum Wirtschaftskapitel der Pastoralen Konstitution, Köln 1968, S. 441-456.

Piaget, Jean/Inhelder, Bärbel: Die Psychologie des Kindes, 4. Aufl., Frankfurt am Main 1991.

Picht, Georg: Wahrheit, Vernunft, Verantwortung. Philosophische Studien, Stuttgart 1969.

Picot, Arnold: Ethik und Absatzwirtschaft aus marktwirtschaftlicher Sicht, in: Tietz, Bruno (Hrsg.): Handwörterbuch der Absatzwirtschaft, Stuttgart 1974, Sp. 562-574.

Picot, Arnold: Betriebswirtschaftliche Umweltbeziehungen und Umweltinformationen. Grundlagen einer erweiterten Erfolgsanalyse für Unternehmungen, Berlin 1977.

Piel, Gerard: Erde im Gleichgewicht: Wirtschaft und Ethik für eine Welt, Stuttgart 1994.

Pies, Ingo/Blome-Drees, Franz: Was leistet die Unternehmensethik? Zur Kontroverse um die Unternehmensethik als wissenschaftliche Disziplin, in: ZfbF, 45. Jg. (1993), Heft 9, S. 748-768.

Pies, Ingo/Blome-Drees, Franz: Zur Theoriekonkurrenz unternehmensethischer Konzepte, in: ZfbF, 47. Jg. (1995), Heft 2, S. 175-179.

Piper, Thomas R.: Rediscovery of Purpose: The Genesis of the Leadership, Ethics, and Corporate Responsibility Initiative, in: Piper, Thomas R./Gentile, Mary C./Daloz Parks, Sharon (Edit.): Can ethics be taught?: perspectives, challenges and approaches at the Harvard Business School, Boston (Mass.) 1993, pp. 1-12 (zitiert als Piper 1993a).

Piper, Thomas R.: A Program to Integrate Leadership, Ethics, and Corporate Responsibility into Management Education, in: Piper, Thomas R./Gentile, Mary C./Daloz Parks, Sharon (Edit.): Can ethics be taught?: perspectives, challenges and approaches at the Harvard Business School, Boston (Mass.) 1993, pp. 117-160 (zitiert als Piper 1993b).

Platon: Der Staat, Stuttgart 1971.

Platon: Apologie des Sokrates. Kriton, Stuttgart 1987.

Pleiß, Ulrich: Freiwillige soziale Leistungen der industriellen Unternehmung. Versuch einer Wesenserfassung und systematischen Ordnung, Berlin 1960.

Plesser, Ernst H.: Leben zwischen Wille und Wirklichkeit, in: Plesser, Ernst H. (Hrsg.): Leben zwischen Wille und Wirklichkeit: Unternehmer im Spannungsfeld von Gewinn und Ethik, Düsseldorf - Wien 1977, S. 9-61.

Plesser, Ernst H.: Unternehmer zwischen Rentabilitätszwängen und Glaubwürdigkeit, Köln 1988.

Poser, Hans: Gottfried Wilhelm Leibniz, in: Höffe, Otfried (Hrsg.): Klassiker der Philosophie, Bd. 1, 2. Aufl., München 1985, S. 378-404.

Priddat, Birger P.: Der Philosophen Ökonomie: das Beispiel Georg Picht. Spekulationen über den Zusammenhang von Natur, Ethik und Ökonomie, in: Nutzinger, Hans G. (Hrsg.): Wirtschaftsethische Perspektiven II: Unternehmen und Organisationen, philosophische Begründungen, individuelle und kollektive Rationalität, Berlin 1994, S. 9-32.

Priddat, Birger P.: Rationalität, Moral und Emotion, in: Nutzinger, Hans G. (Hrsg.): Wirtschaftsethische Perspektiven II: Unternehmen und Organisationen, philosophische Begründungen, individuelle und kollektive Rationalität, Berlin 1994, S. 129-157.

Priddat, Birger P./Seifert, Eberhard K.: Gerechtigkeit und Klugheit - Spuren aristotelischen Denkens in der modernen Ökonomie, in: Biervert, Bernd/Held, Martin (Hrsg.): Ökonomische Theorie und Ethik, Frankfurt am Main - New York 1987, S. 51-77.

Pringle, Charles D./Jennings, Daniel F./Longenecker, Justin G.: Managing Organizations. Functions and Behaviours, Columbus et al. 1988.

Prosi, Gerhard: Die wirtschaftliche Bedeutung ethischer Regeln, in: WISU, 17. Jg. (1988), Heft 8/9, S. 481-485.

Prosi, Gerhard: The Economic Significance of Ethics, in: Rueschhoff, Norlin/Schaum, Konrad (Eds.): Christian Business Values in an Intercultural Environment, Berlin 1989, pp. 77-87.

Rachel, Frank: Employee Value System Analysis: A New Tool for More Effective Management, in: Lattmann, Charles (Hrsg.): Ethik und Unternehmensführung, Heidelberg 1988, S. 149-159.

Radzicki, Michael J.: Incorporating Christian Values into Business Simulations: An Institutional Dynamics Approach, in: Rueschhoff, Norlin/Schaum, Konrad (Eds.): Christian Business Values in an Intercultural Environment, Berlin 1989, pp. 157-172.

Raffée, Hans: Grundprobleme der Betriebswirtschaftslehre, Göttingen 1974.

Raffée, Hans: Der Wertewandel als Herausforderung für Marketingforschung und Marketingpraxis, in: Markenartikel, o. Jg. (1988), Heft 5, S. 210-212.

Ramaer, Johan C.: Theses on man and private enterprise, in: van Dam, Cees/Stallaert, Luud M. (Eds.): Trends in business ethics, Leiden (NL) - Boston (Mass.) 1978, pp. 23-27.

Rapp, Friedrich: Die zwei Kulturen: technische und humanistische Rationalität, in: Rapp, Friedrich (Hrsg.): Technik und Philosophie, Düsseldorf 1990, S. 171-178 (zitiert als Rapp 1990a).

Rapp, Friedrich: Sachzwänge und Wertentscheidungen, in: Rapp, Friedrich (Hrsg.): Technik und Philosophie, Düsseldorf 1990, S. 179-185 (zitiert als Rapp 1990b).

Rapp, Friedrich: Möglichkeiten und Grenzen der Technikbewertung, in: Rapp, Friedrich (Hrsg.): Technik und Philosophie, Düsseldorf 1990, S. 245-258 (zitiert als Rapp 1990c).

Rath, Matthias: Pechmarie oder Goldmarie - Marketingethik als ökonomisches Kalkül?, in: DBW, 49. Jg. (1989), Heft 1, S. 122-124.

Ratz, Erhard: Ethik in der Wirtschaft - ein neuer Luxusartikel?, in: new-tech news, o. J. (1992), Heft 1, S. 25-29.

Rauscher, Anton: Die Soziale Marktwirtschaft in der Perspektive theologischer Ethik II, in: Ludwig-Erhard-Stiftung Bonn (Hrsg.): Die Ethik der Sozialen Marktwirtschaft, Stuttgart - New York 1988, S. 59-71.

Rauscher, Anton: Kritische Anfragen der christlichen Gesellschaftslehre an liberale und sozialistische Ordnungsvorstellungen, in: Gutmann, Gernot/Schüller, Alfred (Hrsg.): Ethik und Ordnungsfragen der Wirtschaft, Baden-Baden 1989, S. 299-308.

Rawls, John: Distributive Justice, in: Laslett, Peter/Runciman, Walter Garrison (Eds.): Philosophy, Politics, and Society, 3rd series, Oxford - New York 1967, pp. 58-82.

Rawls, John: Eine Theorie der Gerechtigkeit, 6. Aufl., Frankfurt am Main 1991.

Rebstock, Wolfgang: Unternehmungsethik: Werte und Normen für die Unternehmung, Spardorf 1988.

Rebstock, Wolfgang: Organisation und Ethik: zur Entwicklung und Umsetzung individueller moralischer Kompetenz in Unternehmen, Frankfurt am Main u. a. 1992.

Rebstock, Michael: Moralische Entwicklung in Organisationen. Zur Ergänzung der unternehmensethischen Diskussion, in: DBW, 53. Jg. (1993), Heft 6, S. 807-818.

Recktenwald, Horst Claus: Adam Smith: Sein Leben und sein Werk, München 1976.

Reichart, Ludwig: Führungsethik in der Unternehmenskultur, in: Steinmann, Horst/Löhr, Albert (Hrsg.): Unternehmensethik, 2. Aufl., Stuttgart 1991, S. 413-426.

van Reijen, Willem: Power and legitimation, in: van Dam, Cees/Stallaert, Luud M. (Eds.): Trends in business ethics, Leiden (NL) - Boston (Mass.) 1978, pp. 63-72.

Reineke, Rolf-Dieter: Akkulturation von Auslandsakquisitionen, Wiesbaden 1989.

Reinhold, Gerd (Hrsg.): Soziologie-Lexikon, 2. Aufl., München-Wien 1992.

Rendtorff, Trutz: Die Soziale Marktwirtschaft in der Perspektive theologischer Ethik I, in: Ludwig-Erhard-Stiftung Bonn (Hrsg.): Die Ethik der Sozialen Marktwirtschaft, Stuttgart - New York 1988, S. 45-58.

Rich, Arthur: Christliche Existenz in der industriellen Welt, Zürich-Stuttgart 1964.

Rich, Arthur: Wirtschaftsethik - Grundlagen in theologischer Perspektive, Gütersloh 1984.

Rich, Arthur: Wirtschaftsethik, Bd. 1: Grundlagen in theologischer Perspektive, 4. Aufl., Gütersloh 1991.

Ricken, Friedo: Allgemeine Ethik, 2. Aufl., Stuttgart u. a. 1989.

Ricklefs, Roger: Executives Apply Stiffer Standards than Public to Ethical Dilemmas, in: Iannone, A. Pablo (Edit.): Contemporary Moral Controversies in Business, New York - Oxford 1989, pp. 68-70.

Rinderspacher, Jürgen P.: Am Ende der Woche. Die soziale und kulturelle Bedeutung des Wochenendes, Bonn 1987.

Roche, Peter: Brauchen wir eine ethische Rating-Agentur in Deutschland, in: Roche, Peter/Hoffmann, Johannes/Homolka, Walter (Hrsg.): Ethische Geldanlagen - Kapital auf neuen Wegen, Frankfurt am Main 1992, S. 51-61.

Röd, Wolfgang: Thomas Hobbes, in: Höffe, Otfried (Hrsg.): Klassiker der Philosophie, Bd. 1, 2. Aufl., München 1985, S. 280-300.

Rogers, Everett, M./Shoemaker, Floyd F.: Communication of Innovations - A Cross-Cultural Approach, 2nd edit., New York-London 1971.

Roos, Lothar: Wirtschaftsordnung und Katholische Soziallehre anhand der Enzyklika Sollicitudo rei socialis, in: Gutmann, Gernot/Schüller, Alfred (Hrsg.): Ethik und Ordnungsfragen der Wirtschaft, Baden-Baden 1989, S. 67-96.

de Rosen, Léon: Das Wirtschaftskapitel in "'Gaudium et spes" aus der Sicht des Unternehmers, in: Internationale Stiftung Humanum (Hrsg.): Oeconomia Humana - Beiträge zum Wirtschaftskapitel der Pastoralen Konstitution, Köln 1968, S. 538-552.

Rothschild, Kurt W: Theorie und Ethik in der Entwicklung ökonomischer Lehrmeinungen, in: Biervert, Bernd/Held, Martin (Hrsg.): Ökonomische Theorie und Ethik, Frankfurt am Main - New York 1987, S. 11-22.

Rotthaus, Stephan: "Ethische" Investmentfonds: ein gutes Gewissen zum Nulltarif?, in: Roche, Peter/Hoffmann, Johannes/Homolka, Walter (Hrsg.): Ethische Geldanlagen - Kapital auf neuen Wegen, Frankfurt am Main 1992, S. 78-89.

Rüegg, Johannes: Unternehmensentwicklung im Spannungsfeld von Komplexität und Ethik: eine permanente Herausforderung für ein ganzheitliches Management, Bern - Stuttgart 1989.

Rueschhoff, Norlin/Schaum, Konrad: Perspectives for Further Research, in: Rueschhoff, Norlin/Schaum, Konrad (Eds.): Christian Business Values in an Intercultural Environment, Berlin 1989, pp. 182-188.

Ruh, Hans: Unternehmungspolitik und Ethik, in: Lattmann, Charles (Hrsg.): Ethik und Unternehmensführung, Heidelberg 1988, S. 79-95.

Safranski, Scott R./Kwon, Ik-Whan: Religiocultural Values in Management: Isolating Specific Relationships, in: Rueschhoff, Norlin/Schaum, Konrad (Eds.): Christian Business Values in an Intercultural Environment, Berlin 1989, pp. 143-156.

Sattelberger, Thomas: Kulturarbeit und Personalentwicklung: Ansätze einer integrativen Verknüpfung, in: Sattelberger, Thomas (Hrsg.): Innovative Personalentwicklung: Grundlagen, Konzepte, Erfahrungen, Wiesbaden 1989, S. 239-258.

Sautter, Hermann: "Soziale Marktwirtschaft" als Ordnungsprinzip für die Wirtschaftsbeziehungen zwischen Entwicklungs- und Industrieländern, in: Hesse, Helmut (Hrsg): Zukunftsprobleme der Sozialen Marktwirtschaft, Berlin 1981, S. 633-650.

Sautter, Hermann: Politisches Handeln zwischen Moral und Pragmatismus, Porta Studie 4 der Studentenmission in Deutschland, Marburg 1983.

Sautter, Hermann: Weltsicht, Moral und wirtschaftliche Entwicklung, in: Hesse, Helmut (Hrsg): Wirtschaftswissenschaft und Ethik, Berlin 1988, S. 339-365.

Sautter, Hermann: Das internationale Schuldenproblem aus wirtschaftsethischer Sicht, in: Homann, Karl (Hrsg.): Aktuelle Probleme der Wirtschaftsethik, Berlin 1992, S. 69-108.

Sautter, Hermann: Die Schuldenkrise der dritten Welt - Ein ethisches Problem der Weltwirtschaft?, in: Hesse, Helmut/Issing, Otmar (Hrsg.): Geld und Moral, München 1994, S. 91-113.

Sautter, Hermann: Transparency, accountability and ethics in the public sector: The European experience, in: Pillai, Patrick et al. (Edit.): Managing Trust: Transparency, Accountability and Ethics in Malaysia, Kuala Lumpur 1995, pp. 69-85.

Schauenberg, Bernd: Zur Notwendigkeit der Verbindung von Ethik und Betriebswirtschaftslehre, in: Schauenberg, Bernd (Hrsg.): Wirtschaftsethik: Schnittstellen von Ökonomie und Wissenschaftstheorie, Wiesbaden 1991, S. 1-12.

Scherf, Harald: Wirtschaftsethik evangelisch? Zur Studie der Kammer der Evangelischen Kirche in Deutschland für soziale Ordnung: "Solidargemeinschaft von Arbeitenden und Arbeitslosen". Sozialethische Probleme der Arbeitslosigkeit, in: Hesse, Helmut (Hrsg): Wirtschaftswissenschaft und Ethik, Berlin 1988, S. 367-371.

Schlecht, Otto: Wirtschaftsethik: Freiheit und Bindung, in: Barbier, Hans D. (Hrsg.): Die Moral des Marktes: Wirtschaftspolitik in einer offenen Welt, S. 239-249.

Schlecht, Otto: Der ethische Gehalt der Sozialen Marktwirtschaft, in: Ludwig-Erhard-Stiftung Bonn (Hrsg.): Die Ethik der Sozialen Marktwirtschaft, Stuttgart - New York 1988, S. 5-23.

Schlegelmilch, Bodo B.: Die Kodifizierung ethischer Grundsätze in europäischen Unternehmen: Eine Empirische Untersuchung, in: DBW, 50. Jg. (1990), Heft 3, S. 365-374.

Schlesinger, Helmut: Die Schuldenkrise im Schnittpunkt wirtschaftlicher Sachzwänge und sittlicher Verpflichtung, in: Bertsch, Ludwig SJ/Messer, Hans: Wertbewußtsein im modernen wirtschaftlichen Handeln, Frankfurt am Main 1988, S. 27-36.

Schmeisser, Wilhelm: Personalführung in unterschiedlichen Kulturen. Eine Herausforderung für internationale Unternehmen, in: ZfO, 60. Jg. (1991), Heft 3, S. 159-165.

Schmidt, Walter: Führungsethik als Grundlage betrieblichen Managements, Heidelberg 1986.

Schmölders, Günter: Die Unternehmer in Wirtschaft und Gesellschaft, Essen 1973.

Schneider, Dieter: Verfehlte Erwartungen an eine Allgemeine Betriebswirtschaftslehre in Lehre und Forschung, in: DBW, 50. Jg. (1990), Heft. 2, S. 272-280 (zitiert als Schneider 1990a).

Schneider, Dieter: Unternehmensethik und Gewinnprinzip in der Betriebswirtschaftslehre, in: ZfbF, 42. Jg. (1990), Heft 10, S. 869-891 (zitiert als Schneider 1990b).

Schneider, Dieter: Wird Betriebswirtschaftslehre durch Kritik an Unternehmensethik unverantwortlich?, in: ZfbF, 43. Jg. (1991), Heft 6, S. 537-543.

Schnorbus, Axel: Die Bildschirmarbeit ist noch lange nicht durchschaut, in: FAZ vom 23.4.1979, Nr. 94, S. 15.

Schock, Friedrich: Der Unternehmer in der Spannung zwischen Sachzwängen und Gewissen - Beobachtungen aus dem Unternehmeralltag -, in: Lachmann, Werner/Haupt, Reinhard (Hrsg.): Wirtschaftsethik in einer pluralistischen Welt, Moers 1991, S. 29-38.

Schöllhammer, Hans: Ethics in an International Business Context, in: Management International Review, Vol. 17 (1977), No. 2, pp. 23-33.

Scholz, Andreas: Menschengerechte Anforderungen an zu entwickelnde Programmier- und Simulationssysteme von CNC-Werkzeugmaschinen, in: AFA-Informationen, 32. Jg. (1982), Heft 4, S. 17-26.

Scholz, Christian: Strategisches Management. Ein integrativer Ansatz, Berlin - New York 1987.

Scholz, Christian: Personalmanagement: Informationsorientierte und verhaltenstheoretische Grundlagen, 3. Aufl., München 1993.

Schoppe, Siegfried G.: Kanonisches Zinsverbot und wirtschaftliche Entwicklung, in: Gutmann, Gernot/Schüller, Alfred (Hrsg.): Ethik und Ordnungsfragen der Wirtschaft, Baden-Baden 1989, S. 157-174.

Schrader, Wolfgang: Recht und Staatsvertrag, in: Spaemann, Robert (Hrsg.): Ethik-Lesebuch: Von Platon bis heute, München - Zürich 1987, S. 280-306.

Schreuder, Hein: The social responsibility of business, in: van Dam, Cees/Stallaert, Luud M. (Eds.): Trends in business ethics, Leiden (NL) - Boston (Mass.) 1978, pp. 73-82.

Schreyögg, Georg: Unternehmensstrategie. Grundfragen einer Theorie strategischer Unternehmensführung, Berlin - New York 1984.

Schreyögg, Georg: Zu den problematischen Konsequenzen starker Unternehmenskulturen, in: ZfbF, 41. Jg. (1989), Heft 2, S. 94-113.

Schreyögg, Georg: Implementation einer Unternehmensethik in Planungs- und Entscheidungsprozessen, in: Steinmann, Horst/Löhr, Albert (Hrsg.): Unternehmensethik, 2. Aufl., Stuttgart 1991, S. 257-268.

Schweidler, Walter: Recht und Gerechtigkeit, in: Spaemann, Robert (Hrsg.): Ethik-Lesebuch: Von Platon bis heute, München - Zürich 1987, S. 267-331 (zitiert als Schweidler 1987a).

Schweidler, Walter: Was heißt Ethik?, in: Spaemann, Robert (Hrsg.): Ethik-Lesebuch: Von Platon bis heute, München - Zürich 1987, S. 25-104 (zitiert als Schweidler 1987b).

Schweidler, Walter: Wozu Ethik?, in: Spaemann, Robert (Hrsg.): Ethik-Lesebuch: Von Platon bis heute, München - Zürich 1987, S. 105-179 (zitiert als Schweidler 1987c).

Schweitzer, Albert: Die Ehrfurcht vor dem Leben - Grundtexte aus fünf Jahrzehnten, 5. Aufl., München 1988.

Schweitzer, Marcell: Industriebetriebslehre: Das Wirtschaften in Industriebetrieben, 2. Aufl., München 1994.

Schweitzer, Wolfgang: Sozialethik, in: Galling, Kurt (Hrsg.): Die Religion in Geschichte und Gegenwart: Handwörterbuch für Theologie und Religionswissenschaft, Bd. 6, 3. Aufl., Tübingen 1957, Sp. 159-167.

Schwelien, Michael: Das Ende der Gier. Amerika: Mitgefühl und Solidarität verdrängen Egoismus und Goldgräbermentalität, in: Die Zeit vom 29.7.1988, Nr. 31, S. 9 f.

Schweres, Manfred: Erhalt der Schöpfung - Vorrang von Arbeit und Leben. Zum Zusammenhang von Arbeit - Kapital - Natur in der neueren katholische Soziallehre, in: AFA Informationen, 41. Jg. (1991), Heft 5, S. 19-25.

Seifert, Eberhard K.: Ökonomie und Ethik in historischer Perspektive, in: Nutzinger, Hans G. (Hrsg.): Wirtschaft und Ethik, Wiesbaden 1991, S. 61-94.

Sen, Amartya: On Ethics and Economics, Oxford 1987.

Servatius, Hans-Gerd: Ethisch verantwortliche Führung zum Abbau von Innovationshemmnissen, in: ZfO, 61. Jg. (1992), Heft 4, S. 212-219.

Sharp Paine, Linda: Ethics as Character Development: Reflections on the Object of Ethics Education, in: Freeman, R. Edward (Edit.): Business Ethics. State of the Art, New York - Oxford 1991, pp. 67-86.

Sherwin, Douglas S.: The Ethical Roots of the Business System, in: Iannone, A. Pablo (Edit.): Contemporary Moral Controversies in Business, New York - Oxford 1989, pp. 35-43.

Silk, Leonard/Vogel, David: Ethics and Profits. The Crisis of Confidence in American Business, New York 1976.

Singer, Alan E. et al.: Ethical Myopia: The Case of "Framing" by Framing, in: Journal of Business Ethics, Vol. 9 (1990), pp. 45-52.

Smith, Adam: The Theory of Moral Sentiments, 6th edit., London 1789 (zitiert als Smith 1789a).

Smith, Adam: An Inquiry into the Nature and Causes of the Wealth of Nations, 5th edit., London 1789 (zitiert als Smith 1789b).

Smith, Adam: Theorie der ethischen Gefühle, Frankfurt am Main 1949.

Smith, Adam: Der Wohlstand der Nationen. Eine Untersuchung seiner Natur und seiner Ursachen, München 1974.

Sombart, Werner: Kaufmanns Wirken und Wissen einst und jetzt, in: Rohwaldt, Karl (Hrsg.): Maier-Rothschildt Kaufmannspraxis, Berlin 1923, S. 3-8.

Spaemann, Robert: Moralische Grundbegriffe, München 1982.

Spaemann, Robert: Was ist philosophische Ethik?, in: Spaemann, Robert (Hrsg.): Ethik-Lesebuch: Von Platon bis heute, München - Zürich 1987, S. 9-23.

Specht, Rainer: René Descartes, in: Höffe, Otfried (Hrsg.): Klassiker der Philosophie, Bd. 1, München 1985, S. 301-321.

Spiegel, Yorick: Wirtschaftsethik und Wirtschaftspraxis - ein wachsender Widerspruch?, Stuttgart - Berlin - Köln 1992.

Spieker, Manfred: Die Verantwortung der Verbände für das Gemeinwohl, Heft 8 Gesellschaftspolitische Korrespondenz des Bundes Katholischer Unternehmer, Bonn 1986.

de Spinoza, Benedict: Ethics, Salzburg 1981.

Splett, Jörg: "Was sollen wir tun?" Philosophische Punkte vor einem wirtschaftsethischen Gespräch, in: Bertsch, Ludwig SJ/Messer, Hans: Wertbewußtsein im modernen wirtschaftlichen Handeln, Frankfurt am Main 1988, S. 47-55.

Staehle, Wolfgang H.: Management. Eine verhaltenswissenschaftliche Perspektive, 6. Aufl., München 1991.

Staellert, Luud M.: Ethics and Profit, in: van Dam, Cees/Stallaert, Luud M. (Eds.): Trends in business ethics, Leiden (NL) - Boston (Mass.) 1978, pp. 123-139.

Staffelbach, Bruno: Plädoyer für eine Management-Ethik, in: Lattmann, Charles (Hrsg.): Ethik und Unternehmensführung, Heidelberg 1988, S. 32-58.

Staffelbach, Bruno: Ethische Fragen im Personalmanagement, in: Lattmann, Charles/Staffelbach, Bruno (Hrsg.): Die Personalfunktion der Unternehmung im Spannungsfeld von Humanität und wirtschaftlicher Rationalität, Heidelberg 1991, S. 21-57.

Staffelbach, Bruno: Management-Ethik: Ansätze und Konzepte aus betriebswirtschaftlicher Sicht, Bern -Stuttgart - Wien 1994.

Staudinger, Hansjürgen: Darf die Forschung alles tun, was sie kann, in: FAZ, vom 12.05.1982, Nr. 109, S. 10 f.

Steffens, Hellmut: Wirtschaftsethische Fragen aus unternehmerischer Sicht (II), in: Nutzinger, Hans G. (Hrsg.): Wirtschaft und Ethik, Wiesbaden 1991, S. 181-202.

Steger, Ulrich: Unternehmenskultur aus forschungstheoretischer und praktischer Sicht - Ergebnisse eines Delphi-Prozesses, in: Dierkes, Meinolf/von Rosenstiel, Lutz/Steger, Ulrich (Hrsg.): Unternehmenskultur in Theorie und Praxis: Konzepte aus Ökonomie, Psychologie und Ethnologie, Frankfurt am Main - New York 1992, S. 188-199.

Steinmann, Horst: Zur Lehre von der "Gesellschaftlichen Verantwortung der Unternehmensführung" - Zugleich eine Kritik des Davoser Manifests, in: WiSt, 2. Jg. (1973), Heft 10, S. 467-473.

Steinmann, Horst: Mißverständnisse über die Diskursethik, in: ZfbF, 42. Jg. (1990), Heft 5, S. 418-420.

Steinmann, Horst: Privates Unternehmertum und öffentliches Interesse, in: WiSt, 20. Jg. (1991), Heft 8, S. 381.

Steinmann, Horst/Braun, Wolfram: Zum Prinzip der Wertfreiheit in der Betriebswirtschaftslehre, in: Raffeé, Hans/Abel, Bodo (Hrsg.): Wissenschaftstheoretische Grundfragen der Wirtschaftswissenschaften, München 1979, S. 191-204.

Steinmann, Horst/Gerhard, Birgit: Effizienz und Ethik in der Unternehmensführung, in: Homann, Karl (Hrsg.): Aktuelle Probleme der Wirtschaftsethik, Berlin 1992, S. 159-182.

Steinmann, Horst/Löhr, Albert: Unternehmensethik: Begriffe, Problembestände und Begründungsleistungen, Diskussionsbeiträge Heft 35 des Lehrstuhls für Allgemeine Betriebswirtschaftslehre und Unternehmensführung der Universität Erlangen - Nürnberg, Nürnberg 1987.

Steinmann, Horst/Löhr, Albert: Unternehmensethik - eine realistische Idee. Versuch einer Begriffsbestimmung anhand eines praktischen Falles, in: ZfbF, 40. Jg. (1988), Heft 4, S. 299-317.

Steinmann, Horst/Löhr, Albert: Wider eine empirische Wendung der Unternehmensethik, in: ZfbF, 41. Jg. (1989), Heft 4, S. 325-328.

Steinmann, Horst/Löhr, Albert: Wo die Betriebswirtschaftslehre unverantwortlich wird, in: ZfbF, 43. Jg. (1991), Heft 5, S. 525-528 (zitiert als Steinmann/Löhr 1991a).

Steinmann, Horst/Löhr, Albert: Einleitung: Grundfragen und Problembestände einer Unternehmensethik, in: Steinmann, Horst/Löhr, Albert (Hrsg.): Unternehmensethik, 2. Aufl., Stuttgart 1991, S. 3-32 (zitiert als Steinmann/Löhr 1991b).

Steinmann, Horst/Löhr, Albert: Der Beitrag von Ethik-Kommissionen zur Legitimation der Unternehmensführung, in: Steinmann, Horst/Löhr, Albert (Hrsg.): Unternehmensethik, 2. Aufl., Stuttgart 1991, S. 269-279 (zitiert als Steinmann/Löhr 1991c).

Steinmann, Horst/Löhr, Albert: Managementrolle: Verantwortungsvoller Bürger, in: Staehle, Wolfgang (Hrsg.): Handbuch Management: die 24 Rollen der exzellenten Führungskraft, Wiesbaden 1991, S. 505-525 (zitiert als Steinmann/Löhr 1991d).

Steinmann, Horst/Löhr, Albert: Ethik im Personalwesen, in: Gaugler, Eduard/Weber, Wolfgang (Hrsg.): Handwörterbuch des Personalwesens, 2. Aufl., Stuttgart 1992, Sp. 843-852 (zitiert als Steinmann/Löhr 1992a).

Steinmann, Horst/Löhr, Albert: Grundlagen der Unternehmensethik, Stuttgart 1992 (zitiert als Steinmann/Löhr 1992b).

Steinmann, Horst/Löhr, Albert: Unternehmensethik - Ein republikanisches Programm in der Kritik, in: Forum für Philosophie Bad Homburg (Hrsg.): Markt und Moral - Die Diskussion um die Unternehmensethik, Bern 1994, S. 145-180.

Steinmann, Horst/Löhr, Albert: Unternehmensethik als Ordnungselement in der Marktwirtschaft, in: ZfbF, 47. Jg. (1995), Heft 2, S. 143-174.

Steinmann, Horst/Oppenrieder, Bernd: Brauchen wir eine Unternehmensethik? Ein thesenartiger Aufriß einzulösender Argumentationspflichten, in: DBW, 45. Jg. (1985), Heft 2, S. 170-183.

Steinmann, Horst/Zerfaß, Ansgar: Privates Unternehmertum und öffentliches Interesse, in: Wagner, Gerd Rainer (Hrsg.): Betriebswirtschaftslehre und Umweltschutz, Stuttgart 1993, S. 3-26.

Steinvorth, Ulrich: Klassische und moderne Ethik - Grundlinien einer materialen Moraltheorie, Hamburg 1990.

Stitzel, Michael: Ökologische Ethik und wirtschaftliches Handeln, in: Schauenberg, Bernd (Hrsg.): Wirtschaftsethik: Schnittstellen von Ökonomie und Wissenschaftstheorie, Wiesbaden 1991, S. 101-116.

Stitzel, Michael/Wank, Leonhard: Was kann die Lehre vom Strategischen Management zur Entwicklung einer ökologischen Unternehmensführung beitragen?, in: Freimann, Jürgen (Hrsg.): Ökologische Herausforderung der Betriebswirtschaftslehre, Wiesbaden 1990, S. 105-131.

Stock, Eberhard: Eine Wissenschaft von positiven oder negativen Imperativen? Einige Anfragen aus theologischer Sicht, in: Nutzinger, Hans G. (Hrsg.): Wirtschaft und Ethik, Wiesbaden 1991, S. 117-123.

Strobel, Lee P.: Reckless Homicide? Ford's Pinto Trial, 4th edit., South Michigan (In.) 1985.

Suranyi-Unger, Tivadar: Wirtschaftsphilosophie des 20. Jahrhunderts, Stuttgart 1967.

Suthaus, Christiane: Ethik in einer säkularisierten Welt, in: Lachmann, Werner/Haupt, Reinhard (Hrsg.): Wirtschaftsethik in einer pluralistischen Welt, Moers 1991, S. 11-28.

Taeusch, Carl F.: Wirtschaftsethik, in: ZfB, 11. Jg. (1934), Heft 1, S. 32-42.

Taylor, John U.: Enough is enough. A biblical call for moderation in a consumer-oriented society, Minneapolis (Minn.) 1977.

Teulings, Christian H. I. E. M.: Standards and values in business enterprise, in: van Dam, Cees/Stallaert, Luud M. (Eds.): Trends in business ethics, Leiden (NL) - Boston (Mass.) 1978, pp. 11-22.

Thommen, Jean-Paul: Allgemeine Betriebswirtschaftslehre: umfassende Einführung aus managementorientierter Sicht, Wiesbaden 1991.

Thommen, Jean-Paul: Förderung des ethischen Verhaltens in der Wirtschaft, in: Die Unternehmung, 44. Jg. (1990), Heft 4, S. 303-313.

Tiebler, Petra: Ökologieorientiertes Marketing: Eine empirische Analyse seiner Ausgestaltung und Erfolgswirkungen in der Unternehmenspraxis, Diss., Frankfurt am Main 1995.

Tietmeyer, Hans: Zur Ethik wirtschaftspolitischen Handelns, in: Hesse, Helmut/Issing, Otmar (Hrsg.): Geld und Moral, München 1994, S. 115-123.

Tietz, Bruno: Die Wertedynamik der Konsumenten und Unternehmer in ihren Konsequenzen auf das Marketing, in: Marketing - Zeitschrift für Forschung und Praxis, 4. Jg. (1982), Heft 2, S. 91-102.

Tijmstra, R. Sybren: Incorporating ethics in business decision-making, in: van Dam, Cees/Stallaert, Luud M. (Eds.): Trends in business ethics, Leiden (NL) - Boston (Mass.) 1978, pp. 157-173.

Töpfer, Armin/Zander, Ernst (Hrsg.): Führungsgrundsätze und Führungsinstrumente, Frankfurt am Main 1982.

Toffler, Barbara Ley: Tough Choices - Managers Talk Ethics, New York et al. 1986.

Trapp, Rainer W.: Nicht klassischer Utilitarismus. Eine Theorie der Gerechtigkeit, Frankfurt am Main 1988.

Türck, Rainer: Das ökologische Produkt, Diss. Ludwigsburg 1991.

Twining, Fred N./McCoy, Charles S.: Management of Values in Organiszations: A Key to Corporate Competiveness in the 1990´s, unpublished manuscript, Berkeley 1989.

Ulrich, Hans: Die Bedeutung der Management-Philosophie für die Unternehmensführung, in: Ulrich, Hans (Hrsg.): Management-Philosophie für die Zukunft, Bern 1981, S. 11-23 (zitiert als Ulrich 1981a).

Ulrich, Hans: Management - eine unverstandene gesellschaftliche Funktion, in: Siegwart, Hans/Probst, Gilbert J. B. (Hrsg.): Mitarbeiterführung und gesellschaftlicher Wandel, Bern - Stuttgart 1983, S. 133-152 (zitiert als Ulrich 1983a).

Ulrich, Hans: Führungsphilosophie, in Kieser, Alfred/Reber, Gerhard/Wunderer, Rolf (Hrsg.): HWFü, Stuttgart 1987, Sp. 640-650 (zitiert als Ulrich 1987a).

Ulrich, Hans: Von der Betriebswirtschaftslehre zur systemorientierten Managementlehre, in: Wunderer, Rolf (Hrsg.): Betriebswirtschaftslehre als Management- und Führungslehre, 2. Aufl., Stuttgart 1987, S. 3-32 (zitiert als Ulrich 1987b).

Ulrich, Hans: Unternehmenspolitik, 2. Aufl., Bern - Stuttgart 1987 (zitiert als Ulrich 1987c).

Ulrich, Hans: Die Ökonomie Gottes und das menschliche Wirtschaften. Theologische Zugänge zur Wirtschaftsethik, in: Nutzinger, Hans G. (Hrsg.): Wirtschaft und Ethik, Wiesbaden 1991, S. 37-60 (zitiert als Ulrich 1991a).

Ulrich, Peter: Wirtschaftsethik und Unternehmensverfassung: Das Prinzip des unternehmenspolitischen Dialogs, in: Ulrich, Hans (Hrsg.): Managementphilosophie für die Zukunft, Bern - Stuttgart 1981, S. 57-75 (zitiert als Ulrich 1981b).

Ulrich, Peter: Konsensus-Management: die zweite Dimension rationaler Unternehmensführung, in: BFuP, 35. Jg. (1983), Nr. 1, S. 70-84 (zitiert als Ulrich 1983b).

Ulrich, Peter: Transformation der ökonomischen Vernunft: Fortschrittsperspektiven der modernen Industriegesellschaft, Bern - Stuttgart 1986.

Ulrich, Peter: Die Weiterentwicklung der ökonomischen Rationalität - Zur Grundlegung der Ethik der Unternehmung, in: Biervert, Bernd/Held, Martin (Hrsg.): Ökonomische Theorie und Ethik, Frankfurt am Main - New York 1987, S. 122-149 (zitiert als Ulrich 1987d).

Ulrich, Peter: Die neue Sachlichkeit oder: Wie kann die Unternehmensethik betriebswirtschaftlich zur Sache kommen?, in: Die Unternehmung, 41. Jg. (1987), Heft 6, S. 409-424 (zitiert als Ulrich 1987e).

Ulrich, Peter: Wirtschaftsethik und ökonomische Rationalität - Zur Grundlage einer Vernunftsethik des Wirtschaftens, HSG-Publikationen Nr. 19, St. Gallen 1987 (zitiert als Ulrich 1987f).

Ulrich, Peter: Unternehmensethik - Diesseits oder jenseits der betriebswirtschaftlichen Vernunft, in: Lattmann, Charles (Hrsg.): Ethik und Unternehmensführung, Heidelberg 1988, S. 96-116.

Ulrich, Peter: Wirtschaftsethik als Kritik der "reinen" ökonomischen Vernunft, in: Matthiessen, Christian (Hrsg.): Ökonomie und Ethik: Moral des Marktes oder Kritik der reinen ökonomischen Vernunft, Freiburg 1990, S. 111-138.

Ulrich, Peter: Schwierigkeiten mit der unternehmensethischen Herausforderung, in: ZfbF, 43. Jg. (1991), Heft 6, S. 529-536 (zitiert als Ulrich 1991b).

Ulrich, Peter: Unternehmensethik - Führungsinstrument oder Grundlagenreflexion?, in: Steinmann, Horst/Löhr, Albert (Hrsg.): Unternehmensethik, 2. Aufl., Stuttgart 1991, S. 189-210 (zitiert als Ulrich 1991c).

Ulrich, Peter: Perspektiven eines integrativen Ansatzes der Wirtschaftsethik am Beispiel sich verändernder betriebswirtschaftlicher Rationalisierungsmuster, in: Homann, Karl (Hrsg.): Aktuelle Probleme der Wirtschaftsethik, Berlin 1992, S. 183-215.

Ulrich, Peter/Hill, Wilhelm: Wissenschaftstheoretische Grundlagen der Betriebswirtschaftslehre, in: Raffeé, Hans/Abel, Bodo (Hrsg.): Wissenschaftstheoretische Grundfragen der Wirtschaftswissenschaften, München 1979, S. 161-190.

Ulrich, Peter/Thielemann, Peter: Ethik und Erfolg: unternehmensethische Denkmuster von Führungskräften: eine empirische Studie, Bern - Stuttgart 1992.

Vaubel, Roland: Marktwirtschaft und Ethik, in: Matthiessen, Christian (Hrsg.): Ökonomie und Ethik: Moral des Marktes oder Kritik der reinen ökonomischen Vernunft, Freiburg 1990, S. 31-42.

Velasquez, Manuel G.: Business Ethics: Concepts and Cases, 3rd edit., Englewood Cliffs 1992.

Vester, Frederic: Vernetztes Denken, in: IBM Nachrichten, 40 Jg. (1990), Special I, S. 7-15.

Viola, Richard H.: The business corporation and human values, in: van Dam, Cees/Stallaert, Luud M. (Eds.): Trends in business ethics, Leiden (NL) - Boston (Mass.) 1978, pp. 95-121.

Vossenkuhl, Wilhelm: Private und öffentliche Moralität. Handlungstheoretische und normative Grundlagen einer Ethik, in: Hubig, Christoph (Hrsg.): Ethik institutionellen Handelns, Frankfurt am Main - New York 1982, S. 81-103.

Voß, Gerd Günter: Wertewandel: Eine Modernisierung der protestantischen Ethik, in: ZfP, 4. Jg. (1990), Heft 3, S. 263-275.

de Wachter, Maurice A. M.: Moral policy and public policy, in: van Dam, Cees/Stallaert, Luud M. (Eds.): Trends in business ethics, Leiden (NL) - Boston (Mass.) 1978, pp. 51-62.

Wächter, Hartmut: Soziale Verantwortung von Unternehmen - Eine Literaturanalyse, in: Dierkes, Meinolf/Wenkebach, Hans H. (Hrsg.): Macht und Verantwortung: Zur politischen Rolle des Unternehmens, Stuttgart 1987, S. 141-186.

Wächter, Hartmut: Unternehmungsziele und unternehmerische Verantwortung, in: BFuP, 21. Jg. (1969), Heft 4, S. 193-206.

Wagner, Gerd Rainer: "Unternehmensethik" im Lichte der ökologischen Herausforderung, in: Czap, Hans (Hrsg.): Unternehmensstrategien im sozio-ökonomischen Wandel, Berlin 1990, S. 295-316.

Walser, Martin: Wer ist ein Schriftsteller?: Aufsätze und Reden, Frankfurt am Main 1987.

Walterspiel, Otto: Wirtschaftsethische Fragen aus unternehmerischer Sicht (I), in: Nutzinger, Hans G. (Hrsg.): Wirtschaft und Ethik, Wiesbaden 1991, S. 167-179.

Walther, Christian: Forschung, in: Enderle, Georges u. a. (Hrsg.): Lexikon der Wirtschaftsethik, Freiburg - Basel - Wien 1993, Sp. 294-303.

Walzer, Michael: Sphären der Gerechtigkeit: Ein Plädoyer für Pluralität und Gleichheit, Frankfurt am Main 1992.

Wamser, Christoph: Ethische Inseln als Instrument zur Implementierung einer Unternehmensethik, unveröffentlichte Diplomarbeit, Frankfurt am Main 1993.

Waters, James A./Bird, Frederick: The Moral Dimension of Organizational Culture, in: Journal of Business Ethics, Vol. 6 (1987), pp. 15-22.

Waters, James A./Bird, Frederick/Chant, Peter D.: Everyday Moral Issues Experienced by Managers, in: Journal of Business Ethics, Vol. 5 (1986), pp. 373-384.

Waters, James A.: Catch 20.5: Corporate Morality as an Organizational Phenomenon, in: Iannone, A. Pablo (Edit.): Contemporary Moral Controversies in Business, New York - Oxford 1989, pp. 151-163.

Weber, Alfred: Allgemeine Volkswirtschaftslehre, 6. Aufl., Berlin 1953.

Weber, Max: Politik als Beruf, München 1919.

Weber, Max: Soziologie, Universalgeschichtliche Analysen, Politik, 5. Aufl., Stuttgart 1973.

Weber, O.: Calvin, in: Galling, Kurt (Hrsg.): Religion in Geschichte und Gegenwart: Handwörterbuch für Theologie und Religionswissenschaft, Band 1, 3. Aufl., Tübingen 1957, Sp. 1588-1599.

Weber, Wilhelm: Der technisch-wirtschaftliche Fortschritt und das Heil des Menschen, in: Internationale Stiftung Humanum (Hrsg.): Oeconomia Humana - Beiträge zum Wirtschaftskapitel der Pastoralen Konstitution, Köln 1968, S. 80-101.

Webster, Peter: Ethical Investment Research Service, London, in: Roche, Peter/Hoffmann, Johannes/Homolka, Walter (Hrsg.): Ethische Geldanlagen - Kapital auf neuen Wegen, Frankfurt am Main 1992, S. 62-77.

Weddigen, Walter: Wirtschaftsethik. System humanitärer Wirtschaftsmoral, Berlin 1951.

Weigelt, Klaus: Evangelische Wirtschafts- und Sozialethik - Verständnisfragen und ordnungspolitische Bedeutung, in: Gutmann, Gernot/Schüller, Alfred (Hrsg.): Ethik und Ordnungsfragen der Wirtschaft, Baden-Baden 1989, S. 117-137.

Weiler, Hagen: Ethisches Urteilen oder Erziehung zur Moral?, Opladen 1992.

Weise, Eberhard: Umweltschutz und unternehmerische Verantwortung, in: Coenenberg, Adolf Gerhard/Weise, Eberhard/Eckrich, Klaus (Hrsg.): Ökologie-Management als strategischer Wettbewerbsfaktor, Stuttgart 1991, S. 1-6.

Weiß, Hans: Die Industriegesellschaft von heute als politische Herausforderung, Heft 7 Gesellschaftspolitische Korrespondenz des Bundes Katholischer Unternehmer, Bonn 1986.

von Weizsäcker, Carl Friedrich: Der Garten des Menschlichen. Beiträge zur geschichtlichen Anthropologie, München - Wien 1977.

von Weizsäcker, Carl Friedrich: Deutlichkeit: Beiträge zu politischen und religiösen Gegenwartsfragen, München - Wien 1978.

von Weizsäcker, Richard: Die deutsche Geschichte geht weiter, Stuttgart 1983.

Weßling, Matthias: Unternehmensethik und Unternehmenskultur: kritische Analyse ausgewählter unternehmensethischer Modelle und unternehmenskultureller Ansätze sowie Diskussion exemplarischer Probleme und Lösungsmöglichkeiten einer ethisch-kulturellen Integration, Münster - New York 1992.

Wever, Ulrich A.: Unternehmenskultur in der Praxis - Erfahrungen eines Insiders bei zwei Spitzenunternehmen, 3. Aufl., Frankfurt am Main - New York 1992.

White, Bernard J./Montgomery, B. Ruth: Corporate Codes of Conduct, in: California Management Review, Vol. 23 (1980), No. 2, pp. 80-87.

Wicke, Lutz u. a.: Betriebliche Umweltökonomik: Eine Praxisorientierte Einführung, München 1992.

Wieland, Josef: "Wucher muß sein, aber wehe den Wucherern". Einige Überlegungen zu Martin Luthers Konzeption des Ökonomischen, in: Zeitschrift für Evangelische Ethik, 35. Jg. (1991), S. 268-284.

Wieland, Josef: Formen der Institutionalisierung von Moral in amerikanischen Unternehmen: die amerikanische Business-Ethics-Bewegung: Why and how they do it, Bern -Stuttgart - Wien 1993.

Wieland, Josef: Organisatorische Formen der Institutionalisierung von Moral in der Unternehmung, in: Nutzinger, Hans G. (Hrsg.): Wirtschaftsethische Perspektiven II: Unternehmen und Organisationen, philosophische Begründungen, individuelle und kollektive Rationalität, Berlin 1994, S. 11-35.

Wieland, Josef: Ökonomische Organisation, Allokation und Status: Neue Organisationsökonomik und Allokation moralischer Güter, ohne Ort 1995.

Wilde, Harald: Unternehmensethik und ihre Beziehungen zu Unternehmensverfassung und -organisation, 4. Aufl., Fürth 1989.

Williams, Oliver F./Houck, John W.: Full Value: Cases in Christian Business Ethics, San Francisco 1978.

Williams, Oliver F./Houck, John W.: The Judaeo-Christian Vision and the Modern Corporation, Notre Dame - London 1981.

Williams, Oliver F.: Christian Formation for Corporate Life, in: Jones, Donald G. (Edit.): Business, Religion, and Ethics. Inquiry and Encounter, Cambridge (Mass.) 1982, pp. 131-136.

Wilson, John Oliver: Human Values and Economic Behaviour. An Integrative Model of Comparative Economic Systems, paper presented at the Conference on Socio-Economics Harvard Graduate School of Business Administration Harvard University, Berkeley (Cal.) March/April 1989.

Witte, Eberhard: Die Organisation komplexer Entscheidungsverläufe - Ein Forschungsbericht, in: ZfbF, 20. Jg. (1968), Heft 9, S. 581-599.

Witte, Eberhard: Organisation für Innovationsentscheidungen, Göttingen 1973

Wolff, Christian: Vernünftige Gedanken von dem gesellschaftlichen Leben des Menschen, Frankfurt am Main 1971.

Wollasch, Ursula: Normenkodizes in Unternehmen und Verbänden - ein Forschungsbericht, in: Furger, Franz (Hrsg.): Jahrbuch für christliche Sozialwissenschaften, 35. Band, Münster 1994, S. 224-237.

Wollert, Arthur: Personalpolitik als betrieblicher Gestaltungsfaktor, in: von Beckerath, Paul Gert (Hrsg.): Verhaltensethik im Personalwesen. Prinzipien und Regeln für die Konzeption einer betrieblichen Personalpolitik, Stuttgart 1988, S. 11-73.

Wollert, Artur: Werteorientierte Personalpolitik als Bestandteil einer gesamthaften Unternehmenspolitik, in: Bayer, Hermann (Hrsg.): Unternehmensführung und Führungsethik: Praxiserfahrungen und Perspektiven, Heidelberg 1985, S. 95-113.

Wunderer, Rolf: Laterale Kooperation als Führungsaufgabe, in: Kieser, Alfred/Reber, Gerhard/Wunderer, Rolf (Hrsg.): Handwörterbuch der Führung, Stuttgart 1987, Sp. 1295-1311.

Wunderer, Rolf (Hrsg.): Führungsgrundsätze in Wirtschaft und öffentlicher Verwaltung, Stuttgart 1983.

Wunderer, Rolf: Führungsgrundsätze, in: Gaugler, Eduard/Weber, Wolfgang (Hrsg.): Handwörterbuch des Personalwesens, 2. Aufl., Stuttgart 1992, Sp. 923-937.

Wünsch, Georg: Evangelische Sozialethik, Tübingen 1927.

Zabel, Hans-Ulrich: Wirtschaft und Umwelt - Systembetrachtungen unter Erfolgsgesichtspunkten, in: Kreikebaum, Hartmut/Seidel, Eberhard/Zabel, Hans-Ulrich (Hrsg.): Unternehmenserfolg durch Umweltschutz: Rahmenbedingungen, Instrumente, Praxisbeispiele, Wiesbaden 1994, S. 1-29.

Zentralausschuß der Werbewirtschaft (Hrsg.): Deutscher Werberat - Verhaltensregeln des Deutschen Werberates für die Werbung mit und von Kindern in Werbefunk und Werbefernsehen, Bonn 1991 (zitiert als ZAW 1991).

Ziegler, Albert: Ethik und Unternehmungsführung aus der Sicht der katholischen Soziallehre, in: Lattmann, Charles (Hrsg.): Ethik und Unternehmensführung, Heidelberg 1988, S. 59-78.

Zimmerli, Walther Ch.: Spezifische Problembereiche, in: Rapp, Friedrich (Hrsg.): Technik und Philosophie, Düsseldorf 1990, S. 259-287.

Zürn, Peter: Ethik im Management: Antworten auf Fragen der Zeit, 2. Aufl., Frankfurt am Main 1991.

Test the Best!

Ein Team freier Wirtschaftsjournalisten hat deutsche Unternehmen analysiert.
Die Ergebnisse werden hier übersichtlich dargestellt und erläutert.

Hermann Bößenecker/
Axel Gloger/
Holmar R. Knoerzer
99 TOP-UNTERNEHMEN
mit den besten Zukunfts-
perspektiven
1995. 416 Seiten. Geb.,
DM 48,–
ISBN 3-7910-0884-6
Im Jahre 1994 hatten mehr
als 800 TOP-Unternehmen
die Chance, sich einem
»Wettbewerb« zu stellen.
Sie sollten beweisen, daß sie
zu den »TOP-99« gehören,
welche die folgenden
Bewertungskriterien am
besten erfüllen:
– Organisationsstruktur
des Unternehmens
– Unternehmenskultur,
Führungsstil und Ent-
scheidungsfreudigkeit
des Managements
– Personalentwicklung,
Aus- und Weiterbildung,
Karriereplanung
– Einsatz moderner Techno-
logien
– Vermögensanlage-
Strategien
– Steigerungsraten und
Relation von Umsatz und
Gewinn

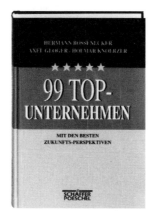

– Ost-Engagement, Aus-
landsinvestitionen und
Exportquote
– Image und Marktstellung,
Konkurrenzbedingungen
– Personalfluktuation und
Krankheitsquote
– Sozialwesen und -leistun-
gen, Extras wie Gewinn-
beteiligung, Dienstwagen,
Prämien usw.
– Umsetzung von Umwelt-
schutz
– Produktinnovation,
Forschung und Entwick-
lung
– Service- und Qualitäts-
bewußtsein.

Schäffer-Poeschel Verlag
Postfach 10 32 41
70028 Stuttgart